U0165377

5‧18

光州！光州！

決定韓國命運，光州民主化運動全記錄

Gwangju uprising:
the rebellion
for democracy
in South Korea

黃晳暎、李在儀、田龍浩——著
光州民主化運動紀念事業會——編

林瑞——譯

目次

出版委員會序：在面對誹謗時打破沉默   5

前言：再次穿越黑暗   9

第一部　洶湧的歷史浪潮

第1章　從十月到五月   19

第2章　零星而被動的抵抗   50
（五月十八日，週日：抗爭第一天）

第3章　轉為積極進攻   71
（五月十九日，週一：抗爭第二天）

第4章　全面展開的民眾抗爭   108
（五月二十日，週二：抗爭第三天）

第5章　武裝抗爭與勝利   147
（五月二十一日，週三：抗爭第四天）

第6章　事件擴大   180

第7章　光州封鎖與平民大屠殺   195
（五月二十一日至二十四日）

第二部　光州！光州！光州！

第8章　解放第一階段   217
（五月二十二日，週四：抗爭第五天）

第9章　解放第二階段   241
（五月二十三日，週五：抗爭第六天）

第 10 章　解放第三階段　　　　　　　　　　　254
　　　　　（五月二十四日，週六：抗爭第七天）

第 11 章　解放第四階段　　　　　　　　　　　277
　　　　　（五月二十五日，週日：抗爭第八天）

第 12 章　解放第五階段　　　　　　　　　　　294
　　　　　（五月二十六日，週一：抗爭第九天）

第三部　尾聲，與一個新的開始

第 13 章　抗爭結束　　　　　　　　　　　　　319
　　　　　（五月二十七日，週二）

第 14 章　餘波盪漾　　　　　　　　　　　　　357

第 15 章　未竟之功　　　　　　　　　　　　　375

附錄

附錄 A　戒嚴軍進駐光州　　　　　　　　　　392

附錄 B　事件流程：前後十天的 5‧18 光州民主化運動　394
　　　　（一九八〇年五月十七日至二十七日）

附錄 C　發行修訂版：記錄這場抗爭的歷史　　401

附錄 D　光州的悲劇是漢城與華府聯手導致　　414

注釋　　　　　　　　　　　　　　　　　　　417

出版委員會序：在面對誹謗時打破沉默

　　本書是一九八五年初版的《穿越死亡，穿越時代的黑暗》[1]（죽음을 넘어 시대의 어둠을 넘어）的修訂版。本書自問世迄今許多年來，一直不斷有人要求我們發行修訂版，但我們始終沒能投入這項工作。再次凝視光州民眾抗爭的現場實在令人悲痛。

　　然而韓國在二十一世紀連續選出兩屆保守派政府，導致國家民主的完整性遭到腐蝕，讓我們不能不有所反應。特別是二〇一三年掌權的朴槿惠政府，試圖扭曲光州抗爭的真相，翻轉歷史評價的企圖已達到危險的等級。自抗爭落幕，《穿越死亡，穿越時代的黑暗》初版發行以來，他們就不斷展開對本書內容與寫作時空背景的詆毀謾罵，對本書的作者們發動肆無忌憚的人身攻擊。全斗煥獨裁政權似乎仍然陰魂不散，決心誹謗、掩蓋這場民主抗爭的真相。

　　為什麼這些人對本書如此深惡痛絕？部分原因是在於本書的歷史定位：本書是第一本代表人民心聲、將光州事件做成結構性記錄的書。但更重要的原因是本書確立了五一八事件的歷史定位。反對派說，五一八事件是光州人民對抗國家權力的一次「暴動」，而《穿越死亡，穿越時代的黑暗》這本書將「暴動」重新包裝成一場「民主化運動」。他們主張，自發行以來，無數韓國人讀過的這本書，讓韓國民眾誤以為五一八事件是一場人民爭取民主的鬥爭。

　　隨著韓國在一九九〇年代的全面民主化，這些人牽強的主張像煙霧一樣消散在歷史之中。在對「雙十二肅軍政變」與光州

民主化運動進行的審判中，主導鎮壓行動的前總統全斗煥與盧泰愚被判有罪。光州事件也因《五一八民主化運動特別法》的通過，正式命名為「民主化運動」，並為遭全斗煥政府報復的受害人伸張正義。二〇一一年，光州抗爭的多項記錄與英國的《大憲章》（*Magna Carta*，一二一五年）、美國的《獨立宣言》（*Declaration of Independence*，一七七六年），以及法國的《人權宣言》（*Declaration of the Rights of Man and of the Citizen*，一七八九年）一樣，登錄聯合國教科文組織（UNESCO）「世界記憶」（Memory of the World）名錄，成為人類歷史上永垂不朽的文獻遺產。

在「五一八光州民主化運動」歷史評價的演變過程中，《穿越死亡，穿越時代的黑暗》也扮演一個雖小、但頗具關鍵性的角色。本書的初版是一九八七年「六月抗爭」的催化劑之一（「六月抗爭」是一場全國性民主運動，最後導致韓國現代民主政府的建立），過去無法取得有關光州事件資訊的韓國人民，藉由本書獲知真相後無不震驚。有關本書的耳語開始流傳，使它成為地下暢銷書。許多人暗地裡讀了這本書後，偷偷與他人分享，談到他們如何因書中情節泣不成聲，只因全斗煥政權屠殺與殘暴的犯行終於被揭發。「查明五一八的真相」與「廢除四一三護憲措施」成為引爆「六月抗爭」的主要原因。可以說二十世紀末韓國社會的民主化正是以查明五一八的真相為基礎進行的。

二〇〇八年，保守派的李明博當選總統後，韓國政府有關光州抗爭的立場出現逆轉。以「最佳網文日報儲藏所」（ilbe）網站為代表的極右派政客，開始對光州事件的原因、人物與事件過程提出顛倒扭曲的版本。他們說，光州市早在一九八〇年已遭北韓特工滲透，那些蒙面示威的民眾，事實上都是幫北韓進行煽動的特工；甚至表示在五月二十七日那場對全羅南道廳發動的最後攻擊中，政府軍沒有殺害任何一名光州人——每一名傷亡者若不是北韓特工，就是遭示威暴徒開火誤傷的市民。

這種否認情緒的突然高漲，導致又一波對《穿越死亡，穿越

時代的黑暗》的攻擊。他們剛開始時只有質疑本書的內容，但後來漸漸露骨地展開對作者們的人身攻擊。尤其當修訂版的計畫於二○一四年二月宣布時，還透過報刊與媒體大舉展開謾罵攻勢，甚至在網路上傳非法攝製的影像，肆意進行各種「人格抹殺」的攻擊。

　　眼見歷史真相遭到如此詆毀與扭曲，我們不能繼續無動於衷。二○一四年一月，我們成立出版委員會，計畫於二○一五年五月、五一八民主化運動三十五周年時發行本書的修訂版。我們決定這個項目的經費應來自民間捐助，並且於二○一四年七月舉行記者會。不過最後出版委員會未能按照預定時間發行這本書。需要檢驗的資訊實在太多，包括涉及數千人的證詞與聽證會記錄、雙十二政變與五一八的庭審記錄、有關軍事調遣記錄、來自美國的解密文件、還有當時駐光州記者的證詞，總計不下好幾十萬頁的文件，要如實反映市民們的聲音並不容易。結果花費了比我們原先預期還多的作業時間。我們為不能如期完成修訂工作致上誠摯歉意，懇請讀者諒解。

　　本書的特點是，無論過去還是現在，都以盡力承載光州市民的觀點與聲音為己任。當《穿越死亡，穿越時代的黑暗》初版於一九八五年發行時，對於被視為暴徒、艱難度日的光州市民來說，它是一道慰藉之光。由於當年的獨裁政權扭曲、打壓韓國社會與光州事件有關的一切言論與政治活動，也因此本書的出版本身便引起極大關注。掀開全斗煥政府誕生之初的原罪與其敏感和痛苦的重要部分，雖然得到了世人的目光，但也得冒相當大的風險。決心寫作本書的作者們與出版委員會從最初開始便已有了涉身險境的準備，但讓我們無比感恩的是，在那個政治迫害與獨裁專制的年代，全羅南道社會運動協議會會長田桂良、作家黃晳暎，以及「普爾比（草綠之意）出版社」故社長羅炳植願意挺身而出，承擔編纂責任，爽快地答應一起分擔許多原本應由我們一肩承擔的困難與苦難。藉此機會，再次向幾位致謝。

　　感謝負責執筆本書修訂版的黃晳暎、李在儀、田龍浩三位的

辛勞。感謝趙良勳為我們製作地圖，感謝安鍾澈、安吉正、鄭大河、朴秉基、鄭賢愛審閱原稿。此外，我們要向「光州民主化運動紀念事業會」理事長鄭龍和、與崔平志、趙俸勳、金相集、金昌正與已故的鄭義行致謝，感謝諸位執行委員的努力。「五一八紀念財團」（理事長：車明錫）、「五一八光州民主化運動記錄館」（館長：羅看采）、以及全南大學「五一八研究所」（所長：朴海光）提供資料支援，也在此伸致謝忱。最後，要感謝出版委員會的各位在韓國各地為本書奔波募款，使本書得以出版。

　　就在我們的修訂版稿件即將完稿之時，韓國社會遭遇意料之外的狀況。原本以為走不出黑暗隧道的我國歷史，即將踏入新的時代。在二〇一六年延續至二〇一七年的「燭光革命」期間，人民攜手走上街頭，迫使朴槿惠總統下台。這一次沒有像光州抗爭一樣的流血衝突，目睹從朴正熙、全斗煥、朴槿惠政權綿延下來、根植在這個國家的積弊終於被國民連根拔除，不禁讓人感到戰慄。同時「世越號」客輪的殘骸也從平靜的深海中成功撈起。清除腐敗積習已成為當今的時代課題。然而，在這樣的潮流之中，因五一八被判處內亂罪的全斗煥與他的妻子也傳出即將出版自傳。本書《穿越死亡，穿越時代的黑暗》的修訂版將再次把「光州屠殺」集團的虛偽與暴行暴露在眾人眼前，並希望本書能夠成為一個契機——喚起讀者重新思考「何謂國家？」這個問題。我們盼望韓國憲法能夠反映出光州抗爭中先人們崇高的犧牲精神，使之確立為新民主共和國奉行的精神標竿。

修訂版出版委員會
主席鄭祥容
二〇一七年五月

前言：再次穿越黑暗

當光州市裡塵埃終於落定，一九八〇年五月光州抗爭的倖存者們內心懷抱著一種負債感，認為他們必須在國家歷史與民族面前，把這段抗爭的真相忠實地記錄下來。

一九七〇年代的韓國處於第四共和的維新獨裁時代，身為一位作家，我為了寫作與參與民主化運動，當時選擇住在全羅南道。我在全羅南道的海南與光州生活了十多年，結下許多不解之緣。光州的悲劇發生後，這些緣分成為我無法擺脫的命運。企圖記錄這場抗爭的人，大多是體制外的青年知識分子，他們受到嚴密監控和關押迫害，或淪為通緝犯，就算在逃亡途中也堅持要完成這份工作。在嚴酷的時期進行非公開採訪和蒐集資料，訪談曾經目睹過光州慘劇的市民不是一件容易的事。但到了一九八五年，光州抗爭五周年將屆，我們面臨著不能再推遲記錄工作的時代要求。誠如李在儀所說，儘管參與資料整編的人或許不多，但有許多願意接受我們訪問，為我們口述自身經歷的市民，正因為有了他們，《穿越死亡，穿越時代的黑暗》才能真正稱為是人民的見證。

應光州友人之邀，我欣然擔負起出版抗爭記錄的責任。有鑑於當時的政治氣氛，這樣的角色可能會為我召來牢獄之災，不過身為作家，理所當然要有這種心理準備。本書的書名——「穿越死亡，穿越時代的黑暗」，引自詩人文炳蘭從靈魂吶喊的詩作《重生之歌》（부활의 노래）。此書名也體現了從殖民地時代以來在民主化與統一的道路上，韓國人民克服無數危機與障

礙的近現代史。在光州民主化運動中作為抗爭最後據點的全羅南道廳，經過最後一天凌晨開始的鎮壓，生存下來的意志與死亡的英靈慘烈地化為精神象徵，寄託在一九八〇年代民主化運動與「六月民主抗爭」高舉的旗幟之上。

雖然歷史與人類的軌跡如何變化是一個古老的命題，但最終能驅動歷史的還是人類的力量。人類壽命的生理極限意味著，不論何時，每個時代新舊總是同時並存，世界不會在一夕之間變得更好。六月民主抗爭之後，韓國歷史走入具有局限性的妥協民主化時代，不僅沒能徹底清算權威主義體制留下的政治與文化遺產，連面對舊秩序的既得勢力，也不得不保障其活動空間。再者，儘管我們已經披上了成熟的民主主義外衣，國體仍是一個已分裂的「安保國家」，無法擺脫本質上的缺陷。

二〇〇八與二〇一三年韓國連續選出兩位保守派總統，過去搭乘獨裁體制便車的守舊勢力立即重施既得利益者進行理念鬥爭時慣用的老套伎倆——以「北韓」為藉口，試圖破壞與剷除五一八光州抗爭帶來的民主價值。他們靠著重新復活的舊體制公安部隊撐腰，主張五一八民主化運動不過是一場暴動，是一群暴徒對軍隊這一國家公權力的叛亂，且無止盡地歪曲、捏造整起運動是北韓的特種部隊所挑起，或是收到北韓指令的不法分子所為。

當然國軍也是由國民的子弟組成，首要任務就是保護國民的生命與財產。但當全斗煥與「新軍部」於一九八〇年派遣空降特戰部隊進駐光州時，目的卻是保護他們黨羽的政權；正如後來一九九〇年代的法庭判決所指出的，特種部隊進駐光州是篡奪國民主權的政變和軍事叛亂行為。因此，他們是一支沒有正統性的私人武力，不是國民的軍隊。無差別地屠殺主張恢復民主主義的國民，使光州市民為了守護自身的生存權而發生防禦行為，這是憲法明示的國民抵抗權的體現。

無論是光州市民還是人在現場的國內外記者，都親身體驗到所謂北韓向南韓派遣軍隊的說法純屬無稽之談。即便美方新近

公開的情報報告書中沒有證實，新軍部自己也完全了解北韓介入之說並非事實。最重要的是，全斗煥自己調遣了本應致力於防衛國土的正規部隊進入光州進行鎮壓，證明了事發當時，完全沒有必要在意北韓威脅的事實，而美國政府默許了全斗煥的行動，也引起了之後長久以來韓國人的反美情緒。自南北韓分裂以來，「北韓干預和指使」一直是韓國獨裁體制慣用的招數，在光州抗爭期間試圖「抹紅」市民軍的「毒針事件」也不例外。相反的，真正有事先計畫好的反而是以全斗煥為首的新軍部，還為作戰行動取名為「忠貞作戰」；光州市民們不僅沒有收到任何指示，反而根據自身在事件當下所處的位置，彼此從陌生人的關係開始互相協助、保護身邊的人、一起戰鬥，成為同志，進而形成市民共同體。

在《穿越死亡，穿越時代的黑暗》出版後，我經歷了波瀾起伏的人生，不得不獻身於傳遞光州真相的工作。當本書於一九八五年出版後，全斗煥的國家安全企劃部為了羞辱發行人羅炳植與我，將我們以「散布謠言」的輕罪拘留；之後，羅炳植因出版《韓國民眾史》再次被捕並遭到起訴，至於我，則被建議接受剛好收到的一項邀約，前往柏林出席文化活動，並交給我一份短期護照。很明顯全斗煥政府此舉是因為忌諱光州抗爭的輿論蔓延開來，成為眾所周知的歷史事件。

對我來說，這是我第一次離開彷彿孤島般位於半島南部的韓國，這次機會讓我能客觀地觀察「自我與他者」。我輾轉於歐洲、美國、日本等地，與海外文學團體、市民團體、以及僑胞社會一起舉辦宣揚光州抗爭的活動。政治流亡人士尹漢琫創辦的「在美韓國青年聯合會」（Young Koreans United of USA），在美國發行了本書的複印版。梁官洙與住在大阪的青年同胞則將本書翻譯成日文，由「日本天主教正義與和平協會」（Japan Catholic Council for Justice and Peace）出版。直到出國以後，我才意識到，韓國的民主主義發展之所以受限，原因即在於身為「安保國家」的制約。

一九八九年，韓國的開發獨裁時代進入尾聲，為了抵抗政府以「北韓」為理由，一再企圖製造公安事件鎮壓我們的民主化活動，我與牧師文益煥一起訪問北韓。我們此行的另一用意，也是想將兩韓統一的議題納入韓國民眾的日常論述中。北韓之行結束後，我無法歸國，在海外流亡了四年，接著返國後旋即被捕，在牢裡待了五年，這段期間我持續與韓國社會隔絕。從一九八五年之後的十三年間，無法執筆的我不像作家，而更像是活動家。不過我總是試著安慰自己，我在這段時期用全身的行動活出了文學。

自兩韓分裂後七十多年來的體制競爭中可以看出，通過各種經濟社會指標已證明了南韓比北韓取得了壓倒性的發展。在所有二次世界大戰後從殖民統治解放的國家中，韓國可能是唯一同時實現工業化與民主化，朝向近代體制變革的國家。因此，北韓的安全威脅如今已無法當作迴避民主改革的藉口。二〇〇八與二〇一三年兩次的保守派政府公開與北韓敵對，兩韓關係重返冷戰時代，政府拱手將朝鮮半島危機管理的主導權讓給外部勢力，導致韓國長期以來將停戰狀態轉變為和平體制的努力化為泡影，我們的國家反而陷入一觸即發的戰爭危機。歸根究柢，這種作法牴觸了光州抗爭的精神——實現民主主義，讓兩韓能在朝鮮半島和平共存。

二〇一三年上台的朴槿惠政府，走在回歸第四共和維新獨裁的回頭路上，比她的保守派前任李明博更赤裸裸地侮辱光州這段歷史。最明顯的例子之一就是，試圖詆毀《獻給你的進行曲》（임을 위한 행진곡）這首歌。這首歌為紀念光州事件死難者而作，是反抗政府壓迫的象徵。他們利用我在一九八九年訪問北韓的事實大做文章，除了荒謬至極地說《穿越死亡，穿越時代的黑暗》是抄襲自北韓的書之外，還指控這首歌是奉金日成之命而作。當然這是不可能的，因為這首歌寫於一九八二年，而我的北韓之行還在七年之後。另外，抗爭一結束，光州在地的宗教組織已經開始將事件記錄潮湧般送往海外。大約在同一時間，

來自海外媒體的照片與影像記錄也開始反過來輸入國內。無論持有偏見的人指控《穿越死亡，穿越時代的黑暗》抄襲的北韓「原著」是什麼書，這本「原著」都只能是一種抄襲自原資料來源的實證之作。令人感到可恥的是，回顧當時扭曲的政府體制，由於全斗煥政權嚴酷的新聞審查，韓國新聞界連一個字也不能報導光州事件的真相。

我們早在二〇一〇年光州抗爭三十周年之前，已開始討論要出版《穿越死亡，穿越時代的黑暗》的修訂版，但由於各自的生活無法配合一直推遲，直到二〇一四年鄭祥容、鄭龍和、李在儀與田龍浩再次找上羅炳植與我，表明了出版的決心，我們才妥為展開工作。這次會商過後沒多久，羅炳植因痼疾去世，我們忍痛繼續工作。同時，針對光州事件的歪曲與攻擊仍持續不斷，我們也咬緊牙關繼續準備。就在這段期間，將朴槿惠逐出總統府的「燭光革命」運動展開了。

韓國前所未有地充滿希望。導致眾多青年死難的五一八光州民主化運動與「世越號」沉船事故（譯按：二〇一四年四月十六日發生的船難，造成三百零四名韓人死傷，韓國社會的各種問題，尤其是腐敗問題，也因此在事故調查過程中一一曝光），喚醒了韓國人民，在同樣閃耀的季節裡，偉大的市民們改變了世界。由於他們的努力，時至今日本書不再只是一本血與淚的記錄，而是集體走向正義與和平社會的里程碑。

黃晳暎
二〇一七年五月

五一八光州民主化運動歷史地點
全羅南道

新光

望月洞

尚武台

光州市區

咸平邑

松岩洞　朱南村

板峙

和順邑

羅州邑　山浦機場道路

和順礦站

望雲

榮山浦邑

務安邑

軍事基地

始終　新北

都浦

木浦市區

靈巖邑

康津邑

海南邑　牛膝峙地區

大興寺入口

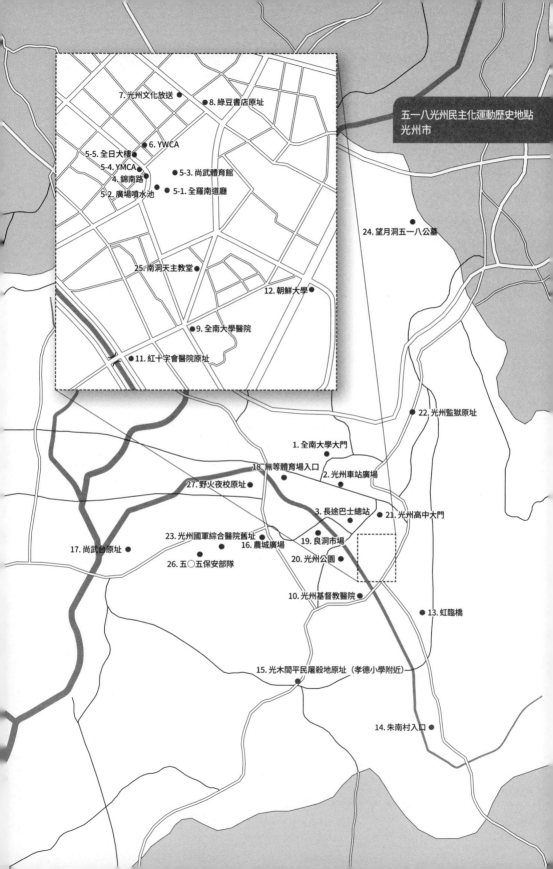

五一八光州民主化運動歷史地點
光州市

7. 光州文化放送
8. 綠豆書店原址
6. YWCA
5-5. 全日大樓
5-4. YMCA
4、錦南路　5-3. 尚武體育館
5-2. 廣場噴水池　5-1. 全羅南道廳
24. 望月洞五一八公墓
25. 南洞天主教堂
12. 朝鮮大學
9. 全南大學醫院
11. 紅十字會醫院原址
22. 光州監獄原址
1. 全南大學大門
18. 無等體育場入口
2. 光州車站廣場
27. 野火夜校原址
3. 長途巴士總站　21. 光州高中大門
23. 光州國軍綜合醫院舊址
19. 良洞市場
16. 農城廣場
20. 光州公園
17. 尚武台原址
26. 五〇五保安部隊
10. 光州基督教醫院
13. 虹臨橋
15. 光木間平民屠殺地原址（孝德小學附近）
14. 朱南村入口

第一部

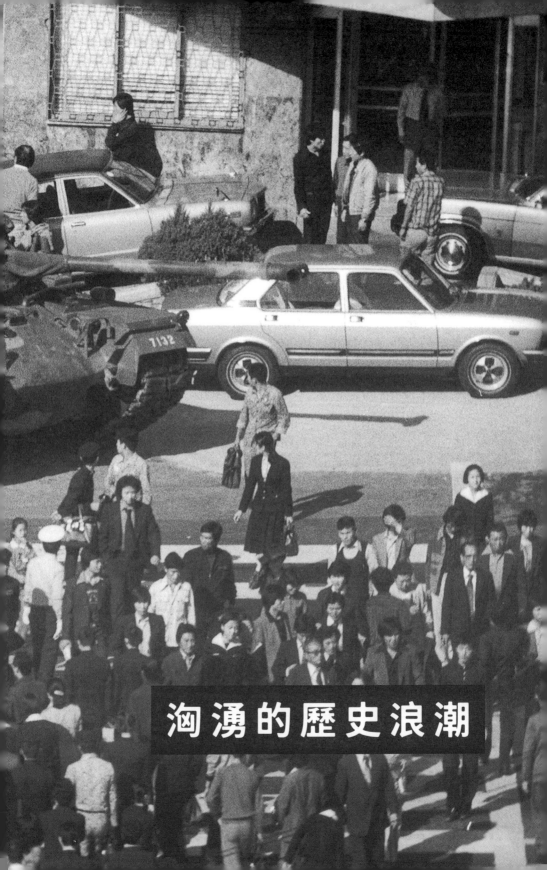

汹湧的歷史浪潮

第 1 章 ｜ 從十月到五月

● 釜馬民主抗爭與朴正熙遇刺

一九七九年十月二十六日。晚間七時四十一分，一陣槍聲打碎了原本平靜的週末夜。

槍聲迴盪在韓國總統府青瓦台附近宮井洞（譯按：「洞」為韓國行政區，約與台灣的村里相當）的一條小巷。韓國中央情報部部長金載圭槍殺了總統朴正熙，朴正熙的性命與第四共和專制政權就此告終。

朴正熙的軍事政權於一九六一年登台。之後透過三度修憲，讓統治者可以無限期連任，最終持續獨裁統治長達十八年。一九七二年十月，朴正熙發表特別宣言並宣布《非常戒嚴令》，非法通過《維新憲法》（第四共和憲法），一九七○年代殘酷的軍事獨裁就此揭開序幕。[1] 在維新獨裁政權的保護下，財閥壟斷成形，導致經濟剝削變本加厲，人民承受的壓力越來越大。隨著獨裁政權的壓迫不斷升高，以大學生與知識分子為中心，抵抗維新體制的運動開始組織化，韓國的民主化運動也突破政府的壓制，逐漸發展、茁壯。

不過，一九七○年代的民主化運動大體局限於學生與知識分子，作為生產階層的農民與勞動者的抵抗還很微弱。面對這些萌芽中的反抗運動，維新政權不斷鼓吹「經濟發展」與「反共」等意識形態，以加緊社會管控。政府刺激經濟發展的計畫確實取得量的成功，但在高速增長的背後也直接造成低收入、都市貧

窮率不斷增高、農村解體、貧富差距與區域發展差距不斷擴大等問題。當這些社會壓力到達臨界點時，就發生了釜馬（釜山—馬山）民主抗爭事件。

一九七九年十月十六日，釜山市學生發動示威，要求「打倒維新政權」。隨著附近馬山市的勞動者與市民也加入示威行列後，局面很快演變成一場大規模的抗爭。十月十八日，朴正熙宣布釜山地區戒嚴，並將六十六名百姓送交軍事審判。兩天後的十月二十日，朴正熙針對馬山與昌原地區啟動衛戍令——部署戰車與第三空降特戰旅鎮壓示威，將五十九名百姓送交軍事審判，釜馬民主抗爭就此落幕。然而就在不到一週後，朴正熙遇刺，維新體制也隨即結束。

十月二十六日，朴正熙出席忠清南道插橋川防波堤的動工典禮之後，返回漢城（今首爾）的宮井洞舉行晚宴。在喝著「皇家起瓦士」蘇格蘭威士忌，酒酣耳熱之際，金載圭與總統侍衛長車智澈針對收拾釜馬事件的方案發生了口角。車智澈主張投入空降特戰部隊強力鎮壓釜馬抗爭是成功的，相反地金載圭則認為強力鎮壓不是長治久安之計，如此很難繼續維持維新體制。車智澈於是答稱，「柬埔寨的波布（Pol Pot）政權犧牲了兩百萬人，仍然坐穩政權，難道我們不能也殺死一百萬人嗎？」朴正熙在這場爭論中站在車智澈這一邊。金載圭判斷維新體制不能再持續下去，[2] 於是掏出手槍，槍殺了朴正熙與車智澈。

當晚，曾是維新獨裁象徵的總統朴正熙突然從權力寶座上消失，韓國的政治潮流瞬間發生了逆轉，權力版圖也發生了變化。原有的維新體制以青瓦台為頂點，由五大權力機構支撐，分別是中央情報部、總統秘書室、總統警衛室、軍部。朴正熙遇刺後，青瓦台、中央情報部、秘書室、警衛室都喪失了權力，軍部成為了唯一的權力機構。[3]

● 韓國與美國的緊急應對

十月二十七日，凌晨二時，朴正熙遇刺六個小時後，韓國政府召開緊急國務會議。國務總理崔圭夏出任代理總統，因應國家危機。凌晨四時，政府宣布除了濟州島以外，全國實行緊急戒嚴，並任命陸軍參謀總長鄭昇和為戒嚴司令官。十月二十七日稍早，零時四十分，鄭昇和已召來國軍保安司令官全斗煥，指示他徹底調查已經被捕的金載圭。[4]全斗煥成為「聯合搜查本部長」，專門負責主持刺朴案。

為盡可能減少這次事件對民眾生活的影響，韓國政府全力維持秩序，並逐步穩定政治。[5]外媒也針對韓國政府的迅速反應表示，「韓國國民的日常生活正在迅速回歸正常」，國民們「可能會選擇以政治上的自由為基礎，塑造一個新的共和國」，展現出對今後局勢變化的樂觀。[6]十一月八日，代理總統崔圭夏對國民發表時局談話，承諾修改《維新憲法》，由政府主導來推進民主化。在看守政府迅速的危機管理下，民心也很快穩定了下來。

美國政府對刺朴案的反應速度也不下於韓國。[7]事件發生後，美國總統吉米・卡特（Jimmy Carter）立即召開「國家安全會議」（National Security Council），宣布駐韓美軍（USFK）進入「三級警戒狀態」（DEFCON 3）。美國國務院警告北韓、蘇聯與中國，要它們不得趁機採取行動。美軍也根據《美韓共同防禦條約》（Mutual Defense Treaty）的規定立即反應。十月二十八日，美國國防部長哈洛德・布朗（Harold Brown）部署兩架最先進的「空中警告與管制系統」（AWACS）的預警機作為嚇阻力量。兩天後，美國第七艦隊旗艦、排水超過一萬兩千噸的「藍嶺號」（USS Blue Ridge）進駐釜山港。十一月二日，排水七萬三千噸的超級航空母艦「小鷹號」（USS Kitty Hawk）連同兩艘導彈巡洋艦進駐同一港口，還有六艘作戰艦艇（包括護衛艦）也分別進助鎮海與仁川。美軍「太平洋指揮部」（PACOM）集結兵力，

將朝鮮半島化為強大的堡壘。[8]這些積極的防衛運作不僅讓北韓，也讓中國與蘇聯不敢輕舉妄動。由於安保措施的提升，很難想像北韓能夠「南侵」或進行間諜滲透。[9]

另外，卡特總統為了密切關注韓國情勢，還召集十多位高層官員，在國家安全會議內組織政策協調委員會。[10]這個緊急對策小組取名「切洛基」（Cherokee）[11]，專責討論韓國事務，作成決策。成員包括卡特總統與國務卿賽魯斯・范斯（Cyrus Vance），以及唯一駐在韓國的小組成員、美國駐韓大使來天惠（William H. Gleysteen）。來天惠負責與保安司令官全斗煥、總統崔圭夏、韓美聯軍司令部副司令柳炳賢、國務總理申鉉碻、與外務部長官朴東鎮等韓國官員接洽，他的角色是審慎代表美國利益，私下與韓國官員協調。

● 政局迷霧

一個月後，十一月二十四日，在野民主人士假藉婚禮之名，小心翼翼地在漢城基督教女青年會（YWCA）大樓集會，討論朴正熙遇刺後時局的變化。包括前總統尹潽善、人權活躍分子咸錫憲在內的這群人達成結論，認為這次刺朴事件是多年來激烈民主化鬥爭的結果，代表「維新獨裁政權的落幕」，韓國必須立即組成民主政府。只不過這次會議被強行打斷，一百四十名與會人士遭到不拘留立案，十四名集會領導人被帶進聯合搜查本部，遭到嚴酷拷問。軍方的反擊比預計的還強烈。

十二月六日，透過由維新憲法架構下成立的「統一主體國民會議」中，兩千五百四十九人組成的選舉人團舉行的間接選舉，代理總統崔圭夏正式當選總統。但朝野各派政界人士懷疑崔圭夏看守政府表面上做出改變，實際上仍有意維持維新體制。支撐維新體制的重要人物仍然享有絕對的國政大權，他們想用拖字訣，等待國民輿論和緩後，再推動有利於自己的憲法改革。YWCA的集會事件與崔圭夏的當選，預示了即將來到的動盪。

韓國的政局陷入伸手不見五指的迷霧之中，難以預測。

● 雙十二肅軍政變

朴正熙遇刺後，「軍部」的動向也是另一個重要的政治變數。當時軍隊內部要求剷除政治軍官的聲浪高漲，在朴正熙主政期間壟斷所有重要軍職的非官方組織「一心會」，也受到許多公開批判。[12] 為求自保，感到危機的一心會成員迅速以全斗煥為中心團結起來。這時以青瓦台為首，首都圈大多數重要軍事單位已完全在一心會的人脈控制下，這些人不聽正式的指揮系統號令，只聽命於私人的一心會的命令。由於擔心會遭到突如其來的整肅，在一心會的情報網捕捉到參謀總長鄭昇和有意剷除保安司令官全斗煥的消息之後，一心會決定先發制人。[13]

為了扭轉局勢，一心會決定奪取軍事指揮權。為此，第一個目標便是參謀總長鄭昇和。全斗煥主導整個計畫，由同樣是一心會成員的保安司令部秘書室長許和平、人事處長許三守、與調查科長李鶴捧等保安司令部的參謀們協助策劃政變。他們訂下詳細計畫，甚至對於政變成功後如何重整軍事指揮體系、如何進行行政接管，也預作部署。[14]

十二月初，全斗煥以鄭昇和在朴正熙遇刺期間行蹤可疑為由，指示聯合搜查本部搜查課長李鶴捧中校制定逮捕參謀總長鄭昇和的計畫。[15] 在一切準備就緒之後，全斗煥於十二月七日會晤第九師師長盧泰愚，決定在十二月十二日發動政變。

十二月十二日傍晚，一心會核心幹部，包括俞學聖、黃永時、車圭憲、朴俊炳、白雲澤、朴熙道、崔世昌、張基梧、張世東與金振永等人，秘密聚集到首都警備司令部第三十警備團團長室。盧泰愚公然違法地從前線抽調第九師，轉移到漢城。朴熙道與崔世昌也將轄下的傘兵部隊開進首都。保安司令部人事處長許三守突襲參謀總長官邸，在與警備隊發生槍戰過後，逮捕了鄭昇和。在接獲遲來的訊息，知道鄭昇和被捕之後，特

戰司令官鄭柄宙少將、首都警備司令官張泰玩少將、陸軍憲兵監兼戒嚴司令部治安處長金晉基准將立即動員了部隊。但叛軍一方已經搶佔上風。[16]

在逮捕參謀總長鄭昇和之後，全斗煥找上總統崔圭夏，要求正式批准這項逮捕。崔圭夏暴怒道：「你把事情搞得一團糟！為什麼無視程序？這是違法的。在沒有聽清楚事情狀況以前，我不會同意。馬上把國防部長官叫來。」凌晨三點三十分，叛軍在槍戰中獲勝，控制了陸軍本部與國防部。最後，他們把國防部長官盧載鉉拖到保安司令部，凌晨五點左右，全斗煥帶著盧載鉉來到青瓦台。崔圭夏總統在批准文件的底部簽了名，還加註了簽名時間——05:10 AM——以顯示他已盡可能做了反抗。[17]

由於「雙十二肅軍政變」在一夜之間事態進展迅速，長期以來，外界對其細節所知甚少。儘管戰車開進漢城街頭，士兵當街交火，造成相當數量的軍人死亡，但除了直接參與政變的人以外，幾乎沒有人發現事態發生巨變。因為事件發生在深夜，涉及人員也非常少，這次政變與它造成的立即後果，就連韓國政府以及關注韓國政局發展的政界人士也幾乎難以察覺。

在政變的那天晚上，主事者非法動員了五千多名兵力與三十五輛戰車。部署在前線的一支正規戰鬥部隊擅離崗位，進入漢城，徹底癱瘓了陸軍本部的官方指揮體系。這次事件遭致美軍強烈抗議，在未經韓美聯軍司令事先同意的情況下，就將第九師從北韓邊界調進首都地區，違反了《美韓共同防禦條約》。[18]第二天，全斗煥打開國防部金庫，搜出公款，彷彿瓜分戰利品一般，發給每個參與政變的部隊五千萬韓元的獎金。

次日早晨，政變的主要勢力立即重組重要軍職，指揮系統完全改由一心會成員或親全斗煥人士接任；例如周永福擔任國防部長官、李熺性擔任陸軍參謀總長兼戒嚴司令官、黃永時擔任陸軍參謀次長、盧泰愚擔任首都警備司令官、鄭鎬溶擔任特戰司令官。私人組織一心會全面控制軍隊，「新軍部」政權於焉誕生。政變過後兩天，美國駐韓大使來天惠在大使官邸會見全斗

煥。根據不久前「維基解密」（WikiLeaks）公布的文件，這次會晤是在韓美聯軍司令約翰・威克漢（John Wickham）反對下，由中情局韓國站站長羅伯・布魯斯特（Robert Brewster）安排的。在美國承認全斗煥為對話對象之後，進一步提高了全斗煥在軍部的地位。直到一九九七年，韓國大法院（最高法院）才裁定「雙十二事件」是一場「以下犯上的軍事叛變」，[19] 並且是「篡奪政權的內亂之始」。[20]

● 新軍部的掌權計畫

全斗煥一夥人因雙十二政變的成功而信心倍增，於是立即著手，準備鎮壓民眾要求民主化的呼聲，以掃清掌握政權的絆腳石。他們的戰略是從接管媒體與主要情報機關開始，接著有系統地依序控制國會、行政部門、司法部門等國家主要機關。全斗煥領導的保安司令部的參謀們在籌畫與執行新軍部的執政計畫方面扮演了核心角色。他們重建了已廢除的保安司令部「情報處」，制定試圖控制媒體的「K–工作計畫」。另外，與過去不同，他們將名為「忠貞訓練」的鎮壓示威訓練的強度提高到實戰的水平。一九八〇年五月初，新軍部製作了一套具體的行動計畫——稱為「時局收拾方案」，開始全面吞噬政府。

● K – 工作計畫

一九八〇年二月中旬，全斗煥在保安司令部情報處之下成立一支「媒體工作組」，由保安司對共處准尉李相宰擔任班長，負責監督戒嚴司令部的新聞審查工作，以改善軍方的公共形象，並藉此直接控制媒體。國民輿論是新軍部邁向執政的最大障礙。韓國人民早已飽受軍事獨裁之苦，顯然無意繼續接受這樣的政權。

為解決這個問題，媒體工作組制定了代號「K–工作計畫」

的行動計畫，甚至詳細寫下了該計畫的強調事項：「由於保密是本計畫的必要條件，故命名為『K–工作』，如果計畫執行過程中需要任何修訂或增添，必須經由司令官全斗煥批准後實施。」[21]根據「K–工作計畫」，媒體工作組訂定了一個具體目標：通過輿論操作，將「民主化聲量佔優勢、局面穩定佔劣勢」的現況，扭轉為「局面穩定佔優勢、民主化聲量佔劣勢」。計畫第一階段訂於三月二十五日到五月三十一日，第二階段為整個六月，之後直到計畫完成為止為第三階段。第一階段預算為每月韓元九百七十萬，第二與第三階段的預算為每月韓元四百萬，特殊工作費用另計。「K–工作計畫」的主要目標是韓國七家大報、五大電視台、與兩家通訊社的九十四位社長、台長等媒體界重量級人物和編輯。特工們要逐一與目標個別會面，透過利誘與威脅，逐漸將目標轉變為對新軍部持友好立場。媒體工作組同時還成立「報導審查團」，以保障「國安」為名義逐一審查記者撰寫的報導，對此表示不滿的記者則會被帶到工作組毒打，甚至連他們的家屬也遭受人身威脅。[22]

● 「忠貞訓練」

　　新軍部鯨吞蠶食政府的過程本質上與軍事作戰無異。二月十八日，陸軍本部下達特別命令給第一、第二與第三野戰軍司令官（野戰軍為韓國陸軍的軍團級單位），以及特戰司令官、首都警備司令官與治安本部長，令他們加速「忠貞訓練」的進度，讓本季度訓練工作可以在二月中旬提前完成。「忠貞訓練」是軍隊專門為了鎮壓示威而設計的攻擊性戰術訓練。訓練計畫是根據保安司令官全斗煥的指示、由保安司令部的參謀們製作，再交給陸軍本部實施。

　　新軍部隨即以部署在漢城地區附近的「忠貞部隊」為核心，實施了高強度的鎮壓暴動訓練。「忠貞部隊」是專門投入對政府顛覆行為以及鎮壓騷亂作戰的部隊，部隊組成包括首都警備

司令部轄下的各師，以及第一、第三、第七、第九空降特戰旅，與首都圈的第十七、第二十、第二十六、第三十師。特戰部隊是其中的作戰主力。這支部隊自成軍以來就不受美軍作戰管控，當威脅政權的事件發生時——如釜馬民主化抗爭、雙十二肅軍政變、以及之後的光州抗爭等，就會投入這支部隊鎮壓示威。儘管與美軍完全掌控下的其他正規部隊相比，派遣起來可能會比較麻煩，但「空降特戰旅是執政者非常容易運用的部隊」。[23] 新軍部從釜馬民主化抗爭中學得一個教訓：又快又猛的鎮壓是撲滅抗爭最有效的辦法。[24]

大規模的忠貞作戰訓練從一九八〇年三月四日進行到六日，與大專院校開學同時。這次演習的強度之逼真，幾乎不下於實戰。部隊訓練使用的特製鎮暴棍長四十五到七十五公分，直徑五到六公分，比傳統警棍更大，且由更堅硬的白蠟木製作。[25] 空降特戰部隊的演練項目就是突擊示威人群、驅散群眾後引發恐懼心理，殘忍地毆打參與者，並當場逮捕領導人，以防止群眾重新集結。

在三月六日舉行的「第一次忠貞會議」上，包括特戰司令官鄭鎬溶為首的空降特戰旅長等忠貞部隊的指揮官們，都一致認為學生運動團體是「盲目的反抗勢力」，應該讓這群人與社會隔絕。到四月底，新軍部已針對可能發生的緊急狀況，從後勤物資到部隊調度，都徹底完成了軍事作戰的準備工作。

● 全斗煥出任中央情報部代理部長

四月十四日，保安司令官全斗煥出任中央情報部代理部長，同時控制韓國兩個核心的國家情報機構。這項任職新聞發布後，此前一直隱藏在幕後的全斗煥被媒體曝光，當時位於光州的全南國立大學學生總會的幹部們也對此感到憂慮。全斗煥的名字開始經常出現在校園內的海報與學生集會上。雖說從偶爾自漢城傳來的消息可以得知全斗煥是軍部的核心角色，但大多數光

州市民從未聽說過這號人物。

全斗煥兼任中央情報部長的消息一經宣布立即遭到在野黨與政界的抗拒。美國政府也推遲了定期舉行的「韓美安保協議會議」，作為反對這項人事決定的警告。[26]

● 民主化運動陣營

與新軍部有組織、積極準備發動攻勢的態度相比，民主化運動陣營的進展很緩慢。當時的民主化運動群體大體分為四個潮流：

· 學生運動分子。對時事狀況敏感，能針對政治情勢作出最有力的反應；
· 民間民主化運動人士，包含宗教人士、文人、媒體人、學者與年輕人等，由於曾在維新獨裁政權期間入獄或自我犧牲參與運動，而自然而然聚集在一起；
· 金泳三等反對黨政界人士，以及不斷挑戰維新政權、意圖在政界取得一席之地的在野政治家，代表人物為光州地區的政治人物金大中；
· 來自藍領工人、農民與貧民等社會基層的民運人士。他們因一九七〇年代關於生存權的鬥爭而逐漸組織起來。

到了一九八〇年，這四大民主化陣營之間雖然存在一定程度的角力關係，但根據情勢的發展，學生與在野運動人士相互配合，自然而然達成了觀點上的一致，最後透過「國民聯合」（提倡民主主義與民族統一）實現與親民主化政界人士的串聯。然而，學生運動具有無法反映各種基層民眾要求的局限性。在野運動圈沒有組織能夠匯聚民間由下而上、不斷高漲的熱忱，也缺乏支援民眾為生存權鬥爭的力量。

在光州，在野勢力來自各種背景，有牧師、神父等宗教領導

人，有人權律師，有市民團體、教師等。其中在宗教界中，有像「天主教農民會」與「基督教農民會」根植於農民運動，也有透過「天主教勞動青年會」等組織為工會提供援助。當時光州的在野勢力像韓國其他地方一樣，並沒有做好準備，接受政治上即將燃起的學生運動的劇變。

● 民主之春

隨著新學期於一九八〇年三月展開，韓國人民渴望民主化的熱情也開始融解因朴正熙十八年維新獨裁統治而冰封的荒土。「民主化」成為時代的呼喚，成為一股不再能阻擋的洪流。曾因反抗維新政權、反抗雙十二政變後的緊急措施而遭監禁、以及因涉嫌參與政治事件而遭學校開除的青年與學生，已經獲釋或恢復學籍，回到學校。

三月二十八日，漢城國立大學（今稱首爾大學）學生總會成立。到四月中旬為止，韓國的主要大學都完成了學生總會的組織。學生們壓倒性地支持反維新體制的運動；學生總會的會長們大多也都是來自運動圈出身。

一九八〇年截至四月二十四日為止，勞資糾紛事件已經達到七百一十九起，幾乎為一九七九年全年的七倍（一百零五起）。勞工除了喊出「保障勞動三權」（團結權、集體交涉權、集體行動權）的口號外，同時也出現了廢除《國家保安法》之類的政治要求。不過勞工運動的大眾基礎薄弱，也不具備抵擋新軍部野蠻鎮壓的組織或鬥爭力量。

在這樣的社會氛圍下，四月二十一日於江原道發生的「舍北事件」（礦工與警察發生衝突的抗爭事件）讓政府非常緊張。[27] 二十七日，新軍部計畫投入第十一空降特戰旅鎮壓，但就在部隊前往舍北的途中，事件告一段落，第十一空降特戰旅也從附近的原州市撤兵。[28] 僅僅一個月後，這支部隊將在光州喋血事件中扮演關鍵性角色。

政界也開始積極辯論憲法改革與民主化問題。政府屬意修改為雙首長制的權力結構，國會則反對由政府主導的憲改。反對維新勢力權力集中的民眾情緒也不斷升溫。金大中、金泳三與金鍾泌三位有力的總統候選人之間展開檯面下的競爭。金大中在歷經多年禁止從事政治活動之後，已於不久前重返政壇，金泳三與金鍾泌則分別是在野黨與執政黨代表。這三位候選人一致同意，「不能讓新軍部有任何干政的藉口」，於是呼籲學生與在野勢力克制。同時，美國駐韓大使來天惠與新軍部、韓國政府、政界人士、在野勢力等多個陣營接觸，發出美國對韓國情勢的官方立場是「漸進民主化」的信號。

新軍部在掌握政權的道路上繼續步步進逼。它操控媒體，把金泳三與金大中之間的「兩金」競爭塑造成「醜陋的派系鬥爭」，隨著時間不斷流逝，來天惠大使也逐漸被新軍部強力的勢頭牽著鼻子走。

● 全羅南道地區的民主化力量

光州市內，金相允經營的「綠豆書店」透過舉辦各種讀書會，培養了許多學生運動家，該書店也是打探有關漢城與韓國其他地區動向的情報中心。另外，金南柱、尹漢琫、鄭龍和經營的「現代文化研究所」，其宗旨在於謀求社會運動圈的團結，以走向現場運動為目標。其他帶領民主化運動的組織還包括「良書組合」、「信用合作社」、「青年民主協議會」、「松柏婦女會」、夜校團體、與「光大劇團」。另外，信仰天主教與基督教的宗教人士中，思想進步的信徒也在光州地區帶領工會教育、農會鬥爭與青年活動等。基督教青年會（YMCA）與女青年會（YWCA）也向光州市民伸出援手，增加聯繫據點。到了一九八〇年五月初，光州地區民主化運動的浪潮已席捲大眾，其中站在浪尖上的是以全南大學與朝鮮大學為首的學生運動。

特別是全南大學，由於三十幾位被開除或下獄的學生與教職

員同時返回校園，學生運動的能量與潛力都大於全國任何一所大學。這些重返校園的人包括：因反對一九六五年韓日會談而遭受牢獄之苦的鄭東年、以鄭為首加入「全國民主青年學生總聯盟」的學生（該聯盟在一九七四年被控企圖推翻政府），以及因一九七八年簽署「教育指標」宣言批判《國民教育憲章》而被解職的教職員。約與三月的開課同時，全南大學內「學園自律化推進委員會」成立，並廢除了「學徒護國團」，為學生總會的誕生鋪路。四月二日，法學院三年級學生朴寬賢經由學生直接選舉當選全南大學學生總會會長。[29] 全南大學學生總會在正式的「執行部」之外，還另行組建了「祕密企畫組」。[30] 這個團隊屬下還有一支非公開的、名為「大學之聲」的宣傳小組。

與韓國其他大專院校不一樣的是，全南大學恢復了明魯勤與宋基淑等幾位教授的教職，他們先前皆因教育指標事件被撤職，誓言根除維新獨裁政權的殘餘勢力。[31] 在韓國各地紛紛展開針對大學低年級生實施的「兵營集體訓練」的鬥爭中，年輕的學生群眾對社會政治情勢也有了深刻了解。他們透過持續徹夜席地示威，召開學生緊急總會等方式，馬上就成為抗議運動先鋒。一九八〇年初，全南大學的學生運動逐漸薈萃分散在各種活動的勢力，吸收了群眾的能量，擴大了運動的規模。

同樣位於光州的朝鮮大學，也以一群學生領袖為首展開了學生運動，包括曾因抗議維新政權而遭到監禁、不久前復學的金雲起、李境、梁熙昇、柳在道等，以及在校生李吳正、林旺澤、韓國宰、郭在九、金東洙、張甲洙等。朝鮮大學在「學園自律化推進委員會」與「社團聯合會」等學生團體的推動下，要求開除政府御用的教職員與校長朴哲雄下台等等，藉由挖出私立學校財團的腐敗問題，發動抗爭。但是，朴哲雄為首的學校財團方也顧用黑社會暴力集團，拼命打擊學生組織。最終在五月一日，朝鮮大學學生推遲學生總會的成立，但為了應對迫在眉睫的民主化潮流，成立「朝鮮大學民主化鬥爭委員會」，與全南大學學生總會以及地區內其他學生運動勢力結盟。

光州市內其他大專院校，例如「光州教育大學」、「省仁經商專科大學」（今湖南大學）、「東新專科大學」（今東新大學）、與「朝鮮大學附屬工業專科大學」（今朝鮮理工大學）等，也都忙著組建支持民主化的學生總會，並在五月初時手持校旗，成群結隊參與在全羅南道廳前舉行的民主化集會。當光州市民五月開始在市中心區舉行民主化遊行時，高中生們也舉著各學校的校旗加入遊行行列。其中相當多的成員後來在光州事件中加入抗爭，成為市民軍的一員失去性命。

● 相互衝突的觀點

在一九八〇年五月五日的兒童節，三十多名光州在地民主化運動人士，在無等山山麓的「息影亭」辦了一場春遊。策畫這次活動的「松柏會」，是一個以照顧下獄政治犯家屬為宗旨的婦女組織。這次活動表面上是踏青，真實目的是評估漢城地區迅速變化的政治局勢，探討日後行動可以進行的方向。

會議一開始，尹漢琫首先談到去年十一月漢城基督教女青年會那次失敗的聚會。他慎重提醒道，「儘管民主化前景非常樂觀，但我們仍然時刻處於大規模政府鎮壓的威脅之下。」接著來自的漢城「清溪服裝工會」成員，傳達了戒嚴當局在舍北煤礦工人罷工事件中的強硬鎮壓情況。隨後會議繼續進行，與會者討論了全斗煥或申鉉碻如何一步步掌權、軍方異常的動向，以及美方對此可能的反應等嚴肅的主題。[32]

與會者以釜馬抗爭為例，認為雖然韓國軍部受到美軍的控制，然而一旦爆發社會動亂，美方對軍部動用武力仍會視而不見。美國為了維持冷戰體制，希望兩韓繼續分裂。但無限拖延的軍事獨裁將導致民眾抗拒，造成社會動盪，也因此，通過民主化穩定社會應該更符合美方的利益。面對越趨洶湧的學生示威浪潮，軍方幾乎必將以維護社會治安為名進行反制，到那時，美國真的會站在民主化運動這邊嗎？與會者看法不一。美國過去一

直支持伊朗獨裁政權,但最終沒能阻止魯霍拉・何梅尼(Ruhollah Khomeini)的崛起。[33] 與會的樂觀派認為,只要韓國人民能不斷加大民主化的力道,美國會記取教訓,支持韓國將政治權力從軍方轉移到人民手中。因此在現階段,我們自己能發揮多大的力量爭取民主化是關鍵變數。[34] 比較悲觀的與會者則認為,在民主化壓力不斷增強的情況下,美國可能以對抗北韓入侵為理由,增加對韓國軍部的支援。

於是,在學生抗爭越演越烈的情況下,軍部的反應成為與會者最關切的議題。朴正熙遇刺後的軍方行動似乎顯示,比起制定民主化的日程,軍部全面掌控的可能性更大。大多數人都認為,群眾運動的能量沒有強大到可以阻止軍事政變的程度,學生運動只會單方面遭到鎮壓。既如此,他們該怎麼辦?沒有任何妙計。與會者判斷,如果情勢惡化,與其對抗,不如先暫時避一避,觀察情勢比較妥當。與會的其中一位運動家尹祥源(二十九歲)懷著沉重的心情,收起自身對時局的熱情,回到了任職的「野火夜校」。

這就是為何五月十七日晚間緊急戒嚴令發布、展開逮捕後,眾多運動圈人士選擇躲藏的原因。他們之中幾名領導人在緊急戒嚴令擴大到全國時,立即被預防性羈押,相當多人也已經離開光州。然而,在十八日之後,光州市內發生的情況將遠遠超乎他們的想像。傘兵部隊肆無忌憚的暴力鎮壓將讓民怨達於鼎沸,最終演變成一場大規模抗爭。只有少數幾位仍然留在光州的運動人士與市民們一起投入這場抗爭洪流,尹祥源是其中一人。

● 風暴前夕

時間進入五月後,學生運動進入了下一階段。漢城大學於五月二日主辦「民主化大會」,有一萬多名學生參加。渴望民主化的學生與一般市民們眼見如此盛況,皆獲得了信心。大學生代表們也為了整合全國大學生的行動,宣布之後一起發動「民主

化大遊行」的時間。在野運動分子也積極展開行動。五月七日，「民主主義與民族統一國民聯盟」以它的三位共同主席——尹潽善、咸錫憲、金大中——之名，發表《促進民主化國民宣言》。[35]他們要求結束戒嚴狀態、申鉉碻及全斗煥下台等，公開向政府與新軍部施壓。五月十日，在高麗大學學生總會會長室邀集了來自全國各地二十三所大專院校的學生代表，召開了「學生總會會長會議」。與會學生領導人通過決議發表公開聲明，要求「立即解除緊急戒嚴」，以及「全斗煥、申鉉碻退出維新殘黨」。

經歷十多天的意見討論和立場整合，全國的學生運動也連成一氣。就在同一時間，全斗煥的新軍部與維新政權餘黨也逐漸整頓、結合在一起。面對著「民主化」這一時代課題，以學生運動為先鋒的民主化運動陣營，已掀起一波無可避免的巨浪，即將與新軍部正面對撞。

● 「時局收拾方案」

就在各個大學開始大聲疾呼「解除緊急戒嚴」、「全斗煥下台」的同時，新軍部也從五月第一週開始，正式展開他們的鎮壓作戰。身兼保安司令部司令官及中央情報部代理部長的全斗煥下令，由保安司令部情報處長權正達擬定一項名為「時局收拾方案」的綜合戰略，目的是為本月稍後新軍部接管政府的行動預作策畫。[36]除了權正達之外，全斗煥手下其他保安司令部的參謀也參與了作戰的制定。[37]

五月四日下午，權正達與保安司令部參謀許和平、許三守、鄭棹永、李鶴捧聚在保安司令官辦公室旁的會客室裡，一頁頁向新軍部的重要幹部說明他們整理成圖表的草案。這些人包括首都警備司令盧泰愚、第三軍團司令俞學聖、陸軍參謀次長黃永時、陸軍士官學校校長車圭憲、與特戰司令鄭鎬溶。這些核心成員是「雙十二政變時成立的名為『新軍部』這家公司的大股東」，也是實際上負責調兵的人。[38]「時局收拾方案」的內容主要分為

三點：將緊急戒嚴狀態擴張到全國、解散國會、設立緊急政府機構。

大約在這段時間，陸軍本部作戰參謀部也制定了「學生示威應對方案」。這個戒嚴當局制定的對策分為四個階段：階段一（五月七至十日）由文化教育部發表談話並準備部署軍隊；階段二（五月十一至十三日）發布鎮壓公告；階段三（五月十四至十五日）學校停課；最後在第四階段（五月十七日）投入戒嚴部隊。[39] 換言之，陸軍本部在五月七日以前已經提出全國緊急戒嚴、部署軍隊的措施。政變勢力一方所謂「派出軍隊是由於學生抗議造成社會混亂」的說法，不過是為了五月十七日將緊急戒嚴擴張到全國所找的藉口。[40]

另外，除了「時局收拾方案」，為終止大學校園亂象，全斗煥還下令「對共處」處長兼「聯合搜查團」團長李鶴捧，要他研擬如何逮捕、處理政界人士、在野人士與學運學生的計畫。

● 美國同意調度軍隊

五月七日，一份來自韓國的密電發到華府的「切洛基」小組。[41] 來天惠大使傳來的這份密電標題是「韓國政府正在部署特種部隊」，並且通知駐韓美軍司令官說，「新軍部已經調遣兩個空降特戰旅進駐漢城與金浦機場地區」，為學生示威可能造成的偶發性情況做準備。[42] 這是自雙十二政變以來一直保持沉默的韓國軍方，終於展開行動的信號。[43] 韓美聯軍司令部與美國大使館對南、北韓軍事動態一直瞭若指掌。[44] 這份密電稱，「大學生們宣布，如果當局不在五月十五日以前解除戒嚴令，他們會走出校園，發動示威。軍方顯然把這件事看得很嚴重」。他還提醒道，由於海軍陸戰隊第一師在聯軍司令部的作戰指揮權之下，所以任何調動必須「事先經由美軍同意」，而且儘管韓國軍方還沒有提出調動海軍陸戰隊的要求，但如果接到這樣的要求，韓美聯軍司令部會批准。

在五月七日的另一份電文中，來天惠大使判斷，「我們無論如何……不會在與韓方對話時暗示〔美國政府〕反對〔韓國政府〕在絕對必要的情況下，採取緊急應變計劃維護法律與社會秩序，並投入軍隊加強警力。我相信如果我對此表示異議，我們可能會失去我們在平民與軍方領導層中的友人。」[45]

五月八日，美國副國務卿華倫·克里斯多福（Warren Christopher）立即回電：「我們同意不應該反對韓國政府為維護法律與秩序而採取的緊急應變計劃。」[46]

五月九日，來天惠會見全斗煥，轉達美方立場。儘管用的是外交官式的婉轉辭令，但他表達的核心訊息很明確：美國不反對韓國動用軍隊鎮壓群眾示威。

● 偽造北韓入侵威脅

新軍部在五月十七日將緊急戒嚴地區擴大至全國所採取的藉口，除了因應學生暴動以外，北韓的入侵威脅也很重要。所謂「北韓威脅」的來源，是全斗煥於五月十日接獲的一項北韓即將入侵的情報。全斗煥從韓國中央情報部第二次長「金先生」接獲這項來自日本、名為「北韓南侵相關諜報」的報告後，馬上下令保安司令部的參謀們研擬對策，並將情報告知總理申鉉碻。隨後於五月十二日召開的臨時國務會議中，全斗煥令中央情報部相關局長直接向各部會首長提出報告。結果在沒有確認情報內容真偽的情況下，便倉促提交國務會議討論，北韓入侵的威脅就這樣成為公認的既定事實。

然而美國情報機構表示，中央情報部五月十日報告的這項情報來源並不清楚，實際上不足採信。五月十三日，全斗煥親自會見韓美聯軍司令威克漢將軍，並強調「北韓是隱身學生示威幕後的主謀」，還說「對南韓發動攻勢的決定性時刻可能不遠了」。威克漢當時答稱，「美國已做好隨時保衛韓國的準備，但目前沒有跡象顯示北韓即將入侵」。在這次會談後不久，威克

漢向華府提出報告說，「全斗煥將軍對國內情勢做出悲觀評估，強調北韓威脅的說詞，似乎是他意圖進駐青瓦台的藉口。」[47]

韓國軍方也立即對這項情報的真實性提出質疑。五月十日，陸軍本部情報參謀部也分析了中央情報部的情報內容，達成結論認為，「北朝鮮傀儡政權目前不可能南侵」。[48]

根據不久前解密的一級機密文件，一九八〇年五月九日，美國中央情報局在向美國國家安全會議提出的報告中說，「面對南韓不穩定的政治情勢，北韓目前沒有採取任何軍事行動的跡象。」另外，美國「國家情報委員會」（National Intelligence Council）六月二日的一份極機密文件也說，「到目前為止，北韓對南韓情勢的反應很合理，因為金日成知道對南韓採取任何敵意行動，將帶來幫助全斗煥的結果。北韓絕對不會對南韓境內的事態發展進行干預。」[49]

但全斗煥沒有理會美、韓軍情人員對北韓入侵情報的否認，決定以「北韓的南侵」為主要理由，在五月十七日將緊急戒嚴令擴大到韓國全境。保安司令部為擴張戒嚴令具體提出的說法有二，即「大學生、工會以及不良分子的謀反」與「北韓非正規部隊滲透」的可能性。

● 新軍部先下手為強

新軍部發現，它得在五月二十日臨時國會舉行以前先發制人──因為如果臨時國會決議結束戒嚴狀態，新軍部制定的「時局收拾方案」將全盤落空──於是將緊急戒嚴令擴大實施到韓國全境的時間點定在五月十七日。[50]五月十日下午二時五十六分，第二軍團作戰司令部向戰鬥兵科教育司令部（簡稱「戰教司」，今陸軍教育司令部）下達了「針對校園騷亂的增援計畫指示」。

五月十二日，政界人士向國會提出一份憲法修正案。同一天，全斗煥簽署了「時局收拾方案」，陸軍本部就此展開「忠貞作戰」。第二天，第七空降特戰旅旅長申佑湜接獲陸軍本部

「準備向光州地區出動」的命令，進入待命狀態。根據這項命令，第七空降特戰旅要在全州市的「全北大學」以及大田市的「忠南大學」各進駐一個營的兵力，並將第三十三營進駐全南大學與光州教育大學，第三十五營進駐朝鮮大學。

韓國國防部也以因應「北韓積極展開對韓活動與發動非正規戰的威脅」為由，從五月十四到二十日之間發布命令，要求加強對付北韓特工滲透的反制措施。[51] 根據這項命令，軍方可以在緊急戒嚴令擴大到全國之前便開始調動軍隊。

根據常識，為阻擋北韓入侵，南韓軍應該在距離「休戰線」不遠的地方部署。但新軍部以剷除北韓滲透分子為藉口，在距離休戰線以南很遠的後方部署受過鎮暴訓練的「忠貞」部隊。這些部隊接獲的「騷亂鎮壓空地協同作戰計畫」，也證明了他們的任務是鎮暴。[52] 根據這項作戰計畫，要求部隊「從反制間諜作戰的角度鎮壓騷亂」，並動用武裝直升機進行鎮暴。五天後，該作戰於光州市展開。

● 金大中成為目標

在光州事件爆發前幾天，政界人士準備將多項決議案提交國會。這些針對當下時局的決議案包括敦促解除戒嚴令的決議案、加速政治進程的決議案、解散政府「修憲審議委員會」與舉行修憲公民投票的決議案，以及釋放政治犯的建議案。金大中舉行記者會宣稱，「如果北韓共產主義者利用南韓政府的過渡時期，試圖以武力實現其野心，無論有多少人反對，我都會挺身帶領國民，粉碎他們的侵略野心」。金大中領導反共的誓言，旋即使他成為新軍部的眼中釘。

五月十三日，保安司令部情報處長權正達將平時由情報處管理的監視人物名單交給了對共處處長兼聯合搜查團團長李鶴捧。名單上列出的拘捕對象分為「破壞國家綱紀者」與「濫權非法斂財者」兩類，其中學生示威抗議的主謀都列在第一類，從事貪

腐勾當者則列在第二類。試圖同時清除民主運動人士與非法斂財者，是為了緩和民眾抵抗的手段。因為如果只逮捕民主人士，很可能遭致國民強烈反彈，所以才在名單加入非法斂財者「灌水」。

列入第一類逮捕目標的人士包括金大中（民主主義與民族統一國民聯盟共同主席）、金東吉（延世大學教授）、李文永（高麗大學教授）等。列入第二類目標的人士包括金鍾泌（民主共和黨總裁）、李厚洛（前中央情報部部長）、朴鐘圭（前總統侍衛長）、金致烈（法務部長）等。新軍部認為可能成為執政絆腳石的人，都被挑了出來，與一些有貪腐前科的人一起被當作從政界剷除的對象。

● 高漲的民主化呼聲

光州的學生們於五月十四日開始走上街頭，比漢城晚了一天。全南大學學生總會於五月十三日因收到漢城的大學生已開始街頭示威的消息，受到很大鼓舞，當日下午便召集光州地區七所大專院校的學生代表集會。從十四日下午開始，全南大學與朝鮮大學的學生們首次上街發動抗議。

五月十三日晚上，當漢城的學生湧上街頭時，來自漢城地區二十七所大專院校的四十幾名學生代表在高麗大學學生總會長室集會，經過徹夜討論，最後決定於十四日上午擴大抗議規模，全面展開示威。十四日中午，漢城市內七萬多名大學生同時走出校門，全國總共三十七所大專院校的學生高舉民主化的要求，如潮水般湧上街頭。

「結束緊急戒嚴！」「全斗煥下台！」「打倒維新殘黨！」

五月十四日，總理申鉉碻於上午八時與下午二時三十分兩度召開國家安全相關的部長會議。所有與會者都透過兩架飛越漢

城上空的直升機，親眼目睹學生示威場景。內政部長金鍾煥建議總理申鉉碻投入軍隊，他認為學生示威規模過大，單憑警力已不足應對，並且要求戒嚴司令官李熺性派軍隊保衛關鍵機構與基礎設施。

但是，戒嚴司令部領導的軍方動作，比金鍾煥的要求還快了一步。第九空降特戰旅已於五月三日配屬到首都軍團，第十三空降旅於五月八日進駐第三空降旅駐紮地，第十一空降旅於五月十日進駐第一空降旅駐紮地，第三空降旅於五月十四日進駐國家公墓。接著在五月十五與十六日，第二十師的三個團分別進駐漢城市內幾處重要據點，例如「孝昌體育場」。

五月十四日下午，戰教司令官尹興禎根據陸軍本部當天上午七時五十五分下達的命令，開始在光州市內重要設施派駐戒嚴部隊。換言之，在光州學生展開街頭示威以前，陸軍本部已經下達了加強警戒主要建築物的指示。

在學生示威展開前，行政與情報機構也已形成具體的應對方案。五月十四日上午十時四十五分到十一時二十分，全羅南道知事張炯泰召集地方治安官員在知事辦公室舉行了對策會議，討論如何應對不斷升溫的校園示威，與會官員包括第三十一師師長鄭雄、全南大學與朝鮮大學校長、中央情報部光州站站長、全南聯合團長（即五〇五保安部隊隊長）、以及全羅南道警察局長。

當天下午，同時兼任全羅道戒嚴分部長的尹興禎中將，與鄭雄及第七空降特戰旅旅長申佑湜，在位於尚武台的戰鬥兵科教育司令部內的全羅道戒嚴分部開會，預先討論了第七空降特戰旅部署於光州各地如何運輸、支援等問題。且早在四天前的五月十日，陸軍第二軍團作戰司令部也已經下達「第二軍團關於校園騷亂的增援計劃」。

另外，根據時任特戰司令部軍需參謀李尚漢上校的證詞，空降特戰旅的上層長官於五月八日至十六日間曾經南下光州。其中特戰司令官鄭鎬溶少將、作戰參謀張世東上校、軍需參謀李

尚漢，以及一名姓名不詳的保安司令部某處長，一同搭乘直升機飛往光州附近尚武台的戰教司訪問。[53]

光州市內的學生示威在十四日下午兩點五十分正式展開。湧進市區的示威學生來自全南大學與朝鮮大學，甚至也有幾所高中的學生。一萬多民示威者擠滿全羅南道廳前的廣場，學生們以圓形的噴水池為中心，在廣場上舉行「民主化盛會」。學生們在會中慷慨陳詞，高喊「立即解除緊急戒嚴！」、「縮短政治改革日程！」、「保障勞動三權！」等主張，每次演說結束時周圍聚集的市民都報以如雷掌聲。集會於下午六時散場，學生們返回校園徹夜靜坐示威。當天在漢城，大學生們的示威活動一直持續到晚間十時十五分結束。

● 撤離漢城車站

第二天下午二時三十分，光州的學生們又在道廳前的廣場集會。當天全南大學的教授們也加入了示威行列。走在隊伍最前面的六名學生共同展開一面巨幅太極旗（韓國國旗），隨後是五十幾名教授，其他學生緊隨其後。這是韓國自一九六〇年的「四一九革命」以來，教授與學生第一次一起進行民主化遊行。與昨天不一樣的是，因為警方沒有積極干預、不讓學生走上街頭，這場示威相對平和。

另一方面，來自三十五所大專院校的十萬多名學生湧入漢城車站前的廣場。從十三日開始在漢城地區持續三天的大學生示威，此時緊張情勢已經沸騰。學生與警察在街頭激烈衝突，癱瘓了市區的交通。警車遭到縱火，示威持續到夜間。釜山、大邱、光州、仁川等地方大城市的二十四所大專院校也相繼發動了街頭示威。

同一天下午，民主共和黨總裁金鍾泌拜會總理申鉉碻，表示「在任何情況下都不能用物理方法解決問題」，他「堅決反對強硬鎮壓」。政府召開了一次全斗煥也出席的內閣級座談會，

請總統崔圭夏提前結束海外的國是訪問回國。申鉉碻總理保證，「我們會與國會及其他部門密切合作，協商政治改革日程，適當調整後能提前的事情會盡量提前，以順應國民的期望」。

當天晚上，漢城地區學生總會代表再次聚集高麗大學，召開緊急會議，討論抗爭是否繼續或存在後續計畫。在經過激烈的討論後，決議暫時停止示威，觀察情勢發展。這兩天學生已經向政府清楚表明了立場，而且軍事干預可能性也已增加。學生們判斷，既然在大規模抗議兩天之後，政府沒有下達停課令，一旦政治氣氛惡化，他們仍可以隨時走回街頭舉行大規模示威，因此決定暫且先回到學校。這次停止示威的行動即所謂「撤離漢城車站」。[54] 學生撤離的消息迅速傳到其他地區，除了光州之外，釜山、大邱、全州等大多數其他城市的大專院校也附和漢城地區大學的這項決定，暫時停止示威。幾天來讓政局陷入緊張的情勢終於重歸平靜。

但另一邊，五月十五日下午五時零五分，三十一輛兩噸半卡車駛離戰鬥兵科教育司令部，準備將駐在全羅北道金馬的第七空降特戰旅送往光州。[55] 約在同一時間，為了部署兵力在忠南大學和全北大學，大田的第三軍管區司令部與全羅北道的第三十五師也將運輸車輛調往第七空降特戰旅司令部。到五月十五日，將空降旅部隊運往光州各大學的準備工作已經完成。

● 五月十六日光州的「火炬示威」

五月十六日，週五，光州的民主化群眾大會進入第三天。三萬多名大學生與光州市民聚集在全羅南道廳前的廣場，在場氣氛熱烈。這一天也是朴正熙在一九六一年發動「五一六軍事政變」掌權的紀念日。光州地區學生運動的領導者們決定當天的示威與以往不同，要以舉起火炬的方式，象徵點燃民主化的意志，照亮十八年來維新獨裁政權統治下暗無天日的歲月。

同一天，全南大學學生總會會長朴寬賢找上全羅南道警察局

五月十六日晚，舊全羅南道廳前廣場以火炬示威，舉行了民主化大集會。

長安炳夏，表示學生會謹守紀律，希望警方不要阻止示威。安炳夏欣然同意，這場示威也和平落幕。光州是那天唯一有示威的城市。警方因擔心火炬示威過程中發生意外事故，也給予相當積極的協助。[56]

示威結束後，全南大學學生會成員一致決定，如果學校被勒令停課，他們要在翌日上午十時在學校大門前集合。如果不能在學校大門前集會，他們就要在中午十二時於道廳前廣場的噴水池集結，走上街頭抗爭，並在五月十七與十八日兩天的週末暫時休息一下，觀察情況發展。

● 「全軍主要指揮官會議」

五月十七日是新軍部的作戰行動發起日。包含全斗煥在內的新軍部核心成員從早晨開始就非常忙碌。上午九時三十分，保安司令部情報處長權正達奉全斗煥之令，向國防部長官周永福說明了「時局收拾方案」三要點：將緊急戒嚴令擴大到全國、解散國會、以及設立緊急領導機構處理這場危機。權正達同時

也指示周永福，希望軍隊的指揮官們表態支持這項計畫。這是為了讓「時局收拾方案」能夠在當天召開的「全軍主要指揮官會議」上被採納成為軍部的意見。事實上，只須通過國務會議表決就能擴大實施戒嚴，沒有召開「全軍主要指揮官會議」的必要，但如果總統拒絕，便可以用這是「軍方一致的意見」為由，向總統施壓。

上午十時，全斗煥單獨前往青瓦台向總統崔圭夏報告國內的安全狀況。全斗煥表示，他即將開始推動「時局收拾方案」以及「逮捕、調查騷亂幕後主謀及濫權非法斂財嫌疑者計畫」。前一天晚上提前結束中東訪問、匆匆回國的崔圭夏聽取了全斗煥的報告後，指示此事要依法慎重處理。

接著，從上午十一時到下午二時三十分，「全軍主要指揮官會議」在國防部第一會議室舉行。會議由周永福主持，有四十三名負責重要崗位的指揮官與會。這場會議其實也是全斗煥在前一天下午一點三十分打電話給周永福，要求他舉行的。在「時局收拾方案」的三要點之中，只有「將緊急戒嚴令擴大到全國」一項經會中決議通過。至於另外兩項要點，「解散國會」與「設立緊急領導機構」在會議中沒有討論，因為考慮到部分輿論認為這麼做形同軍方越權。[57]

在取得與會指揮官們的聯署後，周永福與戒嚴司令官李熺性連袂於下午四時三十分拜訪總理申鉉碻。在接到這項會議的報告內容後，申鉉碻總理說，「是否擴大戒嚴是總統的決意事向，應由總統提議」。但他也明白表示反對另外兩個要點，強調「解散國會」與「設立緊急領導機構」都是政治事務，軍事領導人不應置喙。[58]

下午五時十分，周永福、李熺性、申鉉碻、全斗煥一起進入青瓦台，向崔圭夏總統提出計劃。崔圭夏表示，「類似這樣的情況，我國有過一次五一六軍事政變就夠了，就算是為了軍方的名譽，也不應使憲政再次中斷」，沒有同意「解散國會」與「設立緊急領導機構」。他決定只接受擴大戒嚴的建議，並指示總

理申鉉碻召開國務會議。[59] 這時是晚上七點。崔圭夏這時已經寬心不少，因為示威學生已於五月十六日將運動方向轉變為「關注政府的立場」。但是新軍部卻更加強硬地對他進一步施壓。

晚間八時，戒嚴司令官李憙性在保安司令部內編好了行動劇本，按照戒嚴司令部的要求，下達了將緊急戒嚴狀態擴大至全國、找出示威主導者和幕後勢力，以及逮捕政治家的命令。所有這些行動都是在國務會議通過擴大緊急戒嚴案之前便已採納。

● 五月十七日：緊急戒嚴擴及全國

十七日晚間九時四十二分，國務總理申鉉碻召開臨時國務會議，會場所在的中央廳（舊朝鮮總督府）周邊被五百九十五名全幅武裝的戒嚴部隊包圍。此前下午約五時左右，首都警備司令盧泰愚派軍來到現場，下令憲兵進入中央廳內，大批第三十警備團的兵力則部署在建築物外。盧泰愚事先沒有通知戒嚴司令部，便擅自採取這些行動。[60] 晚間七時三十五分，第三十警備團十八名攜帶手槍與 M16 步槍的軍官、三百二十四名士兵與四輛裝甲車守在中央廳建築外圍。中央廳大樓入口、樓梯、走廊上每隔一、兩公尺一個人，部署了十七名首都警備司令部憲兵團的軍官，與二百三十六名武裝士兵。為切斷一切與外界的聯繫，憲兵團通訊科切斷了中央廳內所有兩千四百四十條電話線。軍人們嚴格管控門禁，只有國務委員（內閣閣員）可以進出，運氣不佳沒能來得及下班的公務員都被關進五樓，直到翌日上午七時中央廳解除管制後才能回家。在這次警戒森嚴的國務會議中，國防部長官周永福提起北韓的動態，提議「宣布擴大戒嚴」。沒有一名國務委員發言。當然也沒有人對這項提議進行辯論，僅用八分鐘就決議通過。[61]

十八日午夜零時二十分，戒嚴部隊以八輛輕裝甲車與四輛戰車為首，佔領了國會議事堂。凌晨一時，戒嚴司令官李憙性發布「第十號戒嚴令」。這項戒嚴令的原案也是經保安司令部立

案後才送到戒嚴司令部。戒嚴令內容包括：終止政治活動、禁止集會及示威、大學停課、事前審查媒體報導、禁止罷工、散布流言蜚語等。這是新軍部針對崔圭夏反對解散國會而採取的反制，透過戒嚴令強行帶走政界人士、佔領國會等手段，強行創造了無異於解散國會的情況。

● 預防性監禁

　　五月十七日中午十二時左右，保安司令部對共處處長李鶴捧奉全斗煥之命，向「騷亂幕後主謀及濫權非法斂財者」所在的全國各地區的保安部隊發送了電文，通知這些保安部隊於「當晚十時，同時逮捕對象」。民主主義與民族統一國民聯盟共同主席金大中，於晚間十一時在漢城東橋洞的家中被十九名首都警備司令部的憲兵帶走；民主共和黨總裁金鍾泌，也於同時在位於新堂洞的住家遭保安司令部的搜查官拘捕；全南大學剛恢復學籍的學生鄭東年，則於一小時後的午夜十二時遭光州地區聯合搜查團的搜查官拘捕。

　　緊急戒嚴擴大至全國後，新軍部將注意力轉往光州與全羅南道地區的反應。十七日下午六時左右，五〇五保安部隊對共科科長徐義男中校，在結束一次全國性保安部隊對共科科長會議返回光州後，告訴搜查人員，「光州因為金大中而成為鎖定目標」。[62] 從五月十七日晚間十一時起，開始執行預防性監禁，納入鎖定目標的人物一一被捕。光州共有二十二人被納入拘捕目標，其中十二人來自全南大學，十人來自朝鮮大學。[63] 全羅南道地區的聯合搜查團以五〇五保安部隊為骨幹，中央情報部與警方則負責從旁協助。全羅南道警局、光州警署、西光州警署各出十人，共三十人被調入聯合搜查團。每一名保安司令部的人員都由一名刑警陪同。徐義男中校命令保安司令部的人員，在五月十八日凌晨四時以前要確實將目標逮捕，且必須直接拘捕，不得假手警方。在光州，八十六名保安司令部要員與警察分乘

二十二輛車出動，共逮捕了十二人。[64] 在全國擴大緊急戒嚴的同時而採取的預防性拘捕措施中，共導致兩千六百九十九人被捕，其中四百零四人被起訴，兩千兩百九十五人在訓誡後釋放。[65]

● 戒嚴部隊進駐光州

五月十七日上午十時四十分，第二軍團司令官陳鍾埰下令第三十一師師長鄭雄將第三十一師的兵力進駐光州地區八所大專院校。到下午五時，軍方已在全南大學與朝鮮大學校園設置帳篷。駐紮地在全羅北道金馬的第七空降特戰旅（旅長申佑湜准將）於晚間十時出動，在深夜中進逼光州，轄下的第三十三與第三十五營的八十四名軍官與六百零四名士兵，於十八日凌晨一時十分抵達光州市。[66] 在全羅道以北，第三十一與第三十二營則分別佔領了全北大學與忠南大學。

另一邊，五〇五保安部隊徐義男中校將光州聯合搜查團所屬的保安部隊成員，派遣至已進駐全南大學與朝鮮大學的第七空降特戰旅，並指示「之後將部隊的軍情報告直接送交五〇五保安部隊，而不是按照慣例向所屬部隊報告」。[67]

第七空降特戰旅在完成部署後，立即在校園展開搜索。第二軍團作戰司令部奉陸軍本部之命，向第七空降特戰旅下達了包含兩項指示的出動命令：第一，寄宿在校內的人員全部強制返家；第二，逮捕所有校內運動的主謀。不過，進駐全南大學與朝鮮大學的空降特戰隊員們完全不理會這兩項指示，在校內見到引人注目的學生就無條件抓捕，甚至毒打一頓之後再送往拘禁。

● 鎮壓序幕

五月十七日晚間七時，經濟學者朴玄埰受邀在光州基督教女青年會禮堂發表演說。基督教女青年會座落在錦南路上，就在全羅南道廳前方。三百多名大專學生與當地居民參加這場活動，

坐滿禮堂一樓與二樓坐席。演講結束後，與會群眾歡聚一堂，不捨就此散去。由於為期三天的民主群眾大會圓滿結束，人們對民主即將到來充滿期待，會場上一片興高采烈。

晚間的電視新聞報導也說，國會將於五月二十日舉行第一百零四屆臨時會，廣泛討論「解除戒嚴」、「縮短政治改革日程」，以及「接受國會修憲特別委員會制定的修正案」等相關時局議題。光州市民們見到一直以來不透明的政局似乎露出一抹曙光，樂觀地認為事情似乎即將苦盡甘來。

但就在一剎那間，一切在他們眼前逆轉。約在晚間七時，全南大學學生總會辦公室接到一通來自漢城一名女學生打來的電話，聲音相當焦急地說道，有消息稱漢城地區各大專院校學生總會的會長們都遭到戒嚴部隊帶走。衝擊性的消息讓學生不敢置信，但時間緊迫，不容遲疑。全南大學學生總會暫時躲到了位於光州市東方、無等山山腰深處的「無等山莊」。在山莊裡透過電視獲悉擴大戒嚴的消息後，學生總會分成兩組，一組由會長朴寬賢率領，留守無等山莊，另一組則由總務部長梁康燮率領，於晚間十一時左右轉往城裡的大地酒店，希望確認漢城情勢的變化。

午夜時分，由於收到綠豆書店店長金相允「最好躲避」的通知，梁康燮轉換地點，進入了全南大學學生總會辦公室。就在同時，保安部隊的預防性拘捕隊衝進綠豆書店，戒嚴部隊也同時從正門與後門闖入全南大學與朝鮮大學。來不及躲避的金相允在綠豆書店即將打烊時被忽然帶走。梁康燮與七名學生會幹部目擊了進入校園的戒嚴部隊，於是分成兩組逃逸，但副會長李承龍（二十一歲）與另兩名幹部被捕。[68] 第七空降特戰旅已佔領了全南大學，翻遍了校園內的建築，抓了六十九名學生。空降特戰隊員們配備上了刺刀的 M16 步槍，將被捕的學生用繩索綁起來毒打。同一時間，佔領朝鮮大學的第三十五營也逮捕了四十三名學生，其中包括二十多名正在準備學校活動的廣播班學生。[69] 在全羅北道的全北大學，第七空降特戰旅士兵突襲校

園時，農學系二年級學生李世鍾從學生中心屋頂墜落，不幸身亡。[70] 當天夜裡有許多學生被捕，包括全南大學六十九人，朝鮮大學四十三人，全北大學三十四人，以及圓光大學二十三人。

另外，五〇五保安部隊隊員與警方一起突襲了復學學生與學生會幹部的住家。他們在深夜穿著軍靴直闖臥室，拔出手槍，推開哭喊的家屬，拖走要逮捕的目標。朝鮮大學藥學院學生柳素英，於五月十七日午夜在家中被捕，是那天晚上唯一被捕的女學生。[71] 尹漢琫僥倖逃過一劫，因為他在朴玄埰的演說結束後，與「現代文化研究所」所長鄭龍和、全羅南道「天主教農民會」會長崔成浩一起去了詩人文炳蘭的家。[72] 在朝鮮大學民主鬥爭委員會成員中，復學學生金雲起、梁熙昇、柳在道於十七日傍晚因預防性監禁被捕。李吳正、韓國宰、金大勳逃往全州，郭在九逃往珍島。

十八日早晨，全南大學學生總會會長朴寬賢前往光州光川洞的「野火夜校」，見到了尹祥源。尹祥源勸朴寬賢先找個可以保持聯繫的地方躲起來。那天下午，朴寬賢帶著幾個人離開光州前往麗水市的突山避難，但之後音訊全無。許多市民在五月二十二日「光州解放」那一天尋找朴寬賢，但他最終沒能回到光州。[73]

光州地區的大學生們因為學生總會的領導層無法發揮功能，自此群龍無首，只能暫時待機。但是，抗爭之火已經在普通市民心中點燃，在他們奮不顧身地自發參與下，原本微弱的火苗將化為熊熊烈焰。

第 2 章｜零星而被動的抵抗

（五月十八日，週日：抗爭第一天）

● 導火線

　　五月十八日是個晴朗的春日，清晨的涼意很快化為朝陽的和暖。但光州市內的氣氛卻很冷清，大街小巷寂靜無聲，一片蕭殺之氣。臨時從全羅南道內其他市、郡等地區派出所或分署調來的便衣警察，成群結隊守在各關鍵要地。人們只能面帶憂愁躲在後街暗巷，低聲交換著訊息。前天晚上照亮了這座城市的火炬示威還歷歷在目，但如今火光似乎一下子就熄滅了。市民們開始三三兩兩聚在錦南路一帶的繁華街道與市內各處，相互交流傳聞，就連路過的民眾也會駐足旁聽。雖然偶而能看到市民與警察發生口角，但大體上一切正常。

　　早上七時，為了進入圖書館的學生們在全南大學大門口遭到傘兵部隊毆打。這些學生並不關心「擴大戒嚴」等全國政治情勢的變化，他們只是專注準備就業或升學考試而已。五、六名被打傷的學生送往雞林洞的盧俊采外科醫院治療。[1] 隨著時間不斷逝去，越來越多學生聚集在正門前。其中有些學生想進圖書館，有些約在校門口集合準備郊遊，有些是為了來校園運動，但與這些不同的是，還有些學生是因為之前的約定而來：如果下達了停課令，就要於上午十時在校門口集結。學生們徘徊在傘兵部隊擋住的校門口，不肯離去。他們還不知道昨晚留在校園內的學生已經被帶走的事實。

　　全南大學人文社會學院三年級學生李光浩（二十一歲），在

聽到緊急戒嚴擴大的消息後，提早趕往學校，打算收拾學生會活動相關的文件。他於早上八時到達校門口，遇到學生總會會長朴寬賢一行三、四人正從農學院方向走出來。他們只有交換眼神，示意彼此保重。

　　這時，第七空降特戰旅第三十三營第九野戰大隊第七連所屬的十一名士兵守在全南大學校門口保持警戒。但眼見學生越聚越多，第三十三營營長權承萬中校加派了三十名兵力守門。因為第七空降特戰旅旅長申佑湜准將預計將於上午十一時前來視察，權承萬中校產生了想盡快穩定校門口情勢的急躁心理。[2]

　　到上午九時，李光浩發現聚集校門口的學生人數增加到約五十人。學生們列隊高喊著「解除戒嚴！」的口號，企圖硬闖軍人封鎖的正門。但經過幾次嘗試都沒能成功，於是只好喊著口號在校門前盤旋。到十時左右，學生人數已經破百，旁觀群眾人數也在不斷增加。一名軍官拿起擴音器，要求學生解散。學生們集結在校門前方的橋邊，開始靜坐示威。沒多久，學生人數又增加到兩百至三百人之間。示威群眾激烈地高喊「解除戒嚴令！」、「全斗煥下台！」、「解嚴軍隊撤退！」、「撤銷停課令！」等口號。

　　進駐全南大學的空降特戰部隊最高負責人權承萬中校發現情勢不尋常，於是親自走到示威群眾前面威脅道：「立刻解散，否則將以武力驅散。」學生們不但沒有理會，反而更加高聲唱起歌來。

　　「開始突擊！」

　　權承萬用簡短、強烈的聲音下達了命令。傘兵隊員們發出可怕的喊聲，舞起大棒襲向學生，用棍棒亂打起來。與警察不一樣的是，他們毫不留情地往頭部打下去。瞬間就有許多人流血倒地。感到震驚的學生們沒想到士兵竟然真的出手鎮壓，他們很快逃進附近巷弄裡重整隊伍，然後開始丟擲石塊反擊。[3]空降特

戰部隊的隊員們也絲毫沒有退卻，不斷往前進逼，他們追著學生用棍棒死命地打。幾名被打得不省人事的學生被拖走。這場激烈的攻防戰持續約三十分鐘以上。手無寸鐵的大學生，對上受過鎮壓暴動與游擊戰特殊訓練，堪稱最精銳的空降特戰部隊，從一開始就是不合理的。

　　上午十時三十分，學生與傘兵隊員正在互相攻擊的時候，金漢中（二十歲）大聲叫道，「各位！我們應該前往道廳，不要在這裡繼續沒有勝算的戰鬥。」學生們接受這項建議，開始往市中心移動。[4]當時在場的還有全南大學學生朴朦救（二十五歲）、李敦揆（二十二歲）、千英鎮（二十歲）、曹吉英（二十二歲），以及朝鮮大學學生朴采英（二十一歲）與羅正植（二十一歲）等。

　　在全南大學的後門也發生傘兵隊員使用武力鎮壓的情況，只不過情勢與前門不同。學生沒有聚集在後門抗爭，儘管如此，守在後門的傘兵隊員只要見到可能是大學生的過往行人就發動攻擊，並隨意抓人。軍人甚至衝上停下來卸客的巴士，把車上的年輕人拖下車來一陣亂毆。

　　上午十時，即將入伍服兵役的范振彥（二十一歲）因父親差遣，搭市區巴士前往購買農藥，他搭的巴士此時停靠了在全南大學後門的巴士站。當車門一打開，士兵突然衝進車內，開始毆打年輕乘客。二十多名乘客莫名其妙地被拖進全南大學。一名因腿傷而不能行走的女學生還被士兵強行拖走。[5]做家具生意的張天洙（男，二十四歲）為了辦事，於十時三十分在全南大學後門的巴士站下車。他一下車立即被兩名士兵拉到警衛室，毫無來由地用軍靴踢他，並用棍棒一陣亂打。張天洙的雙手被抓住，在無法抵抗的狀況下頭部與腰部遭到重傷。[6]後來在檢察機關的調查中，權承萬中校承認，第七空降特戰旅在事件初期過度鎮壓的事實：

　　「負責把守全南大學後門的第七野戰大隊高○○上尉說，『巴士上傳來嘲諷聲，所以哨兵衝上巴士，把幾個人拖下來，

打了他們幾拳，讓他們跪在地上接受隊長的教育，然後才釋放他們。』當然，在教育的過程中，出於本能上的原因會毆打幾拳。」[7]

● 市中心的抵抗

　　當第七空降特戰旅在全南大學大門外追捕小群抵抗的學生時，有學生建議應該到市內，將戒嚴部隊已經控制校園的事實告知眾人。學生們互相高喊「在光州車站重新集結吧！」。四散逃竄的學生們開始三五成群，來到一公里外、光州車站前方的廣場。在重新整理好隊伍之後，他們決定以全羅南道廳前的廣場為目標開始行進。在經過長途巴士總站，到錦南路天主教中心的途中，一路上有人邊奔跑邊高喊著「解除戒嚴！」、「釋放金大中！」、「全斗煥下台！」、「戒嚴軍撤退！」、「撤銷停課令！」等口號。大多數市民這時還不知道金大中等人已經被捕。僅僅兩句話就足夠對他們宣告，期待民主化的渴望已經被維新政權殘餘勢力以及軍方的政變集團摧殘淨盡：

> 「全斗煥發動了政變。」
> 「金大中已經被捕。」

　　學生們在沒有遇到阻力的情況下一口氣走了三公里，於上午十一時抵達天主教中心。接著他們在成群結隊走向基督教青年會時，撞上鎮暴警察，於是改變路線，迂迴到忠壯路郵局。鎮暴警察這時已經駐守在忠壯路一街路口，用盾牌組成一道封鎖線。示威群眾於是分成兩股：一股直走向光州川，另一股轉入忠壯路二街。在此期間學生人數如滾雪球般持續增加。十一時二十五分左右，學生向忠壯路派出所丟擲石塊，砸破九扇窗。[8]
　　被警察趕往光州川方向的學生，於上午十一時三十分左右在光州公園廣場稍作休息後，經中央路進入錦南路的天主教中心

全南大學學生進入市中心的路線 (5.18. 10:30-12:00)

前方。兩到三百人隨即在錦南路靜坐示威。數以百計的民眾聚集在路邊觀看，但沒有人欣然加入。過了一陣子，示威人數增加到超過五百人。鎮暴警察包圍學生，向他們發射催淚彈，學生們的頭頂上畫出一條條催淚彈爆炸產生的拋物線煙霧。

學生們困惑地發現，警方的鎮壓方式與兩天前火炬示威期間的友好態度相比，已經出現一百八十度的反轉，變得十分粗暴。在錦南路兩旁駐足旁觀的民眾開始對警方發出噓聲，辱罵警方。警察人數遠遠超過示威學生，多人遭逮捕，但學生也堅持不退，儘管一再遭到驅散，卻一再重整隊伍，繼續抗爭。

就像漢城的光化門與市政廳前的廣場一樣，錦南路與全羅南道廳外的噴水池，直到今天仍是光州最具象徵意義的地方。市中心發生這些事情的消息，迅速傳遍了整個光州。

● 出動直升機追蹤示威群眾

隨著時間的推移，情況對學生越來越不利。光州民眾儘管為學生感到憤怒，但不敢加入示威。逐漸被趕出錦南路的學生，決定避免與警方發生不必要的對抗，轉而到錦南路周圍找回分散的學生。中午十二時三十分，錦南路以北與以南的市區，情勢也出現類似變化。在錦南路走散的約三百多名學生在市立學生會館前重新集合，往東區不老洞的橋樑挺進。他們遇上從東區結隊遊行而來的另三百多名示威者。兩股人馬原本都以為只有他們在持續示威，當發現彼此從不同方向同時奮鬥時都發出了感嘆。示威隊再次士氣大振。

之後，示威隊伍湧向長途巴士總站，希望能將軍事政變以及學生公開抗議的示威消息傳遍到周圍的地方。學生們扯破嗓門喊出了口號。有些學生還直接走進候車室，對著等車旅客喊話，拜託他們回到地方後一定要廣為宣傳光州發生示威的消息。警察則包圍了巴士總站，還將催淚彈投擲進候車室內。示威群眾只好急忙向「大仁市場」的方向逃竄。

在警方驅趕下，學生示威隊伍通過巴士總站前圓環，逃往光州市民會館，這時一幕前所未有的奇景出現了：一架直升機加入追逐行列。很顯然，直升機上正在用無線電向鎮暴警察通報示威人群的位置。當時與示威群眾一起的全南大學學生林落平（二十二歲），在作證時指出，直升機颳起的風強大到可以把示威群眾驅散。[9] 示威學生分散逃入小巷，但都遭到警方阻截。有了這架直升機，鎮暴警察的行動似乎變得非常迅速。陸、空兩路協同鎮壓的作戰開始了。[10]

警方用暴力行動把示威者一路逼到距離錦南路約一公里的雞林電影院，無數學生在這段過程中被捕，沒有被捕的幾乎全數逃逸無蹤。最後只剩下約二十人沒有散去。直升機繼續在上空盤旋，搜索學生示威隊伍的主力。

● 第二條導火線

直升機加入搜索後在導致示威隊伍分散。這場示威很有可能就此畫下句點，像過去維新政權期間出現的幾次類似事件一樣。留在雞林電影院的最後一群學生躲進附近一間桌球場，以躲避直升機。儘管只有大約二十人，在那天下午，就像全南大學校門口首次的那場示威一樣，這群學生扮演了重新點燃反抗火焰的關鍵性角色。經過一番簡短的討論，他們同意於下午三時在忠壯路一街的市立學生會館（今光州學生獨立運動紀念會館）前再次集合。在向其他盟友散播這件消息後，他們稍事休息，進午餐，然後重新整隊。到了下午，市中心的商鋪察覺不對勁紛紛關門打烊。

學生自下午二時起開始再次聚集到市中心區以及光州公園前的廣場，一個小時以後，他們的人數增加到五百多人。此時，學生們和其他示威群眾會合，湧到了學生會館後方小巷。[11] 學生會館前方這時守著二、三十名警員，放鬆警惕地坐臥在幾輛載有催淚瓦斯槍的吉普車與車輛旁邊。這時人數已經破千的示威人

群偷偷潛入已鬆懈的警戒網，然後用一陣石雨發動奇襲，把這些警察打得落荒而逃。示威隊伍拆了警車上的裝備，在座椅上放火，然後合力掀起警車。火焰直衝雲霄，示威者們歡聲雷動。

學生會館前的攻擊成功後，示威群眾士氣大振，敢於採取更果斷的行動。在那天上午，因警方追逐而不斷逃散、重整的過程中，示威隊伍學習到如何發揮機動性。隊伍行進時會以一人為先導指揮，後面跟著一人手持韓國國旗，然後是十餘名手挽著手、一起唱著歌的學生。這樣的編隊使有意加入示威的民眾可以很快加入示威行列。示威學生在整個下午的街頭抗爭過程中一直運用這套辦法。

這天下午的示威狀況，與上午已經大不相同。上午的示威參與人數只有五百多人，再加上未能及時應對警方的追擊，只能單方面遭驅趕。但從下午開始，示威人數大幅增加，示威行列變得更有組織，行動也更積極。警方激烈的鎮壓態度，也讓原以為能像之前火炬示威活動那樣，受到寬容待遇的學生憤怒異常。但直到這一刻，示威情況還沒有升高到需要投入傘兵部隊的地步。[12] 根據作戰記錄，戒嚴司令部與第二軍團司令部也都不認為現場情勢緊急。[13]

當天上午十時，第二軍團司令官陳鍾埰接獲全南大學大門前戒嚴軍與學生發生衝突的報告後，立即帶著作戰參謀金俊逢，搭乘直升機從韓國東南部的駐紮地大邱飛往光州。在上午十一時抵達戰鬥兵科教育司令部、收到學生示威群眾擴散入市中心時，陳鍾埰下令全羅道戒嚴分部長尹興禎直接向戒嚴司令部報告光州情勢，並一個小時後，返回大邱。[14] 同時，第七空降特戰旅旅長申佑湜在短暫往返全南與朝鮮大學後，也前往戰教司。尹興禎根據陳鍾埰的指示，下令第三十一師師長鄭雄出動第七空降特戰旅，鎮壓示威。

下午十二時四十五分，鄭雄發布「第一號作戰命令」，令第七空降特戰旅準備向市中心出動，只留下最少的兵力在全南與朝鮮大學，保持對校園的控制。[15] 但鄭雄接到命令後沒有立即出動

部隊，因為他認為情勢還沒有升高到警方無力掌控的程度。直到尹興禎催促他說，「為什麼讓你出動你總是不遵守命令？」，鄭雄在違抗不了上級的命令下，才派出了空降特戰部隊。[16]

下午二時二十五分，鄭雄搭乘 MD 500 直升機親自飛往朝鮮大學，在校園裡與第七空降特戰旅第三十三營營長權承萬中校、第三十五營營長金一玉中校一起，與光州警察署警備科長開會。[17] 在打開光州市的地圖說明市內的示威情勢後，鄭雄下令於下午四時以前出動至錦南路。由於警方已經封鎖了全羅南道廳，因此第三十五營以忠壯路為中心，切斷左右兩邊交會的路口，第三十三營則從錦南路五街向道廳方向挺進，以驅散示威者。[18]

● 傘兵部隊進城

第三十三營於下午三時四十分從全南大學出發。下午四點下車後，第三十三營來到距離柳洞三岔路口約四百五十公尺處、北洞一百八十號前的斑馬線，錦南路末端銜接光州第一高中校門的路口。

「停！整隊！」

像德國士兵一樣有節奏地行進的第七空降特戰旅的傘兵部隊，奉指揮官的口令停下了腳步。這時，軍用指揮官座車上的擴音器宣布：「各位市民們，趕快回家吧。所有參與非法示威的人將會被逮捕。現在馬上回去吧。」

在光州市以北的長城郡教育廳工作的公務員金正燮（三十四歲），當時參加完同事弟弟在光州公園市民會館的婚禮後，前往長途巴士總站，準備乘巴士返回長城郡。但載他前往長途巴士總站的巴士在壽昌小學附近停了下來，因為市內巴士被停止運行。金正燮下了車偶然目擊了這一幕。大約一分鐘後，士兵快速向示威人群衝去。頃刻間，示威人群往四面八方逃竄，傳出「嗚阿」

的喊叫聲。士兵們無論是示威學生還是過往路人，不分男女，只要鎖定一個目標就追擊到底，抓到人就棍棒齊飛，拳腳交加。一切都在剎那間發生。金正燮原本以為自己年齡比學生長得多，應該安然無事，但事實很快證明他錯了：

> 「我嚇了一跳，轉頭望向軍靴聲與人聲嘈雜的來處。約四、五十名傘兵舞著鎮暴棍，朝我衝來。我立即慌張地叫道，『我不是學生！』但他們圍住我，用腳踢我。他們對著我全身一陣狂打，用鎮暴棍與 M16 步槍槍托打我。我根本不知道自己為什麼被打，心裡很委屈。但面對如此巨大的暴力，我也無能為力。」[19]

金正燮當場失去意識暈倒在街上。當傘兵們用步槍槍托打在自己身上時，他聽見了槍栓因反作用力發出的喀擦喀擦的撞擊聲。然後他就失去了知覺。

約在同時，兩名配備已上刺刀的 M16 步槍的傘兵衝進位於壽昌小學馬路旁、北洞兩百七十六號一棟三層樓建築二樓的《東亞日報》（一家全國性報紙）光州辦事處。辦事處裡當時有一名女性經理、總務鄭恩哲（二十二歲）及兩、三名送報學生，還有二十幾名逃進來避難的市民。另外在隔壁的隔間裡也躲著三名匆忙衝上來躲避的青年。傘兵首先襲擊了那個隔間。辦事處裡的人聽到一聲慘叫，然後是求饒與強調自己「沒有參加示威」的喊聲。當傘兵將三名青年從隔間裡拖出來時，三人都被打得不省人事，頭部與上衣沾滿血跡。隔了一陣，兩名傘兵又回來，抓著週日仍然來上班的鄭恩哲的後頸，把他連同椅子一起拖倒，踐踏他、用步槍槍托朝他身上亂打。鄭恩哲倒在地上，生命垂危。兩名傘兵一人抓住他的一隻腳，把他像死去的野獸一樣拖著下樓，讓他的頭部撞著一級級樓梯，一路拖到一樓。但事情並沒有結束。傘兵再次返回，毆打送報生朴俊夏（光州工業高中一年級）。他們將他拖下樓時，朴俊夏在樓梯上已經失去知覺，

傘兵們於是丟下他，直接下樓了。[20]

● 彷彿持有「殺人執照」

　　進駐忠壯路與錦南路二街交叉口的三十五營的兩百多名士兵，也用同樣兇狠的手段攻擊市民。眼前一幕幕令人難以置信的景象，讓旁觀市民看得目瞪口呆。士兵通過光州銀行總行與天主教中心，往東區區廳與光州觀光飯店前進，一路上見到走在街上的行人、或運行過程中停下來的巴士乘客，只要是青年就脫得只剩內褲，然後一陣毒打，把他們的頭往柏油路上壓。眨眼之間，示威現場亂成一團。這些傘兵不分男、女，都是三、五成群將受害者圍困，然後用棍棒毆打。他們殘忍的行為彷彿已經領到殺人執照一樣。

　　下午四時剛過不久，基督教女青年會會長曹亞羅（六十八歲）在公共巴士總站目擊了類似的慘劇。[21]士兵攔下巴士，上車盤問，不由分說將看起來像是大學生的人拖下車。稍微想反抗的市民會遭到七、八名士兵群毆，還大聲叫罵：「光州鬼子應該全部去死！」一名女車掌想阻止士兵行兇，結果不僅遭到士兵辱罵，還被棍棒打到昏迷，滾落車外。有些巴士在被示意停車後，為了往路邊靠又開了幾公尺，士兵們就立即衝上車，用棍棒猛擊司機後腦。

　　一名從市區巴士下車的青年，跑進一條死巷時，被士兵抓住。他跪在地上求饒。一名站在自家門口觀看的老人於是跑出來，保護這名青年。士兵們一邊罵道「滾開！你這傢伙！」，亂棒將老人打得渾身是血，暈倒在地。那名青年撿起石塊反抗，但遭士兵毫不留情的打倒。士兵們拽著他的腿，把他拖到了大街上。

　　一名示威學生逃進北洞郵局旁邊窄巷的最後一棟房子。隔了一陣子，兩名士兵追了過來，進入這棟房子。不久房裡傳來嘶叫聲，那名學生被抓了出來。士兵們走了以後，見證這場暴行

的鄰居聚集屋外，大罵士兵的暴行。這名學生躲在臥室的衣櫥裡，追捕的士兵追上來後，要當時獨自一人在家的老婦說出學生的藏身處，老婦搖頭佯裝不知，士兵們出手打了老婦，穿著軍靴闖入屋裡，把那名學生揪出衣櫥。鄰居們氣憤填膺地喊著「這些該死的傢伙！」[22]

● 一片狼藉的運動會

　　光州第一高中附近也發生了類似的情況。在忠壯路五街街口一家名為「第一館」的中餐館當廚子的金凡東（三十三歲），在修理故障的爐子時見到了傘兵追捕示威者的情景。他看見一名年輕女子在光州第一高中隔壁一家理髮店前的路邊遭到士兵攻擊。[23] 三、四名士兵扯掉她的罩衫，把她的罩衫撕破，裸露出身子。他們一腳把她從人行道踢到街上，然後又一次往她身上撲，在發出一個聲響過後，那女子便沒了聲音。忠壯路上約有五十多人心驚膽戰地望著這一幕，大聲叫喊「不要打女人」。就在那一瞬間，三十幾名士兵帶著有鐵網保護罩的頭盔，拿著步槍與鎮壓棒，從忠壯路四街衝向五街。旁觀人群四散逃逸。當時還戴著沾有油汙的手套、穿著拖鞋的金凡東抱著僥倖心態沒想到要逃。士兵們在中餐館前發現他，朝他猛撲過來，一名士兵用槍托狠敲他的肩頭，他昏倒在地，被周圍民眾送往「韓一銀行」對面的「金科元神經外科診所」。

　　當天，朝鮮大學醫學院校友會在光州第一高中運動場上舉辦了運動會。當活動進入尾聲時，傘兵衝入會場。有些士兵進入教室，有些闖進運動會現場。整個校園霎時一片狼藉。一些醫學院的校友被捕，剩下的人連彼此通知都沒辦法就被迫逃散。這時，醫學院四年級畢業班的學生李敏午（二十五歲）在運動會中途走到第一高中校園外，想知道錦南路上發生了什麼事，結果成為士兵們的目標。他想辦法躲開追趕的士兵，藏身到光州第一高中的校長住處，但士兵入屋搜索發現了他。士兵們猛

踢他的肚子，他痛得捲縮成一團，接著他們在他身上不斷亂踹。那天晚上，李敏午在國軍綜合醫院接受腹部手術。由於他的胰臟斷裂加上腸破裂導致大出血，流失了兩點五公升的血液。李敏午在切除了百分之八十的胰臟後，又切除了脾臟才撿回一命。[24]朝鮮大學醫學院學生朴秉律（二十三歲）也因被傘兵毒打，腦震盪而住院。

● 警察也被傘兵攻擊

在全羅南道聽附近，錦南路一街上的光州觀光飯店裡經營一家理髮店的金宇植（三十九歲），見到「警察」也被傘兵毆打。[25]他與他的員工在聽到吵雜聲之後走到外面，見到一百多名學生遭到傘兵追逐。傘兵抓了約三十到四十名學生與市民，押到東區區廳與觀光飯店大門前。被抓來的學生與市民都被脫得只剩內褲，在遭到毆打後，頭還被壓在地上。兩名傘兵從韓國銀行光州分行附近抓來一名女學生。這名女學生向傘兵求饒，傘兵不但報以辱罵，而且踢她踢得更加兇狠。沒隔多久，傘兵離開飯店前方現場去抓捕其他人，一名男子出來將現場眾人全數釋放。據說這人是全羅南道警備科長。傘兵們在發現他的行為後，毫不猶豫地將他打得半死不活，然後拖進東區區廳的後巷。

十八日上午十一時，全羅南道警察局長安炳夏就警方鎮壓示威的方針下達一道命令：「不要對那些逃散的示威者做不必要的追逐，避免造成傷患，將反抗的人拘捕，在逮捕與監禁過程中，不能造成學生受傷。」當示威情勢逐漸升高後，他再次下令，「務必將示威學生拘禁」。[26]

下午四時，在忠壯路一街的撞球場，大學重考生曹訓哲（二十歲）剛與友人打完撞球，準備洗手時，兩名傘兵手持鎮暴棍闖了進來。[27]傘兵將撞球店裡的人分成兩組，兩手乾淨的一組，兩手骯髒的另一組，傘兵毆打兩手較髒的那一組，理由是他們一定剛參加完示威，丟擲石塊，手才會髒。曹訓哲抗議說，

他的手上沾的是打撞球的粉灰，但傘兵不相信。他們將曹訓哲毒打一頓，然後把他拖到光州郵局前，這時光州郵局前已經有許多被抓來、強迫跪在地上的人。隔沒多久，傘兵將他們送上卡車載走。下午四時三十分，李根宰（五十七歲）在走過錦南路時，見到士兵攻擊一個女孩。他上前制止，但遭棍棒擊頭，倒地不省人事。[28]

● 示威者唱著國歌、三呼萬歲

　　另一方面，在東明洞與山水洞的示威群眾還不知道當局已經出動傘兵。一股約兩千餘人的示威人群衝向東明洞警方派出所。全南大學學生柳承圭（二十一歲）目睹憤怒的學生們砸毀派出所，還把總統崔圭夏的肖像從牆上撕下來。群眾中有人高喊「稻草人崔圭夏！」「殺了傀儡崔圭夏！」等口號。示威群眾將派出所裡的文件、桌椅拽到外面堆成堆，升一把火燒了。[29]同樣場景也在附近芝山洞派出所上演。示威學生們圍著燃燒桌椅的火堆，合唱國歌，然後高呼三聲「萬歲！」後，繼續往山水洞五岔路口前進。當時是下午四時四十分左右。

　　在前往山水洞的途中，走在隊伍後方的示威者突然發出怒吼。走在隊伍裡的洪善惠（二十歲，大學生）回頭一看，見到一輛車窗裝有防暴鐵絲網保護的警察巴士正開上農場橋，滿載警力向光州地方法院駛來。示威群眾幾乎立即將這輛巴士團團圍住，用石塊亂砸。車窗上的鐵絲網受損，四十二名警察心驚膽戰地走了出來，他們是從附近潭陽郡臨時奉調前來光州支援鎮壓的警力。示威隊伍決定將這些警察擄為人質，要求用他們交換被抓的學生。[30]示威者們於是要這些警察走在隊伍中間，浩浩蕩蕩向道廳前進。下午五時，示威隊伍來到東明路入口的「私立青山學院」。就在這時，幾輛滿載傘兵的軍用卡車出現。示威群眾頓時心頭發涼。他們那天上午已經在全南大學校門口見識過傘兵的凶悍。在驚慌失措下，示威群眾釋放了警察。這時已

經包圍示威群眾的傘兵趁機衝入人群，發動攻擊。不過幾秒鐘，示威隊伍四散逃竄。傘兵們各自鎖定逃跑的學生，一一拿下。

上午十時開始，第七空降特戰旅第三十三營又安排了三十名士兵進駐光州教育大學。即將退伍的職業軍人田桂良（四十五歲）當時休假在家。下午四時，他從家中二樓望向對街的教育大學，見到傘兵們兩、三人一組，追捕街上的青年。士兵把學生們帶到他家後方的空地，要他們跪在地上，然後往他們身上亂踢，直到他們渾身血跡，再將他們拉上軍用卡車。儘管自己也是軍人，但眼見傘兵如此暴行，讓田桂良驚得自言自語「軍人怎麼能這樣呢？」[31]

那天晚間九時的電視新聞或廣播中甚至沒有提到光州。媒體對出現在光州的這些嚴重情況視若無睹。更甚者，因為當天十八日是週日，所以連報紙也沒有。光州彷彿在伸手不見五指的黑暗中，逐漸墜入恐怖深淵。

● 第一位受難者：聽障者金敬喆

根據記錄，五一八光州民主化運動中最初的受難者，是因聽覺障礙而無法說話的金敬喆（二十四歲）。十八日早晨，金敬喆全家人聚集在他家，慶祝他的女兒出生滿百日。金敬喆與同是聽障的友人黃鍾浩（二十二歲）與朴英加（二十五歲），在白雲洞的喜鵲嶺地區擁有一家店鋪，平時他們經常走訪市內的咖啡廳與商店，提供擦皮鞋的服務或兜售自製的鞋子。那天下午，他們像往常一樣在市中心四處尋找工作機會。當他們來到忠壯路進入第一劇場的巷子口時，三、四名傘兵突然竄出來，用鎮暴棍朝金敬喆頭部猛擊。金敬喆當場流血倒地。黃鍾浩與朴英加嚇得狂奔，躲進巷內，目睹了金敬喆被打的場面。兩人很快也遭反向而來的戒嚴軍揪出，遭到步槍槍托、軍靴踩踏一頓毒打。兩人拼命比手畫腳，解釋「我們是不會說話的聾啞人！」，但他們越苦苦哀求，傘兵打得越兇，還罵道「你們這些傢伙，

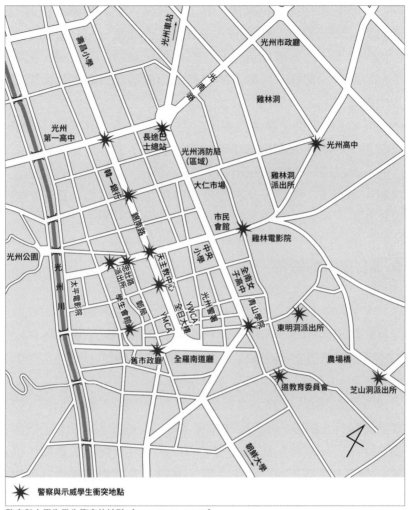

光州車站　光州市政廳

雞林洞

蕭昌小學

光州第一高中　長途巴士總站　光州消防局（區域）　光州高中

韓一銀行　大仁市場　雞林洞派出所

市民會館　雞林電影院

光州公園　天主教中心　中央小學　全南女子高中　青山學院

太平電影院　志壯路派出所　學生會館　郵局　光州警署　YWCA　全日大學　YMCA　東明洞派出所

光州川　舊市政廳　全羅南道廳　農場橋

道教育委員會　芝山洞派出所

朝鮮大學

✴ 警察與示威學生衝突地點

警察與大學生發生衝突的地點（5.18. 11:00–17:00）

為了活命就只知道裝傻瓜！」血從拼命比劃的兩人手中流出，傘兵隨後把已經奄奄一息的他們拖走，扔進裝甲車內。到晚上十一時，傘兵終於察覺兩人確實是聽障，於是才將他們放了。

　　金敬喆於十八日下午送入紅十字醫院，接著再被轉送到國軍綜合醫院，於十九日凌晨三時宣布死亡。[32] 根據光州地方檢察廳與軍方聯合製作的驗屍報告，金敬喆「後腦遭擦傷與撕裂傷，

左眼上眼瞼部位遭到撕裂傷，右上臂挫傷，左肩關節遭挫傷，前脛骨、臀部與股骨挫傷」。換言之，他的後腦被打得凹陷，左眼球破裂，右臂與左肩骨折，臀部與大腿骨都被打碎。根據死亡證明書的記錄，金敬喆的直接死因是後腦遭到鈍器重創導致腦出血。[33]

到了下午五時，在傘兵進入市內一小時後，青山學院前的鎮壓結束，錦南路周圍的學生示威完全沉靜下來。但是，傘兵部隊的傘兵繼續進行鎮壓作戰。他們闖進商店、咖啡廳、理髮店、餐廳、辦公室、住家，甚至撞球館等市中心的各個角落。仍然躲藏著或來不及逃走的學生，都被傘兵像畜生一樣拖了出來。

● 情勢逆轉的徵兆

下午六時左右，三百多名青年與學生在雞林洞附近與一小股傘兵部隊發生衝突。示威青年與學生們手持木棍、金屬管與菜刀。這與目前為止示威隊伍只能一面倒遭受壓制的情況不同。當其他手無寸鐵的示威者面對軍武鎮壓只能四處逃散之際，這群示威者毫不退縮、果斷與傘兵部隊衝突。一場惡鬥隨即展開，交戰雙方都有人掛彩。在「亞洲汽車」廠工作的工人李章義（三十歲），在光川洞參加完友人孩子的周歲宴，準備回工廠時，偶然路過這裡遭遇不幸。下午六時，李章義在路經站滿傘兵的雞林電影院前方時，忽然聽到一聲「抓住那傢伙」，就見到傘兵像狼群一樣朝他撲過來。李章義被他們用棍棒一陣亂打，用刺刀刺傷了四處。[34]

示威隊伍見狀大怒，展開反擊。傘兵部隊終於被不顧自身安危的群眾團團圍住。一時之間傘兵被逼得一步步後退，突然間，部隊亂了陣腳，開始朝山水洞的五岔路口潰逃，示威群眾隨後猛追。但過沒多久，傘兵部隊的援軍開到，展開反擊，陷於劣勢的示威隊伍不得不再次撤退，四散躲入附近的住宅區。

傘兵部隊包圍了山水洞與豐鄉洞一帶，像抓蝨子一樣逐屋進

行搜索，直到深夜，帶走許多狀似大學生的年輕人。坊間傳言說，戒嚴部隊將於夜間搜索全南大學與朝鮮大學附近的學生套房與寄宿公寓，逮捕學生。

下午六時，全羅道戒嚴當局發布「戒嚴分部第四號公告」，宣布光州市的宵禁時間提前到晚間九時，要求市民早早回家。晚間七時左右，第三十一師師長鄭雄接到第三十五營營長金一玉中校的報告，說示威鎮壓已經結束了。但之後直到深夜，示威群眾仍以游擊戰的方式繼續活動著。約在晚間八時，六百多名群眾聚集在市中心錦南路的天主教中心前，與戒嚴軍隊對峙後被驅散，數十人被捕，兩千多名青年被逼著撤往勞動廳與韓一銀行前，最後四散逃逸。市內各處不時傳來零星抵抗事件。陸續仍有示威者不斷被抓，街頭到處傳來喊叫聲。混亂終於在晚間十一時才平息。大街小巷隨處都可以聞到血的腥味。

在「血腥星期日」的晚上，全南大學學生盧俊鉉（二十四歲）與林落平在黑暗中打了無數通電話，確認友人安危，並將他們當天在街頭目睹的場面傳播出去。[35] 他們壓低的嗓音，透過電話線，穿過一戶又一戶人家的牆院，將軍方野蠻殘暴的行徑，像野火燎原一樣散播到全市。光州市民們抑制住恐懼與憤怒，徹夜未眠。

僅五月十八日這天就有四百零五人被捕：一百一十四名大學生，三十五名專科學校學生，六名高中生，六十六名大學重考生，還有一百八十四名一般市民。[36] 其中六十八人頭部受傷，包括鈍器打傷或銳器刺傷，十二人傷勢嚴重。[37] 但實際受傷與被捕人數比這高得多。

在這一天，為恐緊急情況時民眾劫取彈藥，第三十一師從光州市內與後備軍軍械庫收納四千七百一十七件槍械與一百一十六萬發子彈，轉移給軍方保管。之後他們又從分散各地的武器庫繳獲五十五萬發子彈，藏入軍事駐地或警察署。第三十一師還請戒嚴當局批准，得向任何接近軍火庫的人開火。[38]

● 政府反應

十八日下午四時三十分，總統崔圭夏就五月十七日擴大緊急戒嚴至全國一事發表一篇總統特別聲明：「為保衛國家，守護三千七百萬國民的生存權，當局已採取必要措施。」這篇聲明是以保安司令部當天早上制定的草案為本，經青瓦台修改後發表。[39]

當天凌晨一時四十五分，戒嚴部隊封鎖了國會。屬於首都警備軍的第三十三師一〇一團第一營第三連，佔領國會議事堂，禁止國會議員進入。「第十號戒嚴令」全面癱瘓了韓國政府立法部門。十八日上午十時四十分，戒嚴司令部新聞處召集二十二家媒體的總編輯，告知新的新聞審查規定。[40]

上午八時三十分，戒嚴司令官李熺性開始主持戒嚴處主管的戒嚴會議，來自保安司令部、中央情報部、治安本部與內政部等的國安相關決策人士都出席會議，就重要議題進行報告與檢討。[41] 李熺性在會中指示與會者須向國民公開宣傳，在國家陷入危機的情況下，只能用軍事干預重建社會秩序。

從上午十一時三十分到十二時五十五分，李熺性在辦公室會見美國駐韓大使來天惠與韓美聯軍司令部參謀長。來天惠表示「美國不反對韓國政府為維護法律與秩序而做的努力」，原則上同意擴大戒嚴的措施。[42]

當天下午五時，在五月十四日返美、與華盛頓當局商討朝鮮半島情勢的韓美聯軍司令約翰・威克漢，緊急折返韓國。威克漢原訂五月二十七日返韓，但由於來天惠認為事態非同尋常，要求他盡速回到漢城，而急忙提前折返。

● 第十一空降特戰旅的增援

新軍部領導人下午一時起在戒嚴司令官主持下，舉行了兩個半小時的午餐會。與會者包括李熺性、黃永時、全斗煥、盧泰愚、與鄭鎬溶等新軍部核心成員，以及參謀首長聯席會議主席柳炳

賢，與韓國海軍與空軍參謀總長。討論重點為五月十八日上午全國各地的示威情況以及應對措施。會中提出的報告說，其他地區很平靜，只有光州的學生繼續在抵抗，而且有跡象顯示，他們的示威規模可能如同滾雪球般越滾越大。與會者根據他們在「釜馬事件」取得的經驗，一致認為必須以「早期鎮壓」的手段因應光州情勢，會中立即決議增派空降特戰部隊。[43] 戒嚴司令官李熺性在用餐過程中馬上下令作戰部參謀次長金在明增調一支空降特戰旅進駐光州。下午二時，金在明詢問特戰司令官鄭鎬溶該派哪支增援部隊，鄭鎬溶建議派遣第十一空降特戰旅（旅長崔雄）。[44] 金在明於是正式下達「陸軍本部作戰命令第一九－八〇號」，派遣第十一空降特戰旅前往光州。

另一方面，此時在光州現場指揮鎮壓行動的第三十一師師長鄭雄表示「單憑警力已經足以鎮壓示威」，不願動用傘兵。但保安司令部的判斷卻相反。早在上午示威行動剛開始時，保安司令部已經要求參謀次長黃永時增派傘兵部隊支援，以早期攻勢弭平暴亂。[45]

這次午餐會於下午三時三十分結束後，特戰司令官鄭鎬溶立即從陸軍本部前往東國大學會見第十一空降特戰旅長崔雄准將，並下達前往光州的命令：「第七空降特戰旅的兩個營已經作為戒嚴軍隊進駐光州，但卻未能鎮壓騷亂，正陷入苦戰中。你要盡全力協助他們弭平示威。」[46] 但鄭鎬溶有關光州情勢的這番說詞並不正確。第七空降特戰旅直到當天下午四時才進駐市區。明明傘兵部隊還沒進入錦南路，卻故意將情勢說得危急，以「現場正在苦戰」的說詞掩蓋了實際情況。

另外，鄭鎬溶還加油添醋地說道，「光州現在盛傳，來自慶尚道的軍人要阻止全羅道人民的謠言，讓當地民眾非常憤怒，所以選派漢城出身的崔將軍到現場消除誤會。」[47] 鄭鎬溶的這個說法是無中生有。直到第七空降特戰旅從下午四時開始以殘酷鎮壓手段對付示威群眾之後，有關慶尚道士兵的這項傳言才開始在光州流傳。第七空降特戰旅令人難以置信的暴行現實，成

為這類傳言能夠甚囂塵上的肥沃土壤。

　　安富雄中校所率第六十一營的兩百六十名官兵，將做為第十一空降特戰旅先遣部隊，在旅長崔雄率領下啟程。下午四時三十分，他們從漢城南方城南市的空軍基地搭軍機飛往光州。六十一營其餘官兵，連同第六十二與第六十三營的官兵，在漢城清涼里車站搭火車於下午五時啟程。這時，第六十一營上兵李敬南上了火車，但不知道自己的部隊要到哪裡去。他只聽說，他們這批人將前往濟州島，與大批滲透進當地的游擊隊戰鬥。早已習慣每天服從命令的這些傘兵，沒有人問部隊為何出動，也沒有人想知道這次任務究竟是什麼。[48]

　　第十一空降特戰旅第六十一營的先遣隊於下午五點五十分抵達光州機場後，朝向已成為軍隊營地的朝鮮大學移動。這支部隊通過天色尚未變暗的商業街區時，向市民展示了帶有威脅性的武力。這時第七空降特戰旅已經席捲過市區一輪。在上兵李敬南的眼中，光州市內的景象淒涼，看起來非常混亂。市民們看著傘兵隊員的眼神冰冷，充滿了恐懼。

　　晚上九點，鄭雄師長在指揮室召開作戰會議。他將第七空降特戰旅的兵力集合在一起，以全羅南道廳為中心，向警察署、派出所、道路交叉口等二十六個據點分別安排一名軍官、十名士兵、兩個警察隊，由二十四名警力組成一隊。接著在晚上十一點四十分，投入增援第十一空降特戰旅後，再次召開作戰會議，將第七空降特戰旅的部屬據點移交給第十一空降特戰旅，第七空降特戰旅則返回全南大學與朝鮮大學休息。

第 3 章｜轉為積極進攻

（五月十九日，週一：抗爭第二天）

● 從學生示威到民眾起義

　　目擊軍方令人震驚的鎮壓場面，讓光州民眾嚇得一夜難眠。訓練有素的鎮暴部隊利用夜色掩護，為他們的攻勢作進一步準備。第十一空降特戰旅的七百九十八名官兵（一百零二名軍官，六百九十六名士兵）於五月十九日凌晨二時十分抵達朝鮮大學。在第一天把錦南路染血的第七旅第三十五營納入第十一旅的作戰管控，第三十一師的兵力也被重新整編。

　　凌晨三時，第六十一營營長安富雄中校，在朝鮮大學「學生軍事教育團辦公室」接獲第三十一師作戰參謀的命令。但安富雄對命令提出異議：「特戰部隊的作戰方式，應該採取集結據守，或是擔任中央的機動打擊部隊。如果分散兵力，無法發揮部隊的特性。身為部隊長官，我不能接受這道命令。」[1]

　　在光州事件期間，這是唯一一次第十一空降特戰旅第六十一營指揮官直接受到第三十一師軍官作戰管控。按照原則，派駐光州的所有特戰部隊都得接受第三十一師管控。但在事件第一天之後，第六十一營沒有再接到過第三十一師任何命令，也沒有向第三十一師提出任何戰況報告。[2]

　　上午九時，旅長崔雄一來到朝鮮大學學生軍事教育團辦公室，第十一旅的三名營長全都聚了過來。崔雄向各營指派了戰略位置，向即將鎮壓暴亂的部屬信心喊話。崔雄本人常駐在光州市區西方的尚武台戰鬥兵科教育司令部，不時乘直升機往返

朝鮮大學指揮作戰。

　　上午九時五十分，編制為師預備隊的第七空降特戰旅第三十三營（五十九名軍官，兩百五十三名士兵，與十五輛車）也奉派投入鎮壓作戰。木浦地區將另外編制一支第七空降特戰旅的野戰大隊。上午八時二十分，戒嚴司令官李熺性在例行參謀會議中，下達了木浦地區也要部屬特戰部隊的指示。戒嚴司令部指示道，因為「湖南（全羅南北道的統稱）人民把金大中當偶像一樣崇拜」，而木浦是金大中的家鄉，所以應「密切監視木浦地區，研究有無必要配置部分第七空降特戰旅的兵力」。這場參謀會議於上午九時四十分結束，十分鐘後，位於光州現地的第七空降特戰旅立即撥出部分兵力編成木浦野戰大隊。[3]

　　在這一刻，戒嚴司令部已經決定，除了已於五月十八日派遣的第十一空降旅之外，在十九日早晨六時三十分，再加派一個空降特戰旅。這項決定甚至早在那天上午的示威還沒展開以前，戒嚴司令部就已經下達。

　　戒嚴司令部密切掌握光州的情勢發展，即使是微小的事項，也由戒嚴司令部根據現場指揮官的判斷直接下達指示。戒嚴司令部向戰教司下達的作戰命令不是「訓練命令」而是「指令型的命令」。[4] 遠在漢城的戒嚴司令部之所以能夠如此詳細的掌握光州現場的情況，是由於獨佔彷彿神經系統的「情報網」，即保安司令部特工暗地裡活動提供的情報。

　　天亮後，光州市民紛紛走上街頭，想知道市內情況如何。家裡有大學生或同齡孩子的家長們，尤其是有孩子徹夜未歸的家長們憂心忡忡。就連家人平安無事的家庭也呼籲學生逃往鄉下，以免遭到傘兵不分青紅皂白的殺戮。許多學生聽勸逃離，還留在城裡的學生都被家人關在家裡不讓出門。

　　除了大學之外，小學、初中、高中到中午前都正常上課。市區內大多商家仍然關著店門，不過公家機關與一般企業、工廠照常工作。從凌晨開始，軍、警嚴厲監視著街頭，錦南路禁止車輛通行。凡屬行人眾多的地方都有一個排的戒嚴部隊把守，管制

年輕人與車輛的通行。特別是在光川洞的工業區戒備尤其森嚴，所有通過的車輛都受到盤查。在市場上，商販們連包袱都來不及打開，就各自聚在一起，互相交換他們前一天見到的事情。

整個城市籠罩着沉重的緊張氣氛。居民們充滿各種猜測，恐懼心連同憤怒之火熊熊燃燒起來。

「看來他們要殺掉金大中，還要打倒每一個光州人。」

「這些特戰部隊的軍人好像來自慶尚道……」

「聽說就算殺光全羅道的人民也沒關係？」

在每條後街小巷，陌生人之間不斷轉述昨天遭遇的衝擊。故事像野火一般漫燒。人們說著說著就互相產生了憤怒的共鳴，越加敵愾同仇。他們決定不要在家待著，到城市裡看看究竟發生了什麼事。市民們開始從四面八方走向錦南路。

警方封鎖了錦南路的交通。機動警察隊在道廳前方設立路障，戒嚴部隊在市內各個要害處駐防。群眾於上午九時開始聚集在錦南路。不久群眾聚集人數破百，軍、警開始驅趕。在「尚武體育館」旁的小巷，警方沒有攔住遭戒嚴部隊追趕的青年，而是直接放走了他們，結果傘兵隊員毆打了警察與警衛。看到這一情景的旁觀群眾對傘兵發出噓聲，並為警察鼓掌。[5]

到上午十時，密密麻麻地聚在錦南路的群眾已有三、四千人。市民們無聲地盯著軍、警築成的警戒線。人們越是聚集在一起，心中凝聚的連帶感就越強。與昨天不同的是，聚集的人群來自各行各業——有從事自由業的小商販、零售業員工、在地居民、家庭主婦等等，人數比學生與青年更多。軍隊與警察使用擴音器與軍用直升機要求群眾散去，但沒有人有散去的意思，還有人揚起拳頭作勢攻擊並辱罵在空中遊蕩的直升機。

十九日當天，傘兵與示威隊伍的第一場衝突在忠壯路警察派出所前爆發。這裡是凌晨部署的第十一空降特戰旅第六十一營的警戒地區。從上午十時四十分開始，警方主動發射催淚彈意圖

五月十九日上午，投入錦南路的第十一空降特戰旅。（羅庚澤攝）

驅散人群。市民們於是丟石塊反擊。群眾會在催淚瓦斯煙霧濃密時躲進附近住宅區或商業街的小巷裡，過一陣子煙霧消散後又重返街頭聚集。就這樣，群眾逐漸轉變成示威隊，行為越來越激烈。他們推倒路邊大型盆栽，砸爛人行道的地磚用來投擲。光州人民用公用電話亭與交通柵欄築起路障，開始戰鬥。

　　示威隊伍中的學生與年輕人唱起國歌、《正義歌》與《我們的願望是統一》等歌曲，示威形式也逐漸帶有戰鬥性。青年們從中央路地下商業街的建築工地找來許多木棍、鋼筋與金屬管自我武裝。現在示威者用來反擊的武器不僅只有石塊與木棍而已，還有自製的土製汽油彈。

　　在警方與光州民眾發生衝突約三十分鐘後，傘兵乘坐三十幾輛軍用卡車開到道廳前與光南路（今獨立路）交叉口。剛完成六十一營在全城各地兵力部署、準備返回朝鮮大學洗個澡的第十一空降旅六十一營營長安富雄中校，接到第一野戰大隊長的緊急無線電：「駐在忠壯路派出所的野戰大隊被示威群眾包圍，遭到石塊與土製汽油彈猛攻，需要支援。」安富雄急忙帶一名作戰軍官，乘一輛指揮車，揚起警笛衝向現場。示威群眾正將傘兵逼得步步倒退。安富雄立即向第十一旅參謀長請求支援。沒多久，剛在良洞市場等光州其他地區展示軍威的第六十二與第六十三營加入增援第六十一營。

　　在將示威群眾從忠壯路派出所逐退後，傘兵部隊開始從錦南路兩頭包圍示威群眾，而且越逼越緊。傘兵部隊的鎮壓比之前一天更具攻擊性，彷彿飢餓很久的猛獸發現獵物，猛然撲向示威群眾。傘兵們冒著雨點般飛來的石塊，揮舞鎮暴棍、步槍槍托、刺刀步步進逼。他們衝進示威人叢裡，就算制服上沾滿血跡仍不肯罷休。群眾紛紛散去，又重新集結。許多遇難者不支倒地被留在路上，受傷，死亡。示威隊伍被訓練有素的傘兵部隊有組織的暴力鎮壓後，躲入住宅、咖啡廳、辦公室與商店避難。一場不亞於昨天的腥風血雨隨即展開。傘兵們隨便闖進屋子，撞上年輕人就抓，並用亂棒毒打之後，拖到街上。

傘兵部隊和示威群眾發生衝突的地點（錦南路，5.19. 10:30–13:00）

　　傘兵以三、四人一組，在周邊建築物進行搜索。將拉到路邊的「戰俘」脫衣示眾，殘酷的場面就像軍隊游擊戰的訓練場。傘兵讓他們被迫只穿內褲，雙手反綁，用肚子在布滿碎石、汽油彈碎片的街道中央像蚯蚓爬行一樣匍匐前進。有些人則被迫接受稱為「元山爆擊」的軍隊體罰：用額頭抵在地上，雙手背在身後，只用頭與腳支撐自己的體重，臀部立起，身體形狀呈現倒 V 字。女性被抓時，不僅脫光外衣，連內衣也被撕扯，然後用軍靴踢，抓住頭髮，用頭撞牆。市民像一堆堆垃圾一樣被裝上軍用卡車。傘兵們似乎對這樣的暴行樂此不疲。還有知覺的俘虜則強迫他們邊做「元山爆擊」邊唱歌，或被一個個送進卡車毒打。這場面已經不是單純的暴力恐怖事件，而是人間煉獄。目擊者中也有人說道，「不敢相信這些軍人竟是自己的同胞」。就連特戰部隊現場指揮官安富雄也在後來接受檢察機關的調查中，間接承認傘兵沒有必要這麼殘暴：

　　「當時沒有考慮光州人民的情緒，投入專門接受游擊戰嚴苛

訓練的空降特戰部隊，用來鎮壓示威，這是軍事領導階層的錯誤。我們遵照訓練鎮壓示威，但在追蹤、抓捕示威主謀的過程中，試圖擊退廣大群眾的抵抗，結果行動才變得過激。」[6]

● 闖入美都莊旅館施暴

十九日上午十時，一名穿著黑色工作服、在錦南路三街參加示威的青年，被傘兵追得逃進天主教中心後方的「美都莊旅館」。青年一進門，旅館經理曹建洙（二十七歲）就想趕快拉下鐵門，但門還沒來得及完全關上，緊追不捨的一個排的傘兵已經從門下的縫隙闖入旅館。傘兵毆打了曹建洙與會計主任孫秉燮（二十三歲），然後將兩人硬拉走。負責貴賓房的旅館員工張益蘇（二十三歲），將這名逃難的青年帶進二〇一號房的浴室，然後一起藏了起來。傘兵對每層樓的客房進行一間間搜索，終於打破二〇一號房門，把張益蘇與那名青年打得全身是血，拖出旅館。不僅如此，傘兵還把正在住宿、剛新婚的一對年輕夫婦也帶走。美都莊旅館共有七名員工被捕。朴必浩（二十歲）當時正在旅館地下室修理鍋爐，在聽到吵雜聲後因為害怕，他換下他的後備役軍褲，穿上舊工作服與拖鞋，還用煤灰塗抹自己的臉，假裝忙著修理機器。但六名傘兵手持帶刺刀的步槍，闖入地下室，不由分說，將他打了一頓。旅館員工金秉宥（十六歲）與金英大（二十二歲）解釋說他們是旅館員工，不是示威者，但傘兵充耳不聞。

「當時我們七、八個人來到光州觀光飯店後方，搜索一家叫做什麼『美都莊』的旅館。發現旅館前面的鐵門關著……我們一邊說著『這些狗崽子膽子真大！』，一邊開始使出跆拳道的二段飛踢、或是鎮暴棍打趴了他們。如我開頭所說，這種鎮暴棍很結實，非常重，就算稍微使力，如果你想舉起手臂攔它，也能打斷你的手臂。不出兩、三分鐘，四、五名員工已經在地

上打滾，他們那身潔白的襯衫與領結已經面目全非。」[7]

　　傘兵把四名倒在地上的員工拉起來，背靠牆排成一列，這時野戰大隊的少校隊長走進旅館。他要員工們跪下，然後用力踢他們的臉，他們的臉血流如注，面孔悽慘。傘兵繼續在旅館房間裡搜索，拖出來十幾個年齡在二、三十歲的人，將他們排成兩排。一名三十來歲的男子向傘兵求饒，說他正在度蜜月，但傘兵不跟他對話，儘管新娘不斷哀求，仍無情地將他暴打。傘兵將所有抓來的人脫得只剩內褲，不斷侮辱、嚇唬他們，讓他們不敢逃跑。傘兵用他們自己的皮帶把手綁縛在背後，強迫他們用被綑綁的雙手拿著衣物，再把他們拖到軍用卡車旁邊。錦南路中央聚集三、四十人後，傘兵對他們下指令：「背貼在地上！」「肚子貼在地上！」「向右滾！」「向左滾！」直到將他們折磨得不成人形後，迫使他們爬上軍用卡車後座坐成兩列。由於綁著雙手很難爬上卡車，站在後面的人得用頭將站在前面的人頂上車。就這樣，像裝貨一樣把被抓的人載上卡車。

　　十九日上午，尹恭熙總主教在天主教中心六樓教區教廷辦公

五月十九日在錦南路帶走市民的傘兵部隊。（羅庚澤攝）

室目擊了這一幕，但他鼓不起下樓提出抗議的勇氣。他為那些民眾的生命擔憂，又對自己的不作為懊惱不已──特別是他身為高階聖職人員，這樣的情景令人心痛。他見到一名脫掉夾克、只穿著襯衫的青年，胸口與頸部都在流血：

> 「他流著血，蹣跚走進錦南路，走沒幾步就癱坐在地。士兵們對著他叫罵。他受傷得那麼嚴重，流著血，需要緊急救助，但士兵們並不在乎。我自己什麼事也做不了。在那一刻，我忽然想起福音書中『仁慈的撒瑪利亞人』（Good Samaritan）的比喻。」[8]

● 「狩獵群眾」

中午十二時左右，當時在基督教女青年會大樓一樓一家信用合作社工作的金永哲（三十二歲）與朴勇準（二十四歲）等職員，以及在二樓一家圖書合作社工作的黃一奉（二十三歲），正在透過窗戶看外面發生的情況。傘兵衝進信用合作社。他們檢查朴勇準的私人用品，還把黃一奉拖到玄關，揮舞鎮暴棍作勢要打他。但這時對街「無等考試補習班」中正在準備公職人員考試的青年從窗口對著傘兵叫罵，要傘兵停止暴行。傘兵於是把目標轉移到考試補習班。正在上課的學生鄭芳南（十九歲）被傘兵抓到，慘遭棍棒與槍托毒打。約四十多名傘兵從外面將無等考試補習班的鐵捲門關上，只留下一條勉強能讓人爬出的小縫。傘兵於是強迫學生爬出補習班，並趁學生爬出去的瞬間用鎮暴棍痛毆學生的頭部、肩膀、腰部等全身。傘兵隊員們隨後將不省人事的學生裝進軍用卡車，載往尚武台。鄭芳南因這次事件小腦與脊髓受傷。他輾轉病榻多年，瘦得只剩皮包骨，最後於一九九四年一月六日去世。[9]

傘兵的暴行令信用合作社的員工朴勇準氣得渾身發抖，大喊「你們這些豬狗不如的混蛋！如果我有槍，就要殺光你們！」他

從那時起加入示威行列，在五月二十七日凌晨，真的拿起了槍對抗戒嚴部隊最後的鎮壓作戰，結果在基督教女青年會大樓他工作的信用合作社裡被鎮壓部隊開槍打死。金永哲在最後一天也進入了全南道廳，擔任「抗爭領導部」的企劃室長。他在死守道廳的保衛戰中戰到最後，直到五月二十七日凌晨被捕為止。

　　《東亞日報》記者金忠根在錦南路一街上的全日大樓附近採訪時，見到一名被傘兵抓住毆打的青年，往「無等考試補習班」的方向逃跑。這時一名追在這名青年身後的傘兵，拔下步槍上的刺刀，朝這名青年背後扔去。由於軍方開始在光天化日下不斷挑釁人民，表現出明確的敵對態度，示威運動變得猶如在戰場上廝殺。金忠根在光州市內見到許多令人難以置信的場面。一般來說，「鎮壓示威」是指使用有限度的武力使群眾感到威脅，從而驅散聚集的群眾，但光州的情況完全不止這樣。戒嚴部隊會像「把豆子撒在地上一樣向外四濺」，直接衝進示威群眾之間。當民眾逃散時，戒嚴軍會在後面緊追不捨，不分男女老少、毫無顧忌地展開攻擊。金忠根只能用「狩獵」來形容這種暴行的恐怖。[10]

　　美聯社（Associated Press）記者泰瑞・安德森（Terry Anderson）在描述現場情況時，也說「這實際上是一場軍人的暴亂」。[11] 傘兵部隊使用暴力的目的不在於鎮壓示威，而是要將民眾拘捕。十七年後，最高法院在一九九七年的判決中說「戒嚴部隊暴力鎮壓光州市民示威的行為，已經構成內亂罪中關於暴動相關內容的暴行與脅迫。」[12]

　　由於各地受傷的人越來越多，許多計程車司機主動將傷者送醫。如果戒嚴部隊目擊到扶持傷患上車、或載送傷患的司機，會毫不留情地毆打，甚至將傷者再次拖下車毒打。連協助運送傷患的警察也會被揮舞鎮暴棍警告。全羅南道警察局作戰科長安洙宅指揮運送傷患的作業時，遭傘兵部隊一名毛姓中校營長威脅：「你如果膽敢將任何一名受傷的暴徒或學生運出去或幫助他們躲藏，你也將被視為同謀。」一名鎮暴警察幹部在目睹傘兵部

隊殘忍的暴行之後，哽咽地懇求徘徊在忠壯路附近巷弄的民眾，
「拜託趕快回家吧。如果被傘兵逮到會把你們殺了。」[13]

到中午用餐時間，光州市內一片死寂。錦南路完全封閉，不
通人車，鎮暴警察又一次在道廳前設置路障，立起警戒線。在
一陣殺戮風暴席捲過後，除了守在戰略要衝的軍隊，以及零星
的外國記者與外國電視攝影機組人員在路上奔跑外，市內各街
道一片空蕩。如果說前一天十八日的示威是由大學生主導的，
則十九日上午的示威者除了學生以外，一般市民也佔了一半，
說明光州的民怨已經高漲。根據《戒嚴日誌》，這一天從上午
十一時三十分到下午一時，在錦南路上被捕的人包括：

「一名建築師，八名製造業工人，一名藍領工人，一名司
機，十名服務員，一名農民，一名商人，一名牧師，九名辦公
室職員，二十名重考生，一名光州保健專科大學學生，一名農
園工專學生，四名東新專科大學學生，一名木浦大學學生、一
名安養工業專科學校學生，一名高中生，四名全南大學學生，
一名電工，一名朝鮮大學附屬工業專科學校學生，二十六名朝
鮮大學學生，一名漢陽大學學生，十一名其他。總計：一百零
七人。」

十九日上午，為了給進駐朝鮮大學運動場的傘兵部隊提供飲
用水，正在營區進行管道工程的工人黃康柱（二十歲）見到一
輛接一輛載著三、四十名學生的軍用卡車進入營區。傘兵把學
生們拖下卡車，強迫他們爬在運動場上匍匐前進繞個幾圈之後，
毆打他們，然後把他們拖進體育館。黃康柱那一天目睹至少八
次這類暴行。[14]

● 高中生加入示威

整個上午，光州市內各高中一片人心惶惶，到了中午十二時

左右，學生們在自己的校園內發動抗議。光州「大東高中」學生列隊繞著運動場高喊口號抗議。「錦湖中央女子高中」學生會會長朴贊淑，率領六百多名學生走上學校操場，大喊「民主主義已死！無數學生死難！」警察趕來擋住了校門。十二時二十分，「光州第一高中」也有兩千多名學生試圖進行校內示威。下午二時，松汀里「光山女子高中」學生會會長、三年級生金英蘭（十八歲），與「淨光高中」學生會會長見面，決定在第五節課結束後走上街頭。她找了五名班代表一起領導學生，但全副武裝的警察趕到，堵住校門，讓她們無法上街。

由於校園內發生示威，大部分高中於下午三時發布停課令，要學生回家。但學生踏出校門後，二、三十人聚集在一起，開始加入街頭示威。高中生們因為有著十多歲青少年特有的熱情，行事果斷而激烈，願意投身於傘兵部隊的前方。眼見高中生們陸續掛彩，感到惋惜光州市民們，情緒漸漸從悲痛轉變為悲壯。第二天，全羅南道教育委員會下令光州市內三十七所高中二十日停課一天，不過這道停課令一直持續到五月二十七日抗爭結束為止。

● 為生存而戰

五月光州抗爭過程中發生幾個導致民眾反抗激化的關鍵事件。第一個關鍵事件就出現在五月十九日下午。從當天上午開始，示威隊伍的核心逐漸由學生轉移到一般市民。另外，原本沒有組織、被動抵抗傘兵暴力鎮壓的守勢局面，開始轉變為攻勢。正午時分，戒嚴部隊阻斷每一個交叉路口，市區的交通完全中斷。親歷上午那場腥風血雨的光州人再也無法忍受，發現唯有咬緊牙根，「不管付出甚麼犧牲，只有把軍隊趕出光州，才有可能生存」。因此從下午開始，市民們的應對方式產生了變化。

面對傘兵部隊可怕的暴力，光州人民只能啞口無言。再這樣下去「好像全部都會被消滅」，濃濃的死亡恐懼陰影將整個城

市壓得令人無法喘息。在如此巨大的國家暴力漩渦中，除了滿腔憤恨與良知以外一無所有的平民百姓，該用什麼方法抵抗才能生存下去呢？打著國家旗號實施殘忍暴行的軍隊，助長了市民心中的恐懼和無力感，強迫他們集體屈服。

但就在這黯淡的一刻，意想不到的事情出現了。肆無忌憚的國家暴力撼動了人民心弦，喚醒了民眾原始求生的本能。光州市民睜開眼睛，見到了他們隱藏在內心深處的無限力量。

下午一時三十分，駐在錦南路的部隊為到朝鮮大學吃午餐而離開，只留下最少的警備兵力配合警方守著路障。示威群眾見機再次湧入街頭。民眾不僅將錦南路、連交會的忠壯路也擠得水洩不通，並且與守在「文化放送」（MBC）大樓的軍隊相互對峙。聚集在天主教中心前方的民眾很快便已達四、五千人。

兩架軍用直升機在遊行隊伍頭頂上方低飛打轉，持續用廣播安撫：

「各位市民、學生們，不理性的作法只會加重混亂。立刻解散回家吧。你們被極少數的壞分子與暴徒所煽動。參與或支持他們的活動會為你們與你們的家人帶來嚴重後果。到時一旦發生任何情況，我們不能負責，一切後果得由你們自負。」

兩架直升機還在民眾上方散發傳單，撿起傳單來看的民眾更加憤怒。這些傳單並無新意，不過是直升機擴音器大聲嚷嚷的那些警告的文字版而已。民眾高舉手中的工具、鋼筋、木棍等，對著直升機大喊，「先把他們打下來！」「幹掉直升機！」「對，就像你們說的，我們就是暴徒！有本領就把我們殺了！」

示威群眾的人數較上午多了不少。就連旁觀者的態度看起來也很積極。他們朝警方在錦南路兩端設置的路障投擲石塊與土製汽油彈，繼續向前推進。上午人數還很少的四十歲以上的中年人與家庭主婦也開始有很多人加入示威。軍、警也堅持不肯退讓。就這樣，直升機不斷在空中盤旋，解散命令的廣播聲混

五月十九日，在天主教中心前隔著燃燒的車輛對峙的市民和傘兵隊員們。（羅庚澤攝）

雜著石塊、汽油彈、催淚瓦斯，在警戒線前方交織在一起。

在雙方激烈的攻勢中，一名青年從天主教中心車庫裡開出四輛車，在車內座椅澆上汽油點火後，將這些引擎運轉中的車輛推向軍、警設置的路障。其中一輛是「基督教放送」（CBS）的採訪車。軍、警也全力朝民眾發射催淚彈。兩邊形成一場激烈的攻防戰。這時一輛燃燒的汽車撞上警方的路障爆炸，民眾齊聲喝采叫好。

沒多久，錦南路二街「第一教會」的新建工地出現兩個裝滿油的油桶，青年們點燃油桶，朝軍警的防線滾去。其中一個油桶爆炸，發出震耳欲聾的巨響，噴出的火焰直衝半空。多家報社攝影記者捕捉到這個鏡頭，當最早有關「光州」的報導於五月二十五日發表時，各家報社都刊登了這一幕爆炸場景的照片。[15]這樣的爆炸、歡呼、火光讓待在示威隊伍後段的人們也感到熱情高漲，戰鬥變得更加激烈。軍隊與警察也不再只靠催淚瓦斯與卡車。他們開始在不示警情況下，揮舞棍棒、槍托、刺刀靠近民眾，在民眾逃散後再退回駐所。但逃散了的示威民眾很快便會重整隊伍，再次發動攻勢。彷彿一顆巨大的氣球不斷洩氣又重新充飽。

示威群眾用路邊的大型盆栽、電話亭、交通柵欄、巴士站牌等構築路障。走在示威隊伍中間與後方的大嬸或年輕女性負責敲碎人行道地磚，蒐集石塊，供隊伍前方丟擲。青年們則直接負責戰鬥。在附近地下道施工現場工作的工人們，也不斷從工地中搬來木棍、鋼筋、鐵管等等一切可當武器使用的東西，交給示威青年。

下午二時左右，由於鎮暴用武器已經耗盡，軍隊與警察舉著盾牌、手持鎮暴棍堅守在原地，與示威者僵持。沒隔多久，天主教中心大樓前方傳來喧囂聲，兩百多名民眾闖進大樓。因為他們看見有五、六名士兵藏身在七樓，用無線電向下方的軍警報告示威者動向。群眾衝上七樓破門而入，經過短暫對抗，扣了幾名軍人。示威者終於取得一項小小的勝利。只不過這些被抓的軍人不是空降特戰部隊，而是來自第三十一師第九十六團，

被派到天主教中心七樓基督教放送的十名地方步兵師的軍人。把軍人當作人質的情況沒有持續多久。大批傘兵在午餐過後返回現場，從道廳前與光南路十字路口兩端包夾進逼示威隊伍。

● 棋盤式分割佔領

在結束上午的鎮壓作戰後，第十一空降特戰旅於下午二時三十分左右返回朝鮮大學用午餐。午餐過後，旅長崔雄像早晨第一次出動時一樣，從教育司令部乘直升機抵達校園，召集各營營長，親自下達作戰指令：「現在約兩千多人聚集在錦南路上韓一銀行附近，破壞公共設施，還在街頭用汽油放火。各營立即出動，驅散他們！」[16]

奉旅長之命，參謀長梁大仁下達了具體的作戰指示，要傘兵從附近的光州第一高中開始，沿著錦南路保持鎮暴隊形，朝道廳進逼。投入作戰的營長必須透過無線電隨時向旅部報告現場狀況，旅部再根據這些報告直接下達部隊調動的命令。在示威者的小小勝利之後，很快傘兵部隊就帶來大規模報復。

下午二時五十分，第十一特戰旅第六十一到六十三營與第七特戰旅第三十五營，以「鑽石隊形」在錦南路韓一銀行門前集結所有兵力，發動了猛烈的鎮壓作戰。大體而言，鎮暴部隊為了分散示威群眾，會視情況採取「楔隊、橫隊、縱隊、鑽石隊型」等四種隊形：楔形編隊是指，部隊隊員呈楔型以尖端指向示威者；橫隊則是在寬敞的路面排成一列往前掃蕩時使用：縱隊是部隊聚集形成長條狀，以增強鎮壓力道；最後還有當部隊為示威群眾圍困時，保持四角隊型，以阻擋來自四面八方群眾的鑽石隊形。此時的錦南路，由於示威群眾人數過多，鑽石隊形是唯一可行的選項。但不論選用什麼隊形，不變的基本前提是，一旦驅散示威者，要不計一切代價拘捕示威的主謀者。

第十一特戰旅第六十一營從柳洞三岔路口出發，往道廳前進。第七特戰旅第三十五營從道廳出動，向錦南路方向前進。根

據光州市政廳日誌的記錄：「從下午三時十四分起，軍隊乘坐一輛戰車、一輛裝甲車、二十二輛卡車從朝鮮大學向道廳前進。」示威群眾雖然拼命抵抗，但還是實力懸殊。一輛裝備 M60 機槍的裝甲車衝進示威隊伍。數百名傘兵隊員也從錦南路一街方向奔來，他們將隊形從「縱隊」變換為「橫隊」，開始瘋狂地揮舞鎮暴棍。示威群眾都嚇壞了。[17]

街上民眾一邊高喊「特戰部隊衝來這裡了！」一邊抬著頭，著急地望著天主教中心的建築，早些時來到大樓樓頂的民眾看見傘兵衝進大樓，急著下樓逃竄。有些民眾來不急走樓梯，甚至急得打開窗子，從二樓跳窗而出。有些人跳到大樓後方車庫頂棚上逃逸。就算逃出大樓的人也有不少被逮，被打得遍體鱗傷，甚至被用刺刀刺傷。來不及逃走的民眾在遭到暴打之後被帶走。在這波攻擊行動中受傷的人不計其數。

下午三時四十分，當作預備兵力的第七空降特戰旅第三十三營（三十名軍官，兩百五十名士兵）也進駐光州。有了五個營的兵力以後，傘兵開始使出渾身解數，像圍剿武裝共匪一樣對付平民百姓，而示威者只能以貼身肉搏的方式反擊。傘兵對示威者聚集的區域實行「棋盤式分割佔領」，先將示威者切割成幾小塊之後，再將他們趕出錦南路，並於下午四時完成第七旅與第十一旅會師。一個多小時後，早先擠滿錦南路與天主教中心附近的示威者已經完全驅散。

但是，從錦南路逃出的示威隊伍被擠到左右兩側的區域，繼續展開了更加激烈的示威。若從全羅南道廳往錦南路方向看過去，正面方向是光南路、柳洞、林洞、無等體育場；忠壯路、紅十字會醫院、光州公園、光州川、光州第一高中、現代電影院、良洞市場位於錦南路左側；長途巴士總站、消防局、大仁市場、全南女子高中、光州中央小學、文化放送、綠豆書店、勞動廳則在右側。就像用力按下氣球中間，周圍就會膨脹一樣，示威隊伍的流向也是如此。每次被趕出錦南路時，他們往左或往右逃竄，但只要有機會，就又會往錦南路聚集。那些油桶的爆炸、

軍警路障的破壞，以及十九日下午在天主教中心大樓擄獲軍人等些微的勝利成果，都讓示威群眾士氣大振。這是抗爭性質轉變為攻勢局面的轉捩點。

● 拚死戰鬥

下午三時，民眾聚集在長途巴士總站前，對駐紮在消防局附近的傘兵丟石塊。傘兵隊員跑過來使用火焰噴射器，空中噴出大量的氣體。守在消防局後方裝甲車旁，原本沒有理會民眾叫罵的傘兵，突然改變態度發動攻勢，向民眾發射催淚彈，見人就抓。有些民眾逃入附近民宅，但傘兵迅速闖進去毆打他們，把他們裝進卡車，在朝鮮大學稍微停留之後，押送到尚武台。[18]

部分示威者被傘兵部隊趕出錦南路，往光州中央小學後門方向逼退，群眾一邊向身後扔汽油彈，一邊到達了文化放送大樓。群眾進入大樓後，砸爛窗戶與裡面的物品，還從大樓車庫拖出八輛車（包括兩輛採訪車與一輛轎車）縱火。這是示威民眾對光州文化放送大樓發動的第一次攻擊。到隔天，在經歷第三次攻擊後，這座大樓將完全燒毀。文化放送由於對軍隊嚴重的暴行不聞不問，終於成為民眾洩憤報復的對象。這時第三十三營收到文化放送大樓遇襲的消息，於是向大樓進軍，救援駐在大樓的十名傘兵（包括一名軍官與九名士兵）。在過程中，他們又一次用刺刀與鎮暴棍攻擊平民。僥倖逃脫的示威者被趕往光州高中，像其他地方的示威者一樣，這裡難逃慘遭毒打的厄運。傘兵在援軍於下午抵達之後，全面掌控了市中心的錦南路。示威隊伍的對策就是往光南路與忠壯路等附近街道，以及雞林洞與良洞等附近地區擴散。

在良洞市場附近，傘兵追逐一名青年進入室內市場二樓，在場目擊的群眾憤而追逐傘兵，被市民們團團包圍的傘兵好不容易逃脫了出來。在市場入口，一群傘兵在追擊示威者時，被一位攤販大嬸用來盛水果的碗妨礙去路，傘兵遂用軍靴踢她的下腹。

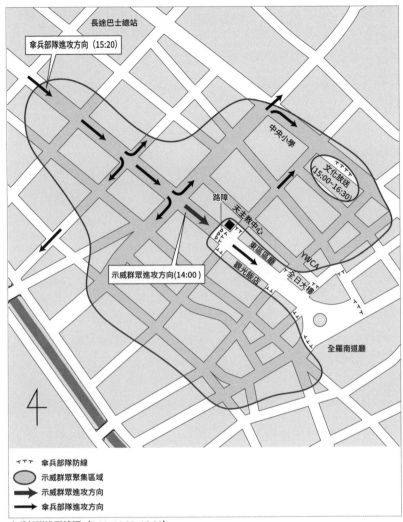

長途巴士總站

傘兵部隊進攻方向（15:20）

中央小學

文化放送
（15:00-16:30）

路障

天主教中心

示威群眾進攻方向(14:00)

東區區廳

全日大樓

YWCA

觀光飯店

全羅南道廳

4

傘兵部隊防線
示威群眾聚集區域
示威群眾進攻方向
傘兵部隊進攻方向

傘兵部隊進軍情況（5.19. 14:00-16:30）

大嬸慘叫倒地，周圍的老人過來扶她。傘兵掄起棍棒毆打這群老人，並罵道「要不是你們擋路，我們已經抓到他們了！」

　　從事建築材料業的朴南宣（二十六歲），目睹了在良洞市場前戒嚴部隊騷擾一名穿白色罩衫黑裙子的高中女生，用刺刀在她的胸前揮舞調戲。旁觀民眾群情激昂，高喊住手，一名老婦哭喊「我的孩子們為什麼要這樣？」於是傘兵踢這名老婦。旁觀

群眾用石塊砸傘兵，罵他們是畜生。傘兵們調頭攻擊旁觀群眾，舞著刺刀在群眾後面追逐。將這一幕看在眼裡的的朴南宣非常憤怒，投身到了抗爭的浪潮中。當五月二十一日傘兵部隊暫時撤離光州市區時，朴南宣走進了全羅南道廳，擔任起市民軍的戰情室長。

傘兵部隊一路追擊逃往光州公園的示威群眾，不放過任何撞見的市民，就連在公園內的斜坡上、前來查看狀況的家庭主婦也不例外。一群老人見狀出面企圖制止，也遭傘兵棍棒亂打。原本在前面逃跑的示威者，在發現這些暴行之後，突然轉身狂吼道「好啊，有種就把我們都殺了！」他們奮不顧身撲向傘兵。七、八名傘兵完全沒料到會有這種狀況，嚇得逃跑，其中一名在楊林洞的紅十字會醫院前脫離人群，沿著光州川邊向楊林橋方向逃逸。見證這一幕的尹祥源，立即打電話到綠豆書店，向金相集（二十四歲）說明他看到的狀況。尹祥源與幾名示威者一起，從天主教中心一路逃到光州公園，正好撞見這群被老人怒斥的傘兵。他見到老人們被傘兵踐踏，憤怒的市民們轉身向傘兵撲過去，打得害怕的傘兵落荒而逃，一名落單的傘兵掉隊，在市民追趕下慌忙從橋上跳進河裡躲避。但民眾不斷向那名傘兵丟石頭。尹祥源在電話裡告訴金相集，這名傘兵可能已經送命。這個消息讓金相集的心情很複雜——雖然群眾開始反攻，但在示威過程中隨時可能會因為緊急情況而送命。[19]

到下午四時十五分，從壯洞圓環旁的電信電話局到「金骨科診所」前十字路口，聚集在霽峰路的民眾已經超過三千人，傘兵於是湧入這個地區清場。四時二十分，一千多名民眾聚集朝鮮大學大門外。四時三十分，警方在柳洞三岔路口建立五層路障，禁止人車進入錦南路。三百多名傘兵在北洞社區辦公室前，搜索住宅區後，攻擊、逮捕年輕人並帶走。[20] 下午四時三十分，一位女性拿著擴音器，站在長途巴士總站與消防局旁的十字路口高喊：「我既不是共產黨也不是暴亂分子。我是一個善良的光州市民。我們不能再眼睜睜看著我們的學生與市民同胞這樣

無辜死去。挺身而出吧！保護我們的學生吧！讓我們趕走這些戒嚴軍，用我們自己的手保護光州吧！」

頃刻間，市民們響應她的號召，聚集在她周圍。當示威隊伍準備再次前進市區時，集結人數已有數千人。傘兵部隊很快用車輛載運進駐這裡。根據陸軍本部的《作戰情況日誌》與戰鬥兵科教育司令部教訓手冊，在五月十九日下午四時四十分，光州的軍隊部署情況如下：第十一空降特戰旅第六十一營（二十七名軍官，一百七十二名士兵）部署在長途巴士總站附近，對付聚集在那裡的兩千多名示威學生；戰鬥兵科教育司令部第十一後勤整備營（十一名軍官，三百六十名士兵）也被動員，部署在勞動廳、全國漁業協會全羅南道分會、大成學院、地方電信電話局、大仁超市前方的四線道幹道；第十一空降特戰旅第六十二營分配到韓一銀行前；第六十三營分配到光州高中前，第七空降特戰旅第三十五營分配到光州消防局前。整個下午，軍隊兵力持續增強，除了木浦與麗水外，從全羅南道八處的警察署，緊急抽調一千八百名警力進駐光州。但即使這時鎮壓軍全力投入了戰鬥，示威浪潮已經席捲整個光州，很難進行徹底鎮壓，只能確保主幹道與選定的戰略要點，以及通往鄉間的國道，如此而已。

這時，第十一空降特戰旅配備一輛裝甲車在長途巴士總站附近的消防局旁現身。一千名示威群眾集結在現場。一名狀似大學生的青年站了出來，淚流滿面地訴說他的朋友如何被傘兵打死。他喊道：「我們應該為我們的友人、我們的兄弟報仇！」他說完親自上前砸碎了公用電話亭與護欄，市民們見狀加入了他的行列。在長途巴士總站後門入口處、朝消防局的方向馬上建了一處路障。七、八名青年躲在一個倒了的電話亭後方，用電話亭為掩護，向前方挺進。在與傘兵的距離縮小至五十多公尺時，這些青年同時向傘兵擲石頭。至目前為止最激烈的一場衝突——長途巴士總站戰鬥——就此展開。原本一直停在傘兵編隊後方的那輛裝甲車，這時突然衝出來撞壞路障，衝入示威人群，從馬路中間將示威人群分為兩半。當示威群眾聚集到三千多人時，

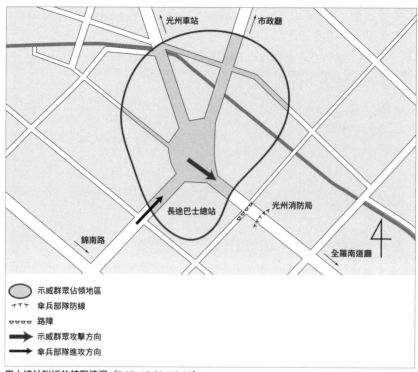

光州車站　　市政廳

長途巴士總站　　光州消防局

錦南路

全羅南道廳

4

示威群眾佔領地區
傘兵部隊防線
路障
示威群眾攻擊方向
傘兵部隊進攻方向

巴士總站附近的鎮壓情況（5.19. 16:00–18:00）

　　傘兵援軍乘十輛軍用卡車抵達。他們從巴士總站圓環攻擊示威人群後方。戴著防毒面具的傘兵，以排或連級兵力的規模編成部隊挺進，發射了無數顆催淚彈。示威人群竄入附近小巷，或著爬上巴士總站三樓屋頂，向傘兵丟擲石塊。約十五名學生與青年被傘兵抓住，被迫排成一列，臉朝下躺在圓環中央。其中一名高中生突然跳起來，衝進北洞農產品批發市場旁的小巷。旁觀的市民們見狀歡呼喝采。三名傘兵舞起棍子追逐這名高中生，市民們看見一下子就向前圍了過來，傘兵們只好嚇得逃走。同時，逃進地下道的市民在昏暗中被傘兵捕獲，遭到狠狠地毒打。其中幾人還被刺刀刺傷。

　　當時在場的金仁潤（二十歲）表示，被手持刺刀的傘兵追進巴士總站的大樓內，結果傘兵打破窗戶追了進來。他的臉上被

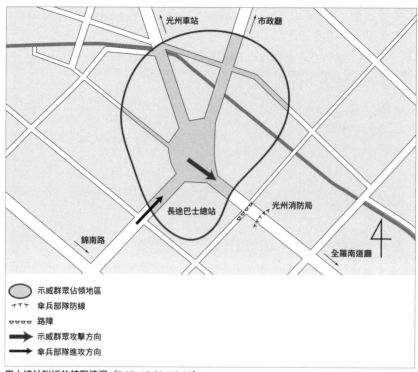

刺了一刀，後腦也被槍托擊傷，其他許多示威者也遭到類似戳傷。[21] 但是，之後在接受檢察官調查時，指揮現場鎮壓的第十一空降特戰旅第六十一營營長矢口否認傘兵有使用刺刀。他說，「我指揮的營在十九日才剛部署，我們沒有理由在行動初期就裝備刺刀。」[22] 湧入總站大樓的傘兵連辦公室都不放過，翻遍每個房間，還抓著女車掌們的頭髮，拖她們出來。傘兵只用二十分鐘就弭平了總站地區的示威。從那時起，長途巴士改為在光州車站前發車。根據陸軍本部《作戰情況日誌》稱，「一千多名市民在長途巴士總站大樓集結，在與第十一空降特戰旅第六十一營對抗之後，於下午七時三十分散去。」

在巴士總站圓環附近，有一名傷患頭骨受傷，手臂骨折，渾身是血，一名計程車司機趕上來，急忙扶他上車，準備將他送往附近醫院，但這時一名傘兵隊員要這名司機丟下傷者。司機呼籲道，「你也看到這人已經快要死了，是不是應該先把人送到醫院呢？」傘兵的答覆是將計程車擋風玻璃砸碎，把司機拖下車，用槍托與棍棒將司機一陣亂打。市內到處都出現了類似的情況。這激起了計程車司機們的憤怒，成為隔天二十日組織車隊示威的直接契機。司機鄭永東（二十六歲）載著三名青年乘客在經過長途巴士總站時遭傘兵攔停。傘兵先將三名乘客拖下車毒打，隨即找上鄭永東，叫道「這傢伙也在送示威的混蛋過來，八成是一夥的。」鄭永東被鎮暴棍打到失去知覺。醒來時發現自己躺在巴士總站附近一家醫院。在接受緊急治療後，他回到現場一看，沒有看到軍人。計程車司機們聚在一邊，誓言不能放過傘兵部隊的暴行。他們決定隔天在無等體育場發動大規模的汽車抗爭遊行，號召所有司機都來參加。[23]

● 第一槍

下午四時五十分，在雞林洞的光州高中前的馬路上，發生首次開火。在接獲「社稷公園」附近發現一名傘兵隊員屍體的報告

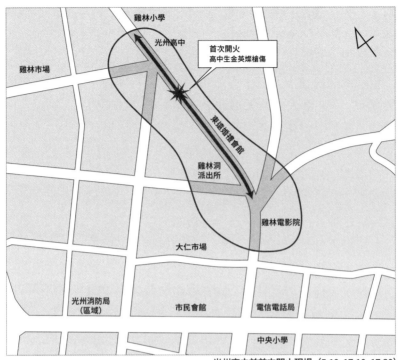

光州高中前首次開火現場（5.19. 17:10–17:30）

之後，軍方的裝甲車從朝鮮大學出動，一邊進行武力威脅一邊在雞林洞附近巡邏。在經過光州高中與雞林派出所之間的路段時，遭聚集在街邊的民眾扔石頭攻擊，左右兩側的監視鏡都被砸碎。裝甲車沒了監視鏡失去方向，開上人行道之後熄火，民眾靠了過來。《東亞日報》記者金忠根上前採訪這一場面，第六十三營作戰官車正煥上尉從裝甲車裡探出頭來，著急地對金忠根說，「我們完全被包圍了。我們會從車裡給你掩護，你趕快到道廳前的總部要求派遣軍隊支援。」金忠根搭著採訪車要穿過人群時，示威群眾用腳踢向採訪車，並罵道「人都死了，東亞日報為什麼保持沉默？」[24] 人群中的朝鮮大學四年級學生魏聖三（二十六歲）點燃一綑草，擺在裝甲車艙口。艙口立即打開，一名士兵手持一枝 M16 步槍探出身來，朝天開了兩槍。群眾聽到槍聲立即逃竄，但有人喊道「只是空包彈啦！」於是群眾又將裝甲車包

圍。這時又響起了槍聲，一名高中生應聲倒地。群眾馬上散開，逃進附近巷弄，緊貼著牆壁。又隔了一陣，那輛裝甲車重新點燃引擎，在持槍的傘兵戒護下駛離現場。中槍倒地的那名學生是金英燦（十八歲，朝鮮大學附設高中三年級學生）。他是光州事件中有記錄的第一起槍傷案例。[25] 金英燦被一旁示威的人，包括公衛醫生鄭恩澤，送往附近的外科醫院接受緊急手術後，隨即再轉送全南大學醫院，在昏迷兩天後於五月二十一日醒來。步槍子彈由他的右腹穿進，貫通至左臀穿出，傷勢嚴重，腸道大量出血。在切除兩公尺的腸子，經過五次手術，總共得到二十幾人輸血後，撿回一命。[26] 開槍的車正煥上尉在第二天被叫到保安司令部接受開槍過程的象徵性調查，然後回到了部隊。[27] 然而，五月二十四日，第十一空降特戰旅在從朱南村撤離到光州機場的途中，車正煥遭埋伏在孝泉村山中的戒嚴部隊誤射而死亡。[28]

● 光州之淚

　　當晚七時左右，夜幕壟罩的街道上下起了小雨。雨水沖走了錦南路上整個下午累積的殺戮與血戰的痕跡，洗刷了市民們的悲慟。警察與傘兵繼續將錦南路鎖得密不透風。空氣中一股濃濃的催淚瓦斯味，街頭滿是支離破碎的電話亭、破碎的人行道，與殘破的街燈，詭異的氣氛瀰漫全市各個角落。市民們只能置身暗處，望著家園一片狼藉，不解為什麼這樣的血腥暴力會出現在他們的街頭。

　　夜幕低垂，示威民眾又一次湧向長途巴士總站。以附近汽車維修工人為首的一千多名示威群眾攔下一輛滿載塑膠製品、掛著慶尚南道車牌的八噸重大卡車，並放火燒車。因為有流言四起，說來自「慶尚南道的軍人前來屠殺光州居民」。光州人因為眼見許多令人震驚的恐怖暴行，這類傳言像海綿吸水一樣自然而然地傳開。群眾中有人激憤地說道，「司機也是慶尚道人，殺了他吧」，但遭其他人阻止，稱「司機沒有犯任何錯」。那

名司機遂得以逃脫。示威者將那輛燃燒著的卡車開到巴士總站，還燒毀一座寫著政府宣傳口號的大拱門。晚間八時二十分，傘兵闖入光州室內體育館，從五、六名正在訓練的舉重選手中抓走兩名。示威隊每百人一組，分成許多組分散在市內，帶著鋤頭、鏟子、棍棒自我武裝，繼續在雨中示威，他們無視晚間九時的宵禁令，直到午夜時分才逐漸散去。衝突異常火爆，單在五月十九日晚上就有兩百七十七人被捕；二十四名軍警與好幾十名百姓受傷。其中崔美子（十九歲，女性）等五名市民經確認，遭到刺刀這類銳器刺傷。[29]

從全羅南道廳，到北邊的良洞、柳洞、林洞、長途巴士總站、光州車站等地區，示威者持續在各地尋縫覓隙，發動激烈的游擊戰，直到夜深。

● 刺刀的使用頻率不斷增加

從當天白天開始，光州市內的綜合醫院與診所收容的重傷患人數飛漲。這些民眾儘管傷勢嚴重，但沒有被裝進軍用卡車，能夠在其他人協助下逃脫軍人毒手，已經十分幸運。只是許多人在送醫之後仍然不治。受害者不只是大學生與年輕人而已，還有老人、婦女、初中生、甚至還有兒童。光州市內的醫療設施沒辦法收容這麼多人。[30] 十九日這一天，傘兵的鎮壓比十八日更殘忍。雖然傘兵與十八日一樣，主要使用鎮暴棍，但在十九日刺刀的使用頻率大幅增加。即便第七空降特戰旅前一天已進行了殘酷的鎮壓，但是反而導致抵抗更加激烈，因此投入第十一空降特戰旅，在十九日這天進一步提高了鎮壓的強度。另外，以天下無敵而自豪的特戰部隊，也因無法順利撲滅示威，自尊心受到傷害，氣憤不已而希望進行報復。最終，不僅是示威者，連旁觀民眾也成為他們的目標。一些傷者在事件結束後始終未能完全康復，在與傷痛掙扎幾十年後辭世。

到了午夜，民眾逐漸返家，與家人分享這一天的見聞，無不

對軍方暴行恨得咬牙切齒。有未歸年輕子弟的家人心急如焚，不斷打電話求證，整晚飽受不安的折磨。反之，電視上仍像往常一樣，播放著肥皂劇與綜藝節目。大規模緝捕行動已經在光州展開，但電視頻道上卻仍然只有歌舞娛樂與影星八卦。光州市民無法抑制這種背叛感與憤怒，在隔天燒毀文化放送大樓，其情感原因就在這裡。

● 鄭鎬溶主張強硬鎮壓戰術

據說當光州示威激化時，特戰司令官鄭鎬溶主張「強硬應對」。當初鄭鎬溶認為，迅速而強大的軍事反應能將示威立刻壓制。在一九八八年國會聽證會中，有人指出，由於鄭鎬溶對示威採取不妥協的強硬立場，傘兵部隊的鎮壓態度才會如此具有攻擊性和無情。還有人說，鄭鎬溶之所以如此強硬地鎮壓光州，是為了挽回雙十二政變時的缺席。[31] 無論怎麼說，早在光州危機一開始，鄭鎬溶就非常激進。結果他也因為替全斗煥在光州事件時立下的汗馬功勞而獲頒「忠武武功勳章」。

但在整個事件過程中，鄭鎬溶並沒有第一線正式的指揮權。雖然他麾下的空降特戰部隊已經轉調第二軍團作戰司令部下轄戰鬥兵科教育司令部所屬第三十一師，但鄭鎬溶不能親上火線督戰，只能在作戰建議與後勤支援方面發揮消極作用。不過儘管如此，一般認為，在從雙十二政變到光州五一八民主化運動這段期間，鄭鎬溶是軍方最有影響力的第三號人物，僅次於全斗煥與盧泰愚。[32] 有鑒於鄭鎬溶沒有參與雙十二政變，他的影響力毫無疑問來自光州事件，這也意味著，雖然沒有暴露在檯面上，但他在鎮壓光州事件中扮演著核心角色。

鄭鎬溶直到五月十九日一直留在漢城，繼投入第七空降特戰旅、再度投入第十一空降特戰旅後，他於二十日親赴光州。此前在五月十九日上午六時三十分，他已經下令第三空降特戰旅旅長崔世昌准將待命，做好隨時可能出動的萬全準備。二十日上午，

鄭鎬溶搭 C-54 直升機抵達光州。他聽取了第七空降特戰旅旅長申佑湜准將、第十一空降特戰旅旅長崔雄准將，以及作戰參謀張世東上校有關光州地區示威情勢的詳細簡報後，他會晤了戰鬥兵科教育司令部尹興禎司令與金基錫副司令，討論示威反制措施。由於尹興禎在陸軍士官學校受訓期間曾是鄭鎬溶的學長，兩人頗有私交，鄭鎬溶於是與尹興禎說，應該以更強硬的手段鎮壓。他說道：「前輩，無論在這裡還是中央，如果戒嚴措施擴大後，騷亂還是繼續這樣下去的話，不能坐視不理吧？你不覺得我們最好的辦法，就是拿出戒嚴軍堅定的意志，盡早平息民眾的情緒不是嗎？」[33] 但尹興禎司令並不贊同。他委婉地告訴鄭鎬溶，光州地區各機關首長當天上午在與軍方的一次會議中，對傘兵部隊採用的鎮壓手段非常反對。

● 光州地區各機關首長會議

那麼，上午這場「光州地區各機關首長」的會議氣氛如何呢？當天上午十時左右，在鄭鎬溶抵達光州以前，戒嚴分部長尹興禎在尚武台的戰教司內，召集光州地區各機關首長，以「軍─政─民防衛協議會」為名開了一場緊急會議。與會者包括全羅南道副知事丁時采（道知事張炯泰因母喪請假）、教育監李大淳、光州地方檢察廳檢察長裴命仁、退伍軍人協會會長、中央情報部光州站站長鄭錫煥等文官，以及第三十一師師長鄭雄、第七空降特戰旅旅長申佑湜、戰鬥兵科教育司令部參謀長張世福、與五〇五保安部隊隊長李在于等軍官全部出席。在會議中，尹興禎面對各機關首長有關傘兵過度鎮壓的指控 —— 還有人說他「應該以身上的軍服為恥」—— 場面十分尷尬。[34] 尤其在五月十八日晚上，尹興禎接到住在光州市內許多親朋好友的抱怨電話。這些電話中也包含天主教光州教區總主教尹恭熙語氣懇切而激昂的來電。[35] 尹興禎立即下令教育司令部參謀長張世福親自了解情況。張世福提出的報告稱，「部分基層士兵確有過度鎮

壓之實」。[36] 尹興禎在聽取參謀長的報告後，指示立即召開光州市內主要機關首長會議。

各機關首長從會議一開始就對軍方怨聲載道。教育監李大淳表示，「已經有幾所高中的學生傳出不肯上學。這樣下去，連高中生也會加入示威。你們是不是太強硬了，難道不應該柔和一點鎮壓嗎？」副知事丁時采指出，「軍方認為像對付釜馬事件時一樣就可以了嗎？你們以為光州與釜山一樣嗎？你們好像完全不知道應該考慮地區的特點。」在五月十八日對示威者發動首次鎮壓的申佑湜准將沒有吭聲。光州的各機關首長們要求「傘兵部隊全部撤出光州市區」。也有人在會中建議，如果不能全面撤軍，至少也應該換掉特戰部隊的制服，讓他們看起來像普通軍人。[37]

尹興禎在會中當場嚴令第三十一師師長與幾位傘兵部隊的指揮官，不得使用流血鎮壓，還向與會首長們保證不會再出現濫用武力情事。會後，除了示威主導者以外，其他被捕市民皆被釋放。正在接受軍訓「兵營集體訓練」的低年級大學生也都獲准停訓返家。但是，儘管尹興禎下達了「不流血鎮壓」的命令，也採取了因應措施，但進駐光州增援第七空降特戰旅的第十一旅仍然在示威現場使用暴力的流血鎮壓戰術。從「戰鬥兵科教育司令部─第三十一師─傘兵部隊」的指管鏈完全遭到漠視，顯示戒嚴軍的正式指揮系統根本沒有啟動。

● 鄭雄的苦惱與決定

當晚十一時，第三十一師師長鄭雄召集第七空降特戰旅三十三營營長權承萬中校、第三十五營營長金一玉中校、第十一空降特戰旅旅長崔雄、全羅南道警察局長安炳夏，以及轄下各團團長、營長與參謀官集會。他在會中下達「第三十一師作戰命令第三號」，停止一切暴力鎮壓戰術，改採「不流血鎮壓」。根據這項命令，戒嚴部隊只能驅散示威者，不可以逮捕，不可以

使用刺刀，不可以用鎮暴棍攻擊示威者頭部。鄭雄在下這道命令時，聲稱「已經完全做好……因為自行改變命令，從強硬鎮壓改為非暴力鎮壓……而遭到軍法審判並處死的準備」。[38] 鄭雄團長的決心非常悲壯。如果是對付敵軍，一般不會涉及道德問題──鄭雄只需與手下官兵並肩作戰，直到敵軍戰敗或自己戰死為止。但在光州，他面對的是住在光州的平民百姓，不是敵人，而是他得保護的韓國人民。他召集部下各級指揮官與參謀，一個個徵求他們的看法。十人中有八人與他看法相同，其餘兩人不確定。[39]

但新軍部領導人對光州示威的態度，與尹興禎、鄭雄等現場指揮官不一樣。他們不但不肯縮手，還要求以更強硬的手段對付示威者。特戰司令官鄭鎬溶在返回漢城後，會見了國防部長官周永福、戒嚴司令官李憙性、與保安司令官全斗煥，要求以更強硬的手段對付示威者。鄭鎬溶強調，「光州騷亂沒有出現緩和的跡象。毫無根據的謠言使光州市民對我們的態度持續惡化，我們必須立即召集戒嚴部隊，增援已部署在當地的兵力。」李憙性面露難色，說「有鑒於漢城現在也有零星騷動的跡象，還有必要針對光州再投入軍隊嗎？」

鄭鎬溶提出反駁。「漢城的示威不會再擴大，但如果任由光州的情勢發展下去，混亂將會惡化。已向第三空降特戰旅旅長下達待命指示，同時也應該下派第一空降特戰旅。」最後決定權由保安司令官全斗煥決定。全斗煥的結論是，「最好還是把第三旅連同第二十師一起派下去。」[40]

當天上午從八時二十分到九時四十分，陸軍本部人事參謀部一名朴姓次長參加了戒嚴司令部舉行的一般參謀會議，根據他對該會議的說法，「參謀總長李憙性在五月十九日週一上午的參謀會議中說，『共產黨是光州事件的幕後黑手』。如果發生暴亂分子威脅到戒嚴軍生命的情況，自然必須行使自衛權。」[41]

新軍部採取以空降特戰部隊為首的暴力鎮壓，激怒了光州市民，使他們在示威活動中不斷扮演更積極的角色。最終，示威

演變成市民直接對抗傘兵部隊的鎮壓。儘管光州當地的指揮官，全羅南道戒嚴分部長尹興禎與第三十一師師長鄭雄已經下令改採非暴力鎮壓，戰鬥兵科教育司令部的幾位參謀也不願強硬鎮壓，但查覺到這種氛圍的戒嚴司令部副司令官、陸軍參謀次長黃永時於五月十九日透過保安司令部，下了一道措詞強硬的命令給尹興禎：「戒嚴司令部八〇‧五‧一八號令（一九八〇年五月十八日）：戒嚴司令部副司令官為使戒嚴司令部針對全南大學騷亂能展現出果斷的因應措施，經由保安司令部的指揮系統向戰鬥兵科教育司令官提出指揮建議，要求採取強硬的處置。」[42]

● 逐步投入戒嚴部隊

下午三時，戒嚴司令官李熺性向青瓦台報告了光州整體情勢，並通知總統崔圭夏將增派第三空降特戰旅與第二十師。下午六時，戒嚴司令部下令戰鬥兵科教育司令部，增派第三旅五個營共一千三百九十二名官兵進駐光州。這是戒嚴司令部的一項片面決定，因為光州當地的部隊並未要求增兵。

晚間十一時零八分，崔世昌旅長率領的第三空降特戰旅搭火車從漢城啟程。他們於五月二十日早晨七時抵達光州車站，很快便抵達了全南大學。這時進駐光州的傘兵部隊除了第七旅兩個營與第十一旅三個營以外，又增加了第三旅的五個營，光州市內的總兵力已達十個營。特別是第三旅，由於參加過釜馬抗爭，堪稱是傘兵中最精銳的部隊。

從五月十八日到五月二十一日，援軍就這樣化整為零、一天天分批進入光州。[43]第七旅兩個營共六百八十八人（八十四名軍官，六百零四名士兵）於五月十八日進駐光州，接著第七旅三個營共一千兩百人（一百六十二名軍官，一千零三十八名士兵）於五月十九日進駐，再接下來是第三旅五個營共一千三百九十二人（兩百五十五名軍官，一千一百三十七名士兵）於五月二十日進駐。到五月二十日上午，光是部署在光州的傘兵部隊，已

經有三千二百八十人（五百零一名軍官，兩千七百七十九名士兵）。

晚間十一時四十分，陸軍第二軍團作戰司令部向戰鬥兵科教育司令部提出「忠貞作戰」指導原則，當中即包括「棋盤式分割佔領」，比起和平驅散，更強調封鎖示威者退路、逮捕示威者的強硬手段。作戰內容還談到部署「便衣部隊」，即不穿軍服的正規部隊，偽裝成民間人士滲透到示威隊伍中，找出、逮捕煽動分子。

不過，儘管戒嚴當局採取了強硬的鎮壓方針，但全羅道戒嚴分部接到第二軍團司令官的訓令後，下達給第一線部隊的指令卻寬鬆得多：

一、根據戒嚴部隊的宗旨行動。
二、嚴懲行動逾越指示的軍人。
三、保護善良的學生與市民。
四、保持身為軍人的正當言行。
五、保衛政府資產。[44]

● 三名資深保安人員的進駐

在全斗煥對光州地區保安部隊的危機處理表示不滿之後，保安司令部派遣三名高階保安人員進駐光州。

保安司令部企劃調整處長崔禮燮准將於五月十九日下午四時抵達「松汀里空軍基地」（今光州機場）。從當天晚上起，直到戒嚴部隊於五月二十七日奪回道廳為止，崔禮燮一直留在教育司令部副司令辦公室與光州地區保安部隊隊長室隔壁的一間房內，向漢城的保安司令部不斷匯報鎮壓情勢。尤其是崔禮燮也參加了教育司令部的作戰會議，或是直接會見市民協商代表等，親身在當地參與了第一線作業。他是全斗煥掌握光州情勢的個人熱線，在現場奉行全斗煥之命。光州的五〇五保安部

隊隊長李在于上校也向保安司令部提出若干報告，但他表示「具有關鍵重要性的情報，例如鎮壓作戰的戰情報告等，由崔禮變准將負責」。[45]

保安司令部對共處處長李鶴捧，以全國擴大戒嚴需調整治安本部的調查業務為理由，指示聯合搜查團總部的洪成烈上校前往光州了解情況。他在五月二十日上午八時抵達光州，九時三十分潛入市區蒐集情報。從五月二十一日起，他就躲在市內，確認示威部隊的位置、他們的武裝狀況、動態與攻擊狀況，以及市民與後來的收拾對策委員會的動向等。五月二十四日下午二時，洪成烈回到光州五〇五保安部隊，直到六月八日才調回保安司令部。目前已知關於他的情報不多，據說「洪成烈上校出生於光州，在蒐集準確情報並進行報告的同時，也在推進市民與示威隊伍的分裂工作」。[46]

五月二十二日，曾任保安司令部監察室室長、聯合搜查團調查局長的崔慶祖上校，奉命被派遣為「光州地區聯合搜查團團長」。崔慶祖指揮聯合搜查團派遣的三十幾名搜查官與十名本地調查員，主持與示威相關人士有關的調查作業。五〇五保安部隊隊長李在于上校擔任調查副局長，由對共處處長徐義男中校負責實務執行。在主持調查以後，崔上校徹底整頓了調查團隊的編制。過去，調查人員根據出身背景編為保安部隊班、警察部隊班、憲兵班等派遣部隊。經過整頓後，根據被拘捕與被調查的人的背景改為學生班、一般暴民班、在野勢力班與行政班等四個編組。光州地區聯合搜查團調查了三千多名在事件期間被捕的市民。崔上校的好友、當時在國軍綜合醫院擔任軍醫的光州人李正勇（三十六歲），在作證時說，崔曾經向他說出心中的想法，「在舍北事件中，只有三千名沒有武裝的暴民起事，結果就有八十人被捕。相形之下，光州有三十萬人持武器鬧事，意味至少須抓捕、起訴八千人。」[47]

總之，與這三名重量級的保安人員的派遣同時，戒嚴部隊的增援也進駐光州。在整個光州事件過程中，他們以新軍部情報

蒐集網第一線眼線的身分在光州工作。

● 北韓特種部隊滲透的傳言

在光州事件結束三十多年後，一種陰謀論仍不斷困擾著光州。這種陰謀論說，在事件期間「六百名朝鮮軍人滲透進光州」。根據這種理論，這些北韓軍人不只是單純的軍人，還是負責在光州混入示威人群，煽動暴亂的特種部隊。近年這類傳言甚至說，北韓特種部隊對傘兵與示威民眾開火，主導在光州的各種暴行，然後把罪行栽贓給南韓傘兵。

單就這類傳言的厚顏無恥，已足以說明它們是帶著惡意、有計畫散播的謠言。隨著韓國社會的保守色彩轉濃，這類謠言更加繪聲繪影。直到今天，少數「脫北者」與極右派煽動分子，仍繼續透過印刷品與網路媒體等，帶頭擴散有關光州事件的假訊息。但他們的說詞充滿邏輯矛盾：如果北韓特種部隊真的於一九八〇年五月滲透進光州犯下暴行，為什麼國軍在現場連一名北韓特工都沒查出，更別說北韓軍人了？頗具反諷意味的是，極右派這類主張等於是軍方否定了自身的存在價值，更加暴露了軍事政權的非法性，本質上與一九八〇年光州事件期間的傳言有許多共同之處。

就連著名的保守派評論員趙甲濟，也公開否認「北韓特種部隊滲透說」，他的主張概括如下：數十萬光州市民與戒嚴部隊完全見證了抗爭期間的大小事件，數百名國內外的記者也進行了採訪，並且親身觀察了事件，但沒有一名記者認為北韓軍隊在幕後煽動。就連戒嚴部隊軍官也沒有一個人報告有在事件中見過北韓軍人。過去發生的鎮壓北韓軍隊的事件，例如北韓以排級兵力引發的「青瓦台突襲事件」（一九六八年一月）與連級兵力滲透的「蔚珍—三涉登陸事件」（一九六八年十一月），都導致數十名韓國軍人陣亡。考慮到陣亡人數，如果六百名北韓特種部隊真的介入光州，引發的衝突絕不會只造成二十三人

國防部正式否認了五一八當時北韓軍特殊部隊介入的主張。（國防部法務管理室，二〇一三年十月）

（韓國軍隊在光州事件中的死亡人數）死亡而已。如果是營級規模部隊的話，應該會和國軍發生大規模的戰鬥才對。就算北韓當局在五月十八日光州事件展開之初就下令出動特種部隊，北韓軍也不可能在五月二十日以前抵達光州。而且在五月二十日這一天，戒嚴部隊已經開始切斷光州對外交通，北韓軍沒有機會滲透進光州市。更何況這類陰謀論還說，北韓軍一個營有三分之二的人被殲滅。果真如此，那麼這些將近二百人的北韓軍屍首去哪裡了呢？所有在光州抗爭過程中發現的屍首，沒有一個是屬於北韓軍人的。多年來，當局針對光州抗爭進行了七次調查：一九八〇年事件剛過，戒嚴司令部就進行了一次調查；國防部在一九八五年進行了再調查；接著是一九八八年的國會光州聽證會；一九九五年的檢察機關與國防部的聯合調查；從一九九六年持續到一九九七年的光州事件審判；二〇〇七年的「國防部歷史真相查明委員會」的調查；以及「國家情報院」在二〇一二年的非公開調查。所有這些調查從未發現北韓以營級兵力滲透進入韓國的任何證據或類似情況。[48]

不過，由於部分極右派一再強調「北韓特種部隊滲透說」，總理鄭烘原於二〇一三年六月在國會總會中發表官方聲明，再加上同年十月國防部也發表聲明「軍隊對脫北者團體主張的立場」，正式表示「北韓軍隊沒有介入五一八光州民主化運動」。[49]

● 美國增兵

　　五月十九日，美軍太平洋空軍司令詹姆斯・休斯（James D. Hughes）中將在夏威夷檀香山召開記者會，宣稱如果朝鮮半島因北韓入侵而爆發戰爭，駐在沖繩的美軍戰術飛機將可在非常短的時間內出擊至韓國前線，美韓空軍有能力擊退任何北韓的空中攻擊。[50]

　　另外，美國國防情報局（Defense Intelligence Agency）也在發給華府「參謀長聯席會議」（Joint Chiefs of Staff）的一份電文中說，光州地區三萬多名學生走上街頭，儘管無法判定確切人數，很顯然工人等非學生市民也已加入示威。電文中解釋說，情勢正在變得十分嚴重，軍方使用催淚瓦斯、武裝運輸車輛、配備擴音器的直升機，但效果不彰。撰寫這份電文的是駐紮在光州松汀里美國空軍基地的情報官們。[51]

　　直到光州「美國文化院」院長大衛・米勒（David Miller）在五月十九日上午透過電話，傳來有關光州事件發展的消息以前，美國大使館官員對光州情勢一無所知。但是，與美國政府的正式立場相反的是，美國駐韓大使來天惠在接受記者提姆・肖洛克（Tim Shorrock）訪問時說，抗爭期間他每天都能接獲住在光州觀光飯店的一名美國情報人員傳來的光州市內情況的詳細報告。[52]

　　總之，美國的官方立場是，米勒從光州市民處獲悉光州發生了嚴重的暴動，且出現許多傷害事件，甚至暴動過程中有幾起殺人事件的責任在於特種部隊。駐在漢城的美軍官員也在五月

十九日接獲光州友人電話，講述內容也大同小異。由於政府的新聞檢查，韓國媒體沒有報導十八與十九日兩天發生在光州的事。美國大使館當時獲得的片面消息來自米勒和距光州十二英哩的美國空軍基地傳來的報告，以及外國新聞報導。韓國政府官員否認光州出現任何異常事故，極力淡化情勢。[53]

第 4 章 | 全面展開的民眾抗爭

（五月二十日，週二：抗爭第三天）

● 第三空降特戰旅援軍進駐

　　五月二十日，全羅南道教育委員會宣布光州所有初中與高中全部停課。凌晨五時，戰鬥兵科教育司令部向戒嚴司令部要求增派三架 MD 500 直升機。凌晨一時二十分從漢城清涼里火車站出發的第三空降特戰旅五個營，於早上七時抵達光州車站。旅長崔世昌與幾位營長在前來光州車站迎接的第三十一師師長鄭雄的帶領下，驅車到全南大學營區。原本駐紮在全南大學的第七旅第三十三營轉移陣地至朝鮮大學，空出位置給第三旅。第三旅白天部署在錦南路一帶，當示威於傍晚轉烈以後，他們開始負責鎮壓光州西北地區（包括全南大學大門、光州車站、光州市廳）鎮壓示威。[1] 第十一旅為了負責光州東部地區，調整任務後獲得第七旅第三十三營的增援。第十一旅第六十一營進駐錦南路二街商業銀行附近，第六十二營進駐忠壯路光州郵局附近，第六十三營進駐錦南路三街光州銀行附近。第七旅第三十三營上午部署在光州車站，下午轉移到雞林警察派出所一帶。

　　根據韓國陸軍本部發行的《鎮壓暴動作戰指導原則》，明確指出「鎮壓對象為一般示威，需要以物理力量鎮壓時，請求步兵部隊以數量上的優勢制服目標；如果騷亂情勢惡化，武裝暴民以特定設施為據點進行反抗時，則請求出動能執行特攻作戰的特殊部隊。」[2] 然而戒嚴當局對法規置若罔聞，一開始就出動了在最後階段才能投入的特戰部隊。因此也有人認為，因為五

月十七日擴大戒嚴令的措施，導致新軍部提早制定了三個空降特戰旅應對光州示威的計畫，並根據作戰腳本在光州展開殺戮，這也是全斗煥政權為何被控預謀在光州行兇的原因。[3]

● 第二名受害人：金安夫

五月二十日上午八時，阿諾・彼德森（Arnold A. Peterson）牧師前往光州基督教醫院，與留在楊林洞的地方教眾一起舉行禮拜。彼德森是美國浸信會教士，自一九七五年起就在光州傳教。儘管目睹五月十八與十九日發生在光州的喋血衝突，他仍然認為，只要政府能為傘兵犯下的錯誤道歉並撤出軍隊，就不會再有流血事件，使危機得到解除。但是情況並沒有照他的期望發展。在唱完一首讚美詩歌後，一名醫生禱告，他哭著說道「親愛的天父，為何我們的軍人要殺害我們的兄弟、姊妹與孩子們？」。在場大多數信眾也飲泣不已，那種悲憤之情為彼德森前所未見。[4]

前一晚開始下的雨一直到二十日上午九時才停止。光州市民這天一大早就冒著濛濛細雨往市中心集結。他們知道只要進市區就未必能保障自己的生命安全，也知道傘兵部隊已經封鎖光州多處路段，但盛怒讓他們拋開了恐懼。軍隊與警察仍然扼守著橋梁、圓環與重要路口。示威者不時還會見到衣髮全濕的婦女跪在街上，幾近瘋狂地哀求軍人交還她們的孩子。沒有人知道該怎麼安慰這些婦人。畫面令人熱淚盈眶，但市民們除了用拳頭拭淚以外，什麼也不能做。

上午十時，雨停了，大仁市場周圍已經聚集一千多人，其中有家庭主婦，有高中生，還有前一天目睹傘兵暴行的老人。敵愾同仇的意識將各行各業民眾更加緊密團結在一起。群眾很快得知金安夫（三十五歲，零工）的死訊。黎明前在全南酒廠前的路上發現了他臉部被打得凹陷的屍體。他是自金敬喆之後，第二位經證實死亡的受害者。金安夫的死因經確認是遭到重擊，造成頭骨破裂的臉部與前額撕裂傷。根據光州市政廳的日誌，

「五月十九日下午六時三十分，傘兵將八名被剝光衣物，只剩下內褲的大學生，押到光州公園廣場，接受所謂『元山爆擊』的懲罰」。據信，金安夫由於當時在附近示威，或在附近旁觀，也遭傘兵捕獲。他的妻子金末玉（二十二歲）因為宵禁，整夜未眠守在家裡，一早出門尋夫，聽到送酒的送貨員大叔們談到光州公園陷入騷亂，她抱著僥倖的心態前往現場，發現丈夫僅著一件灰色 T 恤倒在地上，全身被雨水浸濕，圓睜雙眼躺在地上，彷彿在控訴自己遭不白怨死一般。[5]

在大仁市場擺攤的攤販們紛紛表示「都亂成一團了還談什麼生意」，乾脆丟下攤子加入示威行列。群眾繞過光州高中方向，走向光州市民會館，但遊行隊伍還沒來到錦南路，就遭到以裝甲車為首的傘兵驅散。

從上午十時二十分到十二時五十分，尹興禎司令在戰鬥兵科教育司令部召開第二次各機關首長會議。尹興禎在會中表示，會認真考慮光州地區領導人們在上次會議提出的要求：「市民們已經非常憤怒，希望傘兵撤軍，若無法撤軍，至少要換上與一般正規軍同樣的軍服。」[6] 之後，下午二時又開了一次約二十分鐘的會，這次會議與會者包括五十六名來自各行各業的市民代表，以及八名戰教司的參謀，包括戰鬥發展部部長金善賢。其中，光州商工會議所會長、全羅南道醫師協會會長、全羅南道藥劑師會會長、韓國婦女會光州分會長等市民代表也出席了會議，並指控傘兵部隊的暴力鎮壓，以及提到傳遍光州各地的流言蜚語等問題。[7]

● 女性被脫得只剩內衣

上午十時三十分左右，像昨天一樣，在錦南路上傘兵又一次在眾目睽睽之下抓住市民，脫光衣物毆打他們。《東亞日報》駐光州記者金泳燁，見到一個奇怪的場面。駐守在韓國銀行對面、天主教中心前方的第七空降特戰旅第三十五營的傘兵，在錦南路

三街抓了三十幾名青年後，將他們脫得只剩下內褲與胸罩，在天主教中心前讓他們接受軍訓體罰。傘兵將這些青年排成四列，金泳燁在進一步觀察之後發現每一列都有六到八人。他算了算，其中約十多人是女性。這些青年似乎皆為二十來歲，只有一兩個人約莫三十歲出頭。女性大部分還穿著高跟鞋。十幾名手執鎮暴棍的傘兵圍住這些青年，一名似乎是士官的傘兵站在圍成的圈中央發號施令，「趴下！後躺！側躺！滾五圈！蹲下！手貼在耳朵上跳！匍匐前進！單腳站立！」不聽從指令或動作慢一點的人，鎮暴棍就會毫不留情地飛來。特別是女性遭到的羞辱尤令人髮指。[8]

曹喆鉉（Cho Pius）神父與幾名修女與非神職人員，也從天主教中心六樓的教區辦公室見證這恐怖一幕。曹神父後來在軍事法庭上陳述道，「我雖身為神職人員，但在那一刻，如果身旁有槍，我會朝他們開槍射擊。」[9]全南大學訓導主任徐銘源（四十一歲）也目睹了這一情景。[10]

上午十一時，尹祥源、鄭祥容（三十歲）、李樣賢（三十歲）、鄭賢愛（二十八歲）與金相集聚在綠豆書店，討論今後的對策。綠豆書店專門銷售人文與社會科學書籍，因此平時是學生運動分子經常光顧的地方。當書店老闆金相允於五月十七日晚被預防性拘留後，光州市內的情勢越來越嚴峻，綠豆書店重新成為反抗者的據點。尹祥源等人達成結論，示威群眾需要領導階層，全南大學學生總會的執行部應該站在光州市民的前方。在五月十六日之前的幾次民主化集會中，全南大學學生總會會長朴寬賢在光州市民心中留下深刻印象。當尹祥源五月十八日在光川洞的野火夜校最後一次見到朴寬賢時，朴寬賢給了他學生會總務部長梁康燮緊急連絡用的電話號碼。尹祥源打了這個電話，但沒有回音。從十八日下午開始，包括朴寬賢在內所有學生會幹部都完全失去了聯繫。同時，與躲避預防性拘捕的民主運動人士，以及與其他地區的聯繫也被切斷。仍然留在光州的人必須自行應對。聚在綠豆書店的這些人決定繼續製作土製

汽油彈與報刊。

上午十一時三十分，第十一旅派遣第六十一營進駐光州郵局，第六十三營進駐光州銀行，第七旅則將第三十五營派駐韓一銀行，第三十三營派駐雞林派出所。像昨天一樣，上午示威群眾與傘兵在錦南路上爆發幾起衝突，若干民眾被打，遭到拘捕。到了中午，示威暫時緩和下來。

● 金壽煥樞機主教會晤全斗煥

遭媒體徹底忽略的光州，已經與外界隔絕，孤軍奮戰的光州市民為了向外界知道他們悲慘的命運，傾注所有努力。有人拼命打電話聯絡他們在漢城等其他地方的親友，但電話始終打不通。有人想方設法離開光州，親身傳遞消息，但都遭軍方攔阻。

五月二十日上午，漢城樞機主教金壽煥要求會晤全斗煥。在前一天下午，金壽煥從來到漢城的光州總主教尹恭熙處得知傘兵部隊暴力鎮壓的消息後，下定決心無論如何都要阻止流血事件發生，於是親身走訪實際上的掌權者全斗煥。身兼保安司令部司令與中央情報部代理部長的全斗煥，把朴正熙被金載圭槍殺的宮井洞的那棟建築用作辦公室。金壽煥主教拜託全斗煥「不要讓光州的流血事件持續下去」，但是兩人的談話不斷被打斷，每說不到幾句話，電話鈴聲就會響起，全斗煥接到一通又一通光州情勢惡化的報告。最後，全斗煥回答，「現在因為出現了內亂，我實在不能跟你繼續談。」說完後全斗煥就離開了。由於沒能獲得肯定答覆，金壽煥於是斷定，全斗煥會以「內亂」為由，進一步對光州採取更加強硬的立場。[11]

此時在光州，駐防光州車站、長途巴士總站、與西方三岔路口的第三空降特戰旅，裝備了用來將催淚瓦斯噴得更遠的火焰噴射器。

在錦南路上，群眾與傘兵對峙，現場瀰漫著隨時可能爆發的緊張氣氛。如果再發生一次衝突，將產生巨大的爆發力。光州

市民毫不掩飾，表明不惜送命也要決一死戰的決心。對於加在他們身上的「叛亂暴民」的標籤，只能孤軍奮戰的他們感到深惡痛絕。對市民來說，光州是他們和親朋好友一起生活的溫暖家園，卻莫名其妙遭到入侵者胡亂破壞。如同在美國西部拓荒時代白人蠻橫地突襲了平靜生活的印第安人部落，無情屠殺印第安人一樣。光州市民就像印第安人，只拿著弓和刀，對抗裝備槍和大炮的白人入侵者，透過埋伏和突襲取得勝利，展開攸關生死的本能鬥爭。

● 高中學生也散發新聞信

五月二十日起，報紙不再送往光州。市內一切消息都來自國營媒體與戒嚴部隊的綏靖廣播、宣傳單，以及毫無根據的謠傳。為對抗這種假訊息滿天飛的現象，主要由大學生組成的印刷品工作團體使盡全力。這些團體包括「野火夜校」與「百濟夜校」的學生、「光大劇團」的成員，以及全南大學學生總會秘密企畫組非公開經營的「大學之聲」製作團隊。這些團隊的新聞信一般而言因為製作倉促、品質粗糙，充滿激情。它們趁夜間在錦南路地區散發，由於太搶手，一開始分發就發完了。取得這些新聞信的人都會小心翼翼折疊收藏，然後轉交他人閱讀。

高中學生們也在製作、散發新聞信。曹江一（十八歲，光州真興高中）等十名高中生，因加入月山洞「德林寺」與「德林教堂」學生團體而相識，在目睹五月十八日傘兵部隊的暴行後，在思考作為高中生能為光州做些什麼事之後，決心製作印刷品。他們從德林寺與德林教堂借來油印機，從五月二十日傍晚開始製作新聞信，並在良洞的雞肉商店街與進入良洞市場的路口進行散發。五月二十一日，曹江一與三名同學搭乘示威者的車，前往羅州市拿到一些槍枝，準備協助防衛德林山地區。但曹江一身為里長的父親與德林寺的住持因為擔心這些高中生的安全，沒收了他們的武器。五月二十六日，這些高中生又開始製作、

發散新聞信。[12]

● 軍法審判威脅

　　五月二十日下午，由於在前一天晚上下令非暴力鎮壓，第三十一師師長鄭雄被解除作戰指揮權。儘管傘兵指揮權直到第二天二十一日下午四時才正式移交給戰鬥兵科教育司令部司令，但傘兵部隊在指揮權正式移轉前一天即脫離鄭雄的控制，不再向他報告。[13] 事實上，打從一開始，傘兵部隊的指揮官們就一直沒把第三十一師師長鄭雄看在眼裡。在向檢察廳提出的正式證供中，第三旅的一名營長說：「空降特戰旅旅長們除了特戰司令官以外，有輕視第三十一師師長或戰鬥兵科教育司令部命令的傾向。甚至像我這樣的營長也沒把第三十一師師長看在眼裡。畢竟親自來到光州的特戰司令官鄭鎬溶才是具有實權的人。我們沒有理由聽命於一個沒有權力的師長。」[14]

　　根據第七旅旅長申佑湜的說法，鄭鎬溶在事件期間在光州總共停留了六天，分別在五月二十到二十一日，二十三到二十四日，與二十六到二十七日。[15] 毫無疑問，空降特戰旅長們應該要在全南或朝鮮大學中各旅的本部，與自己的部隊在一起。但一反常態的是，幾名特戰旅長大部分時間都停留在特戰司令鄭鎬溶進駐的尚武台戰鬥兵科教育司令部，只用無線電指揮作戰。這樣造成的結果，也讓部署在第一線的營長產生不滿。在接受檢察機關調查時，五月二十日晚在光州車站開火的第三旅的營長，毫不諱言他們對這一點的惱火。五月二十一日那天，在全羅南道廳前，向示威群眾不分青紅皂白地開火的緊急情況下，第十一旅第六十一營營長甚至露骨地直接對無線電叫罵。由於傘兵單位使用獨立頻道，戰教司不可能知道他們在無線電通信中講了什麼。戰教司作戰參謀白南義上校作證表示，「空降特戰旅沒有向上級戰鬥兵科教育司令部作妥善的報告，只與特戰部隊戰情室通信，自行執行了作戰任務。」[16] 根據白南義的證辭，鄭鎬溶與特戰部

114

隊作戰參謀張世東上校帶著手槍，衝進戰情室揚言「如果你不合作，就軍法送辦」。從保安部隊調到戰教司的一名金姓少校，也遭到類似警告：「與我們合作對你的人身安全有幫助。」[17]

● 老婦人握著孩子的手加入示威

五月二十日上午的示威相對平靜，傘兵的反應也多少有些緩和。但到了下午，情勢急遽惡化。第三空降特戰旅派遣第十一營前往黃金洞地區，第十二營前往光州市政廳，第十三營前往光州第一高中，第十五營前往月山洞與櫸門洞，第十六營前往光州車站圓環；第七空降特戰旅派遣第三十三營前往雞林派出所與光州高中，第三十五營前往韓一銀行周邊；第十一空降特戰旅派遣第六十一營前往全羅南道廳，第六十二營前往光州郵局周邊，第六十三營前往大仁洞的派出所附近。[18] 總共三個旅的十個營部署在光州，準備發動一場聯合鎮壓作戰。

午餐時間過後，示威從錦南路外圍展開。下午二時四十分，東明洞地區剛下課的三百多名中學生向守在街邊排成一排的戒嚴軍丟石頭，傘兵用催淚彈與辣椒噴霧反擊，示威學生只好後退。類似場景出現在雞林洞東門橋附近：兩百多名國中、高中生向傘兵扔擲石頭後隨即逃逸。在雞林派出所前，七百多名民眾與軍人對峙。光州各地不斷發生衝突事件。

下午三時過後，民眾再次走向錦南路。下午三時四十分，「朝興銀行」外聚集了兩百多人，十五分鐘以後，幾千名群眾湧入錦南路四街。示威民眾來自各行各業，有牽著幼稚園兒童的手的老婦人，有貌似酒家女的年輕女性，有店舖職員，有學生，有拿著文件袋的上班族，有家庭主婦，還有餐廳員工。警方向民眾發射催淚彈，民眾暫時後撤，但很快又湧上街頭。這樣的拉鋸情勢不斷重演，直到民眾人數增加到好幾萬人。隨著人數增加，學生與年輕人領頭，聚在錦南路與中央路交叉口，以及地下商業街的工地，發動靜坐示威。市民們不想再逃竄或躲藏了。

他們坐在地上，一邊揮舞著國旗，一邊大喊「乾脆把我們都殺了吧！」到目前為止，佔據絕對優勢的傘兵逐漸轉為採取守勢。

崔良根（二十三歲，全南大學法學院三年級）等幾名學生帶頭領導靜坐。他們向群眾朗讀標題為《我們為什麼戰鬥》的印刷物，並在過程中不斷唱著《阿里郎》、《我們的願望是統一》、《正義歌》、《鬥士之歌》等。一開始歌聲顯得有些稀稀落落，但隨著示威信心與決心越來越堅強，所有人都開始跟著唱。當他們第二次合唱《阿里郎》時，示威者幾乎哭成了一片汪洋。有人站起身來建議集資購買擴音器。他們不到十分鐘就籌得三十二萬韓元。提著募款箱的學生當場清點，向群眾宣布募款總額。現場的傘兵指揮官下令靜坐的示威群眾回家，但群眾繼續放聲高唱。傘兵於是像蜂群一樣衝進人叢，無情地揮棒亂毆。示威現場頓時血花亂濺，人群四散潰逃。傘兵隊員們儘管沒有緊追示威者進入後街小巷，也沒有使用刺刀，但仍然使用鎮暴棍。傘兵如果分散成小股，追逐群眾時，反而會被示威群眾包圍，因此這種趨勢讓傘兵對示威者緊追不捨的執著有所降低，甚至到了無法再追擊的地步。一旦傘兵追逐示威者進入狹窄的巷弄，容易發生民眾轉身與傘兵正面對抗，這時其他示威者如果從後方切斷退路，傘兵反而會被孤立，使原本的獵人成為獵物。在這種情況下，傘兵部隊將戰術轉換成集中兵力，以營為單位進行整合，採取大規模與示威隊對抗的應對方式。

● 「我們一起死」

隨著傘兵追逐個別示威者的頻率不斷遞減，光州市民發現自己比先前更能行動自如。現在群眾似乎不必再退縮了。他們進入巷弄與建築物之間的空隙，喊著「集合吧！集合吧！」讓更多民眾團結再一起。示威群眾的數量優勢逐漸擴大，開始與傘兵部隊展開大規模的拉鋸戰，雙方互不退讓。用募款買到的擴音器也已準備好。一名示威者負責提擴音器，一名負責拿電池，

另一名則拿著麥克風喊話，鼓勵民眾加入示威行列。也就是說，三個人就可以組成一個機動的廣播電台。

「我們要與先一步捐軀的人一起死在這裡！」

民眾憑藉無比高昂的士氣，不斷向軍隊投石圍攻。示威隊伍如潮水般透過六條路湧向道廳前的廣場，用鐵桶與大型盆栽做為前排移動的障礙物，一步步逼向傘兵防線。幾乎所有市民都抱著必死的決心，不再袖手旁觀。他們團結一致，離開工作崗位與住處，在道路附近的商店和住宅區，用大水桶與洗臉盆等裝滿水後擺在外頭，或者用手推車、自行車與木盆載運地下商街或工地的石塊、木棍、被切割的鋼筋上街。雖然到處瀰漫著催淚瓦斯，但光州市民沒有退縮。中年大嬸與餐飲店的女侍在示威人群中遊走，送上濕毛巾與牙膏，讓人們敷在鼻孔下，幫他們抵擋催淚瓦斯造成的那種灼燒感。軍隊與警察已經在以道廳為中心的六條道路上架起警戒線。無數軍人以廣場噴水池為中心，布置層層兵力。示威群眾與戒嚴部隊展開激烈衝突，示威者如果感到疲憊就暫時後退，但隨即重燃對抗之火，繼續挺進。下午五時五十分，約五千多名示威者聚集在忠壯路入口，組成人牆衝向道廳。與戒嚴部隊發生過衝撞的示威者就退下來，在大島飯店與光州銀行南門分行前靜坐。同時，六名高中女生展開一面大型的國旗，領著幾百名示威者從長途巴士總站走向勞動廳。傘兵部隊搞不懂，無法理解光州人民為何會有這種反應。

● 計程車司機起義

晚上七時左右，無數車輛毫無預警，車頭燈全開，按著喇叭，從柳洞方向駛向道廳。走在最前面的是一輛「大韓物流」的十二噸重大卡車，跟在後面的是十一輛高速巴士與長途巴士，再接下來是兩百多輛計程車，擠滿了錦南路。二十幾名青年站

在打頭陣那輛大卡車的車上，揮舞著國旗。巴士上也載著手持國旗的青年，甚至還有幾名持著木棒的年輕女子。整個車隊就像巨大的地震海嘯一樣襲來。已經在錦南路上與軍警激烈衝突整個下午、疲累不堪的示威者，見到這些車輛無不歡欣鼓舞，士氣大振。

　　這就是導致民眾抗爭加劇的第二個關鍵事件。如前所述，第一個事件是在十九日中午，錦南路天主教中心前那場沒有計劃、沒有組織的集體民怨爆發。但與這次的第二個事件不同，二十日晚上，大批車輛集結示威是有組織的。儘管這場示威也完全出於自發，事先也沒有預謀，但職業駕駛們眾志成城的集體行動凝聚著強烈的爆發力。這是民眾將他們的生命擲入歷史前沿的瞬間。他們的熱誠、團結與奉獻後來成為光州抗爭的標誌。沉潛、積壓了三天的民怨像憤怒的岩漿穿越地層爆發，蔓延光州各地街頭，一直持續到第二天凌晨天亮。

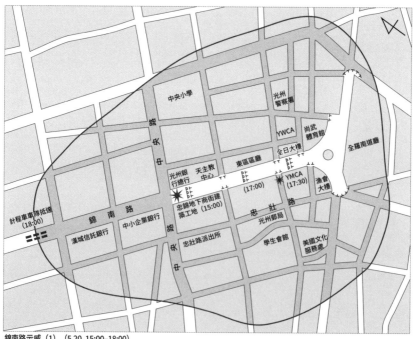

錦南路示威（1）（5.20. 15:00–18:00）

這場車輛示威始於二十日下午二時的光州車站附近，當時只有十多輛計程車司機聚在一起。「傘兵為什麼打死無辜的司機？我們只是在營業途中載客而已，犯什麼罪了嗎？」「他們這樣用棍棒與刺刀殺害我們，我們就應該停止營業，進行鬥爭。」司機們越罵越氣，不久聚集的計程車就超過二十輛。司機們於是想到應該組織起來對抗戒嚴部隊。由於工作性質使然，他們行駛在光州各地時，目睹的傘兵暴行比其他人多，本身也經常淪為傘兵施暴的目標。載受傷民眾赴醫的計程車司機被傘兵攔停，拖下車毆打，還因為協助所謂「暴徒」而遭到刺刀威脅的情況屢見不鮮。他們也比其他人更清楚，採取集體行動會為他們帶來很大的危險。

　　司機們決定全部先到無等體育場集合，然後分散到全市各地呼朋引伴。有些司機早先曾被傘兵毆打，腦袋上仍纏著繃帶。到傍晚六時為止，兩百多輛計程車抵達無等體育場。司機們將他們的車子整齊排好，交換至今目擊的事件以及有關司機受傷的消息後，隨即決定「帶頭突破軍方警戒線」。他們將毛巾緊緊纏在頭上，各自上車準備出發。雖然計程車是他們養家活口的唯一工具，但現在他們決定把自己的車當成攻城器，冒死發動攻擊。

　　從無等體育場出發的車輛分成兩支車隊朝道廳駛去。一支經由林洞路與柳洞三岔路口前往錦南路，另一支從新安洞全南大學十字路口到光州車站，轉往長途巴士總站方向，加入錦南路上的示威者。車隊在大卡車、高速巴士與長途巴士前導下，計程車緊隨其後。所有車輛同時打開車頭燈，鳴著喇叭，浩浩蕩蕩前進。卡車與巴士上的青年，揮舞著大面國旗。見到車隊逐漸衝向道廳，開著莊嚴的車頭燈，示威群眾無不熱血澎湃。不斷有人大喊「民主的司機終於起義了！」

　　各處傘兵部隊的無線電對講機突然嗡嗡作響，像現場直播一樣，互相告知示威車隊的動向並忙於尋求對策，戰戰兢兢地應對。就在此時，兩名四十來歲男子走近在錦南路上負責保衛道廳

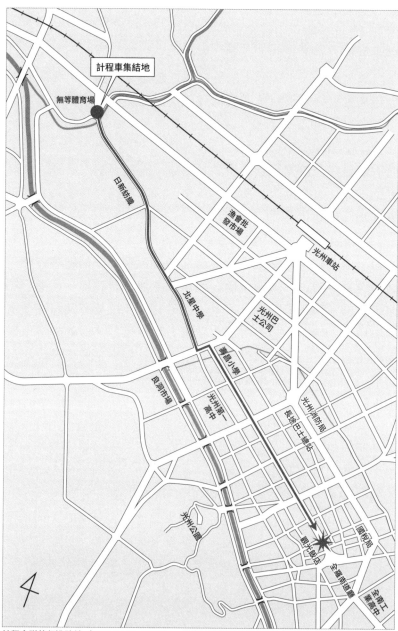

計程車隊的行進路線（5.20. 18:00–18:30）

五月二十日晚，前往道廳的車輛示威隊伍。（羅庚澤攝）

的第六十一營營長安富雄中校，告知車隊已經從無等體育場出發，且目標是道廳。如果這個車隊突破錦南路的警戒線，道廳周邊地區將立即落入示威者的掌控。安富雄聞畢立即用無線電向旅部戰情室報告情況。他們下令安富雄不得讓任何一輛車穿過警戒線，但第六十一營沒有足夠兵力阻擋車隊衝鋒。讓安富雄非常鬱悶的是，戰情室的人似乎對街頭不斷升溫的情勢全然無知，他不得已只能再用無線電向第六十二營求援。經過協議，他們決定以錦南路的馬路中央線為界，從道廳往外看，第六十一營負責防禦錦南路右側，第六十二營負責左側。鎮暴警察則站在傘兵後方，準備發射催淚彈。傘兵躲入了錦南路兩側的巷弄裡，因為在這種情勢下，在道路中央構築路障只會造成大量傷亡。一名張姓情報官與一名鄭姓本部連連長自告奮勇，前往阻擋車隊。安富雄以兩人為中心緊急組織了一支特攻隊。周圍所有的建築物都已拉上鐵門，傘兵們除了路邊以水泥製作的盆栽外，已經找不到適合用來構築路障的東西。他們剛把三座水泥盆栽搬到馬路中央，閃著車頭燈的車隊已經在錦南路上出現。[19]

● 示威者不惜與軍人肉搏戰

當車隊抵達錦南路時，與戒嚴部隊在警戒線鏖戰多時的市民喜極而泣，大聲歡呼。他們堅信有了這支巴士與計程車車隊生力軍助陣，打破僵局只是遲早的事。示威者手持鐵管、木棒、汽油彈、十字鎬、菜刀、鐮刀等，備妥可以丟擲的石塊，掩護車隊一起衝鋒。

安富雄估計，傘兵架設的盆栽路障可以擋住巴士與卡車這類大型車輛。至於可以穿透路障縫隙的計程車等小型車輛，他得用辣椒噴霧車進行攔阻。就在他調派辣椒噴霧車輛防堵路障之間的空隙時，巴士與卡車也已逼近至眼前。傘兵開始發射大量的催淚彈，辣椒噴霧車也像要將示威者全數窒息一樣全力噴灑氣體。瓦斯罐打破擋風玻璃與車窗，把催淚瓦斯直接射進計程車與巴士。

衝在車隊最前面的是一輛隸屬「光電交通」公司、全羅南道車牌號 5-Ah 3706 的巴士，它大開車頭燈，在示威者掩護下朝警戒線衝去。司機在巴士穿過催淚瓦斯的濃霧、見到水泥盆栽迎面而來時嚇得緊急煞車，往右急轉，巴士在撞上路邊大樹後停了下來。就在這時，一名特攻隊上尉的張姓傘兵衝上來用鎮暴棍擊打巴士擋風玻璃。四名特攻隊員旋即打破玻璃，往車內狂扔催淚彈。幾十名傘兵隨即上前砸爛巴士，進去拖出司機與車上九名二十多歲的年輕人。這些人被拖出來時已經手腳癱軟，幾乎失去知覺，但傘兵仍然繼續踹他們，並用棍棒毆打。之後他們被送交警方，不久便被關進道廳。[20]

金英南（二十三歲）在地下商業街工地附近與另幾名示威者一起登上了這輛領頭的巴士。他在車上見到守在道廳前的傘兵朝巴士靠近，發射催淚瓦斯罐。由於車隊緊跟在後，巴士無法掉頭，當然也無法逃出車外。傘兵用棍棒擊碎巴士車窗，射入催淚彈。被催淚瓦斯嗆得暈頭轉向的示威者掙扎著跳出車窗外。金英南也滿臉鼻涕跟淚水、從一扇窗口爬出來，接著馬上遭到傘兵無情踐踏。他記得的最後一幕是自己被拖到錦南路二街的韓國第一銀行前，隨後就失去意識。[21]

因為車輛屏障的設置，車隊自然而然慢了下來，無法繼續向前。五百多名民眾想拯救車上的司機與示威者，大聲喊著衝向傘兵。傘兵隊員痛下毒手，把他們打得四處逃竄。一名中年婦女甩開傘兵的阻擋，帶著藥品與濕毛巾趕過去救助傷患。在見到滿街遍地一攤攤血跡之後，她哭喊道，「看看這些血！你們還有臉自稱是韓國的國軍嗎？」說完就昏了過去。後面車輛的一名司機，因無法忍受催淚瓦斯，產生眩暈和窒息，在距離戒嚴部隊約二十公尺處就停下了車。從車上下來的示威民眾困在瓦斯的煙霧中，迷失了方向。那名半昏迷狀態的司機遭傘兵亂棒敲頭，毫無抵抗，應聲倒地。跟在後面的司機棄車躲避，但至少有二十多名市民被軍警帶走。

過程中甚至有些傘兵隊員曾設法阻止濫用暴力的鎮壓行為。

《朝鮮日報》月山洞支部的李相鉉,在搭計程車前往位於錦南路二街東區辦公廳三樓的報社辦公室時,在錦南路上剛好被夾在示威車隊中,無法移動。當時三名傘兵打破後車窗,把他拖下車來,對他的兩條手臂、背部、與兩側膝部一陣毆打。這時正好路過的傘兵部隊長官勸阻這些隊員不要再打了,然後走向倒在地上的李相鉉,要他快點離開。

● 警戒線上傷患不斷增加

原本掩護車隊的示威民眾開始在街上亂竄,躲入小巷向軍隊丟石頭。但傘兵毫不猶豫往前推進。車隊陷入一片混亂,互相撞擊推擠。街上兩百多輛車的擋風玻璃、車窗與車燈全數遭傘兵搗毀,無一倖免。繼續抵抗的示威者被軍隊逼退至車隊尾巴,展開肉搏。幾十名市民被拖進道廳。當幾百輛車駛向警戒線時,林在九(十六歲,高中學生)站在全日大樓前觀看。催淚瓦斯煙霧越來越濃,他與友人躲進一輛路過的計程車。不到五分鐘,傘兵就開始進攻。林在九躲到座椅底下,但傘兵打破車窗,逮到了他,把他押到基督教青年會大樓前,那裡已經押了三十多人。傘兵強迫他們做「元山爆擊」,然後把他們帶到道廳,將他們一頓毒打。林在九的臉被打得腫脹到不成人形,連自己都認不出自己。隔天下午,在道廳前發生槍擊事件,傘兵與警察撤出市中心之後,林在九扶著自己斷掉的手臂,拼死翻越道廳後牆,終於逃生。[22]

混亂與喧囂持續二十幾分鐘。一大堆車輛引擎沒有熄火,直接停在馬路上。車輛與車輛間躺著數不清、不斷哀嚎的傷者,有的頭被打破,有的肩胛骨脫臼。傘兵取下這些車輛上的鑰匙,交給鎮暴警察。兩名二十來歲、穿著巴士車掌制服的女性,對著一名三十幾歲、腦袋被砸扁的巴士司機的屍體哭著。示威者抬走傷患,呼叫救護車的嘶喊聲此起彼落。示威隊伍對錦南路發動的正面攻勢最終未能打破傘兵警戒線。安富雄後來向檢方

作證時說，當時有傳言說四名傘兵已遭巴士撞死，因此「被車撞的恐懼在傘兵之間滋長」。這場車隊衝鋒雖以失敗收場，但成為光州抗爭的一個轉捩點。從這一刻起，傘兵部隊也開始為自己的生存而戰，他們也開始恐懼，無法安然入夢。[23]

● 「我們要求真實報導這些暴行」

從晚間七時四十分起，道廳前方的錦南路上短暫平靜了五十分鐘。示威群眾被一路趕回到錦南路四街的「國民銀行」。逃出錦南路的示威者仍在附近霽峰路與忠壯路徘徊。戒嚴部隊建立的強大防線讓示威者學得一個教訓：正面攻擊對他們不利。於是他們改變作法，轉往霽峰路的文化放送前進。晚間七時四十五分，五千多名民眾圍住文化放送大樓，要求文化放送「在晚間八時的新聞全面報導發生在外面的這些暴行」。到晚間八時三十分，眼見要求落空，示威群眾開始向大樓丟汽油彈。大樓員工與駐在附近的第三十一師九十六團第一營官兵，用滅火器撲滅了火，沒有讓火勢蔓延。同時，位於光州車站附近的「韓國放送公社」（KBS）廣播站也被示威者包圍、佔領。憤怒的群眾搗毀廣播站內裝備，徹底切斷了廣播。

光州地區的記者極度懊惱，因為儘管示威者要求，儘管他們本身也在現場親身經歷，但迫於政府審查，有關抗爭的新聞他們就連一句話也不能報導。他們唯一的抵抗途徑，就是乾脆宣布一個字也不寫了。五月二十日，《全南第一日報》記者集體遞交辭職信。這封辭職信很簡短，但強有力地表達了記者們的無助：「我們都看到了。我們用我們自己的雙眼見到市民像狗一樣被拖走、殺害。但我們不能在我們的報紙上報導這些事件，連一行字也不能寫。我們感到無比羞愧，就此封筆。」[24]

那些攻擊廣播公司的示威者，很快與聚集在勞動廳、鶴洞、與忠壯路路口的示威者會合。在路面擠滿人群後，示威者又一次嘗試進軍道廳廣場。警察協助戒嚴部隊，發射辣椒噴霧與不計

其數的催淚彈，試圖鎮壓示威者。每當軍隊藉著一陣催淚瓦斯攻勢向前挺進時，民眾就會逃入附近小巷暫避。一旦霧氣消散，無數不斷咳嗽、涕泗縱橫的示威者又會走回街頭。雙方就這樣來往拉鋸，直到夜幕低垂。

就連住在郊區鶴洞、芳林洞、山水洞、芝山洞、柳德洞、光川洞、與花亭洞的民眾，也拿起十字鎬、鐵鏟、鐮刀、棍棒、煤炭鉗、曬衣桿來到市區，參加示威。錦南路血戰的消息像野火一樣遍布光州。在柳洞地區，示威者穿梭在巷弄裡，搖鼓吶喊，鼓勵民眾出來加入示威行列。郊區柳德洞的五十幾名農民，穿著白色傳統韓服，也手持乾草叉、鋤頭、竹矛來到市區；見到這幕難得景象的旁觀者無不鼓掌叫好。另外，在山水洞五岔路口，剛用完晚餐、想了解市區狀況的在地居民聚集在一起。全南大學學生金韓正、柳承圭、金賢哲（二十一歲）穿梭在鄰里巷弄間，叫喊著「山水洞鄉親們！今晚我們要打跨戒嚴部隊。拿起武器，挺身而出吧！」一小群民眾從山水洞五岔路口出發，經過壯洞圓環與文化放送大樓，在最後來到霽峰路時，人數已從原本數十人增加到一千多人，大多是成年男子。他們一路上砸毀電話亭與政府辦公樓窗戶，在抵達長途巴士總站，與來自另一區的一群約一千名示威群眾會合時，兩股人馬歡呼喝采，合而為一。這些來自郊區的人群往市中心一一會合，就像無數小溪匯聚、形成滔滔洪流一般。數以萬計民眾這時已經將通往道廳前方噴水池的道路擠得水洩不通。雖說他們大多彼此素昧平生，但對抗戒嚴的決心讓他們團結在一起，他們已經做好抗爭準備，當晚在道廳、朝鮮大學、與光州車站將展開激烈的戰鬥。

在被趕出錦南路時，示威群眾從光州消防局奪來四輛消防車，並於晚間八時三十分重返錦南路。在這四輛消防車鳴笛前導下，約兩萬民眾高呼勝利從韓一銀行一帶進發。民眾一路上推開棄置街頭的車輛，為消防車開路。當隊伍接近道廳、遭到軍警催淚瓦斯攻擊時，示威民眾用消防車上的水龍沖散瓦斯。當天晚上戰況更加劇烈，受傷人數不斷增加。黯夜籠罩下的光州

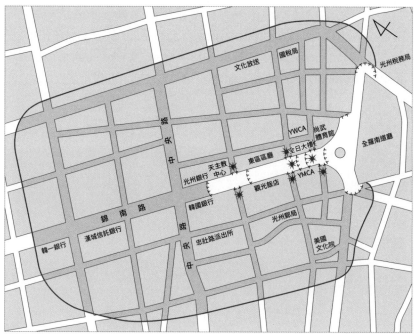

錦南路示威（2）（5.20. 18:00~21:00）

市處處是血腥的戰鬥，耳邊傳來陣陣怒罵與哀鳴、嘶喊與歡呼，一場生死之爭正在上演。

朴基賢（十四歲，東成中學三年級學生）那天傍晚騎自行車外出買書。在雞林洞東門橋被傘兵抓住，慘遭一頓毒打。第二天他在全南大學醫院宣告不治，他的前額被打到凹陷，全身是傷，兩眼突出眼眶。[25]

● 四名警員在勞動廳喪生

在這些殊死的街頭拼搏中，示威者使用了非傳統武器：車輛。計程車司機賭上他們的性命，駕車衝撞戒嚴部隊，這些車輛或是他們的生計工具，或是他人托付他們的財產。其他民眾也想方設法，爬進能夠找得到的一切車輛，或是向來自其他地區的巴士、卡車、與其他車輛的司機解釋光州情勢，說服司機們

加入示威。來自漢城的車輛一般都會經由長城、雲岩洞與無等體育場，開到光州車站附近的長途巴士總站，但由於人潮塞路，許多車輛被迫停在無等體育場。這時雲岩洞與無等體育場附近的示威者就會引導這些車輛開往市中心。

五月二十日下午，朴南宣與幾名青年奪下東雲洞加油站，在那裡製造汽油彈，指導交通，並說服司機加入他們，到市中心區示威。同時，示威群眾也佔領了光州車站前方的警察派出所，打破它的玻璃窗。良洞與鶴洞的警察派出所也被示威群眾佔領。從公路下來、來到雲岩洞與無等體育場的車輛，成群結隊開往錦南路。由於街燈全部熄滅，一眼望去只有不見盡頭的一字長蛇陣的車頭燈照亮光州。

晚間九時二十分，光州巴士公司的一輛巴士在勞動廳前方的五岔路口撞死四名警員。肇事的司機是裴龍柱（三十四歲），為光州巴士公司跑光州與南原之間的路段。當天晚間七時，他駛離南原。兩小時後，在抵達長途巴士總站時，一名經理指示他，要他跟著前面的巴士從公司進站口離開。裴龍柱雖然依照指示，但不了解發生了什麼事。這時有幾人上了他的車，其中包括他的司機同行金甲洙（三十歲）與幾名示威者。裴龍柱的車從勞動廳開往道廳，但在尚武體育館因遭到辣椒噴霧攻擊而停下來。裴龍柱被噴霧噴到，張不開眼，他放開方向盤，躲進儀表板下空間藏身。結果巴士滑向路邊，撞到東西停下來。他聽到四處傳來嘶喊聲。當巴士完全停止以後，裴龍柱跳下車，找地方躲避。[26] 他不知道四名警員已經被他的車撞死。

當時奉命在場鎮壓示威的全羅南道警察局第二鎮暴隊警員南東成，見證了這一幕。為抵擋數以百計的示威者，鎮暴警察設了四道防線。距離勞動廳約一百公尺的一處加油站已經被示威者佔領，示威者用加油站的汽油縱火燒車，然後把車輛推向警察防線。約晚間九時，南東成見到一輛巴士在起火的車輛間橫衝直撞，高速衝向警方防線。南東成大叫，「快走開！」還向這輛巴士丟石頭。警察朝兩邊閃躲，巴士速度緩下來，朝右

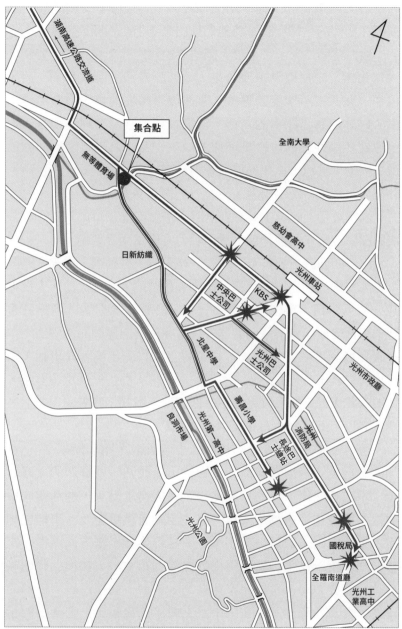

以高速巴士等車輛爲首的示威群眾（5.20. 20:30–21:30）

偏離，最後撞上路邊圍牆停下來。南東成前往檢視時，見到幾名警員被輾壓在巴士與圍牆間呻吟著。其他沒有受傷的警員上前抓住他們的手臂與腿，將他們拖出來，但已經回天乏術。[27]

裴龍柱第二天上午上班，聽同事說他的巴士輾死四名警察，大驚失色。光州抗爭事件過後，他因此被捕，還被判了死刑，但在一九八二年聖誕節獲赦。事件發生時在他車上的金甲洙，由於被誤認為是開車的司機，當場被捕，遭到酷刑與毆打。金甲洙在裴龍柱被捕後終於獲釋，但在一九八六年時因酷刑的後遺症去世。被巴士撞死的警員分別是鄭春吉、姜正雄、李世洪、朴基雄，都來自咸平警署。另有五名警員受傷。

示威者那天晚上主要聚在全羅南道廳與光州車站附近，因為戒嚴部隊放棄了其他地區，集中兵力守衛這兩處要地。

來自四面八方的群眾，從忠壯路入口、勞動廳、與錦南路對軍方警戒線發動一波波攻擊。市中心彷彿陷入一片火海。大批車輛，從小型到大型巴士、到吉普車、計程車、與各式各樣輕重型卡車都變成示威群眾的武器。民眾與戒嚴部隊間的激烈衝突，一直持續到警戒線與示威者之間的空隙布滿燃燒著的車輛，距離只有約五十公尺寬為止。現場偶爾一根火柱從一輛車中竄起，造成一陣爆響。似乎沒完沒了的催淚彈不斷朝示威者頭上發射，示威者也用雨點般的石塊反擊戒嚴部隊。

勞動廳前方的五岔路口擠滿二十幾輛燃燒著的車輛。在佔領加油站之後，勞動廳對街的道廳停車場成為示威群眾的攻擊對象。示威者把停車場的車開出來，在座椅上點火，加速衝向警戒線，然後在半途跳車逃竄。有些示威者跳車不及，車輛已經深入警戒線內，於是被拉到車外，打得半死。雙方就這樣一直惡鬥到深夜。民眾仍然不斷從郊區湧向市中心，替換已經鏖戰多時、筋疲力竭、必須回家休息的示威者。根據戒嚴司令部的日誌，晚間九時十三分在錦南路上與第三旅第十一營衝突的示威者估計有七萬多人。

晚間九時二十分，第十一旅旅長下令第七旅第三十三營撤出

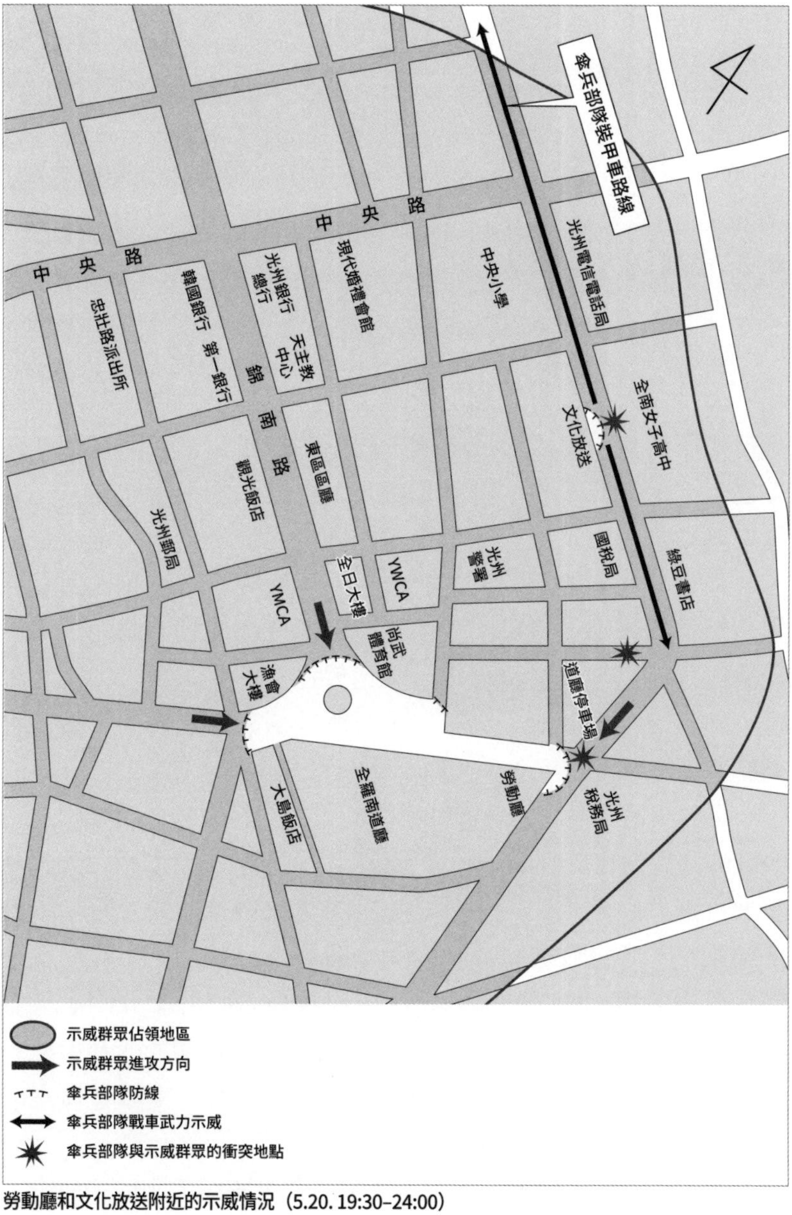
傘兵部隊裝甲車路線
中央路
中央路
錦南路
光州電信電話局
中央小學
現代婚禮會館
光州銀行總行
天主教中心
韓國銀行
第一銀行
忠壯路派出所
全南女子高中
文化放送
東區區廳
觀光飯店
光州郵局
國稅局
光州警署
綠豆書店
YWCA
全日大樓
YMCA
尚武體育館
漁會大樓
道廳停車場
勞動廳
全羅南道廳
光州稅務局
大島飯店
示威群眾佔領地區
示威群眾進攻方向
傘兵部隊防線
傘兵部隊戰車武力示威
傘兵部隊與示威群眾的衝突地點

勞動廳和文化放送附近的示威情況（5.20. 19:30–24:00）

雞林洞五岔路口，保衛朝鮮大學。眼見第三十三營撤離，民眾高喊道「現在就滾出光州！」成千上萬、包括各種年齡層的示威者，手持鑿子、鐮刀、鋤頭、棍棒在街上遊行，要求當局說清楚：部署在光州的軍隊是不是只來自慶尚道，還有這些軍隊是不是存心殺光光州人。直到一名來自光州的李姓上尉，向示威者出示他的國民身分證，證明他是光州人之後，民怨才稍獲緩解。

● 文化放送大樓縱火

晚間十時，夜空傳來一聲巨響，文化放送大樓上火焰沖天而起。火舌從大樓後方竄起，眨眼之間吞噬整座大樓，將光州照亮得如同白晝。附近居民喚醒熟睡中的孩子，帶著隨身細軟倉皇逃生。示威群眾中的青年也趕來，保護民宅免遭祝融。一直是來自光州各地示威民眾聚集重點的文化放送大樓，這次是第三次遇襲。直到這一刻，這家廣播公司始終沒有發布任何有關光州情勢的報導，只是不斷重覆戒嚴司令部的官方聲明，播放娛樂節目而已。火災發生後，文化放送立即要求員工回家。派駐大樓維護治安的幾十名第三十一師戒嚴部隊也撤出大樓。火勢於凌晨一時左右轉弱，三個小時後完全撲滅。[28]

文化放送的電視台於晚間八時二十五分結束播放，韓國放送公社的電視台也於晚間十時零五分結束。至於電台廣播，光州基督教放送於晚間八時三十分結束，文化放送於晚間九時二十五分結束，「全日放送」於晚間十一時零九分結束。但韓國廣播電台繼續廣播，雖然在五月二十一日早晨五時四十分因示威者縱火一度中斷，但於上午七時二十八分由發射站重新恢復廣播。它是在光州抗爭期間唯一持續作業的無線電台，不過它播報的內容完全是政府與戒嚴司令部的宣傳與公告。

晚間十時三十分，示威群眾與傘兵在東明洞街頭發生衝突，雙方都不肯退讓。一名三十來歲、著黃色工裝的男子，在被催淚彈擊昏倒地後，遭大群軍人圍毆，活活打死。[29]夜幕低垂時，

道廳到處是軍、警、與被俘的民眾、青年學子，一片混亂。許多警察累得癱倒在地。

　　晚間八時五十分，民眾佔領了光州市政廳。晚間十時示威群眾奪下光州警察署與西光州警察署，光州稅務局也於午夜起火。

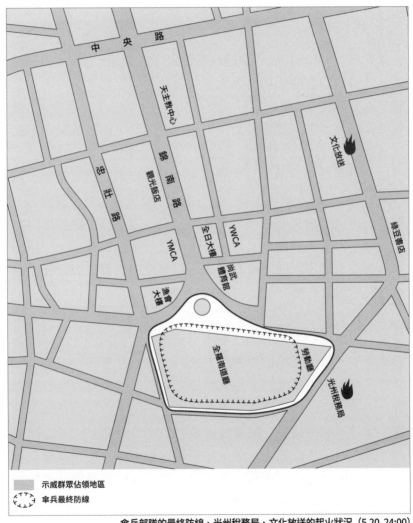

示威群眾佔領地區
傘兵最終防線

傘兵部隊的最終防線、光州稅務局、文化放送的起火狀況（5.20. 24:00）

● 一片漆黑中的惡戰

晚間十一時，除了全羅南道廳以外，示威群眾已經控制全市。第十一旅旅長崔雄在道廳周邊外側廣場集結所有部下官兵。這些部隊原本駐守在錦南路、霽峰路、忠壯路這類關鍵要地，但崔雄判斷現在已經不可能再守住這麼大的地區。於是第十一旅第六十一、六十二、六十三營，與第七旅第三十五營的一千兩百多名傘兵共同防守道廳。[30]

當天晚上，因光州車站傳來槍聲，第十一旅的幾名營長決定分發實彈。[31]第十一旅各連連長都領到一個裝有十五發子彈的彈匣，供鳴槍示警時使用。第六十一營於晚間十時、第六十二營於午夜、第六十三營於五月二十一日上午十時三十分發放。[32]根據韓國陸軍本部《鎮壓暴動作戰指導原則》，鎮暴行動中不能分發實彈，因為既非實戰也非諜戰。但隨著傷患人數有增無已，再加上聽到槍響，士兵心生恐懼，第十一旅決定違反規則，為「安定軍心」而在警告士兵「不得濫用」之後為士兵分發實彈。軍事指揮官一般都會嚴格管制實彈分發，因為那會導致槍擊事件暴增。但營長們沒有上報，自行便宜行事。儘管第十一旅的官兵都說他們那天晚上沒有開火，但有數名民眾午夜時分在道廳附近見到曳光彈的火光，還聽到槍聲。[33]

到了午夜，傘兵早已耗盡催淚彈，唯一可用的武器只剩下鎮暴棍。朝鮮大學內的師部已經被示威民眾團團圍困，沒辦法為道廳運補。戰鬥規模已經縮小，成為小群傘兵部隊與幾萬名示威者在暗夜的街頭亂鬥。由於時近新月，又因為街燈與建築物燈光盡熄，夜色無比黯淡。混亂主宰了一切。傘兵已經久未進食或休息，別說睡覺，就連停下來喝口水也很難。由於道路被封，野戰廚房無法進入，傘兵被迫靠口糧果腹，軍用救護車想載運傷員離開也非常不易。第六十一營的三百多名官兵中，約有七十人被示威者的石頭擊傷。傘兵們也怒火中燒，要為同袍復仇，帶兵的指揮官縱想制止也十分困難。[34]

為提高士氣，第六十一營營長從第二野戰大隊隊長處拿來擴音器，下令部下攻擊：「今天我們不要命了。絕不活著回去！」然後為了鼓舞部下，他率領傘兵衝向聚集在錦南路的示威群眾，驅散他們，還在後面窮追猛打。就這麼一擊，傘兵一路追擊，將示威群眾追到長途巴士總站。之後，六十一營與六十二營傘兵會師一處，唱著「特種部隊軍歌」凱旋撤軍。傘兵部隊在這場勝利後士氣大振。在這一波攻擊中，四名傘兵因遭鈍器擊傷送醫。

　　鎮暴警察南東成午夜過後與幾名警員一起前往忠壯路，其中幾人在回程時被圍住。一群示威者向他們丟石塊，揮著棍棒朝他們衝來。南東成的一名同事叫道，「我們這下死定了！」說完落荒而逃。就在這時，一排傘兵在一輛裝甲車前導下趕來救援。在傘兵的攻擊行動中，兩名穿制服的初中生倒在地上。南東成前往探看，發現其中一名學生胸口凹陷，彷彿遭車輛輾壓，已經死亡。另一名學生輕聲喚了幾下母親，然後斷了氣。南東成把兩具屍體搬離路面，擺至附近一家店鋪旁，然後返回自己單位。南東成在那一個晚上見到幾名民眾死亡，他一面咀天咒地，一面暗自飲泣——不因為生氣，只因為覺得這些暴力毫無意義。[35]

● 女性街頭廣播

　　對於那天守在道廳的戒嚴部隊而言，最嚴重的心理打擊或許是兩名女性聲嘶力竭的街頭喊話。兩人用她們高亢、堅毅的聲音，透過架在卡車上的擴音器鼓舞抗爭者，並向戒嚴部隊喊話：

　　「戒嚴部隊的官兵們，你們難道沒有惻隱之心嗎？你們到底是哪個國家的軍隊？還有警察先生們，請你們幫幫我們。請為我們暫時開放道廳廣場，讓我們可以和平抗議，然後離去。請不要再發射催淚彈。我們是赤手空拳的，但是我們一定會贏。光州市民們，讓我們一起戰至最後，保衛我們的城市。」

奉派在光州稅務局前的一名傘兵作證說，這些現場播音員的聲音道出市民的悲哀、仇怨、與憤怒。她們的廣播連戒嚴軍都被深深觸動，使現場指揮官們堅持要狙殺她們。但由於播音員四周總是圍著層層人牆，狙擊手未能得手。[36]

這兩名用擴音器喊話的婦女分別是全玉珠（三十一歲）與車明淑（十九歲）。[37]兩人感人的訴求進一步鼓舞了民眾的士氣，也讓戒嚴部隊聽得心驚膽戰。當示威者用錦南路募款買的音響器材，裝在示威前導車輛上時，金玉珠與車明淑便自告奮勇，開始擔任播音員。兩人由於嗓音比男人高，在混亂中更容易聽清楚，很適合扮演這個角色。其他參與廣播行動的人負責寫稿，由金玉珠與車明淑在播音過程中加入自己的悲愁與憤怒等情緒。從五月二十日下午，一直到翌日早晨，他們毫不停歇地不斷廣播，在錦南路、光南路、柳洞、林洞、與光州車站等光州重要地點鼓舞示威者。她們使用的裝備購自雞林電台，於五月二十日晚上九時三十分損壞，在那以後，示威者將鶴雲洞社區辦公室屋頂的擴音器取下改裝，繼續進行廣播。[38]

五月二十一日凌晨二時，在廣播卡車前導下，兩千多名示威群眾穿過良洞市場，沿著光州川河岸，通過日新紡織、全南紡織、與無等體育場，來到光州車站。情勢越來越緊張，甚至在傘兵以實彈攻擊示威者後，金玉珠仍然對著火車站繼續她的廣播，鼓舞示威群眾，削弱第三空降特戰旅的傘兵士氣。

● 光州車站之役

五月二十日夜晚的光州車站之役，與錦南路之役並列光州抗爭最慘烈的事件。這次事件是自光州事件展開以來，傘兵第一次無差別開槍攻擊示威者，造成至少五名民眾死亡，多人受傷。[39]第三旅雖是韓國最精銳的特戰勁旅，但在民眾的持續攻擊下，也無力招架。在五月二十一日凌晨一時至二時間，他們終於選擇放棄防守光州車站，被迫撤進全南大學。

第三旅在光州車站意外的敗退，令新軍部的領導們震驚，他們在陷入混亂的情況下徹底改變了他們的作戰方向，直接導致軍隊在隔天撤出市區，以及之後對光州的封鎖。[40] 不過直到多年以後，這場戰役的全貌才逐漸揭露。[41]

　　由於是交通樞紐，光州車站像道廳一樣，具有象徵性的重要意義。因為高速公路完全癱瘓，火車成為軍方後勤從漢城到光州運補的唯一可靠手段。[42] 到五月二十日晚，以計程車司機為首的大規模車隊已經顛覆了光州情勢，示威者也開始對傘兵發動攻勢。

　　下午六時三十分，第三旅本部人員備妥兩輛兩噸半軍用卡車，從全南大學出發，為部署在市區的部隊供應餐食。但這兩輛軍卡在離開校園約五百公尺、來到新安洞地下道時，遭到兩千多名示威者攻擊，光州市區傘兵的糧食補給就這樣被切斷。晚餐時間結束後，留在全南大學待命的第十六營隨即出動，以催淚彈與鎮暴棍展開瘋狂報復。

　　當兩百多輛計程車晚間七時聚集無等體育場，準備發動車隊攻擊時，第三旅第十六營駐在光州車站附近。約三小時後，部分車隊通過韓國放送公社大樓與長途巴士總站，朝光州車站而來。槍聲在街頭各處響起，不過它們很可能只是戒嚴部隊用來嚇阻示威者接近的空包彈。[43]

　　第三旅第十二與第十五營在光州車站前方廣場架設路障，於晚間八時與示威者發生衝突。第十六營的一些部隊切斷火車站附近的新安路口。在這一刻，第十一營已經被聚在道廳附近的示威者團團圍困。第十三營在巴士總站遭示威車隊攻擊，已經退到光州市政廳。[44]

　　無等體育場與光州車站都在無等路上，直線距離只有二點五公里，新安路口位於中間。聚集無等體育場的示威群眾在新安路口與傘兵防線發生衝突，衝突地點距離火車站只有八百公尺。原本從無等體育場前往錦南路的示威者，在林洞五岔路口又一次分開，部分民眾轉往光州車站，與守在距火車站廣場約一百

公尺的韓國放送公社前的傘兵衝突。時間不斷過去，示威群眾也越聚越多。到晚間九時，示威群眾主要聚集在韓國放送公社與新安路口前方，他們身邊還有許多從無等體育場改道來到市中心的車輛。一百多輛車，閃著車頭燈，狂按喇叭，從高速公路出口朝守在路口的第十六營逼近。第十六營設立路障，以阻止這些車輛。營長金吉洙中校站了出來，走在示威群眾最前面的民眾也手持棍棒、鐵管，站在車頂上，抗議軍方鎮壓暴行。有些民眾甚至大叫「把車開過去，輾死他！」，雙方開始在口頭上往來交鋒：

「你們如果殺了我，我的部下也會殺了你們。讓我們用談的，不要用暴力解決問題吧。你們要的是什麼？」
「我們要去光州車站。讓路！」
「我必須與我的長官磋商。給我五分鐘。」

在這五分鐘之間，傘兵要求示威者撤出前導的廣播車，但民眾拒絕。五分鐘過後，傘兵發射十幾個催淚彈，手持鎮暴棍，在「前進」的吼聲中衝向示威群眾。幾名示威者逃避不及，在令人窒息的瓦斯煙霧中被捕。傘兵趁機取下前導車鑰匙，劃破車胎。這些前導車就這樣淪為傘兵的路障，由高速公路方向過來的車輛無法再往光州車站行駛。情勢穩定下來以後，金吉洙中校留下一隊傘兵守住路口，其餘都轉往火車站，支援正在與示威群眾對峙的野戰大隊。[45]

晚間十時，示威群眾攻擊力度急遽升高，三名士官遭示威群眾衝撞火車站的卡車撞成重傷。消息很快傳遍傘兵部隊。第十二與第十五營營長暴怒，拔出手槍對示威車輛的輪胎開火。[46]

● 用無人車輛攻擊

示威者對光州車站發動的攻擊，運用了一種原始的無人車輛

戰術：司機用石塊或鐵棍等重物壓在油門上，把車輛盡量駛近傘兵警戒線，固定方向盤，然後跳車。但原本對準軍隊衝刺的車輛容易撞進噴水池、路基或建築物的牆壁，導致與後面的車輛撞在一起，伴隨著爆炸聲，起火燃燒。

示威群眾對傘兵發動了二十到五十次這類攻擊，讓傘兵心生恐懼。他們得無時無刻提高警覺，只要聽到一聲「車來了！」就忙著從街頭往巷弄裡鑽，愣愣地站在原地可能會被撞死。不過這類攻擊雖然帶來很大的心理威脅，但很難帶來實體損傷。車輛往往在半途停下來，迫使司機冒著性命危險留在車上，把車子導向攻擊目標。一些年在十八到二十四歲的青年，會把輪胎內胎套在胸前，做為防撞緩衝，然後駕車以一百公里高速衝撞警戒線。現在情勢反轉，輪到示威者發動攻勢了。[47]

過程中有四輛車撞進光州車站前方的圓環。大約有十五輛貨卡，載著示威者不斷向傘兵丟汽油彈。傘兵也發現，當兩、三輛車一起衝殺時，情勢最危險。傷員會被送進全南大學醫院，然後轉送國軍首都綜合醫院。[48]

● 汽油桶火攻

高中生金容完（十六歲）坐著一輛兩噸重卡車，在試圖衝撞光州車站後被捕。他先向傘兵丟石塊，之後將一個油桶點火，滾著著火的油桶攻擊軍方防線。在這些攻擊都失敗以後，他與另兩名青年跟隨司機爬上一輛兩噸重的卡車。但由於街道上到處是石頭，他們無法加速。六名傘兵抓到這個機會跳上卡車，逮捕金容完。金容完肚子挨了許多棍，倒在馬路上，之後左腿被次刀刺傷。傘兵用靴跟踩他的臉，把他在地上拖來拖去肆意折磨。金容完滿臉血汙，遍體麟傷。[49]

一群年輕人將兩個裝滿汽油的油桶，裝上一輛卡車，點上火。一名青年駕著這輛卡車衝向火車站，在卡車距離軍方警戒線還有約二十公尺處跳車。這輛起火的卡車直衝向前，撞穿路障，

撞進廣場噴水池。車上汽油桶爆炸，火舌竄上半空。

● 晚間十時出現第一起傘兵死亡事件

　　一直守在尚武台的第三空降特戰旅旅長崔世昌，接到營長們傳來的光州軍情與傷亡人數增加的急報。他於是下令所有第三旅官兵全數集結至光州車站。這時市中心大多已為示威群眾控制，傘兵連想移動到火車站都很困難。同一時間，一萬多名示威者向光州市政廳發動攻擊。駐在市政廳的第十二營急電旅部，請求緊急支援。駐在一公里外、巴士總站的第十三營在群眾間衝開一條小路，總算救援了市政廳前方的第十二營。

　　同時，就在晚間十時過後不久，駐守新安路口的第十六營的一名傘兵，遭示威民眾發動的一輛貨卡撞死。這是自光州抗爭展開以來，軍隊的第一起死亡事件。這輛八噸重卡車從光州車站方向衝過來，在經過轉入全南大學的新安路口時突然轉向右方。守在光州車站的傘兵聽到氣笛聲喇叭，躲開卡車，但卡車已經失控，撞進新安路口一角的加油站。十六營營長直屬的軍車司機鄭官哲中士，當時負責監控對面動向，背對新安路口，遭當場撞死。[50] 兩名民眾也被撞傷。十六營本部連傘兵立即衝上這輛卡車，把坐在駕駛座旁的一名青年逮捕。卡車司機已經逃逸。被捕的是李金英（十七歲）。那天晚上，傘兵將抓來的民眾脫光衣物，每六人一組，用尼龍繩綁在一起，用紅色不退色馬克筆在人犯背後寫下「暴民」或「司機」字樣以資識別。李金英被帶進全南大學後，傘兵用撞死他們的同袍為由，用刺刀劃傷他的頭。李金英之後送監，在獄裡也被險些打死。[51]

● 誰第一個下令開槍？

　　第十六營有一名傘兵被示威者車輛撞死的消息，透過無線電，很快傳遍第三旅，就連負責道廳與朝鮮大學防務的第十一與

第七旅指揮官們也都知道了。獲悉同袍被示威者殺害的傘兵部隊，採取的反制手段也更加暴力，第一線的營長們透過無線電要求使用實彈。晚間十時三十分，第三旅旅長崔世昌在說出「只有示警時才能使用實彈。如果基於其他理由必須使用時，必須先向我報備」，接著便下令分發實彈。[52]

在全南大學第三旅旅部待命的二十幾名傘兵立即成立一個支援組，負責將實彈分發到各處傘兵。這些彈藥都貯存在全南大學。第三旅旅部一名李姓一等兵，奉作戰官之命，將一百多發實彈交給駐紮在距校園大門約九百公尺外、新安路口的第十六營。[53] 然後他與他所屬的支援組又返回全南大學帶了一批實彈，準備發給光州車站駐軍，但在途中遭數百名示威者攔阻。李兵一行人於是用擴音器示警，還發射催淚彈，但示威者不肯退卻。李兵與他的支援組只得繞行二點五公里遠路，經由保安局路口來到光州車站背後。

在將彈藥交給光州車站駐軍之後，李兵從一名後勤官處接獲又一批裹在白布裡的一百二十發彈藥，再次出發前往光州車站。李兵將這批彈藥裝在補給卡車上，他與他的支援組走在卡車兩邊，一路不斷對兩邊人行道與附近建築物鳴槍示警。一名槍手站在卡車上，用架在車上的一挺 M60 機槍掩護走在兩邊的傘兵。李兵在作證時說，他記得那名槍手是一名姓曹的士官長。由於當時天黑，他們也不知道在前往光州車站的一路上他們殺了、傷了多少人。因為在解運彈藥過程中，在第三旅擔任作戰官的一名少校拔出手槍，威脅說「你們膽敢退後，我就斃了你們！」李兵與他的支援組心驚膽顫地來到光州車站。他們見到傘兵們排成一列，背靠建築物開火。民眾駕著巴士與卡車從廣場對面朝火車站衝來，許多車輛撞進噴水池裡。李兵在噴水池周圍見到約二十名民眾倒在血泊中。[54]

儘管旅長崔世昌據說也曾下令要部下使用彈藥時要謹慎，但分發實彈之舉本身已經意味他默許使用槍械。走在群眾最前方的示威者在意識到他們面對著死亡後，不但沒有逃，反而往前進

逼。傘兵一旦裝配了實彈，曳光彈開始在頭頂亂飛。廣場各處槍聲大作。一股令人毛骨悚然的寒意襲來，每個人都屏住了呼吸。一堆堆車輛殘骸上的火焰照亮了夜空，催淚瓦斯的毒煙令人作嘔。突然有人打破沉默，喊道「是空包彈！」群眾吞下淚水，又一次發出怒吼，彷彿飛蛾撲火般衝出、進行拼死一擊。

這時 M16 自動步槍的槍聲如連珠炮響起，衝在最前方的示威者應聲倒下，這是傘兵第一次無差別開火。接著又是一陣槍響，原本勢如鼎沸的群眾剎時間僵住。眨眼間他們四散奔逃，或藏身建築物後。那些逃避不及的都倒地掙扎，直到身體停止扭動為止。眼見示威群眾逃散，傘兵也停火了。

在光州車站這天晚上的衝突中，金載花（二十六歲，上班

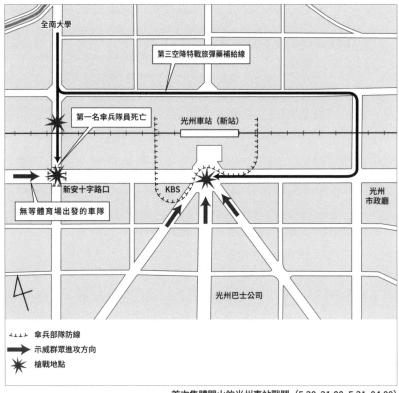

首次集體開火的光州車站戰鬥（5.20. 21:00–5.21. 04:00）

族）、李北一（二十九歲，摩托車修理工與推銷員）、金滿度（四十五歲，藍領工人）、金在洙（二十五歲，水泥工）、與許奉（二十六歲，理髮匠）死在槍下，另有十一人遭槍傷。

到底是誰下令開槍、或向示威群眾開槍的人的身分，直到今天仍未經正式確認。甚至在軍方記錄裡，也找不到他們究竟是誰的線索。[55] 戰教司司令尹興禎在尚武台聽到槍響的消息時，曾下令調查並向他提出報告，槍響地點的傘兵部隊指揮官答稱那些槍響只是示警。但第三十一師與戰鬥兵科教育司令部派往光州市區的一支獨立於傘兵系統之外的情報蒐集隊，已經獲悉傘兵在光州車站前用實彈射擊示威群眾。[56]

● 戰鬥兵科教育司令部建議傘兵撤離

晚間十一時，尹興禎打電話給戒嚴司令官李熺性，建議將傘兵撤往光州郊外。尹興禎解釋道，如果不將部隊撤到市區外，「民眾與軍隊之間將發生流血衝突，造成無數傷亡。請批准將軍隊撤至市郊。」本來軍隊的調動，需要經由第二軍團司令向戒嚴司令官提出報告請准，但由於考量到現場指揮官認為情況緊急，李熺性立即批准。當時在場的國防部長官周永福也默許撤軍。

晚間十一時二十分，第二軍團司令部指示戰鬥兵科教育司令部「禁止開火，鎖好實彈，準備將三個空降特戰旅的職務移交第二十師，並以營級為單位改編重整，強化安撫地方民眾的宣傳活動」。[57] 第三旅在光州車站向示威民眾開火之後，立即實施了禁止開火、管控實彈的指令。[58] 這是軍隊發生集體開火事件後，上級為控制這一情況而緊急下達的指示。

從一名現場指揮官的抱怨中，可以明顯看出當天晚上情況有多麼緊迫，士兵們感到多羞愧：

「我們選擇忘了一切，撤回全南大學。每個人的嘴巴都散發惡臭。第十二營與第十三營能活著回來簡直像作夢一樣。直到回

來以後，我們才知道第十六營的一名駕駛被一輛卡車撞的支離破碎。我們的眼睛含著淚水⋯⋯總之，情勢已經完全超乎我們想像之外。我們特戰部隊所向無敵，甚至海軍陸戰隊也不是我們的對手。我們以同袍愛自傲，有人膽敢傷了一個傘兵，其他傘兵會拔槍進行報復，但這些驕傲與我們的傳統都被踐踏在泥淖裡。我們無比汗顏，就連討論這些事也讓我們感到丟人、可恥。」[59]

經過兩小時掙扎，所有第三旅的傘兵都於五月二十一日凌晨一時左右在光州車站整編完畢，準備撤軍。撤軍行動於凌晨二時展開，由第十一營率先負責清路，四時三十分全旅抵達全南大學，行動結束。撤退行動過程艱辛，傘兵一路毆打試圖阻攔的示威者。一名民眾被打死，三人重傷，一人輕傷。

特戰司令部發行的《戰鬥詳報》描述這項行動的成果如下：

「在第十六營持槍保護下，救出五名韓國放送公社技術人員與步兵（五名軍官，三十五名士兵）。行動結果：我軍一人死亡，五人受傷；平民兩人死亡，五人受傷（都是暴徒的車輛攻擊自行造成）。裝備耗損：四百零九個催淚彈，三箱 CS 催淚粉末，三具 E-8 發射器。」

● 光州稅務局著火

午夜過後，示威群眾朝傘兵集中兵力保護的三個地點聚集：全羅南道廳、光州車站、朝鮮大學。市區街燈全滅，家家戶戶也熄燈，整個光州市一片黑暗。車燈與民眾的憤怒像海潮般一波波從黑暗中湧來。在那一刻，支配光州的就只有槍聲、曳光彈的火光、嘶喊聲、與警笛聲。

道廳附近的示威一直持續到午夜過後，民眾跟在廣播車後方，在勞動廳與光州車站之間來去穿梭。全玉珠守在話筒旁，旁邊一人舉著喇叭，另一人拿著擴音器。示威民眾大多是二十

來歲、手持木棒或鐵管的青年。穿著高中生制服的女高中生在街上四處巡行，為傷患提供急救。大火在文化放送大樓、勞動廳前方等地繼續延燒。

五月二十一日上午零時三十分，部分示威者轉往朝鮮大學前進，喊著「把被抓走的人救回來！」三千多名示威者在三輛巴士前導下試圖包圍朝鮮大學。第七旅第三十三營傘兵立即建立防撞柵門因應。一輛巴士撞上校園周邊的圍牆。傘兵向跟在它後面的一輛巴士丟催淚彈，讓那輛巴士撞進附近民宅，無法動彈。三名示威者被傘兵一路毆打，拖入校園。[60]

零時三十五分，兩萬多名示威者聚集勞動廳前，開始衝撞軍、警設立的警戒線。全玉珠與車明淑對著擴音器哭喊道「請警察先生救我們。我們是你們的盟友。請讓開。請幫幫我們」。隨著時間流逝，她們的求救呼聲也更激動，更具煽動性。

零時四十五分，文章宇（二十七歲，後備役連長）加入幾百名示威者隊伍，朝光州稅務局前進。兩名守在稅務局大門兩邊的傘兵，見到如潮湧而來的示威者，高聲叫喊著逃進大樓並開火。文章宇見到三名民眾中槍倒地。群眾怒吼著說，「我們繳稅，是為了讓軍人持槍在三十八度線保衛我們，不是讓這些槍口對著自己同胞！燒了稅務局！」文章宇立即集結一群青年從附近加油站取汽油。他們把汽油澆在一輛軍用卡車上，然後縱火。另一名青年把這輛卡車倒開衝向稅務局，在即將撞上時跳車。稅務局火光沖天而起，示威群眾齊聲鼓掌喝采。但突然間一連串槍聲與喊聲響起，現場頓時陷於一片混亂。[61]槍聲停止後，示威群眾踢垮大門，搗毀一切眼見的東西，然後在大樓內放火。他們高唱國歌，奏凱而出。稅務局大樓內的後備役軍械庫也竄起火舌。凌晨三時，一群示威者從大樓後備役軍械庫取走十七枝卡賓槍——這是示威群眾取得的第一批軍械——不過由於軍方已經移走彈藥，這些槍只是空槍而已。[62]

「結束戒嚴」與「打倒全斗煥」的呼聲徹夜響遍光州。市民的怒潮席捲整個光州，直到早晨聲勢不衰。繼文化放送大樓大火

之後，光州稅務局、勞動廳、與韓國放送公社大樓也付之一炬。在那一夜，示威群眾不僅控制光州車站，還搗毀了光州地方檢察廳、法院、與八處警察派出所。

五月二十日上午九時，新民黨總裁金泳三從他位於漢城上道洞的住所發表聲明，譴責五月十七日的擴大戒嚴。一小時後，包括國會議員黃珞周、孫周恒與他們的幕僚，以及記者在內，三百人被軍方堵在國會議事堂外。新軍部就用這種方式阻止國會議員召開臨時會、通過解嚴動議。

就在這一天，政府任命朴忠勳為代理總理，取代申鉉碻。媒體對於出現在光州的動亂仍然隻字不提。

第 5 章｜武裝抗爭與勝利

（五月二十一日，週三：抗爭第四天）

● 增調第二十師

從五月二十一日上午二時四十分到八時五十分，第二十師第六十一團、與第二十師第六十二團陸續抵達光州松汀里站。第六十團在當天晚上抵達。[1] 隨著第二十師進駐光州，光州市內情勢迅速變化。載運軍隊的火車原本應該通過松汀里站，開進光州車站停車，但在經過一夜激戰之後，光州車站已遭示威者佔領，無法停靠。二十師在對民眾怒火一無所知的情況下進駐光州。軍方還另外調了五架 MD 500 直升機，於當天上午六時二十五分降落戰鬥兵科教育司令部。

● 用手推車載運死屍

五月二十一日上午四時左右，光州車站對面韓國放送公社大樓陷入一片火海。破曉後，散落火車站廣場各處、猶然冒著黑煙的車輛殘骸，在陽光照耀下顯得格外詭異。直到這一刻，示威群眾才察覺傘兵已經放棄火車站撤離。他們舞著國旗衝向火車站候車室。

「我們贏了！我們趕走了傘兵！」

群眾興高采烈地走向火車站，但在距離入口約五十公尺處都

僵住了——他們見到兩具倒在地上、臉孔凹陷、殘缺不全的屍體。傘兵連為遭他們殺害的示威者收屍的時間都沒有，就倉皇撤退了。[2]

示威民眾將兩具殘屍裝在手推車上，蓋上國旗，徹夜守在擴音器旁的全玉珠，領著一千多名示威者走向錦南路光州銀行總行。全玉珠與光州市民為兩位死難者默哀。傘兵謀殺平民的傳言早已在光州各地流傳，不過直到這一刻以前，絕大多數示威民眾沒有親眼目睹。這兩具屍體證明傳言屬實。全玉珠走到當時守在全羅南道廳前、第十一旅的一名營長，要求給個說法。那名中校營長說，「殺他們的是北韓特工，不是戒嚴軍。」[3]軍方這種一味重覆新軍部荒誕藉口的作法，徒然加劇了光州的民怨。

● 「佛誕節」的悲劇

五月二十一日是佛祖誕辰國定假日，但壟罩在腥風血雨中的光州市，嗅不出絲毫佛祖的祥和與悲憫之氣。城內多座重要建築物，包括光州稅務局、道廳停車場、市內各地十六處警察派出所、勞動廳、文化放送以及韓國放送公社等大樓，都在一夜之間燒毀。市區各大街道隨處可見燒燬的車輛、砸爛的路障，沾有血跡的路面處處是碎石和汽油彈的碎片。許多建築物仍冒著滾滾黑煙。

從那天凌晨二時起，光州與韓國全境其他地方的長途電話線全部被切斷。長途巴士與火車不能進城。漢城各大報紙駐光州地區分社，使用裝在全羅南道警察局的安全電話線路，透過漢城警察局新聞室，將光州情勢報回漢城。外國記者藏匿他們拍到的膠捲，騎機車或自行車，穿過郊區，躲開軍方耳目，前往通信仍未中斷的順天市、木浦市、與全州市等地，將報導傳回各自的國家。

光州市內的媒體被屏蔽了。市民們因為除了廣播以外沒有其他消息來源，只好自行發行印刷品散播消息。文化放送以及韓

國放送公社昨晚被燒毀，《全南日報》和《全南每日新聞》的編輯也中斷。雖然所有人都很好奇光州的狀況如何傳到外部，但沒有方法可以確認。與外界訊息隔絕的光州就像是陸地上的孤島。

戒嚴部隊已經失去對光州市內大多數地區的掌控，還能夠勉強控制的只剩下道廳、全南大學、朝鮮大學。各處警署與派出所已經撤空。現在民眾圍困了軍隊。朝鮮大學與道廳之間的道路已經封鎖，朝鮮大學的野戰廚房無法向第十一旅補給。自五月二十日下午起，守在道廳的第十一旅就只能靠口糧果腹。

太陽升起後，光州市民開車載著郊區居民進入市區。上午九時，錦南路上示威民眾已經突破萬人大關。由於人潮過於洶湧，從光州觀光飯店到韓國銀行，到柳洞三岔路口尤其擠得水洩不通。婦女趕製飯糰，送到路經的示威車輛上，駕著這些車輛的司機不但獲贈街邊商鋪送來的一箱箱飲品，還可以在加油站免費加油。物流業主主動為示威民眾提供車輛。就連偶而出現的幾起擅自挪用車輛事件，也沒有人在意。人民的憤怒已經超越恐懼，團結在一起為生存而奮鬥。

● 第二十師的十四輛指揮車被扣

第二十師一抵達光州就遭到激烈反抗。第二十師六十一團的八十二名軍官與一千四百一十三名士兵於上午八時在松汀里車站下車，隨行還有四十輛軍車。六十一團奉命前往光州教育大學，但當他們離開尚武台，經過國軍綜合醫院，抵達農城洞岔路口時，示威群眾已經將路封死。六十一團第二營營長金亨坤中校發現「光州市民處於極度亢奮狀態」。旁觀者勸金亨坤「戒嚴部隊最好不要進城」。金亨坤用無線電向團長報告情勢，隨後帶領部下返回尚武台。見到他此舉的民眾都為第二營「鼓掌叫好」。[4]

之前幾天，光州各機關首長已經透過多種管道不斷要求傘兵

撤出光州——如果一定不能撤軍，為了緩和民怨，至少也應該用正規軍取代特戰部隊。第二十師的進駐，就是戰鬥兵科教育司令部為換下傘兵而採取的部分行動，但計劃趕不上變化。到五月二十日早晨，光州的緊張情勢已經緊繃到就算不是傘兵的正規軍也不能走上街頭。

上午八時四十五分，在一名化學兵軍官領導下，第二十師部分人員與裝備，經由高速公路抵達光州。這些裝備包括十四輛指揮車，其中一輛是師長座車。就在車隊進城時，守在光州工業區封鎖線的約三百名示威者，用汽油彈突襲車隊，瞬間奪下這十四輛吉普車。車上沒有步槍或榴彈槍這類武器。二十師一名士兵被活捉，在中午左右獲釋，安返單位。這場勝利與戰利品使示威群眾士氣大增。有些民眾駕著奪來的吉普進城，還有些民眾走向「亞洲汽車」車廠（今為「起亞汽車」）找更多的車。這兩起涉及第二十師的事件，都是軍方領導人誤判光州情勢造成的後果。當時駐在光州的保安司令部上校洪成烈，一九九五年在一次調查中向檢察官作證說：

「當我來到光州，調查抗議情勢加劇的原因時，我發現奉命前來平亂的傘兵，一開始就犯了對這座城市民情一無所知的錯誤。在光州這個地方，每一個市民都將其他市民視為兄弟手足。但傘兵選用的作法卻不是驅散群眾，而是以暴力手段窮追猛打，終於激怒光州市民，導致情勢惡化。我因此認定，想控制光州情勢，最好的辦法不是出動傘兵、以激進手段進行鎮壓，而是考慮地方民情，使用綏靖措施，儘管這麼做可能需要花費更多時間。五〇五保安部隊也同意我的判斷。我們將這項建議提報保安司令部，但它沒有採納，頑固地運用暴力鎮壓戰術，導致光州情勢更加惡化。」[5]

保安司令部情報長韓鎔源也作證說，「司令部沒有理會現場情勢現實，只想到釜馬抗爭事件先例」，「他們不假思索地認定，

只要派遣傘兵就能讓情勢迎刃而解，於是毫無準備地就派出傘兵」。[6]

● 市民軍的裝甲車

　　光州的情勢每時每刻都在變化。第三旅在光州車站前槍殺民眾的事件，讓光州市民在怒不可遏之餘，於五月二十一日晨紛紛走出光州，向外界宣講發生在光州的事。同時，示威群眾在光州工業區與石嶺車站用舊胎、木塊、與鐵柵欄封鎖進城主幹道，阻止軍隊從尚武台或漢城方向進城。

　　那天早上，在亞洲汽車廠工作的金正基（十九歲）登上一輛通過天主教中心的示威巴士。他徹夜未眠，非常疲累。車上有人建議巴士開往亞洲汽車廠，搶一些車輛使用。二十幾名警衛守在亞洲汽車廠入口處，激烈反抗。金正基起先沒有下車，因為擔心自己可能被警衛認出。示威群眾沒多久就衝開警衛攔阻，進了車廠，但很快又都空手而返，說什麼車輛也沒有。對車廠內部瞭若指掌的金正基於是挺身而出說道，「我在這裡工作。你們去的那裡是零件裝配線，當然找不到車。」他領著群眾來到第三號廠，打開門，裡面一排排都是新車。有人問他，廠裡有沒有裝甲車。金正基想到幾天前在試車場時，確實見到幾輛裝甲車與瓦斯噴霧車。示威群眾把裝甲車開了出來，金正基躲開警衛，獨自一人走出車廠。在他們離開車廠後，金正基又見到四、五輛示威車輛開進車廠，奪取更多裝甲車。自那時起，車廠警衛也放棄抵抗，任由民眾進入。[7]

　　那天還有許多人也隨著示威者進入亞洲汽車廠，奪取軍用卡車與裝甲車輛，其中計有金泰憲（十九歲，大學重考生）、李龍日（十八歲，裁縫店實習生）、鄭元勳（十七歲，高中生）、姜九英（十八歲，高中生）、盧東圭（二十二歲，店員）、許五濟（十七歲）、與金百天（三十三歲，良洞市場蔬菜攤販）等人。[8]為防車輛被盜，亞洲汽車廠管理層已經將電池與其他關

鍵零組件與車輛分開貯存,但示威群眾中不乏電機工匠與職業駕駛,他們找來了電池與相關零組件,發動了這些車輛。

一波又一波示威民眾在那天下午進入亞洲汽車廠,取走總計五十六輛軍用卡車,以及四百一十四輛裝甲車、巴士、瓦斯噴霧車、與吉普車。來自長途與在地巴士、貨運卡車公司等其他來源的總共五百二十九輛汽車與八十三輛大型運輸車輛,也一起加入示威陣營。在光州抗爭期間,示威民眾總共用了一千零二十六輛各型車輛,其中部分用於衝撞戒嚴部隊,其餘用來奔走其他地區,尋求支援。

● 市民代表與道知事間的談判

上午九時,錦南路全羅南道廳前的示威民眾越聚越多,人潮一直回堵到錦南路三街。上午十時,人數突破五萬,將六線道的錦南路塞得水洩不通。

那天上午,戒嚴部隊奉令停止一切對民眾的攻擊行為,因為軍方將領們已經察覺暴力鎮壓手段不僅無效,而且只會更添民怨。之前一天的車隊衝撞,以及示威人潮隨後對警戒線發動的、如潮水般似乎永無止境的輪番攻擊,已令駐守道廳前的傘兵感到極度的恐懼。軍隊整晚動彈不得,徹夜只守在道廳與勞動廳附近。天亮以後,軍隊重新整編,將防衛圈縮小到道廳,集中兵力加強防線。第十一旅六十一與六十二營駐守前方,後方與兩翼由鎮暴警察防守,六十三營與第七旅三十五營負責支援。第三野戰大隊一名姓千的中尉軍官是光州出生,在警戒線上見到自己的弟弟在一輛示威巴士上揮舞國旗。這場衝突已經迫使家人骨肉相殘。

自五月二十日傍晚起,全玉珠的機動廣播站就一直引領著示威人群。五月二十一日晨,她在道廳前找上一名營長,要求傘兵撤離光州。第六十一營營長安富雄站出來與她談判。全玉珠代表示威者要求「撤出戒嚴部隊,立即釋放被拘捕的人,停止

使用暴力戰術」。安富雄把這些要求轉報第十一旅旅長崔雄，
崔雄當時守在戰鬥兵科教育司令部，等候進一步指令。沒多久，
崔雄回電：「我們此刻奉令保衛道廳，撤軍不是選項。那些被
拘捕的人都已經移送警方，不再屬於戒嚴部隊掌管。只要示威
者不暴動，軍方不會使用暴力手段。」在發現軍方無意談判之
後，示威群眾要求會見全羅南道知事。傘兵部隊各營的營長在
討論這項建議之後，同意讓示威者與知事會面，以防止情勢進
一步惡化。全玉珠、金範泰（二十六歲，朝鮮大學，公務員）、
金相浩（二十一歲，全南大學）、與另一位市民組成談判代表。
第七旅三十五營營長金一玉中校領他們進入道廳。[9]

　　在進入道廳後，幾名市民代表出示身分證表明身分，先會晤
了市長具龍相。接著知事張炯泰到場，代表們向張炯泰提出示威
群眾的要求。張炯泰答道，他本人「和光州市民一樣，對目前
的情勢感到憤怒」。他說，「原則上，戒嚴部隊在進駐到全羅
南道時，必須向知事報告情勢，但他們沒有（向他）提出任何報
告」。張炯泰同意「公開道歉，保證防止類似事件今後再次發生，

五月二十一日上午，擠滿了錦南路的市民。（羅庚澤攝）

並且安排與主事者戒嚴當局的會議」。但對於「撤出戒嚴部隊，證實被拘捕民眾的狀況」的要求，張炯泰僅保證「他會盡力」。這類事項已經超越他身為知事的權限。不過他也沒有完全回絕這些要求。他決心盡力防阻悲劇。市民代表要求知事向聚集道廳外的民眾正式宣布達成協議的事項，張炯泰接受這項要求。全玉珠日後在回憶當時的狀況時說：

「我向知事說明光州市民有多麼焦慮，列舉我們的要求，包括『撤出戒嚴軍隊，確認被拘捕市民狀況，媒體公平公正報導城內情勢，以及與戒嚴司令官會談』。知事答道，『我會讓你們在中午以前見到戒嚴司令官，所以你們先出去安撫外面那些群眾，我五分鐘以後就出來，向民眾正式道歉。』我們相信他的保證，於是離開道廳，向示威民眾說明談判結果，然後邊唱著『阿里郎』與『先驅者』邊等著知事。」[10]

民眾在道廳外準備擴音器時，知事在道廳裡等了一會兒。在此期間，市長具龍相表示首先需安撫民眾，便走了出去。他走上講台，一開口卻要求民眾克制，守秩序，惹得光州市民大怒，齊聲朝他喊「閉嘴！」他很快就被示威民眾趕下講台。道廳員工認為情勢過於危險，勸阻知事親自走出來面對群眾。時間過去了，知事卻不見影蹤，示威群眾群情激憤，情勢益發緊張。群眾開始一步步逼近傘兵警戒線。

上午十時四十五分，知事張炯泰決定不在群眾面前公開露面。他上了一架警用直升機，盤旋在錦南路上空對示威者喊話：「光州市民們，我會同意你們提出的一切要求。戒嚴部隊會在中午前撤離。請你們解散。被拘捕的人都會獲釋，所以請你們解散。我是全羅南道知事。」[11] 張炯泰的喊話聲在市中心各處擴音器中響起。直升機在道廳周邊上空盤旋數周，然後朝戰鬥兵科教育司令部直飛而去。錦南路上中央教會的擴音器與示威民眾的擴音器也揚言「戰鬥到底」作為反制。

● 綠豆書店的會議

　　那天上午，住宅區婦女把鍋端到街邊，開始煮飯。住在珠月洞的家庭主婦金慶愛（五十一歲）在第一次眼見戒嚴部隊在街頭毒打學生時，嚇得衝回家，鎖上門，不肯出來。但幾天過去，她發現身為人母不能軟弱地躲在自己家裡。她找上鄰里間其他婦女，調集了米，開始煮飯。她們在裝泡麵的箱子上鋪上塑膠薄膜，製作飯糰，到全南大學醫學院前面遞給過往的示威者車輛，還不忘對車上示威者說幾句話，要他們注意安全。[12] 那些冒著生命危險對抗傘兵的青年，就像她們自己的孩子一樣。類似金慶愛這樣的種種行為，逐漸將光州塑造成一個同舟共濟、萬眾一心的共同體。

　　光州稅務局的大火一直燒到早晨。在附近的光州工業高中前方，一輛巴士也在燃燒。在示威者與傘兵部隊之間的緩衝區，幾個燃燒的輪胎冒著一股股濃煙。天主教中心各處貼滿「宰了全斗煥」、「崔圭夏必須下台」、「打倒申鉉碻」、「終止戒嚴」、「我們的街頭不能再有暴力」、與「全羅南道，站起來」之類的標語。

　　上午十一時，尹祥源、鄭祥容、李樣賢、鄭賢愛、金相集等原班人馬又聚在綠豆書店開會。他們決定成立一個強有力、值得信賴的領導團隊，不計一切代價繼續發行新聞信，並決定由尹祥源的野火夜校成員負責。會中並且同意找一個新的聚會地點，因為在綠豆書店過於曝露。尹祥源在會後來到市中心，告訴分散在市街上的車輛：「傳話出去，要大家下午一點鐘聚集在天主教中心門前。」金相集也坐著卡車出門，向每一輛過往車輛散播同一訊息。但在那一刻，民眾還沒有一種可以互通聲息、表達憤怒與反抗的適當手段。會議過後，野火夜校教師田龍浩（二十三歲）來到書店。尹祥源告訴他，野火夜校將負責新聞信製作，隨即與他上了一輛路過的卡車，前往位於光川洞的野火夜校。兩人就在夜校召集十名師生展開工作。尹祥源為新聞

信取名為「鬥士會報」。

● 樞機主教金壽煥會晤來天惠

　　五月二十一日，上午十一時，就在錦南路上劍拔弩張之際，樞機主教金壽煥在漢城會晤美國大使來天惠。在與全斗煥會面之後，金壽煥發現新軍部已經鐵了心，決定以暴力鎮壓手段對付光州，他知道只有美國可以阻止新軍部這麼做。他試了一整夜，但始終打不通與來天惠的電話。戒嚴司令官已經透過廣播放話，揚言暴力鎮壓。情勢緊急，金壽煥不由自主地又抽起戒了很久的菸來。在終於見到來天惠之後，金壽煥說，「我從昨晚起就一直想找你討論光州情勢。我們必須不計一切，阻止流血衝突。」來天惠答道，他基於同樣理由，也在前一天會晤了韓美聯軍司令威克漢，還說他們會盡力。金壽煥最後懇求道，「你一定要不計代價防止流血」，說完後便離去。後來消息顯示，來天惠曾就暴力鎮壓光州的議題與美國國務院進行討論。在二十一日凌晨，第二十師已在經過美方許可下抵達光州。

　　樞機主教金壽煥同時也透過一名牧師連絡上戒嚴司令官李熺性，因為他判斷下達最後命令的人應該是李熺性。兩人在「明洞天主堂」會面。[13] 金壽煥懇請李熺性「找出盡可能和平的解決辦法」。李熺性答稱，如果光州暴亂情勢只發生在南方，軍方沒有暴力鎮壓必要，但如果往北方、朝漢城方向擴散，軍方必須訴諸暴力手段。[14]

● 情勢緊張，一觸即發

　　五月二十一日上午，軍用直升機不斷在道廳樓頂與廣場起降。在錦南路與軍、警衝突的示威民眾猜測，戒嚴部隊正在準備撤軍。像之前一天一樣，散發在光州各地的新聞信譴責傘兵屠殺暴行，要求民眾起身反抗。不過這一次，新聞信呼籲民眾

組織起來。信中呼籲學生在選定地點集結：全南大學的學生在長途巴士總站，朝鮮大學的學生在雞林派出所，職校與護校的學生在文化放送大樓，高中生在山水洞五岔路口。學生要在集結後，一起遊行前往道廳。從這一刻起，「前往道廳」成為光州人民團結一致行動的口號。

上午十時八分，一架軍用直升機降落在道廳前廣場。十時十分，第十一旅六十三營每一名軍官與士官都領到十發實彈。[15]《東亞日報》記者金泳燁在道廳三樓知事辦公室外的走廊上見到這一幕，趕緊衝進知事辦公室，向道知事張炯泰舉報，並說道「他們正在分發實彈，可能意味著軍方已經批准開槍。」張炯泰立即打電話給全羅南道戒嚴司令尹興禎，懇求道，「請你不要讓你的手下開火。」[16]

上午十一時，韓國陸軍本部主管作戰事務參謀次長金在明，乘直升機從漢城抵達戰鬥兵科教育司令部。在與現場指揮官舉行會議後，他為「尚武忠貞作戰」指定了原則。[17]

沒隔多久，知事張炯泰透過道廳上方的一架直升機發出安撫民眾的廣播。他呼籲示威民眾克制，並且保證會建議傘兵撤軍。第六十一營營長安富雄，用無線電詢問在朝鮮大學第十一空降特戰旅旅部的參謀長梁大仁，問他們是否真的要在中午以前撤離。十分鐘以後，梁大仁回覆說，他已經與第十一旅旅長崔雄查證，確定目前沒有撤軍計劃，也就是說，傘兵要繼續守衛道廳，繼續進行綏靖。安富雄下令部下，沒有命令，不得開火。但這時槍彈已經分發，而示威民眾正惡狠狠地朝軍方警戒線逐步逼近。這時，第十一旅旅長崔雄正在尚武台，道廳前情勢處置由安富雄全權負責。現場四個營的營長不斷在道廳前廣場集會，討論迫在眼前的這場危機。第六十一營營長主張堅守不退，即使戰死也不足惜。

當噴水池前方鐘樓敲響正午鐘聲時，情勢更加緊張。示威民眾已經要求傘兵在中午以前撤離，知事也已保證會努力嘗試，但十二點過了，傘兵仍沒有撤離跡象。民眾開始騷動。他們知

道自己遭到背叛，準備再度用車輛當作「攻城器」，衝進戒嚴軍佔領區。這時示威群眾已經進抵基督教青年會大樓，距離駐守道廳廣場噴水池前方的軍隊只有五十公尺。

面對民眾的抗議不斷升溫，第十一旅不但不回應，還戴上防毒面罩，作勢進攻，準備一聲令下就投擲催淚彈。站在示威隊伍最前方的民眾要求士兵不要使用催淚瓦斯。幾輛巴士與卡車守在他們身邊聲援。民眾已經擠滿街道，就連巴士車頂也站滿一群群揮著手臂、喊著口號的民眾。

第六十一營營長繼續透過無線電向旅部報告，等候命令，現場對抗氛圍越發濃厚，他判斷一旦引爆，他的許多部下會有生命危險。但守在戰鬥兵科教育司令部的第十一旅旅長仍舊回答說，司令部「正在開會」。第六十一營營長怒不可遏，對著對講機咆哮道「司令部難道不知道這裡出了什麼狀況嗎？是開火，還是撤退？不是應該有什麼指示嗎？」

情勢一觸即發，但尚武台那些指揮官仍然只是透過無線電下令現場官兵「繼續綏靖」。當時，身在戰鬥兵科教育司令部的第三、第七、與第十一旅旅長，透過傘兵部隊專用頻率的對講機，對道廳前的緊張情勢比較能掌握。

沒隔多久，示威群眾與戒嚴部隊之間相距幾乎已經只剩一臂之遙。十二時三十分，一直躲在附近大島飯店屋頂拍照的《全南每日新聞》記者羅庚澤，無意間聽到一名傘兵上尉與一名通信兵的對話：[18]

「開火的命令呢？」
「我們還沒有接到命令。」

約十分鐘以後，羅庚澤聽到那名通信兵急促的聲音。

「是開火命令！」

傘兵部隊以第六十一與六十二營為正面，面對錦南路，第六十三營部署在約十五公尺後方，待命支援，第三十五營則沿著道廳周邊圍牆部署。

● 傘兵裝甲車撞死一名士兵

　　約於下午一時，示威民眾代表發出最後通牒，限令傘兵在五分鐘內撤離。第六十一營營長想進行談判，正在等候上級命令時，忽然有人丟來一個汽油彈，讓一輛裝甲車著火。傘兵急忙將著火的裝甲車後退，憤怒的群眾像驚濤駭浪般湧向警戒線。

　　就在倉皇後撤時，兩名傘兵跌倒，遭倒車中的裝甲車輾壓。第六十三營一等兵權龍雲當場死亡，另一名士兵重傷。當裝甲車的履帶輾過權龍雲的下體時，同營士兵李敬南就在旁邊，只見權龍雲上身抬了起來，嘴裡噴血。[19]

　　在這波示威攻勢中打頭陣的，竟然是兩輛巴士與幾輛裝甲車，讓一千多名傘兵大感意外。傘兵部隊急忙後撤，但很快就重整隊伍，再次奪回廣場。十二時五十八分，示威群眾再度發動攻擊，攻進噴水池廣場中央。一輛巴士回到示威陣營，另一輛停在噴水池旁。這時突然槍聲響起，噴水池旁的巴士司機中槍後，當場死亡。[20] 事發時站在示威群眾最前面的金容大（二十八歲）目睹了這一幕。這輛滿載年輕人的巴士在基督教青年會大樓前方加速後，繞著噴水池大轉彎，準備朝尚武體育館方向駛去。這時傘兵對巴士開火，一時火星四射。金容大沒有見到巴士上有人下車，但見到兩名倒在地上的傘兵拾起背包，背回肩上，其中一名傘兵跛腳，靠另一名攙扶走回路邊。[21]

　　十二時五十九分，示威者的一輛裝甲車疾馳通過群眾進入廣場，衝過噴水池左邊，隨即右轉，朝全南大學醫學院的方向衝去。駕駛這輛裝甲車的人四十來歲，是亞洲汽車公司裝甲車裝配團隊的一員。他在那天駕著這輛裝甲車三次冒著槍林彈雨衝撞傘兵警戒線，直到傘兵下午撤出錦南路為止。他的車上有九個人，

其中一人是楊東永（十八歲，光州瑞石高中三年級學生）。[22]

● 聽到國歌之後開火

下午一點整，道廳大樓樓頂播放起韓國國歌，軍隊立即開火。之前所有的開火都是偶發事件，但這一次軍隊是奉指揮官之命集體開火。錦南路頓時陷入混亂，示威群眾很快逃散一空，整個光州市瞬間一片死寂。

郭亨烈（二十一歲，鎮暴警察）目睹部署在民政大樓外的鎮暴警隊開火的經過。當國歌聲響起時，他見到幾輛示威車輛衝向戒嚴部隊。他一開始以為播放國歌為的只是要安撫一下示威群眾。但國歌還沒有結束，他就聽到槍聲大作。彈殼墜地的聲響此起彼落，噴水池上方硝煙瀰漫。距離他約十公尺處、面朝勞動廳方向，停著一輛裝甲車。車上一名士兵正將插滿彈匣的彈帶丟給其他傘兵，還從車上卸下一箱箱彈藥。傘兵從箱裡面取出彈匣，裝在他們的槍上。一名似乎是軍官的男子在一旁叫道，「你們這些混蛋！還不快瞄準發射！」

從這時起，傘兵直接對準市民，採立姿或跪姿開火。光州抗爭直到這一刻，示威民眾還沒有自己的、可用的槍械。郭亨烈作證說，如果當時民眾也有槍械可以回擊，傘兵根本沒辦法好整以暇地擺好射擊姿勢並開火。[23]

錦南路瞬間亂成一團。到處都有民眾倒在地上，淌著血。十分鐘後，約一千名群眾悄無聲息返回錦南路三街、朝鮮銀行附近的人行道。年輕人集結在地下商業街工地附近，揮舞一面大國旗，喊著口號，唱著國歌，展現拼死決心。六名青年衝上馬路中央，其中一人揮著國旗，大叫「打倒全斗煥！」「結束戒嚴！」民眾提心吊膽地望著這六名青年超越軍方所設、不得接近道廳廣場三百公尺的警戒線。一陣槍聲響起，那名持旗的青年倒地，血從他的頭、胸、與腿部泌出來，染紅了那面旗。子彈來自附近大樓屋頂上的狙擊手。原來傘兵早已派遣三或四人一組的狙

擊小隊，守在全國漁業協會大樓、全日大樓、與光州觀光飯店等大樓樓頂，負責狙殺帶頭示威的領導人。[24]

槍聲平息後，幾名青年衝上街頭，拖走屍體與傷者。讓人震驚的是，隔了一陣，竟然又有一群青年舉著國旗衝上街頭為示威群眾打氣。又是一陣槍響，這些青年又紛紛倒地。於是又有一群人上街，拖走倒地的人。隨後另一群人舞著國旗上街，槍彈依舊殘忍地把他們全數打倒在地。這樣的慘劇反覆重演了五、六次。[25]

● 「我們必須自我武裝」

金容大貼在全日大樓牆邊躲子彈，見證了這一幕幕慘劇。他避開槍擊現場，逃往東區區廳，但一路上沒見到一名傘兵，心裡還在想，不知道這些槍彈是從哪裡打來的。隨即他見到三名傘兵躲在全國漁業協會大樓樓頂，以立姿與跪姿開火。沒多久，金容大自己也在區廳前中彈倒地。[26] 黃英洙（十七歲）見到身旁有人口吐鮮血倒地，嚇得飛奔逃到光州郵局，一名名叫裴俊哲的友人發現黃英洙的襯衫上有血跡，才發現原來她的胸部也中了槍。[27] 李成子（十五歲，女性）與四名友人路過洪眼科診所門前時，被藏身在附近建築物屋頂的傘兵狙擊兵狙殺，胸部中彈死亡。[28] 這類濫殺事件不僅發生在錦南路，勞動廳方向也傳來類似慘案。李大成（二十六歲）也見到一名穿學生軍訓服的青年，捧著肚子倒地。他嚇得立刻臥倒，爬進附近一條小巷。他發現自己臀部中彈，身邊另有三人也中彈倒地。[29]

在第一輪開火過後，傘兵進駐全日大樓、尚武體育館、道廳、與全國漁業協會全羅南道分會大樓樓頂。第十一旅六十二營一名姓韓的一等兵作證說，「四人一組的小隊登上光州觀光飯店樓頂，根據射手指令，用配備瞄準鏡的步槍射殺鼓動示威、或攜帶槍械的示威者。」[30] 安富雄中校也於一九九五年向檢察官作證說，迫於情勢，他派員登上附近建築物樓頂擔任哨戒，對

衝撞警戒線的車輛或煽動示威的人開火。每個旅都分發了 M16 瞄準鏡，分別是第三旅一百具，第七旅一百零二具，第十一旅八十一具。[31]

鎮暴警察郭亨烈目睹傘兵將機槍架在距離示威群眾不到一百公尺的裝甲車上，對決心捨命拼搏的示威者發射「五零口徑白朗寧」機槍彈。[32]百濟夜校教師孫南升（二十二歲，全南大學）與金洪建（二十三歲，全南大學）在從朝鮮大學門口走到全南大學醫學院圓環時，見到一輛裝甲車沿街疾馳，一路向左右兩邊開火。孫南升兩肩中彈。[33]

下午一時三十分，就在狙擊手不斷的開火聲中，一輛裝甲車載著一名光著上身、頭纏白巾、揮著國旗的青年朝道廳廣場疾馳。狙擊手集中火力對他開火。只見他的腦袋栽向前方。[34]那輛裝甲車就載著那名倒在車上的青年在廣場前方轉彎，不知去向。無數示威者見證這血腥悲壯的一幕，[35]為光州市民內心深處留下難以癒合的創傷。大約在同一時間，住在忠壯路邊一棟樓房五樓的黃浩正（六十二歲）在關窗戶時中槍死亡。甚至在那名赤身抗議的青年遭到槍殺後，還有更多車輛衝向道廳，更多帶頭衝鋒的勇敢示威者被槍殺。[36]

看到這種殺戮情景的民眾忍無可忍，認為不能再這樣單方面地受騙了。年輕人紛紛義憤填膺，說道「我們也應該要有槍」，開始尋找自己的槍械。

● 開火令

五月二十一日那一天是誰下令對道廳前廣場開火，直到今天仍是個謎。安富雄中校作證說，儘管他當時置身現場，但「士兵們在一種失控的局面下開火」，「沒有人下達或接獲開火命令」，而且傘兵「明顯見到示威者持有卡賓槍與其他槍械，當示威車輛衝撞（傘兵部隊）時，他們那一方還傳來槍聲」。[37]安富雄還說，「沒有人向（他手下的）指揮官們報告這些任意開槍的事

件」。[38] 第十一旅與第七旅的戰鬥報告中沒有戒嚴部隊開火的記錄，但無論從任何角度來說，都應該要有記錄才對。[39]

就算混亂中的最初幾槍並非有意為之，但傘兵狙擊手藏身樓頂、獵殺無武裝百姓的事件不可能是偶發意外。如果這些傘兵沒有接獲命令自行開火，他們就是違犯軍令，應該接受軍法審判。但在光州事件過後，沒有軍人因這類行動遭到懲處。這證明士兵當時是奉令開火。

事實上，軍方當局對於道廳前發生的槍擊事件並非不知情。根據一家月刊在一九八九年五月的一篇報導，特戰司令鄭鎬溶作證說，「當情勢惡化時，我接到一份急電，詢問我是否開火。儘管我不是指揮體系一員，但我當時下令『無論如何不得開火』。」[40] 無論鄭鎬溶說的話是真是假，他確實向自己手下的傘兵部隊下達了一道「命令」。[41]

在雙十二政變與光州事件的審判中，法官明確指出，戒嚴部隊五月二十一日向示威者集體開火的行為，無論以何種理由都不能正當化。高等法院在一九九六年認為，光州市民擁有制憲權。大法院（最高法院）在一九九七年判決中稱，「光州市民的示威是維護憲政秩序的正當行為」，新軍部「出動空降特戰部隊以粗暴的方式驅散（示威），是紊亂國憲」。[42]

● 行使自衛權免罪

對軍方而言，下令開火與行使自衛權是一體兩面。[43] 如果前者是一項有關槍械使用的特定命令，則後者是一項涵蓋前者、藉由創造情勢以方便下達開火命令的行動。那些開火殺害無辜光州民眾的軍人，就以行使自衛權為由，為他們的殺戮辯護。

五月二十日晚十時三十分，第三空降特戰旅旅長崔世昌下令為駐在光州車站外的傘兵隊員分發實彈。因此於晚間十一時左右，光州市民金載花等人在光州車站前遭第三旅開槍身亡。

儘管戰鬥兵科教育司令部司令官尹興禎要求確認傘兵是否

已經開火，崔世昌等指揮官卻試圖隱瞞。晚間十一時二十分，第二軍團作戰司令部下令戰教司與傘兵部隊，禁止使用槍械，並管制彈藥。[44]

五月二十一日上午四時三十分，戒嚴司令官辦公室舉行緊急會議，第一次討論到「行使自衛權」的問題。[45]同一天上午九時，戒嚴司令部召開反制措施會議，再次論及這個問題。[46]上午十時四十九分，戒嚴司令官李熺性再次重申戒嚴軍擁有自衛權。[47]

那天上午，第二軍團司令官陳鍾埰與第二軍團作戰官金俊逢，搭乘直升機飛往光州戒嚴司令部分部，建議行使自衛權（檔案中稱為「掃蕩行動」）。戒嚴司令官李熺性答稱，「行使自衛權一事非同小可」，他隨即前往國防部辦公室，說「這件事必須直接上報部長」。[48]

下午二時，國防部長官周永福在辦公室開會，與會者包括韓美聯軍副司令柳炳賢、全斗煥、首都警備司令官盧泰愚、陸軍士官學校校長車圭憲、與特戰司令鄭鎬溶。在二軍團司令陳鍾埰報告光州情勢之後，全斗煥提出行使自衛權的基本前提，並建議使用。在這次會議中確認的事項，除行使自衛權外，還包括對光州進行軍事掃蕩，以及將在五月二十三日過後下達的軍事掃蕩令。[49]

國防部在下午四時三十分又開了一次會，決定將發表聲明批准軍方行使自衛權。[50]李熺性下令戒嚴司令部，針對保安司令部提出的草案進行修正，隨於晚間七時三十分透過電視與電台發表聲明。[51]他尤其主張以直播方式發表這項聲明，以警告光州人民，並宣示新軍部不計一切、鎮壓光州暴亂的決心。[52]駐光州的軍事指揮官們認為，行使自衛權的意義就是可以對示威民眾開火。在新軍部將武裝示威者視為「暴民」之後，眾多民眾慘遭槍殺的悲劇也難以避免。[53]

批准行使自衛權的戒嚴令第十一條於不同時間送到各單位。第十一旅參謀長梁大仁於下午六時從旅長崔雄處接到行使自衛權的正式命令，獲准開火。但他在二軍團作戰部指揮系統的上

司，直到兩個半小時後的晚間八時三十分，才將命令下達三十一師師長。

● 指揮系統的分裂

開火令發布引起的混亂，部分得歸咎於指揮系統的分裂。理論上的指揮系統秩序如下：戒嚴司令部 —— 第二軍團作戰司令部 —— 戰鬥兵科教育司令部 —— 第三十一師 —— 第三、第七、第十一空降特戰旅。但實際情況是，保安司令官全斗煥直接下令特戰司令官鄭鎬溶，也因此有人指控全斗煥分裂指揮系統。

根據正規指揮系統，開火令應該來自第三十一師與戰鬥兵科教育司令部作戰官。但五月二十日晚的光州車站與翌日下午的道廳槍擊事件，情況都不是這樣。

第三旅旅長崔世昌雖於五月二十日晚間十時三十分為部下分發彈藥，導致一個小時以後的槍擊事件，但沒有把這件事上報他的長官鄭雄與尹興禎。同樣的，第十一旅旅長崔雄也沒有把五月二十一日下午一時的槍擊事件上報鄭雄或尹興禎。戰鬥兵科教育司令部作戰官白南義上校作證指出：

> 「由於根本沒有傘兵暴力鎮壓示威者的有關報告，我直到親自派出的便衣人員打探情況向我回報之後，才了解情勢。五月二十一日道廳前方發生的槍擊事件情況就是如此。」[54]

一九九七年，在雙十二政變與光州事件的審判中，法庭確認，特戰司令官鄭鎬溶不僅向（名義上擁有作戰控制權的）戰鬥兵科教育司令部司令官提供建議、或接受戰教司司令官的建議而已，還親自參與增派傘兵與汰換戰教司司令官等等重要決策。鄭鎬溶也經常往訪光州，與部署光州的三個空降特戰旅旅長接觸，討論鎮暴戰術，干預作戰指揮，還在關鍵補給採購，以及在「尚武忠貞作戰」期間選派單位進駐各地的決策上扮演領導角色。[55]

當第三空降特戰旅於五月二十日晚上十一時在光州車站前開火時，第二軍團作戰部隨即於晚間十一時二十分下令停止分送彈藥。但這道命令沒有妥為下達到傘兵各部，直到午夜，第十一旅仍在將槍彈分發給連級軍官。[56] 由於指揮系統分裂，五月二十四日在松岩洞和湖南高速公路收費站附近還發生一次身分誤判事件，該事件造成戒嚴部隊自相殘殺，幾名士兵喪生。

● 憤怒勝過恐懼

朝鮮大學學生金宗倍（二十六歲）在道廳前示威時，目睹一名穿著高中生制服上衣與白色體育褲的女學生被槍殺。槍聲平息後很久，終於有人把她送往附近的洪眼科診所，但已經不治。金宗倍氣得淚流滿面。這位無辜的女孩渾身血汗，死在他眼前。那天下午，他拋開恐懼，積極參與示威。[57]

約在同時，「高麗水泥」公司員工金俊奉（二十一歲），藏身在位於道廳大樓後方的高麗水泥公司大樓樓頂，查看街頭情勢。他聽到尖叫求救的聲音，並見到有人抱著一個小學三年級左右、渾身淌血的孩子。他衝下樓，把孩子送到紅十字會醫院。這次事件讓只是普通上班族的金俊奉下定決心，走出辦公室，投入抗爭。[58]

● 軍用直升機對市民開火

許多證人說，就在戒嚴部隊在道廳前向示威民眾開火的同時，士兵還從直升機上對民眾進行掃射。一直在為傷患提供醫護的僧侶李光榮（二十七歲），下午二時左右在月山洞圓環見到一架直升機開火。李光榮當時坐在吉普車上從圓環往白雲洞方向前進，一架直升機從道廳方向飛來，朝街頭開火。一名女學生突然中槍倒在人行道一株路樹邊。李光榮立即下車，為她止血，送她到光州紅十字會醫院。[59] 這女孩名叫朴今禧（全南女

五月二十一日，戒嚴軍的直升機在光州市區上空飛行。（羅庚澤攝）

子商業高中三年級學生）。她當時剛上光州基督教醫院捐完血，在返家途中被直升機槍殺。[60]

曹喆鉉神父聽見震耳欲聾的槍聲，見到一架直升機閃著信號燈，以大約一百三十公尺的飛行高度一路開著機槍，從道廳飛往社稷公園。在聽到這一陣機槍響聲之後，原本計畫在戒嚴部隊與民眾間斡旋和平談判的曹與湖南洞教會其他神父都放棄希望，四散了。[61] 住在楊林洞的美國人阿諾‧彼德森牧師也在那一天見到一架直升機開火。五月二十一日午餐過後，他從光州基督教醫院回到家，登上屋頂陽台，見到一架不斷朝底下放槍的直升機飛在光州上空，他拍了照。[62]

除了這幾位神職人員以外，向檢察官指證歷歷、說直升機那天朝民眾開火的還大有人在。[63] 在道廳附近全日大樓十樓發現的一大堆彈孔也為這項罪行提供有力物證。國家科學搜查研究所二〇一六年進行的調查顯示，這些彈孔是裝在直升機上的機槍造成的，引起民眾對這個案子的重視。直升機向民眾開火的事件如果證明屬實，將徹底推翻戒嚴軍所謂士兵只是行使自衛權的說法，

因為行使自衛權的前提必須是「不得以而為之」，而這種從空中掃射的行為，無論怎麼說也與「不得以而為之」扯不上邊。[64]

● 狙擊手尋找獵物

下午一時四十分，一架軍用直升機降落在道廳外廣場，機上下來九名三十一師士兵。之後又有幾架軍用與警用直升機在廣場上降落，旋即起飛，載走傘兵傷員與重要文件。

下午二時，直升機奉全羅道戒嚴司令之命，向民眾散發傳單。傳單上寫道，「暴民昨晚的行動造成十名軍、警死亡，幾處民用建築物與三家電視台大樓也因遭到縱火而焚毀」，傳單呼籲示威民眾「立即回家」，恢復城裡秩序。對於受害的光州市民或被拘禁示威者的遭遇，傳單中卻隻字不提，讓民眾憤怒不已。

下午二時三十五分，傘兵用巴士與小卡車在距離廣場噴水池約七十公尺的錦南路上建了一個臨時路障。示威民眾起先在三百到四百公尺外看著，最後一路前進到天主教中心，還放火燒了一輛從亞洲汽車廠弄出來的軍用卡車。

下午二時五十五分，部署在道廳別館與全國漁業協會大樓等高樓樓頂的傘兵狙擊手，像尋找獵物的猛獸一樣，探入巷弄裡。他們大開殺戒，不分青紅皂白，見到路人就開火。光州大東高中三年級學生田榮鎮（十八歲），在勞動廳附近遭 M16 步槍彈擊中頭部死亡。[65] 舊市政廳路口也有六名青年中槍倒地，痛苦呻吟。傘兵甚至連那些設法接近、救援傷者的人也不放過。李光榮的吉普車來到傷者旁，正準備伸手救助時，子彈飛來，打穿他的下背部。吉普車上五人有兩人當場死亡，李光榮與另一人受傷，只有司機逃過一劫。[66] 東區區廳清潔工金光英見到兩人中槍倒地，其中一人當場死亡，另一人送醫。[67]

● 民主運動人士尋求庇護

　　約在下午一時，連續槍響聲傳到距道廳三百公尺的綠豆書店。聚在店裡的民主運動圈人士非常擔憂，知道最惡劣的狀況已經迫在眼前。由於情報機構早已盯上這家書店，這些民主運動圈人士把總部搬到光州川邊「不老洞」的「寶成建設」辦公室。[68] 下午三時，約二十名大學生和青年聚在辦公室討論應變對策，但沒有達成任何具體協議。就在這時，電話鈴聲響起，鄭祥容的妻子很快轉達電話報來的訊息：二十幾輛軍用卡車剛剛通過花亭洞的「才登」，駛往光州市中心。辦公室裡這些人知道一場大規模鎮壓行動即將展開，同意先散開，找地方躲起來。由於他們都有投入民主運動前科，他們知道一旦行動展開，自己將是第一個目標。他們相互擁抱，相約後會有期。

　　李樣賢與鄭祥容逃到他們在咸平的老家。[69] 綠豆書店老闆鄭賢愛與她的小舅子金相集離開市區，躲進親戚家避難。下午三時三十分，在穿越楊林橋前往郊區時，他們見到一輛屬於民眾新成立的武裝抵抗組織的卡車，從羅州開往市區。不到半小時，一百多輛載有武器的車已經聚集光州公園地區。金源甲（二十歲，重考生）、金和成（二十一歲）、文章宇、朴南宣等青年聚在那裡為示威者分發武器。鄭賢愛、金相集等人在見到民眾自我武裝時，調轉車頭返回綠豆書店，決心追隨他們的市民同胞拼死抗爭。[70]

● 分發武器

　　示威民眾滿懷悲憤與誓死一戰的決心，開始為光州人民分發武器。下午三時三十分，他們從和順載來一車車武器，在池元洞橋與鶴洞的石川橋附近分發 M1 步槍與子彈。大約在同時，來自羅州與潭陽等附近城市的武器，也在柳洞三岔路口、忠錦地下商街、韓一銀行、與光州公園分發給民眾。民眾急著自我武裝，

卡車上的武器很快就被搶光。

　　文章宇不厭其煩地教導民眾如何使用槍械，如何防止意外。他解釋說，「使用 M1 步槍，在關上保險栓時，就算撞擊槍托也不會震脫保險。不過在使用卡賓槍時要注意，因為卡賓槍槍托撞擊時會震脫保險，射出子彈」。他還警告民眾，「就算你卸下彈匣，槍膛裡仍然留有一發子彈。所以在卸下彈匣後，一定要將槍膛裡最後那一發子彈也取出來」。他並且告訴民眾，在夜間進行槍戰時，不要在同一位置停留過久，因為開火時槍口發出的光會將你的位置暴露給敵人。最後，文章宇還要民眾在步槍準星上貼一張香菸盒裡的錫箔紙，標示槍口方向和辨別敵我，以防傷及自己人。他也教導民眾使用手榴彈，警告說，一旦拔出保險針，丟出手榴彈，手榴彈會在幾秒內爆炸。在經過這一陣惡補後，他要民眾集結在光州公園。但大多數手榴彈由於過於危險，所以都集中處理了。[71]

　　朴南宣在光州柳洞三岔路口，將他從羅州警署軍械庫裡找來的槍械分發給民眾。柳洞三岔路口地區這時已經擠滿示威民眾從亞洲汽車廠搶來的卡車、兩輛裝甲運兵車、與其他車輛，車上滿載來自各地的示威民眾與武器。朴南宣建議這些剛剛有了武器的民眾兵分兩路，從全南女子高中與光州川方向攻擊道廳兩側，因為從錦南路發動正面攻擊會讓他們暴露在敵火下。朴南宣隨即離開柳洞三岔路口，來到現代電影院與光州公園，最後來到光州紅十字會醫院，設立一個臨時作戰基地。[72]

● 組織一支特攻隊

　　下午三時，示威民眾裝備了槍械，完全扭轉光州局面。現在這是一場「市民軍」與「戒嚴軍」之間的戰鬥。戒嚴軍是精銳的傘兵，擁有 M16 步槍等先進武器。市民軍都是光州平民百姓，僅僅持有卡賓槍與傳統 M1 步槍等遠遜於 M16 的武器。但與最先進槍械相比，舊型步槍射出的子彈殺傷力並不遜色。[73]

示威者不斷找來武器進行抵抗。鄭永東也在光州公園領到一枝步槍，之後他駕著一輛吉普在城裡亂轉，宣布「從現在起，保護光州市的不是軍人，而是民眾的抗爭」。[74] 林春植（二十八歲）躲在錦南路天主教中心後方路口旁的一條小巷，在地上用「正」字畫線，記錄自己見到多少人中槍倒地。在記錄到三十七人倒地之後，他受不了放棄了。[75]

　　三百多名青年聚在光州公園進行實彈演練。這次實彈演練比照後備部隊實彈演練方式進行：步槍上膛，朝靶標射擊五發。年輕人分成小組，學習使用槍械與手榴彈。由具備軍事領導經驗的民眾擔任教練，有的是後備役軍官，有的是後備役士官。這支剛受完訓的隊伍還組成自己的特攻隊，而且報名參加的人非常踴躍。有人提出加入門檻。他們最後決定，只有射擊成績最優的一百人可以加入特攻隊，但其中有家室需要扶養，或沒有兄弟能代為傳遞家族香火的男子必須剔除。剩下來的六十人組成特攻隊，每十人一組，分成六組，每一組都配備通勤車輛、韓國國旗、一具無線電、與一或兩枚手榴彈。每一名特攻隊員配備一枝卡賓槍、三十六發子彈、與兩個彈匣。

　　六組特攻隊各有所司：第一組負責偵查，第二組負責觀察全羅南道廳，第三組負責觀察城郊路況，第四組負責維持治安。特攻隊成員大多數是年輕後備役成員，不過其中一些其實是謊報年齡的未成年人。

　　下午三時三十分，特攻隊聚集道廳前。從和順警署盜得一批武器的金泰憲，於下午四時左右來到道廳前。當他走在忠壯路三街前往錦南路的路上時，他聽到一聲慘叫。走在他前面的幾個人中槍倒地。金泰憲躲在建築物後，壓低身形，對道廳開火。傘兵射來的槍彈打在他身邊的建築物上，擦出許多火花。[76]

● 輕機槍架在全南大學醫學院樓頂

　　傘兵據有的全羅南道廳，距離全南大學醫學院只有約三百公

尺遠。市民軍在從後備役軍械庫中取得武器時，也拿到幾挺輕機槍，並且將其中兩挺架在全南大學醫學院樓頂。[77]五月二十一日下午，趙仁浩（二十歲，茶室廚子）與幾名示威者走在醫學院附近時，見到四、五十名示威者也來到醫學院前方圓環，將他們從池元洞軍械庫取來的武器分發給民眾。趙仁浩見到他們帶來的武器中有兩挺輕機槍。一名自稱二十七歲的矮個子青年走出來，說自己在服兵役時擔任輕機槍手。這名矮個子隨即在路邊架妥其中一挺輕機槍，朝天射了三發。這三聲震耳欲聾的槍聲讓整個光州靜了下來。就在這時，三架軍用直升機從無等山低空飛近，開始在上空盤旋。矮個子青年說，「我們把這些軍隊的爪牙打下來」，說完就朝直升機開火。其中一架直升機似乎中彈，往松汀里方向撤退，另兩架直升機迅速拉高，從視線中消失。[78]

將直升機趕走以後，示威者討論如何處理這幾挺輕機槍。有人主張將它們架在醫院樓頂，但另一些人反對，因為醫院裡面還有病人。大樓擁有人也不願意讓機槍架在自己的樓頂上。[79]當時正在道廳的《東亞日報》記者金泳燁，在四時四十三分見到幾名狀似大學生的青年在全南大學醫學院十二樓樓頂忙進忙出。金泳燁在這幾名青年身手間見到一挺輕機槍槍管——接著又見到另一挺輕機槍槍管。示威者最後達成協議，將兩挺輕機槍架在全南大學醫學院樓頂，但之後這兩挺輕機槍沒有再開過火，因為戒嚴部隊在那一刻已經從附近撤出。直到光州抗爭結束，這兩挺架在樓頂的輕機槍只有恫嚇的功能。[80]

● 全南大學之戰

那天上午，數以萬計示威者也在第三空降特戰旅駐守的全南大學前方聚集。由於光州各地盛傳被拘禁的民眾都關在全南大學，許多人主張發動救人行動。群眾於上午十時開始聚集，到中午，全南大學大門前已經聚集四萬多人，後門也聚了一萬多人。示威群眾用他們從亞洲汽車廠奪來的車輛打頭陣，從大門、

後門、與農學院後門三面圍住校園。

示威群眾在巴士、卡車、消防車、與軍用吉普的前導下，在幾處門前與軍方對峙。戒嚴軍原本在大門警衛室屋頂架了一挺機槍，但在民眾嚴厲要求下將它撤了下來。談判於上午十一時展開，雙方代表會面，陳述各自要求。軍方擴音器也在談判過程中派上用場。示威者代表要求戒嚴軍無條件撤軍，戒嚴軍代表則表示，只要民眾交還奪取的車輛，戒嚴軍就會撤離，但示威者代表不接受。

中午，槍聲突然響起，催淚瓦斯彈如雨點般在示威者頭頂灑落。前一晚在光州車站發威的 E-8 發射器再次逞凶。這種發射器可以一次發射多個瓦斯彈，影響範圍更廣，俗稱「瘋癲彈」。在催淚瓦斯迷霧壟罩下，戴著防毒面具的傘兵衝進示威隊伍，抓捕被煙燻迷糊了的民眾。

● 孕婦遇害

戒嚴軍於中午左右在全南大學前開火，造成兩死五傷，[81] 死者中包括懷孕八個月的家庭主婦崔美愛（二十三歲）。崔美愛在嫁給一名高中教師後，搬到娘家隔壁。那天早上，她先生因為學生的事出門，但沒有依約於中午回家。崔美愛很擔心，於是獨自一人，走到附近一條連結全南大學大門與平和市場的巷子，站在一個人孔蓋旁等著先生。這時槍聲大作，一名傘兵向逃跑的示威者開火。崔美愛應聲倒地。她的家人聞訊趕來，她已經斷氣。甚至當家人把她的屍體抬回家時，胎兒還在她肚子裡顫動。家人聯絡當地醫院，希望至少能救回胎兒，但醫院不接電話。但她的先生下午四時回到家時，就連那胎兒也斷了氣。[82]

從下午一時三十分到下午三時撤出全南校園，戒嚴部隊不斷向示威者開火，造成住宅區與附近街頭許多人死傷。幾名示威者跳進全南大學大門附近的「光城交通」車庫，二十幾名傘兵闖進光城交通，將正在公司吃泡麵的八名光城交通員工毒打一頓，

還將其中七人逮捕，只留下一名不省人事倒地的員工──儘管這些員工並沒有參與示威。

當傘兵從全南大學校門衝出來時，國防軍後備役成員崔炳玉（二十一歲），匆匆躲進附近住宅的一間戶外廁所，發現裡面已經躲了三個人。突然間，火舌從廁所牆頭小窗竄入。崔秉玉當時只覺熱浪撲面，心想自己一定會窒息而死。他整個臉孔被燒傷，送進全南大學。後來他作證說，追在他後面的傘兵一定用火焰噴射器攻擊了這間戶外廁所。[83]

● 孩子們對父親的最後記憶

下午三時，金炎泰（三十三歲）與其他向傘兵丟石頭的示威者被傘兵驅趕。金炎泰等十幾人躲在全南大學大門前的橋邊，等傘兵過橋時跳出來攻擊傘兵。金炎泰與六名示威者把幾名傘兵拖到橋下毒打，其他傘兵趕到，開火報復。金炎泰只得拔腿逃命，跑在他前面的一名五十來歲的男子腳踝中彈倒地，金炎泰扶起那人，半拖著往前跑。三名傘兵追上金炎泰，抓著他的脖子拖進全南校園主建物內。金炎泰發現裡面已經擠滿無數早先被捕的民眾。他數了數，裡面至少有一百多人，渾身血跡，或腦袋被打到凹陷，痛苦呻吟著。其中一名似乎三十來歲的男子，頭骨上開了一道血口，讓金炎泰不忍卒睹。[84]

張枋煥（五十八歲，自雇）與安杜煥（四十五歲，鍋爐技術人員）都是住在全南大學大門附近的普通百姓，並沒有參加示威。張枋煥的妻子朴延善（五十一歲）在校園外經營一家寄宿屋，五月二十一日下午，她在寄宿屋裡目睹示威者與戒嚴部隊之間的衝突。她見到士兵要拖走兩名青年，旁邊的示威者握拳怒吼「讓他們走」，就在這時一名傘兵突然調轉身，對著示威者一陣亂槍。朴延善的先生張枋煥在市郊做物流配送工作，當天在家。他決定出門看看學校外面的狀況，但一夜未歸。朴延善找尋先生的下落，找了幾天，終於在全南大學一處建物裡找到

張枋煥沾滿血汙的長褲。十天後的五月三十一日,她找到她的先生——光州監獄裡草草埋葬了八具屍體,其中一具是張枋煥。驗屍報告證明,張枋煥的死因是腹部與頭部遭到鈍物重擊——他是被活活打死的。[85]

鍋爐技術人員安杜煥,同樣也住在全南大學大門前,五月二十一日下午在從家門前的戶外廁所走出來時被士兵抓走。他的幾個女兒邊哭邊向事後返家的母親訴說事發當時狀況:「三名士兵破門,把正從廁所走出來的父親打倒在地。他們不斷打他,把他拖走。」安杜煥在被拖走時,還一再打手勢,要女兒走回屋裡。這是他家人最後一次見到活著的他。安杜煥的妻子金玉子整夜守在家裡,心想傘兵們就算沒心沒肝,也不至於殺害一個年近半百的百姓。第二天,她前往全南大學尋夫,在發現安杜煥血汙的衣衫後暈倒。自那時起,她像發瘋一樣尋遍道廳、醫院、第三十一師、與尚武台。十天後的五月三十一日,她在光州監獄無名塚的八具屍體中找到她先生。金玉子見到安杜煥的頭倒向右邊,於是伸手想將它扶正,卻發現自己雙手都深陷他的顱內。安杜煥的頭骨後部已經被打凹了。[86]

● 現場指揮官拒絕暴力鎮壓

五月二十一日下午四時,陸軍參謀次長黃永時,在戰鬥兵科教育司令部致電下令陸軍裝甲兵學校校長李龜浩准將,要他「立即部署第三十二戰車營」。李龜浩拒絕從命。[87] 黃永時還透過電話,下令戰教司副司令金基錫少將,要他部署 AH-1J「眼鏡蛇」武裝直升機與戰車,立即鎮壓示威者。金基錫也拒絕從命,說「如果這樣做有絕對必要,我要求透過指揮系統下達正式命令,而不是用電話傳令」。[88] 黃永時於是透過他的部屬、陸軍本部主管作戰事務參謀次長金在明,在戰鬥兵科教育司令部下令戰區發展處處長金善賢,要金善賢派遣「眼鏡蛇」武裝直升機,向朝鮮大學校園後方山區發射警告彈,驅散示威者。第三十一航

空大隊奉令派遣轄下第一百零三中隊的兩架 AH-1J「眼鏡蛇」直升機，與五架 MD 500 直升機，於上午十時四十五分抵達戰鬥兵科教育司令部支援，但這道命令也因遭到第三十一航空大隊反對而未能執行。[89] 此外，金在明也曾下令第三十一師師長鄭雄「用戰車與武裝直升機打退抗議者」，但遭鄭雄以「我們不能為了鎮壓示威就動用重武裝軍事人員」為由拒絕。[90] 簡言之，所有現場指揮官都拒絕了黃永時要求的暴力鎮壓光州示威的命令。[91]

● 戒嚴部隊撤軍

　　五月二十一日下午，在接獲報告說示威者開始自我武裝之後，戒嚴當局立即改變作法，將部隊調往光州郊外，以封鎖光州，並行使自衛權，為暴力鎮壓尋求合理化。[92] 下午四時，戰教司司令官尹興禎接獲戒嚴司令官批准，開始將傘兵調往市郊，並下令第七與第十一空降特戰旅撤出道廳。同一時間，尹興禎下令軍方控制所有後備部隊武器與彈藥，全面封閉離開光州的一切道路。[93] 傘兵隨即在裝甲車開路下，徒步經過勞動廳與全南工業高中，撤入朝鮮大學。為恐遭到示威者攻擊，傘兵在撤軍道路沿線建築物樓頂部署狙擊手，以火力掩護撤軍。

　　戒嚴部隊於下午五時十五分撤軍，全羅南道警察局戰情室鎖上門。十分鐘後，道廳員工與記者從道廳後方圍牆翻牆逃逸。之後，鎮暴警察與非鎮暴警察也悄無聲息、循著同一路徑撤離。全羅南道警察局長安炳夏下令，「有鑑於情勢緊急，從現在起，各級警官得為各自所部訂定撤退路線，在芝山遊憩區會合重整，如果無法前往芝山，松汀里空軍基地是第二會合點」，之後，安炳夏本人逃往戰鬥兵科教育司令部。[94] 鎮暴警察脫下戰鬥服，換上運動服逃逸。有些鎮暴警察還逃進道廳後方住宅區，換上便服，想方設法躲開市民軍的耳目。

　　晚間七時三十分，戒嚴司令官李熺性從陸軍本部作戰室發表現場直播聲明，宣布軍方將行使自衛權。

● 開著機槍撤退

　　從道廳撤出的傘兵,在進入十一空降旅總部的朝鮮大學之後仍然沒時間消停。他們得拋下帳篷與其他裝備,立即離開校園,躲開民眾反抗勢力,前往朱南村會合點。朱南村位於前往和順的路上,距朝鮮大學只有四公里。

　　戒嚴部隊分成兩路兵力進行撤軍。後勤輔助單位與需要搭乘車輛後撤的部隊,選用從鶴洞到池元洞、再到所台洞的道路,其餘部隊經由朝鮮大學後方山區徒步撤離。[95]

　　在抵達校園後,傘兵只帶著隨身裝備開始登山,前往位於山頂的旗杆台。總部為每一名營長準備一張地圖,地圖上標明朱南村會合點位置。第十一旅與第七旅跋涉上山,在山林掩護下清點人數。截至午夜,約有一百名傘兵利用夜色掩護翻過山,來到對面「蘇實村」。但地方民防隊已經關閉進村的「飢餓橋」,還在橋上派了警衛,讓傘兵難以繼續前進。一些第十一旅的部隊,在無等山入山口「證心佛寺」附近小村裡困了一整夜,直到凌晨,抗爭民眾回家就寢,才能翻過山頭逃逸。第二天,防衛鶴洞證心佛寺入口的群眾抓到一名傘兵,把他押到道廳戰情室。[96]

　　十一旅六十一與六十三營傘兵在翻越朝鮮大學後山之後,躲在山脊,直到五月二十二日晨二時四十分才繼續前進,於上午八時三十分終於抵達朱南村。但六十二旅一直困在證心佛寺附近山谷,直到下午四時才抵達會合點。六十二營營長因此遭到崔雄責備。[97]

　　七旅三十三營營長權承萬中校下令,第七野戰大隊——負責運補、餐食、與車輛,必須由公路撤退——後勤補給隊的七十名官兵每人領取六十發子彈。後勤支援單位集結大批裝備,裝在車輛上,於五月二十一日下午七時啟程前往朱南村。第一支車隊往和順方向撤退時,在離開朝鮮大學大門後的最先兩公里旅途中,遭到藏身鶴洞與所台洞道路沿線藏身在建築物中民眾

的槍擊。這些民眾已經於那天下午在光州公園拿到武器,並編列成軍配置到這裡埋伏。[98] 在一路上的槍戰中,幾名傘兵受傷,民眾方面也有幾人傷亡。

第十一旅的車隊在通過南光州車站前往「崇義技工高中」時,遭到群眾攻擊,三輛軍車翻覆,傘兵有一名士兵死亡,六人受傷。[99] 為示報復,第十一旅的一輛裝甲車在鶴洞與池元洞之間來回轉了兩圈,用機槍與M16步槍對著街邊不斷狂射。附近許多住宅的主臥室都遭機槍彈貫穿。

魏聖三是市民軍一員。他在取得槍械後,進駐派在光州公園的一個單位,守在鶴洞市場邊一家攝影工作室。晚間七時,戒嚴部隊一輛撤退中的裝甲車一邊開槍,一邊從街頭疾馳而過。市民軍隨即開火還擊,這輛裝甲車少停片刻,往後退了退,然後再次朝和順方向疾馳,一路向道路兩邊瘋狂掃射。

宋承錫(二十四歲,男裝店員工)在晚間七時聽到槍聲,與同事來到店外觀看,發現一輛傘兵裝甲車在開火。宋承錫趕緊躲回店裡,但左大腿已經中彈。[100] 這輛裝甲車就在池元洞與鶴洞之間來回奔馳,最後開著火逃逸。林秀春(三十八歲,雜貨店老闆)在自己的店前方的道路上被一輛撤退中的裝甲車撞飛,裝甲車超速行駛把他撞到鄰居家的門前台階上,頭骨碎裂而死。[101] 一〇一計程車公司員工全正浩(五十五歲),返家途中在池元洞附近被一輛裝甲車槍殺。朴晨宇(二十五歲,家具製造工人)左肩中彈。

● 在密閉的卡車上引爆催淚彈

下午四時,駐在全南大學的第三空降特戰旅也奉命撤軍,會合點訂在光州監獄。當時全南大學禮堂裡約關了一百三十名被捕民眾。其中大多是前一天晚上在光州車站之役中被抓的人,也有一些是當天早上在全南大學大門外衝突中被捕的民眾。當第三旅在新安洞「樂天麵包廠」前封鎖道路,不讓示威者由光

州車站前往道廳時，姜吉祚（三十八歲，「全南紡織」勞務股長）因上前理論而於五月二十日下午六時被捕，關進全南大學。他在全南大學被打，還在被迫接受軍訓時折斷了左臂。

五月二十一日下午，第三旅在準備撤軍時，把被捕的民眾綁在一起，關進密閉卡車後車廂，然後在車內引爆催淚彈。姜吉祚透過卡車兩邊小窗往外望，見到網球場斜坡上躺著兩具女學生屍體，兩人都在胸前繫著大布條，布條上寫著「撕碎全斗煥」幾個字。兩人從頭到腳都是血。由於催淚瓦斯，關在卡車後車廂的民眾不僅淌著鼻血，而且屎尿橫流，情況恍若人間地獄。姜吉祚忍無可忍，用頭朝車窗猛撞，撞得滿頭刺著碎玻璃。當他們抵達光州監獄時，太陽已經西斜。他算了算，他那輛卡車上死了四個人，許多人因催淚彈爆炸燒傷，滿臉紅腫，脫皮。[102]

第 6 章 │ 事件擴大

　　五月二十一日上午，光州示威者駕著他們從亞洲汽車廠與光州幾家巴士公司搶來的車輛，前往全羅南道各地城鎮。他們的目標是把有關光州情勢的訊息傳到附近鄉間，並取得增援。示威民眾的活動規模因擁有車輛而迅速擴大。

　　示威民眾原本計畫經由高速公路將活動擴大到全州（全羅北道首府）與漢城。但戒嚴部隊已經切斷「薩南隧道」（今湖南隧道）。薩南隧道位於長城郡[1]與井邑郡之間，是汽車必經之道。[2]位於湖南高速公路——由潭陽到大邱、谷城到順天，公路入口旁邊的光州監獄，也有第三十一師駐守。[3]由於往北、往東通行都有困難，示威民眾決定經由羅州—咸平—務安—木浦，羅州—靈巖—康津—長興—海南—莞島，與和順—松光—寶城—筏橋—高興等路線，朝南方與西方擴大示威規模。

　　五月二十一日上午十時四十三分，示威民眾首次出現在羅州郡。在一輛光州巴士公司巴士的前導下，一百多名示威者聚集在羅州的「錦城洞」警察派出所前。根據軍方記錄，這輛巴士是那天駛出光州市的第一輛示威者車輛。

　　上午十時四十五分，又一輛載著示威者的巴士從光州來到「南平」警察派出所前方停下。這些巴士與卡車的車窗已經打破，示威者坐在車廂內與車頂上，不斷敲打車身，喊著示威口號，引來大量民眾圍觀。車上的年輕人滿腔熱情地向圍觀群眾說明光州情勢。示威者隨後開往市區，最後前往更南方的靈巖或木浦。這些示威車輛意在將光州情勢的有關訊息報知附近城鎮，

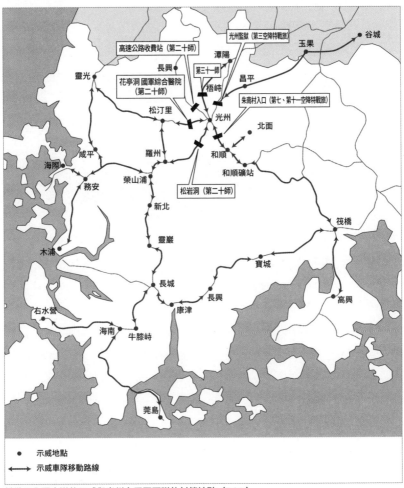

圖中標示：

光州監獄（第三空降特戰旅）
高速公路收費站（第二十師）
潭陽
玉果
谷城
長興
第三十一師
靈光
花亭洞 國軍綜合醫院（第二十師）
梧峙
昌平
松汀里
光州
朱南村入口（第七、第十一空降特戰旅）
北面
咸平
羅州
和順
海際
榮山浦
和順礦站
務安
松岩洞（第二十師）
筏橋
新北
木浦
靈巖
寶城
長城
高興
右水營
長興
海南
康津
牛膝峙
莞島

● 示威地點
←→ 示威車隊移動路線

擴散至全羅南道的示威與光州市周圍軍隊的封鎖地點（5.21.）

同時爭取願意幫忙的民眾加盟。[4]

　　上午十一時二十三分，六輛車結束宣揚之旅回到光州，多載回兩百多人。[5]那天上午，類似情景也在和順上演。上午十一時左右，光州駛來、車窗已經打破的巴士與卡車，經過板峙隧道開進和順主街。兩百多名青年喊著口號，敲打著車身，要求全斗煥下台，要求結束戒嚴，要求釋放金大中。

　　當光州示威者來到和順的消息傳開時，地方民眾紛紛湧入主

五月二十一日搭乘車輛往外擴散的「抗爭」。（羅庚澤攝）

街──雖說他們已經聽說傘兵與光州民眾爆發大型衝突，但有
關細節不詳。有子女單獨住在光州的父母們，為子女的安全擔
驚受怕，還有許多人為他們住在光州的親友發愁。也因此，和
順民眾揮舞國旗，熱烈歡迎這些遠道而來的光州示威者。同時
流言開始散播，說部署在光州的傘兵也會攻擊和順。

　　到中午，地方與來自偏遠郊區的民眾聚集主街，人數已破兩
千。對和順這樣的小城而言，兩千多人已經足夠擠滿中心區，
而且人潮洶湧，一直擠到市政廳前方街頭的和順巴士總站。就
連趕集日的人潮與之相比，也是小巫見大巫。和順的百姓為示
威者帶來飲水，還從商舖裡買來麵包與點心讓示威者享用，聽
他們陳述光州的故事，與他們一起痛罵戒嚴當局暴行。

　　從光州開車到附近羅州、和順、與潭陽等地散播光州遭遇的
示威者，一開始並未武裝。但當天下午道廳前亂槍殺人的消息
傳來，改變了整個情勢。就像乾柴點火一樣，光州人民很快取
得武器，組成反抗武力。

●「我們必須自我武裝！」

那天下午一時，傘兵在道廳前向示威者無差別開火。半小時過後，「陳內科診所」附近一名青年嘶喊道，「各位！我叫文章宇，是鶴雲洞後備部隊連長。傘兵正向我們開火，但我們沒辦法用石頭與木頭跟他們打。我們必須自我武裝！」二、三十名青年聚集在他身邊。他們分成幾個小組，前往全南紡織，與附近的羅州、和順社區等可能藏有武器的地區。他們約定，一旦取得武器就前往光州公園聚集。[6]

道廳前亂槍掃射的消息迅速傳開，就連那天一早乘車離開光州、召請援兵的示威者也聽說了。在聽到這消息後，這些身在羅州與和順的示威者立即前往附近警署與後備部隊軍械庫。

● 羅州

下午二時左右，來自光州的示威者向羅州人民慷慨陳詞，講述戒嚴軍如何濫殺無辜百姓，並且強調他們需要武器保護光州人民。許多羅州青年於是自告奮勇，前往附近警署與各分署，尋找槍械。

在道廳前方爆發槍聲時，崔仁英（十七歲，焊工）登上一輛裝備催淚瓦斯噴霧器、原為警方使用、丟在華尼百貨公司前方的車輛。這輛車載著崔仁英與約十五名青年往南平疾馳而去。約於下午二時二十分，他們來到南平警察派出所，發現警員已經撤走。派出所後方有一座倉庫，上面掛著「軍械庫」的牌子。附近居民見到崔仁英與示威者，遞來一把斧頭，幫他們砍開軍械庫的門。他們取走二十幾枝卡賓槍與七、八箱彈藥。在輕鬆取得這些武器後，示威者喊著口號重返光州。[7]

約三十名示威者登上一輛前往羅州的巴士，金奉洙（二十七歲，機械工）是其中一人。[8]朴潤善（二十三歲）、柳在洪（二十四歲）、與崔在植（二十四歲）等幾名旁觀者也隨金奉洙上了這

輛巴士。[9]聚在羅州的民眾這時已經超過五百人。在地方民眾引導下，這些來自光州的示威者前往附近警察署與後備部隊軍械庫尋找槍械。在二十幾輛車與五百名羅州民眾簇擁下，金奉洙來到羅州城北洞的羅州警署。他們用一輛軍用拖車拉下軍械庫的門，取走卡賓槍、手槍、與氣槍，帶回光州。[10]示威者車輛之後又到「榮山浦」，搜刮榮江洞派出所，拿到兩箱彈藥。[11]

高中生金成洙（十七歲）將一輛軍用卡車倒進羅州錦城洞警察派出所軍械庫，撞垮庫門。示威者隨即衝進去，取出手槍與氣槍。之後，二十名男性與五名女性示威者登上這輛卡車，經由南平警察派出所，返回光州，開往日新紡織軍械庫。

在「佛誕節」那天，住在羅州、通勤往返松汀里空軍基地工作的國防軍後備役成員崔成武（二十三歲），與友人李在權（二十一歲，國防軍後備役）、朴昌南（二十三歲）、林采浩（二十三歲）一起前往羅州「加博寺」進香。他們於午餐時間返家時，聽到光州爆發血腥事件，於是趕到羅州市區，見到兩輛起亞的泰坦（Titan）卡車與一輛巴士，車上擠滿民眾，還有一具屍體。一名青年向旁觀民眾大聲喊著，「大家看啊！傘兵來到光州，濫殺無辜百姓。看啊！這就是他們殺害的。我們要結合我們的力量，保衛我們的家！」崔成武在親眼見到那具屍體時氣得血脈沸騰。他立即登上一輛示威者車輛，決心拿槍與傘兵一決死戰。[12]

示威車輛在「老安面」與「山浦面」（譯按：「面」為韓國行政區，位階在自治市與自治區下）地區繞了一圈，其中幾輛車立即載武器返回光州，其他繼續在偏遠地區散播光州事件訊息。從羅州返回光州的示威民眾，在全南大學醫學院外圓環附近與光州市民軍會合。一些示威者志願留下，防禦光州外緣，其他人折返羅州。李在權與友人林采浩奉派參與農城洞防務。[13]

面對這場前所未有的情勢，羅州政府官員也曾嘗試獨立因應，但當地大多數警力已於五月十八日調赴光州，鎮壓示威，每一處派出所留守人員只有一到三人，根本無力阻止示威民眾破門

搶奪槍械。羅州郡政府員工在發現示威者搶武器時，將郡政府公務車輛與一些武器藏在羅州「韓國化肥廠」內。員工們還將六十八枝卡賓槍藏在郡政府財務長官邸的壁櫥內，將三百六十發子彈埋在郡政府地下。羅州警署也曾派員前往各處派出所蒐集槍械，只不過他們遲了一步，若干派出所軍械庫已經被示威者洗劫一空。[14]

同時，抵達羅州的示威者在岔路口分道揚鑣，掃蕩全羅南道各邑面警署、分署軍械庫。由於羅州是木浦、莞島、珍島、以及全羅南道西南部十幾個社區的交通樞紐，示威者行來沒有遭遇多大阻力。一組示威者從羅州到咸平岔路口，到務安、再到木浦，另一組到靈巖、海南、莞島、與珍島，還有一組前往靈巖、康津、長興、與寶城。五月二十三日過後，示威者在羅州的活動逐漸減少。[15]

根據全羅南道警察局記錄，示威者於五月二十一日上午八時對警方軍械庫發動首次攻擊，從羅州郡潘南派出所搶走三枝卡賓槍與兩百七十發子彈。[16] 但在將客觀狀況納入考慮後，這項記錄的正確性可疑，[17] 而且與一九八〇年六月三日羅州警署交給全羅南道警察局的調查報告記錄不符。根據六月三日的這項報告，潘南派出所遇襲事件發生在下午五時三十分。[18] 在將客觀狀況與相關證詞納入考慮後，很顯然，直到戒嚴軍於五月二十一日下

**表 1　五月二十一日從羅州警署轄下
各派出所盜竊槍械與彈藥事件調查報告**

地點	盜竊時間	日期與報告時間
南平派出所	14:20	五月二十一日，14:30
錦城洞派出所	14:30	五月二十一日，16:00
三坡派出所	14:00	五月二十一日，16:00
永江派出所	14:30	五月二十一日，14:35
潘南派出所	17:30	五月二十二日，09:00
多侍派出所	13:20	五月二十三日，12:10

資料來源：全羅南道警察局，一九八〇年六月。

午一時在錦南路展開濫殺以後，民眾才開始在羅州地區搶武器。

● 和順

下午二時，示威者匆匆翻越「板峙」隘口從光州趕到和順，帶來士兵開火的訊息。

一名身穿高中制服的女生坐在一輛車的車頂上喊道，「光州戒嚴部隊在殺害無辜市民。年輕力強的男子們，站在我們這邊跟我們一起戰鬥吧！」許多青年響應她的號召，一一登上示威車輛。隨後又有幾十輛車來到和順，車上示威者一面向民眾說明光州情勢，一面詢問附近軍械庫的位置。有些人隨即前往和順礦站尋找彈藥，還有些人朝寶城方向出發。

金泰憲於下午二時抵達和順，發現當地警署已經棄守。他破門而入，從軍械庫搶了八十幾枝卡賓槍，載回光州。

安成玉（十七歲）登上一輛開往和順礦站的示威車輛尋找炸藥。但礦站員工不肯交出炸藥，示威者被迫折返。在來到池元洞橋時，安成玉等人領到六、七枝卡賓槍與一枝 M1 步槍。他們於是又一次離開光州，來到和順的東面派出所，開槍打斷軍械庫的鎖，取走幾十枝卡賓槍與 M1 步槍、一挺輕機槍、一挺機槍、與兩箱手榴彈。他們將這些槍械裝上車，回到光州。[19]

和順人朴來豐（二十三歲，藍領工人）與江成南（二十歲，在家具業工作）從南面等幾處派出所軍械庫取走一百多枝槍，帶回光州。由二、三十名青年組成的另一群示威者，也從和順後備部隊連部取走大批槍械、彈藥、與空包彈，將它們運到全羅南道廳。幾名示威者來到池元洞橋邊，一面分送炸藥，一面也接獲少量彈藥。

下午三時，示威民眾駕車來到和順火車站前方的警察派出所，敲開軍械庫門鎖，取走五百多枝卡賓槍與 M1 步槍以及一千六百多發子彈，帶回光州。當時返回和順探親的金昌武（二十四歲，商人）、曹秉國（二十二歲，水電工）、與金容

均（二十一歲，焊工），加入一群示威者，分乘三輛軍用卡車與一輛吉普前往東面。在民眾歡呼聲中，由三十到四十人組成的這支示威隊伍，用他們的卡車撞開軍械庫的門，取走一些卡賓槍與槍彈。

下午三時三十分，一支由四輛卡車組成的示威者車隊，在申滿植（二十四歲，國防軍後備役）駕駛的前導車帶領下來到和順礦站，發現七、八名礦站員工正將幾箱 TNT 炸藥裝上一輛八噸重卡車，運往另一地點。申滿植與幾名示威者拔槍，要員工交出這幾箱炸藥。員工沒有抗拒，還囑咐他們，「千萬不要點火」。示威者隨即將幾箱 TNT 分裝在他們的卡車上，開回道廳，將這些 TNT 搬到道廳地下室。[20]

在和順地區，幾名後備役連長與警方協同各機關首長，為了防止示威者取得槍械。召集後備役軍人與一百多名在地青年分發武器，搶先主動自衛，以免武器落入光州示威者手中。但由於有人認為分發槍械可能導致死傷，這些領導人又將槍械收回，埋在和順市郊「萬年山」入山口「洞口里水庫」附近山區。一些領了武器的青年，包括金英峰（和順礦站員工）、裴奉賢、李性鉀、金正坤、朴泰祚、吳東贊、金成鎮、李善（二十三歲）、車榮哲（二十八歲）、朴洪哲、與千柱一等人，堅拒交還武器，甚至還於當晚潛入山區挖出藏匿的武器，交給村民（他們沒有領彈藥）。[21] 當天深夜，李成鎮、金英峰、李善、與吳東贊等十幾名青年來到綾州、東面、南面、與松光警察派出所尋找彈藥，但徒勞無功。但他們在途中遇到一群從和順礦站出來的青年，給了他們兩百多根雷管與三十公尺長導火線。晚間十一時，他們又從和順北面警察派出所取得一些槍械。[22] 和順地區的示威一直持續到五月二十二日下午板峙隧道關閉為止。[23]

● 靈巖

在五月二十一日用餐時間，一輛載著手持木棍示威者的高速

巴士，與一輛裝了一個擴音器的吉普車，來到靈巖郡的「新北」三岔路口。這兩輛車都從光州、經羅州而來。一名高中女生坐在吉普車前排乘客座上，哭訴光州情勢，要求地方民眾採取行動。靈巖居民為示威者帶來麵包與飲料，全力支持示威者。而直到這一刻，示威者還沒有取得槍械。

約於下午二時，江德鎮（二十三歲，司機）在聽到吉普車中那位女生哭訴之後，邀集三十多名同齡人士，取道羅州前往光州。[24] 但在前往羅州途中，他們從一輛從光州開來的車那裡聽到道廳前爆發槍戰的消息。江德鎮等人於是重返靈巖，武裝自己。在來到靈巖與榮山浦之間時，兩輛巴士與一輛汽車加入他們的陣營。下午六時，他們敲開羅州「多侍面」警察派出所軍械庫，取走一批卡賓槍、M1 步槍、一挺五零機槍、與彈藥。江德鎮的車在羅州三岔路口加入另一個有二十幾輛車與好幾百名示威者的隊伍，一起前往光州。在抵達光州、分發取得的武器之後，他們奉派與民眾的市民軍負責白雲洞防務，駐守在高架橋附近一家計程車公司的二樓辦公室。

同一天下午，一百多名青年在靈巖聚集，登上兩輛巴士前往光州。靈巖合作社社長金喜奎（三十七歲，藝術家）在靈巖郡公所前一家茶樓與五個社群的領導人集會，為示威行動募款。與會人士李康河（二十七歲，畫家）用募來的錢從亞麻製品店買了棉布，製作「打倒全斗煥」、「釋放金大中」、與「結束戒嚴」等標語布條，布條底部還寫上「靈巖郡」字樣。[25] 這些前往光州的示威青年就將這些布條掛在巴士兩邊。

下午四時，一群二十幾名示威者乘卡車從光州來到靈巖，從靈巖警署取走二十幾件槍械。他們在來到警署時，發現全署已經撤空。警方已經聽說示威者即將到來，將軍械庫裡的彈藥搬到「康津郡」的「城田」。

靈巖的示威行動擴及全郡各地。新北面居民李達彥、柳恩烈（二十七歲）、與李英日（二十三歲）於下午四時乘車出發，與友人林正文（二十六歲）、韓圭英（二十一歲）、全洙龍（二十七

歲）一起加入示威行列。[26]

● 康津、海南、莞島

　　五月二十一日下午四時，從光州分乘三輛巴士而來的示威者
抵達康津，開始喊著口號在街頭遊行。無數居民也走上街頭為
他們加油打氣。下午五時，示威者從康津警署軍械庫取走一百
多件槍械，乘五輛車離開康津，於晚間七時回到光州。[27]同一天
晚間八時五十五分，另一群示威者也從城田面警察派出所軍械
庫取走一批槍械。[28]

　　同一天中午，一群來自光州的示威者抵達海南。一名高中女
生舉著國旗，站在車輛前方，描述光州情勢，呼籲海南民眾給
予支持。海南郡民眾圍著示威人群鼓掌喝采。隨著光州危機消
息傳開，民眾也湧上海南街頭。在十二時三十分聽到示威者到
來的消息時，海南青年會主席黃勇澤與青年會十一名領導人正

為了從來自光州的示威隊伍聽到光州消息而蜂擁而上的海南居民。（崔仁植〔故〕
攝）

在海南郡三山面「大興寺」主持一項義賣。黃勇澤等人立即召開緊急會議，就五項要求達成協議，決定發動示威以示與光州團結。[29]

下午三時，來自光州的示威者與三千多名民眾聚集海南市「城內里」教育廳外廣場，公開譴責新軍部犯行，並且在街頭遊行。城裡牧師領著教眾上街，支持示威者，年長的婦女開始準備可供街頭食用的海苔飯捲等食品，男子與青年則加入示威遊行行列。藥局與商鋪分發飲料，器材店捐出噴霧瓶，供清除催淚瓦斯之用。

下午五時，又有一支示威車隊抵達海南。這支車隊包括一輛吉普、兩輛軍用卡車、兩輛巴士、與一輛卡車，最後也帶了五百多名海南青年前往光州。海南警署已經空無一人，公共機構保安工作都落在地方居民肩上。下午六時三十分，約兩百名海南居民搭乘四輛巴士，開往第三十一師九十三團第二營駐守的當地陸軍基地。示威者在逼近基地時戴上面罩，還發射空包彈示警。基地一名張姓營長出來與示威者的三名代表會談，解釋說，「我們在這裡保護海南地區，與你們沒有什麼好打的。」這名營長是當地居民與示威者代表熟知的人物，示威者經他勸說後離去。

晚間七時，海南青年會會員發現海南「玉泉」的龍洞藏著一輛光州巴士公司的巴士。他們把這輛巴士與一輛「大韓物流」的卡車交給示威者。一個小時候，一群大學學齡的青年帶頭，高中生與初中生緊隨其後在城裡遊行。他們從巴士總站走到教育廳，再到海南中學與「古道里」，走在最前方的示威者還不時發射空包彈以壯大聲勢。他們沿途砸毀每一處警察派出所的窗戶，警方便衣只是退在後邊看著。晚八時五十分，在至少二十五輛車開路下，這群兩百多人的示威隊伍離開海南，前往「縣山面」與「松旨面」，然後駛往莞島，在莞島街頭遊行。[30]一些示威者於五月二十二日凌晨一時五十分回到海南，在「安興旅館」或「大興寺」的「遊仙館」休息，安排早上的計畫。上午六時，示威者開始遊行通過海南、馬山面、黃山面、門內面、花源面。[31]

● 長興，寶城

　　示威者在康津過夜，於五月二十二日一早第一次來到長興。他們遊行穿過長興街頭，進入寶城，然後折返長興，再到康津，沿途受到在地民眾熱烈歡迎，有人還加入示威隊伍。[32]五月二十三日，一百多名群眾攻擊「長東面」警察派出所，兩百名示威者離開長興前往寶城，然後往順天而去。[33]主要由長興高中學生組成的四百多名示威者到場為他們送行。另有一群示威者與一輛巴士在冠山面加入他們。

　　示威者於五月二十一日晚八時第一次來到寶城。一群攜帶木棒的民眾分乘兩輛計程車與十輛卡車，其中八十人前往長興，三十人前往寶城。前往寶城的一群人在寶城遊行過後，分出一股人乘三輛卡車與兩輛計程車朝「筏橋」而去。[34]五月二十三日中午，一百多名武裝示威者攜帶六十九枝槍與五百六十發子彈，抵達位於和順與寶城交界的「文德面」。地方軍警原本計畫將這群示威者全數剷除，不過由於示威者放下武器自首，事件得以和平落幕。[35]

● 咸平，靈光，務安

　　五月二十一日下午一時，光州示威者搭乘高速巴士與卡車等十幾輛車組成的車隊來到咸平。地方民眾歡迎他們，在咸平城裡遊行示威。在一九七八年農民運動對抗維新政權的「咸平地瓜事件」中，咸平曾是事件核心。一九七八年，農業合作社不肯依約採購農民收成的地瓜，咸平地瓜農於是領導抗議，最後迫使合作社就範。「天主教農民協會」在這場衝突中與咸平的農民站在一起，在咸平頗具影響力。仍然因這場勝利而鼓舞的咸平民眾，欣然加入光州示威陣營，派出三輛車加入示威車隊，前往木浦。下午五時，示威者闖進咸平警署軍械庫。三輛示威車輛之後返回咸平，五輛巴士啟程前往靈光。[36]

根據軍方記錄，「約二十到三十名示威者於五月二十一日晚間十一時十五分聚在靈光，走近軍事基地」，「來自松汀里的二十五名示威者，於五月二十一日晚間十一時三十四分聚在巴士總站抗議」。[37] 但儘管示威者也來到靈光，在靈光地區並沒有顯著活動。

同一天下午二時，約三十名示威者乘坐三輛巴士前往務安。地方民眾加入示威行列在街頭遊行，呼喊口號。其中部分前往木浦，其餘留在務安郡尋找武器。他們沒有找到武器，於是經由松汀里前往靈光，然後前往靈巖。這群示威者在路經羅州、靈光、靈巖、咸平、木浦途中，一路發動車輛示威。[38]

● 木浦

五月二十一日下午一時，安哲（三十四歲）[39]前往「竹洞教會」，會晤柳基文、金賢植、鄭權模、與光州無真教會牧師姜信錫。[40]姜信錫躲開了光州的預防性拘捕，逃進木浦避難。姜信錫在見到安哲時斥道，「當光州市民在街頭垂死掙扎時，木浦的人在幹什麼？」[41]

下午二時十五分，一群來自光州、兩百多名持有土製武器的示威者，在旅經羅州、咸平、與務安之後，乘坐四輛巴士與一輛計程車抵達木浦。就像在光州一樣，他們在木浦街道上遊行，進行即興廣播，說明光州人民的苦難與戒嚴部隊的殘暴罪行。他們要求木浦民眾支持，高喊「結束戒嚴」、「打倒殺人犯全斗煥」、「釋放金大中」、與「釋放被捕的民眾與學生」等口號。有關光州情勢的消息傳開以後，木浦人民支持示威者，在木浦火車站外的廣場聚了一萬多人。[42]有些地方民眾為示威車輛製作寫有「結束戒嚴」與「釋放金大中」字樣的大型旗幟，還有民眾為示威者送來麵包與飲料。下午四時，木浦居民集結了三輛大院客運公司的巴士、幾輛貨車與汽車，發動自己的示威。警方一開始向群眾發射催淚彈，想驅散群眾，但示威民眾群情激昂，

聲勢益發浩大，警方趕緊換上便衣，逃出警署與派出所。

安哲指示「國際特赦」（Amnesty International）組織工作人員崔文（二十四歲），要他向聚在木浦火車站外的示威者傳達指示。他來到木浦火車站播音室，但播音進行到半途時，因木浦職校學生朴相圭（二十二歲）闖進播音室而打斷。朴相圭接過擴音器，要大學生分別聚集。除了朴相圭以外，還有一群學生也在計畫行動：原本在漢城上夜校、因準備服兵役而返回木浦的楊智文（二十三歲），與「延東教會」青年團契與夜校的約十五名青年聚集，討論如何為光州示威者效力。

群眾遊行到附近儒達山的韓國放送公社廣播站，試圖闖入播音室廣播，但因沒能如願而撤離。來自光州的車輛隨即載著大批木浦青年返回光州。晚間七時二十分左右，一架軍用直升機盤旋在木浦上空約十分鐘，觀察示威情勢。之後，示威群眾開始攻擊政府辦公樓，砸毀窗戶。他們闖進延東與杭東警察派出所，取走武器，然後焚毀一輛警用卡車與一輛囚犯運輸車。從晚上九時二十分起，示威群眾分三波攻擊韓國放送公社與文化放送大樓，搗毀裝備與窗戶。二十幾輛車加入示威群眾，為他們聲援壯膽，直到夜深不散。

晚間八時，軍隊突然出現在木浦與務安交界的「芝三」軍事基地前方，未經示警，就向兩輛開往光州的巴士開火，前後約十五分鐘。大院客運公司巴士司機金東文（四十七歲）與金好成（二十五歲）中彈受傷。金好成的右手與腹部受到三處槍傷。[43]

五月二十一日午夜，婦女、孩子、老人回到家中，大學生與成年男子繼續示威。五月二十二日凌晨兩點，示威者搗毀韓國中央情報部木浦辦事處、杭東警察派出所、地方稅務局、與海岸防衛隊辦事處，隨即取得武器，自我武裝。凌晨三時，南陽漁網廠也被毀。[44]

● 光州，潭陽

　　潭陽警察署也於五月二十一日下午遇襲。[45]姜柱元（二十歲，大學生）與五十幾名分乘十輛車而來的示威者，用鐵管砸破警署窗戶，取走無線電裝備與武器。[46]在聽說南下協助光州的漢城大學與高麗大學學生遭拘留在潭陽警察署之後，石宇（十七歲，光州大東高中二年級生）於下午四時加入一支由三、四十輛巴士、卡車、與三輪汽車組成的車隊，準備馳援。在出發時，他們在車上裝了許多碎磚塊與輪胎；他們沒有遇到戒嚴部隊阻攔，但當車隊抵達目的地時，潭陽警察署已經撤空，沒有人，也沒有武器。[47]

　　甚至在光州，由於軍方撤離得過於匆忙，一些槍械仍然留在後備役軍械庫與私人企業大樓裡。五月二十一日下午，六名青年用槌子敲開光州「孝德」警察派出所的軍械庫，取走幾枝卡賓槍。朴亞郎（十七歲，高中生）用重裝備打開白雲洞派出所的軍械庫，拿了十枝卡賓槍。洪蔯惠從光州的「大村」派出所取走一枝 M1 步槍。金光浩（二十一歲，計程車司機）敲開「光州開放大學」（今光州大學）右側派出所庫房，拿了幾枝卡賓槍。示威者也闖進全南紡織、日新紡織、與「林洞菸草廠」的後備役軍械庫，從池元洞的「石山炸藥倉庫」取走炸藥，搬進全羅南道廳。[48]

第 7 章 | 光州封鎖與平民大屠殺

（五月二十一日至二十四日）

在五月二十一日下午五時撤出光州市區之後，傘兵立即封鎖光州市郊幾條要道。[1]第三十一師派出一個連駐守「梧峙」，切斷通潭陽的道路。駐在光州監獄的第三空降特戰旅，封鎖連結湖南高速公路的道路。湖南高速公路通往作為光州東方門戶的順天。第十一旅與第七旅的三十三與三十五營駐在所台洞的朱南村，切斷南向通往和順的道路。第二十師在往西與往北的戰略要地派駐三個營：「極樂橋」（連結光州與松汀里），白雲洞地區（連結光州與木浦），以及通往湖南高速公路與漢城的光州

表 2　戰鬥兵科教育司令部作戰記錄上註明的部隊封鎖地點

單位	人員	備註
第三空降特戰旅	軍官 265 名，士兵 1261 名	防守光州監獄，封鎖南海高速公路入口
第七空降特戰旅	軍官 82 名，士兵 604 名	封鎖光州與和順間的道路
第十一空降特戰旅	軍官 163 名，士兵 1056 名	封鎖光州與和順間的道路
第二十師	軍官 308 名，士兵 4778 名	增調第六十團，封鎖光州與木浦間的道路
第三十一師	軍官 22 名，士兵 294 名	駐守基地
戰鬥兵科教育司令部	軍官 42 名，士兵 746 名	駐守基地
總數	軍官 882 名，士兵 8739 名	封鎖五條離開光州的道路實施六個隔離區

收費站。[2] 新軍部以阻止示威擴散到首都為最高優先，[3] 因為光州群眾暴動的消息，可能煽動漢城與其他地區民眾，造成暴亂擴大，一發不可收拾。基於這項考慮，在初步鎮壓行動失敗後，新軍部決定全面封鎖光州。遭戒嚴部隊封鎖的地區基本上都是光州的門戶——封鎖這些門戶就能切斷光州與外界的溝通。

五月二十一日下午四時，戒嚴司令部將第七、第十一、與第三空降特戰旅的十個營的指揮權，從第三十一師移轉到戰鬥兵科教育司令部。[4] 三小時後，戒嚴司令部提出警告說，戒嚴部隊獲准採取一切必要措施進行自衛。這項警告掩飾了他們在道廳前的濫殺，以追溯既往的方式為軍方肆意開火的罪行找到了藉口。

在既具有戰略重要性、又位於封鎖區的地點，包括國軍綜合醫院、五〇五保安部隊基地、戰鬥兵科教育司令部、松汀里空軍基地、與光州監獄等地，安全措施都加倍了。[5]

● 「他們是真正的赤色分子！」

五月二十一日晚九時，戒嚴司令部將第二十師第六十團調入光州。根據韓國陸軍「八〇－二三號作戰命令」，第六十團（軍官八十七人，士兵一千五百六十二人）離開漢城空軍基地，於翌日上午七時抵達光州松汀里空軍基地。第二十師一名姓金的偵查連上尉連長（二十八歲）是其中一人。金連長與三十三名偵查兵在不知道前往哪裡的情況下，在漢城空軍基地登上一架飛機。他們一開始以為韓國與北韓開戰了，他們要飛往平壤，還忙著剪下一些頭髮與指甲寄回家中，以防不能生還。直到飛行員宣布抵達目的地，金連長才知道他們原來要到光州。金連長生在全羅南道的靈光，曾就讀光州商業高中。光州對他而言就像家鄉一樣，他不敢相信光州竟會鬧出需要動用特種部隊的大亂子。天亮以後，金連長見到示威者持著槍械在機場周邊活動。他在軍中受到的教育讓他相信北韓武裝部隊已經滲透韓國，要不就是派駐光州地區的北韓特工煽動這場暴亂。他心想，「他

們是真正的叛軍。他們是真正的赤色分子。」[6]

第三旅一名五月二十日晨進駐光州的第三空降特戰旅第十二營的金姓軍政官員，也做了類似證供。他與他的同袍在未經簡報光州情勢的情況下，就派到光州進行鎮暴。五月二十日上午九時，就在即將出發、進駐光州以前，旅長崔世昌發表嚴厲的談話，說光州情勢比釜馬民主化抗爭事件更嚴重，共產黨同路人的介入使危機轉劇。全南大學校園各處掛了許多用紅筆寫的「釋放金大中」、「打倒全斗煥」、與「停止剝削農民」標語。這些紅色字跡讓他立即相信崔世昌所謂共產黨介入的說法是真的。他於是一心一意只想「保護家鄉，剷除一切共產黨活動」。[7]

戒嚴當局就用這種在嚴密控制環境中操控資訊的手段，成功挑起戒嚴部隊的怒火。他們聽信軍方這些說法，認為光州人民的抗拒是共產黨同路人的作為，認為光州示威者是他們必須剷除的目標。就這樣，在進駐光州戒嚴部隊的心目中，光州人不再是他們必須保護的韓國人民，而是可以格殺勿論的敵人。[8]

● 未經宣布封鎖道路

五月二十日傍晚，早先離開光州前往海南、康津、靈巖、與木浦的七十幾輛示威車輛在羅州會合，準備返回光州。返回光州的車輛很快擠滿羅州郡公所附近地區、警署外的三岔路口、與羅州南門外的廣場。地方人士為示威者準備了飯糰、麵包、與牛奶——這些飯糰原本是為派在光州的羅州地區警員準備的，但示威者在那天下午武裝，使警方直升機無法為駐在光州市區的警員運補。餐館老闆與一些在繁華商圈工作的婦女自願為民防隊員準備餐飲與飯糰。天黑以後，有關傘兵將掃蕩羅州的傳言甚囂塵上。年輕人紛紛拿起武器在關鍵地點守望，防止戒嚴部隊進城。那天晚上，示威者還從羅州消防局取得兩輛消防車，供示威之用。

一直跟隨示威隊伍來到海南、然後返回羅州的光州居民朴幸

三（四十三歲，光州大東高中教師），數了一下，總共有七十三輛示威車輛。示威者同意，在吃完海苔飯捲晚餐、日落之後，就回光州。為恐戒嚴部隊躲在進入光州道路附近的山區伏擊，幾名示威者自願充當開路先鋒，駕三輛車打頭陣往光州進發。約三十分鐘後，擔任這支先鋒隊殿後的一輛巴士折回羅州，巴士上的窗戶全部打爛。巴士裡面有五人，其中一人掛在窗口上，已經死亡。根據幾名僥倖逃生的青年憤恨地描述，戒嚴部隊躲在南平大橋邊，對先鋒車隊開火，彈如雨下，「頭兩輛車裡的人一定都死了。」[9]

直到那天下午五時，示威車輛仍然可以安全進入光州。這種情勢在第二十師進駐之後改變了。第二十師（師長朴俊炳少將）第六十一團第二營（營長金亨坤中校）進駐光州西區白雲洞的「孝泉」車站附近，封鎖連接光州與木浦的道路。六十一團第一營的一個連，在第二營命令下，切斷了南平緊急跑道。[10]這個連在「梅峰山」邊河谷的「竹嶺山」與孝泉車站設下埋伏，對一切路過的車輛開火。這些封鎖光州的行動都沒有預警，行經這些地區的示威者車輛為了閃避子彈，或嘗試快速通過而撞毀，甚或翻車。許多人因此死傷。

● 孝泉車站

李德俊（十七歲，光州大東高中三年級生）深夜在搭乘一輛示威車輛朝孝泉車站行駛時，車輛遭到伏擊。他在那天早上離開光州，一路經由羅州前往海南，於下午五時隨著一支三輛車的車隊離開海南，來到南平緊急飛機跑道。當時已經天黑，四十幾輛示威車輛集結在跑道邊，準備進入光州。幾架直升機在空中盤旋，示威車輛將車頭燈都關了。有人爬上打頭陣一輛卡車的車頂喊道，「進入光州的門戶孝泉已經被傘兵佔領。但即使在這一刻，光州人民仍在垂死邊緣。讓我們衝破封鎖拯救他們。」男乘客較多的車輛於是開到車隊前方，以女乘客較多的車殿後。

當搭乘的這輛巴士通過南平時,他見到一輛兩噸半的南線煤炭公司卡車,卡車後車廂有七具遮蓋了的屍體,車廂沾滿血跡。車外站著一名中年婦人,握著一隻從車廂裡伸出來的腳,發狂也似不斷哭喊「孩子,喔!我的孩子」。李德俊的巴士上有十四、五名男子與十名婦女。當他們的車前進時,所有男子都端著步槍守在窗邊備戰,見到那血腥一幕的女子都抖顫著坐在巴士中央走道上。沒多久,這些女子開始一邊哭,一邊唱起在死亡道上祈求勇氣的讚美詩歌。她們的歌聲越來越響,李德俊眼觀車外,耳聽歌聲。他感到恐懼逐漸消散,心跳也沒那麼快了。他知道自己正走在鬼門關上,但他不再害怕,他感到寧靜。

在通過砥石川上的橋時,他們聽到前方傳來一陣刺耳噪音。走在這輛巴士前方的車停下來,有人喊道,「退回去!」巴士立即轉向,加速折回羅州。走在車隊前方的另幾輛車也迅速掉頭,跟在他們後面。等回到羅州以後,原本走在車隊前方那幾輛車上的人解釋說,為車隊開路的吉普車遇襲,車上的人都中彈,跟在吉普車後方那輛卡車除司機以外,也全員中彈。[11] 直升機仍在空中盤旋。李德俊當天就在羅州婚禮會館二樓度過一夜。[12]

在接獲戒嚴部隊在孝泉車站附近與示威者發生衝突的消息後,六十一團團長於五月二十二日凌晨零時十五分派遣第一營一連的一百三十名官兵與偵查連的七十名官兵,總共兩百人(八名軍官,一百九十二名士兵)進駐車站。不到一小時後,在凌晨一時,一支從光州方向駛來、由六輛巴士組成的示威車隊與戒嚴部隊又爆發一起衝突。

光州市區白雲洞的市民軍成員,在聽說孝泉車站附近發生衝突、許多人送命的消息後,出發搜尋死者。午夜,江德鎮在白雲洞郊區站崗時,聽說市民軍在孝泉與戒嚴軍發生槍戰,需要支援。他立即登上一輛前往孝泉的巴士。[13] 當時總共有五輛巴士啟程。江德鎮的那輛巴士載了五十人,由於人太多,有些乘員必須站著。他們抵達槍戰現場,在黑暗中偵測,注意到道路兩邊都是稻田,不遠處有一座山,附近還有一個小村。他們進了小村,

見到三輛巴士與一輛軍用卡車。其中一輛巴士開進稻田裡。幾名傷者倒在血跡斑斑的路邊。先他們一步來到現場的人抬起傷者送進巴士，返回光州。當江德鎮的巴士掉頭準備返回光州時，他聽到槍聲，見到山裡射出幾發曳光彈。子彈撞擊在巴士上，發出驚人響聲，有人開始尖叫。槍聲不久平息，道路重歸平靜。巴士無法發動，料想引擎已經被槍彈打壞。當人們爬出巴士窗口，想轉到停在巴士後面那輛卡車時，槍聲再次響起。又經過幾波折騰，槍聲終於停息，人們爬出巴士窗口上了卡車。他們終於回到白雲洞，但白忙整夜，徒勞無功，又增加了三名傷員。直升機繼續不斷盤旋，用探照燈掃描著地上。

那天夜裡在孝泉車站附近發生的兩起伏擊事件，造成十幾名示威者傷亡。兩名傘兵在事件中遭到槍傷，但戒嚴軍從示威者那裡繳獲十六枝槍械與五百多發子彈。[14]

由於道路封鎖，三百多名示威者與四十五輛車無法進入光州。他們只得在羅州郡公所或當地學校過夜，其中大多數人於第二天上午七時五十分前往松汀里車站。[15]

五月二十二日天亮以後，二十師六十一團部隊從孝泉車站散開，在「松岩工業區」前方、通往光州的道路，和羅州通往木浦的南平橋入口設置路障。這些路障切斷了將近十公里道路，其中包括松岩洞煤炭廠前方道路。這處路面是當天凌晨悲劇的事發現場，已經堵滿石塊。

上午五時四十分，黃南烈（四十三歲，教師）帶同妻子與兒子黃在英，登上朴在英駕駛的一輛車，從光州前往木浦。他們通過孝泉車站，取得戒嚴軍通過松岩洞南線煤炭廠前方警戒站的許可。約五分鐘後，就在即將抵達南平橋的時候，司機看見道路中央有圓桶擋路，於是放慢車速。就在這時，二十師六十一團一個偵查連的三十幾名官兵對這輛車開火。黃南烈舉起他的國民身分證在空中亂舞，懇求他們停火，槍聲停了下來，士兵下令車上的人高舉雙手，走出車子。坐在駕駛座的朴在英因遲疑慘遭士兵亂槍當場打死。黃南烈與妻兒也被彈片劃傷。

黃南烈在帶著家人等候直升機載他們前往國軍綜合醫院時，見到又一輛車從光州方面駛來，車前方揚著一面白旗。士兵們朝這輛車開火，直到車上的人都一動不動為止。站在黃南烈旁邊的一名上尉說，「那車上的人全死光了。算你一家人走運。」[16]黃南烈一家人見到的那輛車，根據推斷，車上乘員包括「光原交通公司」的王泰京（二十七歲）、海正九（三十九歲）、工廠經理張載春（四十四歲）、與員工林東載（二十歲）。五月二十二日八時二十分，王泰京乘車從光州出發，前往保護公司在市外的車輛，張載春擔任駕駛，王泰京坐在張載春旁邊。海正九與林東載坐在後座。王泰京因子彈打爛下巴而當場死亡。張載春右肩遭槍傷，海正九左腳踝與肋部遭槍傷。[17]

五月二十二日下午三時，高在成（十八歲，光州石山高中三年級生）與同學鄭國成（十八歲）、與金在弘（十九歲，光州崇一高中三年級生）在孝泉登上一輛移動起重機，跟在一輛吉普車後面前往羅州。但就在即將抵達南平時，車隊遭到戒嚴軍襲擊，前面那輛吉普車與他們乘坐的移動起重機因司機中彈而翻覆。移動起重機當時有十三名乘員。高在成斷了一根胸骨，右拇指神經被切斷，下巴也被打裂。鄭國成右腋遭車輛上墜落的鐵管刺穿。兩人都送到光州基督教醫院治療，金在弘右腿重傷，醫生不得不將他的右腿從膝部截肢。[18]

許多像高在成一樣或傷、或亡的人，不知道他們準備通過的路已經被戒嚴軍封鎖。戒嚴當局事先沒有透過廣播與聲明，向民眾提出封路警告。儘管這類傷亡民眾中不乏武裝示威者，但許多是前往光州探親訪友，或是只想遠離紛擾的非示威者民眾。封鎖區附近村落的居民也遭到戒嚴軍傷害。

● 光州監獄

自五月十八日起，負責防守光州監獄的是三十一師九十六團第二營，之後自五月二十一日下午五時三十分起，由全南大學

撤軍的第三空降特戰旅，取代第二營，接管光州監獄防務。關在這裡的民眾大多是第三旅進駐期間關進來的。第三旅從五月二十一日早晨進駐，到五月二十四日早晨才撤離光州監獄，展開「尚武忠貞作戰」，由二十師六十二團進駐光州監獄。第三旅在抵達光州監獄之初，就封鎖國道入口，切斷連結潭陽與谷城的高速公路，對示威車輛與無武裝民眾車輛開火。

五月二十一日晚八時，來自「大德面」一個村落的四名村民在從光州乘一輛小貨卡返村時，在光州監獄後方的高速公路上遭戒嚴軍開火，兩死兩傷。戒嚴軍將死者——村長與地方「新農村運動」領導人高圭石（三十九歲）與養牛戶林恩澤（三十五歲）埋在監獄前的溝裡。[19] 兩名傷者是朴萬天（二十一歲）與李承乙（四十歲）。[20] 李承乙事後作證說，「我們都來自潭陽，乘小貨卡到光州採購耕耘機零件與壁紙。我們來到監獄邊的路上見到路障，於是下車想移開它們，傘兵遂向我們開火。」[21]

五月二十二日上午十時，菜販金成洙（四十六歲）與妻子金春花（四十三歲），帶著小女兒金來香（五歲）從家裡乘卡車前往珍島。在來到光州監獄附近，準備上湖南高速公路時，卡車被戒嚴軍在警戒站攔停。看見士兵擋路，金成洙調轉車頭打算返回光州，於是遭到攻擊。金成洙夫婦的女兒腰部以下癱瘓，金春花傷勢嚴重，動了三次腦手術才撿回一命。[22] 金成洙作證說：

「我見到光州監獄外面用巴士與卡車設了路障。他們要我停車，我遵命停車。我太太向他們懇求。一名戒嚴軍人打了一通電話，然後踢我太太，叫我們回去。他們說，『回去，不然我們開槍！』說完拿槍比著我們。我別無選擇，只能調轉車頭。隨即我聽到槍聲大作，一堆子彈打在我的卡車上。我發現非逃不可，於是加速，鮮血已經染紅座椅。血從我的五歲女兒金來香的腰部流出來。我的妻子全身是血。我也在淌血，流在座椅上。我開了約三百公尺，然後失去知覺。」[23]

五月二十二日上午九時三十分，蔡正日（十九歲，職員）在手持卡賓槍，與友人乘車來到「西方」三岔路口時，在地人士攔下他們，提出警告說，戒嚴部隊已經在光州監獄邊設下埋伏。當他們的車通過「光州東新高中」，來到「馬岩市場」時，守在前方山頭的戒嚴軍開火。蔡正日胸部中彈送醫。[24]

　　同一天上午十時，市民軍機動巡邏隊隊員金賢彩（十九歲）在道廳聽說光州東新高中對面山頭發生槍戰。他來到東新高中前方的磚塊廠，與藏在山頭的士兵交火。幾名市民軍成員試圖接近山上大麥田，但遭戒嚴軍火力壓制，無法繼續前進。金賢彩不得已，立即撤回道廳。[25] 同一天上午，鄭永東駕一輛吉普車在城裡尋找武器。在通過光州西方地區時，他聽到監獄傳來槍聲。他驅車經過東新學院，在無等圖書館附近掉頭。子彈像雨點般朝他打來。槍聲平息以後，他衝到西方，發現有人中槍倒在地上。鄭永東把傷者送到雞林洞一家醫院，但那人已經不治。[26]

　　根據軍方說法，戒嚴軍從監獄開火的目的，是為了阻止群眾攻擊監獄放走囚犯造成逃獄。[27] 不過在監獄附近受傷的民眾沒有一個人在作證時表示他們有意攻擊監獄。大多數傷者都說，他們是在返回潭陽或珍島等地家中，以便向外界傳遞光州危機訊息，或是在進入湖南高速公路收集武器與召募志願者時，在途中受傷。[28]

　　戒嚴當局謊稱有人打算攻擊光州監獄，將光州抗爭包裝成一場壞分子煽動的暴動。[29] 由保安司令部指派、負責調查光州抗爭事件的「全羅南道聯合調查組」指出，在抗爭事件期間，申愛德與柳英善曾經加入示威者攻擊監獄，煽動群眾拯救被關在光州監獄已經很久的政治犯柳洛鎮。柳洛鎮是申愛德的丈夫，也是柳英善的哥哥。調查組說，柳英善與一群示威者曾在事件期間嘗試攻擊光州監獄。[30]

　　但「國防部真相調查委員會」在二〇〇七年揭穿了保安司令部這項謊言。儘管柳洛鎮確實被關在光州監獄，柳英善也確實遭到槍殺，但申愛德從未煽動民眾攻擊監獄，她所以進入監獄，

只為了尋找她的女兒柳素英——柳素英是朝鮮大學學生，被當局「預防性」關進光州監獄。柳英善因為眼見戒嚴軍暴力鎮壓，憤而加入示威，但於五月二十一日下午一時在市政廳前的槍戰中頭部中彈。他在送往光州基督教醫院急救時已經失去知覺，不久死於醫院。[31] 但直到第三旅於五月二十一日下午五時抵達以前——柳英善當時已經被槍殺——光州監獄守軍沒有向民眾開火。保安司令部竄改了記錄，讓人以為柳英善為拯救哥哥，領導民眾攻擊監獄。[32]

● 朱南村

第七與第十一空降特戰旅在五月二十一日下午撤出道廳以後，在池元洞朱南村後方山區紮營。五月二十二日，這些部隊全面切斷光州與和順間的道路。五月二十二日上午六時，第十一旅將第六十一、六十二、與六十三營從所台洞（位於所台橋邊，今天是光州二環環城高速公路會口）到朱南村、在通往和順的國道沿線部署。第七旅三十五營的第十一野戰大隊駐守板崎隧道。下午六時三十分，第七旅對一輛從和順開往光州的兩噸半卡車開火，將它在攔停之後推進隧道中央縱火，切斷和順與光州間的道路。[33]

五月二十三日上午六時，芳林洞居民崔秉浩（三十歲）在池元洞附近山丘爬山，在接近封鎖線的地方被戒嚴軍射傷了右腿。上午九時，家庭主婦姜海珍（四十五歲）帶著女兒從池元洞出發，將兩個兒子送到和順。她打算把兩個兒子送到板崎，這時一輛市民軍巴士在他們眼前通過。片刻之後，埋伏在道路兩邊的戒嚴軍朝巴士開火。姜海珍在過程中彈，失明。她在證詞中說，不知道那輛巴士上的人命運如何。下午二時，朱南村農民金正日（三十九歲）在從封鎖線附近的龍山洞回家時，遭躲在「巴朗山」山坡上的第十一旅傘兵伏擊，下腹部中彈。下午四時，走在無等中學附近路上的金三正（二十五歲），遭埋伏在大約

三百公尺外巴朗山上的戒嚴軍槍傷。[34]

根據檢方在一九九五年的搜查結果報告，發生在朱南村附近的奪命巴士攻擊事件經過情形如下：

「五月二十三日上午十時，一輛從光州駛來、沿著國道駛往和順的小巴士，來到朱南村巴朗山山麓第十一旅六十二營第四野戰大隊設伏的地點。這輛小巴士沒有理會停車的命令，加速駛往和順。當時正在附近巡邏的第五野戰大隊第五連於是開火。小巴士上，朴賢淑（女，十八歲，新義女子商職三年級生）、高英子（女，二十二歲，日新紡織員工、黃鎬傑（男，二十歲，放送通信高中三年級生）、白大煥（男，十九歲，松源專門大學一年級生）、金潤秀（男，二十七歲，司機），與金春禮（女，十八歲，日新紡織員工）等十名乘員遭槍殺，另三名遭傘兵槍傷的乘員抬到團部基地，其中洪錦淑（女，十七歲，春太女子高中一年級生）空運送醫，另兩名身分不詳的男子傷重不治。」[35]

檢察官在結論中說，五月二十三日那天只有一起這類車輛攻擊事件。但根據其他證人的證供，五月二十三日這天，至少有兩起士兵在池元洞與板峙之間路段向車輛開火、造成多人死難的事件。前述朱南村巴士槍擊事件是其中一起。在這起事件中，小巴士上十八名乘員只有洪錦淑一人生還。另一起是對市民軍一百零三號車發動攻擊。據信車上所有十一名乘員全部罹難。受害人事後的證詞，還原了這兩起事件真相。

這個路段的第一次攻擊事件，發生在五月二十三日上午九時與十時間。當時一輛十二人座、車身用白漆漆上「103」車號的廂型貨車，載著示威者從池元洞駛往和順。這是一輛示威車，市民軍為避免在道路上混淆，還在車身漆上車號。松源專門大學學生白大煥，與他過去的高中同學金男石（十九歲，職校學生）與黃鎬傑，在頭上纏了頭巾，背上槍，登上這輛車。[36] 行在半途上，他們遇到日新紡織的員工金春禮與高英子。金春禮與高英子

告訴市民軍，兩人要去和順參加祭祀活動。市民軍成員讓兩名
女子上車，因為和順距離太遠，就連乘車也很辛苦，徒步走到
和順更是難上加難。當這輛廂型貨車來到池元洞時，當地一名
理髮師上來攔阻他們說，「再往前走太危險了」。根據這名理
髮師的證詞，廂型貨車上坐了約十一人。[37] 但廂型貨車沒有理會
他的警告，繼續駛往和順。就在車子剛駛經池元洞一號巴士線
最後一站，來到磚廠前方時，這名站在遠處的理髮師見到一名
傘兵指揮官攔停了車，還聽到他高聲叫罵「你們這些傢伙沒救
了」。槍聲突然大作，那輛廂型貨車被打得支離破碎。車上的
人全數被殺。傘兵很快把車輛殘骸移走，車上的屍體丟在路邊，
直到五月二十八日以後才終於有人將它們移走。[38] 金春禮與高英
子的遺體後來經親戚指認。[39]

　　第二起事件就是朱南村小巴士槍擊事件，發生在當天下午二
時到三時之間。[40] 由於唯一生還者洪錦淑的證詞，有關這次事件
的報導更多。五月二十三日上午，洪錦淑與母親一起走遍光州各
地，尋找她的兩個分別唸高中與全南大學的哥哥，直到午餐時
間，母女兩人分手。由於城裡交通已經癱瘓，她在光州公園附近
登上一輛有二十五個座位的示威者小巴士。當時這輛小巴士正朝
她家——她住在珠月洞沃川女子高中附近——行駛，開往羅州。
但在快到大昌加油站時，小巴士突然轉向，往池元洞而去。洪
錦淑問為什麼突然轉向，車上的人說，他們只是稍微繞一下道，
很快就會返回原路，繼續駛往羅州。洪錦淑留在車上，坐在最
後一排位子上，還與一名朴賢淑的高中三年級女生打招呼。小
巴士上有四名女性，與超過十四名男性，他們看起來都是學生，
或是剛成年的青年。其中五名男子帶有卡賓槍，還配有無線電，
看起來他們都很親密。他們解釋說，他們正在為死者準備棺木。

　　當小巴士距離朱南村約六百五十公尺遠時，路邊一名士兵示
意要車子停下來。但司機決定加速往前衝，因為情況很明顯，一
旦停車就會被捕。突然槍聲大作，槍彈彷彿驟雨般打在車廂上。
有人大喊「倒車！」但這時司機已經中彈倒地。幾名持槍青年開

始向窗外還擊，招來更猛的攻擊火力。沒多久，眼見無處可逃，一名青年建議大家高舉槍械投降。於是小巴士上的青年高舉卡賓槍搖著，車上的女性也揮著手帕，高聲求饒。但戒嚴軍沒有停火。

傘兵的火力集中在小巴士的車頭與車尾。一直坐在車尾的洪錦淑爬到車中間，躲在座椅下。整輛小巴士很快彈火瀰漫，耳邊盡是叫喊聲、呻吟聲、與子彈打在車身上的撞擊聲。洪錦淑對面一名男子胃部中彈打穿，腸子外流，哀聲求救。洪錦淑閉上眼，緊緊抓著地板。槍聲終於停歇，她身邊的人已經不再呻吟。她四下打量，見到自己右臂、背部、肋部、臀部、與小腿肚都在淌血。子彈沒有擊中她，但她全身都被彈片劃傷。有人走近小巴士喊道，「查看屍體！」

三、四名士兵進入巴士，用軍靴猛踢每一個人，檢查是否有人生還。車後方有人以一種驚魂未定的聲音呼救，傘兵把那人

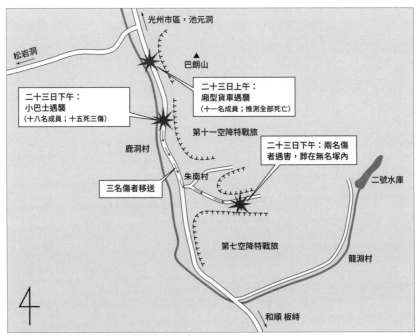

朱南村前道路的車輛示威隊屠殺現場（5.23.）

拉到外面，旋即重返巴士。

「如果還有人活著，站起來。我們不會傷害你。」

巴士前方傳來另一人的呻吟。

「把他拖出去。再檢查一次，不能有錯！」

　　洪錦淑仍然躺在地上，用眼角看著幾名男子被拖走。突然有人朝她肋部重重踢了一腳。洪錦淑慘叫一聲，於是也被拖到車外，與兩名受重傷、同是車上乘客的男子躺在一起。站在她旁邊的那名傘兵說，總共有十五人死亡，這話她聽得很清楚。不久一輛救護車來到，對生還者進行急救。[41] 傘兵用牽引車把洪錦淑與兩名男乘客送往山區。當她問道要去哪裡時，一名傘兵用刺刀比著她，揚言要把她的乳房割掉。一名穿迷彩服、受了重傷的青年，一隻手搗著想來一定受傷的眼睛，向傘兵求饒。

　　從村裡上山的路越來越窄，傘兵把重傷的男子綁起來，裝在一輛車上，要洪錦淑走在車旁。幾名傷員就這樣被帶進一處基地。洪錦淑見到山上駐有一支大軍。傘兵對這些青年搜身，找到他們的身分證與十發卡賓槍子彈。隔了片刻，洪錦淑聽到一名高階軍官說，「你們把他們帶來幹什麼？解決他們就算了。」洪錦淑發現，一名青年傷得很重，但那名著迷彩服的青年如果立即送醫，可能還能存活。隨即一輛車把這兩名傷員載走。又隔一段時間，洪錦淑聽到從那兩名傷員載走的方向傳來幾聲槍響。奉派看守洪錦淑的那名士兵對洪錦淑說，「如果有人問起，妳要說妳什麼都不知道。我告訴妳這些話，是因為我有一個與妳同齡的妹妹。只在今天上午就死了十一個人。」又隔了好一陣，洪錦淑被空運到松汀里空軍基地，之後由基地送醫。[42]

　　一九九五年，檢察官說，「兩名倖存的男性遭傘兵槍殺」。[43] 六月三日，在光州事件結束約十天後，朱南村高中生林熙周發現

五月二十三日發生的朱南村前「小巴士槍擊事件」唯一倖存者洪錦淑的國會聽證會畫面。（一九八八年十二月七日）

兩具推斷就是這兩名青年的屍體。[44]那些死在小巴士裡的人的屍體，有些丟在附近水溝裡，有些草草埋在路邊麥田或山邊亂葬堆中。由於第七與第十一旅盤據當地，直到五月二十四日，就連當地民眾也無法接近這些地區。直到傘兵終於撤出朱南村後，才有人於五月二十五日與二十八日收了這些屍體。[45]

這些證詞顯示，兩次個別槍擊事件於五月二十三日上午與下午，出現在朱南村與池元洞之間。洪錦淑的證詞說，她搭乘的那輛車於下午三時遭到戒嚴軍攻擊。當地居民柳春鶴（十六歲，木匠）是上午九時廂型貨車槍擊事件的目擊證人。柳春鶴甚至還為檢察官畫了一張現場圖，詳細說明事件經過。[46]根據推算，這兩次事件至少有二十八人遇害。[47]但經驗明身分的屍體僅有十具。其他的屍體下落不詳。根據事件弭平後撰寫的特戰部隊作戰報告，朱南村地區沒有民眾死難。此外，儘管其他人的證詞都在，洪錦淑在一九八○年全羅南道聯合調查期間提出的第一份目擊證詞經官方列為失蹤。[48]這項關鍵證詞的不翼而飛，說明軍方為掩飾罪行，已經到了無所不用其極的地步。

● 國軍綜合醫院

　　五月二十二日下午四時，第二十師六十二團二營奉命要在下午五時以前控制光州國軍綜合醫院。第二營在三輛裝甲車開路下，朝國軍綜合醫院挺進，一路對附近住宅區開火，造成許多傷亡。到下午五時五十分，戒嚴軍控制了這家醫院。[49]

　　咸正南是建築工，帶著兒子咸光洙（十七歲）在造房工地工作。那天下午，父子兩人返回雙村洞一處社區工地工作時，見到一群軍隊闖入當地商業區——其中一些士兵藏身在雙村洞湖南神學大學附近林木中，另一些士兵則在一輛戰車前導下，步行過街。當地居民，包括咸家父子，紛紛打開窗戶觀看這幕奇景。就在這時，藏在附近神學院的士兵對旁觀民眾開火。幫著父親施工的咸光洙當時在工地屋頂上觀看，慘遭槍殺。[50]

　　大學重考生林正植（十八歲），衝出家門攙扶他被彈片擊傷腿部的舅舅，結果自己左胸中彈死亡。莞島全國漁業協會員工金在平（二十九歲）是另一名受害人，當時他到光州見他剛出生的女兒。在國軍綜合醫院附近一家磚廠工作的曹圭英（三十八歲），因為來到廠外看軍隊行軍而被槍殺。住在雙村洞的婦人李美詩（六十八歲），因槍彈穿透臥室門，擊中她的下巴右側而喪生。當時站在自家門前小巷的金英善（二十六歲）胸部中槍。在運油業工作的楊會南（三十歲），也在離家拯救傷者時被槍殺。士兵將死者屍體蒐集起來，葬在百日靶場的無名塚。直到約兩週以後，家人才循線找到他們。

　　遭到槍傷的人也很多。在綜合醫院附近開雜貨店的崔福德（女，六十一歲），在走進自家客廳時遭飛來的槍彈打傷了臉。[51] 槍彈打破她家的窗戶，甚至打進她擺在梳妝台裡的毯子。家庭主婦孫琪善（三十歲）與她五歲的兒子金哲洙都遭到槍傷。孫琪善的半邊下巴被打爛，金哲洙手腕中槍。崔福善（女，三十九歲）打開二樓房門，準備下樓時，子彈破窗而入，打傷她的肩。[52] 職校學生崔尚言（二十五歲）在樓頂運動時脊髓遭槍

傷。[53]工人柳福東（三十五歲）遭一枚打穿他家前門的槍彈擊中嘴部。[54]當時站在他旁邊的女兒也遭彈片擊傷，滿臉血汗。士兵們站在街頭揚言，「膽敢旁觀的人要遭槍殺！」然後舉槍亂射。懷胎三個月的李楸子（二十三歲）聽到槍聲，因好奇而打開家門，遭槍彈劃傷右眼與右耳。[55]

當戒嚴軍在鄰里間開火濫射時，市民軍派在花亭洞的單位展開報復。雙方槍戰持續了一段時間，有一名士兵死亡。

根據軍方記錄，「抗議者從住宅樓等高樓開火，迫使士兵還擊。三名民眾死亡。」官方記錄指出，民眾方面有三人死亡、十人受傷、二十五人被捕；軍方有一人死亡，四人受傷。[56]但檢察機關的調查發現，總共有八名民眾在這次事件中死亡，而不是只有三人。[57]

● 海南郡的牛膝峙與狄坪里

五月二十二日晚九時，九十三團第二營分別在海南郡的「牛膝峙」與「狄坪里」各派駐了四十名與十名武裝軍人。五月二十三日上午五時三十分，牛膝峙發生槍擊事件。[58]士兵朝一輛載了七或八名民眾的吉普車開火，造成吉普車撞進溝裡。車上乘員都被帶進附近軍事基地。裴相善（二十一歲）原本打算從釜山前往海南，但因為誤了最後一班巴士，被迫與另外三人從「康津」徒步往前。一輛前往海南的卡車在他們身邊停下，他們一起上了這輛車。當卡車來到牛膝峙隘口時，他們發現武裝士兵在隘口設了路障。卡車上九名乘員有三人下了車，喊道，「不要開槍！我們是海南居民！」士兵沒有理會，不但開火，還朝他們扔了一枚手榴彈。一名乘員當場死亡。裴相善大腿骨被槍彈打穿，另一名乘員全身都被彈片劃傷。卡車於是調頭往沃川方向逃逸。姜錫信（十七歲，高中學生）腳趾被打穿。[59]

那天稍晚，戒嚴軍又在海南郡狄坪里造成平民傷亡。上午十時，兩輛示威者巴士從「花源面」駛近狄坪里一處軍方設的路

障，十名國防軍後備役士兵朝這兩輛巴士開火。一名乘員死亡，另一名腹部被打穿，車上五十幾人都被捕。

第二天，莞島一批搭乘七輛巴士前往海南的示威者，也在軍事基地前方撞上戒嚴軍。但基地指揮官與海南邑邑長化解了這場緊張情勢。

緊接著五月二十一日展開封鎖、行使自衛權、發布第十一號戒嚴令之後，戒嚴軍立即公然展開對民眾的大舉濫殺。[60] 在行使自衛權以前，戒嚴軍至少還會設法避免開火，但在行使自衛權後，他們開始肆無忌憚、公然濫殺，見到民眾不作預警，立即開槍。[61]

戒嚴軍最害怕的不是暴亂，而是他們濫殺民眾的罪行遭到揭發，招來全國抗議。光州民眾奮勇突破封鎖線，想把光州事件真相告知外界，但他們的聲音充其量也只能傳到全羅南道西南部地區。

在全面切斷全羅南道與韓國其他地區的聯繫之後，戒嚴軍有系統地控制城與郡，在海南、南平、與靈光等具有戰略重要性的地點駐軍，以鎮壓光州郊外的武裝示威者。直升機跟著示威群眾，在群眾頭頂上空盤旋，當群眾接近戒嚴軍設伏地點時，直升機就指令埋伏在地面的軍隊發動攻擊。

到五月二十二日，光州幾乎已經遭到全面封鎖，幾乎沒有車輛進出。第二天，基於安全考量，其他地區那些憂心忡忡的民眾開始回收散發的武器。到五月二十四日，在全羅南道路面上，已經幾乎看不見示威車輛蹤影。

第二部

光州！光州！光州！

第 8 章 ︳解放第一階段

（五月二十二日，週四：抗爭第五天）

● 勝利與解放的喜悅

光州抗爭第五天，勝利與解放的喜悅像早晨的陽光一樣散播到整個光州。人民終於重獲自由。那些指控他們是暴民的人已經被趕出城外。那些奪走無辜人命的兇手已經在他們眼前消失。

「前往道廳！」

民眾從附近每一條大街小巷湧入錦南路，把市中心區擠得水洩不通。（在從五月十八到二十一日這段期間）傘兵運用戰略，機關算盡，民眾則始終在被動狀態下，以自發性反應應對。但事實證明，一連串自發性反應也能強大威猛，讓沒有領導人、各自為政的小群民眾推翻壓迫他們的人，在光州市建立一種新秩序。[1]

傘兵令人髮指的暴行，在一開始嚇壞了民眾，但憤怒很快取代了恐懼，讓光州市民挺身而出。民眾團結在一起，因為他們知道同心協力是他們唯一求存之道。這是光州市民團結一致的基礎。[2]傘兵也同樣面對一場前所未見的情勢。一股浩然無法抵擋的不明力道，將他們壓得無法喘息。他們在一開始以為就像「釜馬民主化抗爭事件」一樣，光州的示威民眾也會迅速逃散，但情勢一發不可收拾。他們對付示威者的手段越兇殘，遭到的反擊也越烈。最後這些反擊讓傘兵擔心自己性命不保，傘兵開

始相信示威民眾背後一定有高人指點。在這些經過戒嚴當局教條灌輸的傘兵心目中,膽敢反擊軍事當局的人,若不是共產黨同路人或間諜,就是受這類分子影響的人。戒嚴軍毫不遲疑地認定,民主化必然造成社會動盪,讓國家暴露在北韓入侵的威脅中。每一次鎮壓行動展開前,指揮官必然向士兵們強調共產黨特工已經混進示威民眾,必須提高警覺,不得稍有怠慢。對戒嚴軍來說,憤怒的示威者不是他們要保護的韓國人民,而是他們要摧毀的敵人。

士兵們對示威者的印象,似乎因部署日期不同而有差異。五月十八與十九日部署的第七與第十一空降特戰旅,根據他們受的訓練,以嚴厲手段進行鎮壓。但他們的暴力嚇壞了、也激怒了民眾,遂使情勢更加緊張。對分別於五月二十與二十二日部署的第三旅與第二十師而言,市民們的憤怒反應似乎很沒道理。[3]

● 洗掉血汙

光州抗爭是光州市民因為生命備受威脅,而展開的一次自發性自衛行動,但它造成的歷史影響非常深遠。傘兵的撤離為光州人帶來一種前所未有的權力真空,一種無政府狀態。破壞社會秩序的人不會被警方逮捕。光州市民於是建立一種屬於自己的秩序與結構,填補這種真空。當傘兵剛剛撤離、一切猶如置身夢境一般時,光州民眾已經聚集,討論過去幾天的勝利與悲劇,討論擺在眼前的工作以及光州的命運。

民眾開始自動自發地清洗錦南路。他們將軍用卡車改裝成街道清洗車。起重機拖走受損的車輛,受害人仍然泛紅、迄未凝結的血汙也洗淨了。

蒙面青年高舉「結束戒嚴」與「打倒全斗煥」等標語,駕車穿梭在街道上,唱著歌,喊著口號。他們像凱旋的作戰英雄般遊行,意氣風發,民眾也興高采烈為他們歡呼、喝采。光州人稱呼這些為光州而戰的青年為「民兵」。婦女揮舞小旗,攔停示

威車輛，獻上飯糰與海苔飯捲。雜貨店與超市將一袋袋香菸裝在示威車輛上。有些民眾抬著水桶，為示威青年擦洗臉上汙垢，有些民眾拍他們的肩膀，讚許他們。全城民眾都將這些民兵視為他們自己的子弟、兄弟。當示威車輛經過藥房時，藥師們會抬出一箱能量飲料送上車，就算有時民兵婉謝，表示車上已經有太多能量飲料時，民眾仍會要民兵收下，與同袍共享。

● 市民軍的組織化

前一天夜裡參加保衛光州之戰的民眾，聚集在光州公園廣場，建立一個有組織的武力以對抗戒嚴軍，維護光州和平與秩序。金源甲與金和成等四、五名青年，在各處為車輛編號，分配任務。[4] 他們從附近花店借來白色油漆與刷子，在每一輛車的車頭與車尾漆上醒目的登記號，將登記號與駕照一起登記在筆記本上。小型車輛用來運送病患與通信，大型車用來運輸市民軍人員與民眾，並作為後勤與通信之用。軍用吉普用於指揮、偵查、與戰情管控，軍用卡車用於戰鬥。完成登記的駕駛人負責驅車前往光州各角落，要其他車輛也到公園來登記。

光州公園很快擠滿各種車輛，一一標註登記號碼，取得特定權限與任務。在當時完成登記的七十八輛車中，一號到十號車負責道廳到白雲洞地區，十一號到二十號負責道廳到池元洞地區，二十一號到三十號負責西方到道廳地區，三十一號到四十號負責東雲洞到道廳地區，四十一號到五十號負責花亭洞到道廳地區，其餘較小型車輛負責病患運輸與通信。在這幾天的示威過程中，光州市內大批車輛因被毀而棄置，許多看起來完整的車輛也因胡亂駕駛而燒壞了引擎。由於城裡加油站儲備油料無多，對反抗活動而言，車輛管控成為當務之急。

原本散落光州各地的反抗分子逐一取得聯繫，來到光州公園；其中一些人奉命守衛市中心重要建築物。

戒嚴軍用戰車與裝甲車輛，搭配鐵刺網路障切斷進入光州的

六條幹道。士兵藏在附近山區，對任何接近路障的人開火。市民軍也在距離軍方路障約兩百公尺處，建立自己的路障作為反制。市民軍用燒毀的車輛與輪胎、交通柵欄、木塊、水泥結構、與路樹，建立兩、三層路障，準備迎戰軍方攻擊。

一連五天的示威與衝突使市民軍成員筋疲力盡。但逐退傘兵的勝利喜悅讓他們士氣漲到最高點，也很克制地沒有作出什麼讓市民不安的舉動。他們的臉孔因為多天沒有清洗已經一片烏黑，他們的兩眼與臉頰也因缺少食物與睡眠而憔悴、凹陷。他們大多來自窮困的社會底層，要不就是學生。有些市民軍成員為了替遭到戒嚴軍殺害的親友復仇而加入抗爭。

● 機動巡邏隊

在佔領全羅南道廳作為作戰基地後，市民軍將道廳一樓的總務科改裝成戰情室。這時，在完成光州公園的車輛分配任務後，金源甲與金和成進了道廳。[5] 二十幾輛裝甲車停在道廳外待命，讓市民軍可以立即針對戒嚴軍發動的攻擊進行反制。市民軍一開始就組成一支保護道廳的「警備班」。他們負責保衛道廳大樓，防守大門，以及運送、處理死者。「警備班」也配有武器。

接下來，市民軍成立一支機動巡邏隊。原先在公園完成登記、領了任務的車輛，經重新配置屬於這支隊伍。巡邏隊隊員必須帶著武器在光州各地巡邏，維護與戒嚴軍衝突地區的安全。巡邏隊還負有病患運輸，以及根據市民舉報、逮捕盜賊滋事分子的警察任務。他們使用軍用吉普、卡車、裝甲車、與具備催淚瓦斯噴霧能力的車輛。

在光州民眾與戒嚴軍仍然僵持不下的郊區，包括光州工業園區入口、光州監獄、以及池元洞等，巡邏隊執行巡邏任務。他們得透過無線電向道廳作例行報告，必須奉派進行危機處理。五月二十二到二十五日實施的武器回收作業，也是機動巡邏隊負責的。隊員巡迴光州各地，向市民解釋這項作業，並將蒐集的武

器運到道廳。隨著時間不斷過去，若干機動巡邏隊與警備班隊員放棄了工作。由於所有隊員都是為保衛光州、挺身而出的志願者，沒有人能強迫他們留下。其他志願者很快補滿他們的遺缺。市民軍不支薪，沒有油料補助，沒有保障標準工時或救濟，連固定的餐食都沒有。他們靠一路上民眾提供的海苔飯捲、麵包、與牛奶維生，能在道廳食堂享用一餐就是他們最大的願望。

市民軍成員甚至不敢有洗個澡、換一身乾淨衣服、或洗個頭的奢望。他們穿戴的是戒嚴軍、警在撤退時丟下的制服與頭盔，穿著迷彩軍裝的高中生，髒兮兮的臉孔閃亮著一對緊繃的眼睛——就這樣成了他們的最佳寫照。抗爭發生以前，大多數市民軍成員都是普通民眾，有僕傭、家具工匠、工廠工人、大學生、或大學重考生。其中許多是五月二十一日那天響應示威者號召，從和順、羅州、潭陽、靈巖、海南、與咸平等附近地區趕來支援的民眾。許多高中生也志願加入行動。他們會抽空回家洗個澡，換一身衣服，有些人因此被父母關在家裡，無法回防。

戰情室每天都會召募志願者，填補人員空缺。志願者身分雖經過驗證，但不會留下記錄，這是因為市民軍前途未卜，萬一戒嚴軍重奪光州，留下名單會讓參與者涉險。若干機動巡邏隊後來加入五月二十六日成立的機動攻擊隊。

領導這些作業的大多是民眾志願者。光州民眾原本沒有有組織的領導層，但就像在早先示威期間一樣，他們把事情攬在自己手裡，採取主動，彼此保護，保衛他們的城市。

● 道廳戰情室

五月二十二日上午進入道廳的民眾與市民軍都還是烏合之眾，但他們的雜亂無章很快就為組織結構取代。當時道廳內到處是棄置的槍械、防毒面具、手榴彈、無線電、與作戰計畫文件。民眾很快將它們蒐集起來作為己用。特別是學生，很快就為軍隊丟下的這個爛攤子重建了秩序。

李在儀（二十四歲）與安吉正（二十三歲）等曾經積極參與示威的大學生，也在那天上午進入道廳，與其他人員會合。[6]他們見證了「市民收拾委員會」籌備會議，然後展開一些學生可以做到的工作。首先，他們建立一個通信系統，用道廳戰情室電話與派在城郊的市民軍成員聯繫。每一輛派在城市周邊的巡邏車，都要搭載兩名知道如何聯繫戰情室的大學生。一旦軍方動態出現任何異動，這兩名學生會立即把道廳的電話號碼告訴當地居民，傳遞消息。他們還會每小時聯絡道廳一次，做例行報告。隨著巡邏車上午出巡，來自全城各角落的報告開始不斷流入，道廳開始扮演即時城防管控中心的角色。上午十時起，全羅南道境內各處其他行政機構的電話開始湧入，守在道廳戰情室的人員向他們簡報光州情勢。

市民軍也蒐集散亂在道廳大樓各處的手榴彈、步槍、與防毒面具，整理分類，藏入軍械庫。戒嚴軍還留下五具大小不同的無線電，市民軍就憑藉這些無線電掌握了持續到五月二十二日上午的戒嚴軍撤軍行動。第十一空降特戰旅在從朝鮮大學撤退到朱南村會合點途中，在無等山山谷迷路的過程，也透過傘兵之間的無線電通信，讓市民軍聽得一清二楚。市民軍也從監聽這類通信中知道，戒嚴軍沒有立即打回光州的打算。

一些市民軍成員爬上道廳前樑柱，張貼經確認的傷亡名單、戒嚴軍在城郊動態、以及其他重要訊息。由於道廳成為各種相關訊息聚會所在，想了解最新狀況的民眾自然以道廳戰情室為首選。但直到這一刻，民眾方面並沒有建立任何中央組織、以一種結構性方式處理這許多問題。

許多高中女生與大學生投入道廳的作業。他們走進廚房、戰情室、收拾委員會辦公室、與廣播室，擔起廚子與文書的工作。五月二十二日下午，在聽到道廳廣場前的聲明後，李慶熙（二十歲，木浦專門大學學生）、金善玉（二十一歲，全南大學學生）、與朱素妍（十八歲，光州女高學生）響應號召，進入道廳工作。[7]

朴英順（二十一歲，女，松源專門大學二年級生）從五月

二十四日起，就在一輛廣播車裡負起為市民軍宣傳的工作。[8]「紅十字青年會」義工組織的高中女生也進了道廳幫忙。這些志願人員除非絕對必要，不會自我介紹。也就是說，他們大多互不相識，只因為一項共同宗旨而結合在一起。派在戰情室與收拾委員會辦公室的女學生負責製作出入許可證，編寫死者名單，管理光州人民的捐款。位於戰情室隔壁、配備高品質擴音器的廣播室，負責在廣場發表有關訊息、以利死者身分辨認。這套廣播系統還幫忙尋找傷員家屬，發表收拾委員會的一般聲明。

同時，來自各地民眾的舉報在道廳越積越多，來不及迅速處理。遭民眾舉報的，大多是那些鬼鬼祟祟、拍攝市民軍動態，或拿著對講機或手持無線電的人。機動巡邏隊會出動逮捕多次遭舉報的嫌犯，交給臨時成立的調查組盤查。

上午十一時，派在鶴雲洞的市民軍將一名被俘的傘兵拖進道廳戰情室。這名傘兵在撤軍時藏在山裡，但因睡得太熟、所屬部隊已經走光而落單。他在戰情室哀告求饒，早已沒了之前與其他傘兵一起追殺示威者時，兇神惡煞般的威風。經過簡短的調查，市民軍放他回原單位。[9]

● 可疑分子

隨著時間不斷逝去，道廳各辦公室——包括位於一樓的戰情室——訪客越來越多。到五月二十二日下午，道廳大樓已經擠得亂成一片。儘管部分民眾所以到訪純粹只為好奇，但如此人潮已經使道廳成為戒嚴司令部特工與破壞分子滲透的首選。一些「調查」或「情報」組進駐道廳各辦公室，但它們的一些成員背景可疑。學生收拾委員會副主席黃今善（二十八歲），在道廳二樓見到一名來自順天的男子。直到光州事件結束，黃今善在被捕押送尚武台後才發現，這名男子其實是聯合調查組的上校。[10]

三十來歲的金良五，在道廳一樓農村科辦公室成立調查組。這個組有成員二十多人，分成暴力犯罪、非暴力犯罪、與共產

黨活動等三個小組。「暴力犯罪」小組以一名復學生為首,「非暴力犯罪」小組負責人是一名曾在國家保安軍服役的釜山人,「共產黨活動」小組負責人是一名收拾委員會引荐、帶著一紙韓國中央情報部推薦函的人士。市民軍在道廳的活動很有可能早已洩露給戒嚴軍。五月二十五日,就在戒嚴軍即將進攻光州的態勢已經明顯時,調查組組長金良五逃離道廳。[11]

在戰情室工作的全南大學學生,包括李在儀與安吉正,對兩名自稱調查組成員的男子頗感懷疑。這兩名男子都四十來歲,留著小平頭,體格魁梧,目光尖銳。學生們疑心這兩人都是政府搜查官,因為兩人動輒指控他人是共產黨間諜。學生們認為,這種行徑會為他們招來北韓同路人的控訴,於是決定將這兩人逐出戰情室。一名學生走出來,站在桌子上宣布:「光州市民,我是個大學生。此時此刻的我們正處於對付戒嚴軍入侵的隨時警戒狀態,為保護人民安全,這間房裡的人必須不斷努力。但這裡的人實在太多,就連軍方諜報人員也可能已經混進來了。我們因此必須實施對戰情室的准入管制,請大家了解與合作。只有有特定要務的人才能進戰情室。如果各位有必須提醒我們的要事,請通知我們,讓我們發給你們通行證。」[12]

戰情室裡每個人都看著這名學生。只見他一手持著一枝上了膛的步槍,另一手握著一枚手榴彈。大多數人點著頭走出戰情室,但那兩名可疑男子仍坐在椅子上不肯動。直到這名學生握著手榴彈走到兩名男子前,問他們為什麼不肯起身時,兩人才終於悻悻然起身走人。從這以後,只有領有通行證的人才能進入戰情室。大家都樂意遵守這項新規。

下午三時,《亞洲華爾街日報》(*Asian Wall Street Journal*)外籍記者諾曼‧索普(Norman Thorpe)帶著一名譯員走進戰情室,想了解損壞與傷亡規模,以及造成緊張情勢升高的原因。直到光州事件落幕,索普始終在光州與木浦之間穿梭,報導事件過程。[13]

下午四時,光州第一高中財經校友會找上戰情室,表示願意

五月二十一日下午，至少有五十四名市民被傘兵部隊的子彈擊中身亡，受傷者達數百人。（牧師亨特里〔Charles Betts Huntlry〕、金英福攝）

匆忙裝殮後運往道廳的屍體。（羅庚澤攝）

提供援助。戰情室立即請他們幫忙清點死在本地醫院的人數。一名民眾淚流滿面來到戰情室，說他弟弟遭傘兵殺害，並建議舉辦喪禮安撫亡靈。

● 市民證言大會

　　無數民眾聚集錦南路上與道廳前方噴水池周邊。他們用報紙或傳單鋪在地上坐著，等候收拾委員會發表令它們滿意的聲明。上午十時三十分，一架軍用直升機在空中盤旋，灑下「致暴民」的傳單。民眾立即撕毀傳單，高舉拳頭對著那架直升機咒罵。上午十一時二十分，一輛紅十字會血庫宣傳車與幾輛市民軍吉普在附近遊走，呼籲民眾捐血。民眾成群上車，前往醫院捐血。

　　每一次道廳公布確認死亡名單前，民眾總是屏息守候著，生怕自己的親友出現在名單上。一名青年會從道廳大樓走出來，爬上入口處那根樑柱，大聲唸出名單，或宣布一項振奮人心的訊息，然後舉行默哀，讓民眾宣洩情緒。每有新的死亡名單公布，戰情室邊的廣播室也會立即作廣播。每次廣播總會讓許多民眾泣不成聲。市民軍車輛忙著將傷者送醫。市民軍還從醫院蒐集屍體，放進簡易棺木，抬進道廳。身分確認的屍體會送到道廳外噴水池廣場。

　　基督教女青年會員工鄭尤雅（二十六歲）、李玟妌（二十五歲）、與鄭賢愛以及松柏婦女會會員，製作了三千多個黑緞帶，分發給民眾。金永哲再將剩餘的黑布製成國旗，在道廳旗桿升起半旗以示國殤。

　　那天下午，市民軍中的後備役成員在全日大樓、郵局、與電信公司附近設防。光州人民並不希望提供公共服務的設施受損。文化放送、韓國放送公社大樓、稅局、與警察署雖說被焚毀，但那都是因為沒有善盡播報新聞之責，以及暴力鎮壓而遭來的報復。在整個光州事件期間，大多數其他公共設施都沒有受損。

　　坐在道廳前廣場的人群當中，有一人走上已經乾涸的噴水

池，對坐在廣場上的群眾訴說自己目擊的一切。接著，一名年約半百的婦女走上噴水池，說她的孩子還沒回家，拜託有人能為她提供消息。由於沒有擴音器，廣場上的群眾又數以萬計，人聲吵雜，坐在後面的人聽不清噴水池上的人說些什麼。但上來演說的人流始終不斷。繼婦人之後爬上噴水池的人譴責戒嚴軍暴行，描述他的家人如何遭傘兵殺害。一場即席群眾大會就這樣展開。有人喊著口號，直到聲嘶力竭。有人針對日後與傘兵的衝突，提出詳細的作戰計畫。這場大會沒有一定格式或規範，但每個上來講話的人都撼動了民眾心弦。光州在怒吼，光州人也都清楚他們處境的凶險。噴水池現在成為經驗共享、相互慰藉的所在，每個人都可以在這裡訴說遭遇，發表見證。在市場擺攤的婦人、小學教師、牧師、家庭主婦、青年人、高中生、與農民都紛紛上台。儘管他們分享的經驗多半極為個人，但大家都會報以掌聲，表示支持。他們的證言離不開保衛生存權的核心主題，光州人民已經團結在一起。

下午四時，在群眾大會進行時，十八具屍體從醫院太平間運到道廳，到下午五時四十分，又有二十三具屍體運到。每當救護車在警笛聲中來到道廳前，棺木從車上抬下時，民眾都圍上來，對著棺木飲泣，致哀。棺木隨後打開，慘不忍睹的畫面曝光。有些屍體沒有頭，有些臉孔凹陷、打碎，有的手腳被剁，內臟外流，有的被火燒得焦黑。目睹這些慘狀的民眾無不全身發抖，悲慟難當。大多數死難者的面孔都已殘破得無法辨認。由於棺木製作過於匆忙，未經妥善打磨、加固，有些血汙的屍骸已經從棺木縫隙中溢出。

● 收拾對策委員會的成立

五月二十二日上午八時十分，道廳的一群員工與領導人，包括全羅南道副知事丁時采、規劃與管理室長文昌洙、內務局長金東煥、緊急應變規劃官金慶洙等人，在副知事辦公室召開緊

急會議，商討維安計畫。知事張炯泰已經在前一天中午丟下他的部屬，乘直升機逃離道廳大樓，飛往戰鬥兵科教育司令部。副知事丁時采向律師李鍾基（六十三歲）、商人張休東、牧師張世均與朴載日、總主教尹恭熙、與曹喆鉉神父求助，希望能控制情勢。丁時采打電話給戰鬥兵科教育司令部，要求戰鬥兵科教育司令部將他的維安計畫轉告知事張炯泰，張炯泰隨後指示丁時采，要丁時采在計畫名單中增列兩、三名象徵性人物，例如獨立鬥士崔漢泳等。

中午十二時三十分，以獨立鬥士崔漢泳擔任主席，由神父、牧師、律師、官僚、與商人等十五位地方權威人士組成的「五一八收拾對策委員會」成立。不過，由於它源出政府，這個官方委員會的作用註定有限。光州人民對政府與軍方毫無信心，也就是說，這個臨時拼湊而成的委員會的成員，終必為能夠代表人民利益的新成員取代。委員會開會討論了整個上午，決定向戒嚴當局提出七項和解條件。

- ·承認在鎮壓示威過程中用了不必要的暴力手段。
- ·釋放遭監禁的學生與民主運動人士。
- ·賠償為民眾帶來的的死、傷、與財物損失。
- ·懲處下令開火者，並由國家元首致歉。
- ·為罹難者舉行市民葬禮。
- ·保證民眾不會遭到報復。
- ·如果以上要求全部做到，民眾同意交還武器，自我解除武裝。

不過，這些條件沒有涉及示威者希望解決的基本議題：軍事政權下台，建立民主政府。

那天下午，全南大學教授明魯勤與宋基淑帶著幾十名學生與一具擴音器聚在道廳前廣場。經過一番討論，他們決定成立一個「學生收拾委員會」，由全南與朝鮮大學各選派五名代表，以

及由光州其他大專院校選派的五名代表組成。下午六時，宋基淑領著這個十五人委員會走進道廳一樓總務科。之後他們重聚在一樓戰情室，在鄭海珉（二十三歲，全南大學四年級生）協助安排下開了兩小時會，同意「臨時學生收拾委員會」這個名目。之所以加上「臨時」兩字，是因為各大學學生會領導人——如全南學生會主席朴寬賢——未來可能出現，一旦他們出現就可以隨時進行改組，回歸「學生收拾委員會」。

這個新委員會的角色分配如下：金昌吉（全南大學）擔任主席，金宗倍（朝鮮大學）擔任副主席，管理喪葬事務，鄭海珉（全南大學）負責總務，梁元植（朝鮮大學）擔任發言人，許圭晶（二十六歲，朝鮮大學）負責武器管理。委員會其他成員負責的工作項目包括武器回收，車輛管理、修護與保養，公共秩序與醫療等等。兩個收拾委員會就這樣成立。民眾收拾委員會的主要任務是與戒嚴當局談判，以一般民眾為訴求，而學生收拾委員會強調的是清理與維安等民眾服務工作。[14]

不幸的是，這兩個收拾委員會從一開始就有缺失。兩個委員會都少了領導示威與自我武裝的市民軍代表，少了為市民軍發聲的人士。兩個收拾委員會也不了解暴力鎮壓引發的民怨已經帶來天搖地動的巨變。兩個收拾委員會創辦人只想取得一些微弱的正義，只想防止進一步流血。他們經過徹夜討論，決定在各區建立學生反抗組織，推展教育方案，以舒緩民眾焦慮。他們打從一開始就認定，戒嚴軍一旦與沒有組織的市民軍開戰，失敗的一定是光州。

● 與戒嚴當局的第一次談判

下午一時三十分，民眾收拾委員會的八名成員前往戒嚴司令部全羅道分部進行談判。就在他們抵達時，蘇俊烈少將突然取代尹興禎，成為戰鬥兵科教育司令部司令官。蘇俊烈對收拾委員會的代表說，「我才剛就任，你們還是與副司令討論這個問題吧。」

戰區副司令金基石於是成為戒嚴軍談判代表。他帶同三名准將、一名保安部隊隊長（上校）、與一名憲兵隊長（中校），開始與收拾委員會代表談判。

收拾委員會提出他們在道廳會議中達成的七項和解條件。他們首先要求戒嚴軍承認，在鎮壓示威過程中用了不必要的暴力手段。戒嚴軍答稱，由於示威民眾首先訴諸暴力，他們不得以，只得以暴力因應。收拾委員會代表駁斥說，手無寸鐵的民眾沒有理由攻擊武裝傘兵，光州人民所以採取暴力，只為了反制戒嚴軍的暴力。蘇俊烈等戒嚴軍代表毫不退讓，不斷狡辯。眼見雙方僵持不下，收拾委員會代表於是決定跳過第一項，討論第二項，要求立即釋放遭監禁的學生與民主運動人士。而戒嚴軍代表的答覆是，只能釋放經選定的幾個人。收拾委員會有關賠償的要求也遭到同樣冷處理：軍方只保證會對一定比例的案子進行賠償。

曹喆鉉建議將談判過程錄音或製作筆錄，並交換一項署名的相互協議書，但遭拒。收拾委員會於是要求懲處下令射擊民眾的指揮官與總統公開道歉，但戒嚴軍只表示會將這項要求交給有關當局。為民眾舉行葬禮的要求也遭戒嚴軍拒絕，理由是這麼做「可能煽動民眾」。此外，戒嚴軍儘管原則上同意示威民眾交還武器，保證和平，結束暴力鎮壓，但要求示威者必須無條件交還武器。雙方都同意不應該進行報復。

在談判進行過程中，軍方代表不斷打電話到戒嚴司令部，就收拾委員會提出的每一項要求請求指示。在第一輪談判結束後，金基石打開「半圓形營房」（談判議場）大門，只見山坡下方校場上擺滿幾十架直升機與許多戰車。戰車都已點火待發，直升機也發著怒吼。金基石指著眼前這一幕，對收拾委員會代表說，「你們看。我們有戰車，有直升機，有尖端軍事科技。依你們看，為什麼光州市區還能在你們掌控之中？那是因為我們不想傷害民眾。示威群眾如果想讓這場危機和平落幕，就必須交還我們的武器，解散。軍方的耐性並非無限。」這番話擺明了就是軍方即將報復的警告。戒嚴軍強調他們之前的撤軍只是一項戰略轉進，

如果光州民眾再不知進退，戒嚴軍會動用戰車與重武器。戒嚴軍代表基本上就是要求對方無條件投降。這種蠻橫的態度讓收拾委員會代表非常憤怒。曹喆鉉後來說，「在光州事件中，我們提出的七個條件沒有一個做到。收拾委員會列舉的要求全數泡湯，我們唯一取得的一點成果是戒嚴軍保證會釋放一些人。」[15]

收拾委員會代表懷著沉重的心返回道廳。他們把戒嚴軍的反應轉告委員會其他成員，並協議將談判結果告知民眾。之後，他們展開軍、警武器回收工作，以防進一步流血。

● 宣布談判結果

收拾委員會談判代表於下午一時三十分啟程前往尚武台，於下午五時十八分返回光州市區。在民眾屏息以待氛圍中，他們辦了一場公開說明會，宣布與全羅道戒嚴司令部的談判結果。代總理朴忠勳也預定在那一天造訪光州，民眾們想把朴忠勳直接帶到醫院，讓他親自看看那些垂死與已死的民眾。總主教尹恭熙與神父金成鏞也在南洞天主教堂等候朴忠勳。但朴忠勳那天沒有踏上光州市區。他只到尚武台，聽了全羅道戒嚴司令官報告，然後宣布，「不要聽信暴民那些說詞，他們只是光州民眾中的一小群人罷了。」當有關朴忠勳這些作為的消息傳到道廳外廣場時，光州民眾無不痛罵朴忠勳，說「他比申鉉碻還爛。他們都該去死。」眼見政府這樣反對他們的運動，光州人民對談判已經不抱幻想。

在副知事丁時采領導下，八名收拾委員會代表輪流在噴水池發言。他們告訴民眾，全羅道戒嚴司令官私下承認暴力鎮壓手段已經失控，至於其他條件問題，他會在作答以前與他的長官討論，需要一些時間。委員會其他成員也相繼上台發言，強調和平與秩序，民眾也報以掌聲表示同意。但當委員會成員張休東上台說，「像這樣下去，我們真的會成為暴民。我們必須把武器還給戒嚴司令部，把維持市內和平的任務交給軍方」時，

人群中起了騷動。一名青年跳上噴水池，一把搶下張休東手中的擴音器。這名青年說，「張休東是維新政權期間進入國會的政客。他不能代表我們發言——他的發言是在對付我們。太多人為我們送命，我們不能再談無條件和平了。除非他們能提出詳盡而具體的計畫，做出賠償，還給我們公道，我們不能投降。」群眾為這名青年的主張，拍手喝采。這名青年是金宗倍。金宗倍是朝鮮大學學生，後來成為五月二十五日成立的市民軍領導班子核心。金宗倍進一步譴責收拾委員會：「你不過是想踩在人民的屍體上往前走而已！滾出去；我們不需要你。」收拾委員會成員很快落荒而逃，離開噴水池。談判結果說明會立即變成一場光州民眾批判收拾委員會的群眾大會。沒隔多久，又有五十幾具屍體從城裡各處醫院運到廣場。這許多棺木的出現讓民眾更加悲憤，一場批判大會也瞬間成為哀悼會。

● 運動圈人士集會

　　就在收拾委員會宣布談判結果時，尹祥源、金永哲、朴曉善（二十六歲）、金泰鍾、鄭賢愛、鄭尤雅、與李玧娅等人已經發現，收拾委員會的重點工作並非民眾最關切的事項。收拾委員會由政府與各機關首長組成，這使他們一心一意，只想不計代價恢復秩序。但光州人民還不具備獨立建立、維護一個自由城市的條件。他們需要一個能以民主方式考慮民眾需求、提出未來願景、引領他們迅速朝目標邁進的團體。光州還迫切需要一個行政結構，取代因戒嚴軍撤離而癱瘓的舊有結構。值此危急存亡之秋，光州人民需要能託付未來與安全的領導人。

　　有鑒於當前情勢非比尋常，原本在光州輿論帶風向的商人、保守派宗教人士、高階文官、記者、與學者已經不適合繼續領導。除非新軍部放棄政治野心，或光州人民向戒嚴軍投降，當前僵局似乎已經無解。唯一可能有能力因應這項挑戰的，是曾在一九七〇年代反抗軍事獨裁期間嶄露頭角的民主化與在野人士。

不幸的是，學生運動者與民主化團體都已經被政府逼入角落。鄭東年與金相允這些政府黑名單上的著名學生領袖，已經在五月十七日晚間的預防性拘捕行動中被捕。全南、朝鮮等名校學生會成員也已經被迫逃離，無法返回光州。尹漢琫等關鍵性在野運動人士、社會運動團體領導人、以及進步派宗教人士，為恐被捕也已紛紛隱身。為避免新軍部抓捕，大多數支持金大中的反對派政治人物已經銷聲匿跡。由於戒嚴軍徹底封鎖，想與漢城等其他地區的民主化運動人士聯手也已不再可能。只有既能駕馭光州民主化需求，又能在沒有外力支援下組織光州人民的人，才能在這緊要關頭領導光州。

　　但無論如何，光州市內仍有眾多民主化運動者——包括基督教女青年會與基督教青年會等社團主管與領導人、人權律師、教授、牧師、與神父等等。來自綠豆書店、良書組合、信用合作社、野火夜校、百濟夜校、光大劇團、松柏婦女會、青年民主協議會、天主教農民協會、天主教勞動青年協會、基督教女青年會與基督教青年會、現代文化研究中心等社團的青年，以及還沒有被捕的大學生運動人士，都在伺機而動。

　　這些人原本要不自行參與示威，要不已經躲藏，但在五月十八日以後，他們每天聚在綠豆書店。到五月二十一日上午，這群人已經增加到二十幾人。

　　當戒嚴軍五月二十一日下午在道廳前濫殺時，這些運動人士誤認為軍方已經發動對光州的全面入侵，於是四散逃避。但尹祥源與金永哲沒有逃。尹祥源守在抗爭最前線，與光州民眾並肩作戰。金永哲與野火夜校學生一起印發「鬥士會報」，協助尹祥源。

　　另一方面，在上午十一時，光州市裡與收拾委員會無關的另一批人，包括牧師、學者、以及自一九七〇年代以來就倡導民主的宗教人士和學術界等資深的在野民主化運動人士，也在道廳後方的南洞天主教堂集會。這批人包括律師洪南淳、長老李聖學、神父金成鏞、基督教女青年會會長曹亞羅、基督教女青年會總務

長李愛信、律師李基洪、教授明魯勤與宋基淑、與教師尹永奎。在原始收拾委員會失去光州人民信任後，這批人中有一些人加入改組後的收拾委員會。

● 武器回收計畫引發的內部紛爭跡象

儘管有人反對，在從尚武台返回光州以後，收拾委員會仍然展開行動，收繳示威者從軍械庫取走的武器，認為想避免進一步流血，最好的辦法就是盡快將這些武器交給戒嚴軍。

收拾委員會在道廳與光州公園設立回收站點，並呼籲民眾交還槍械。有些市民軍成員聽令照辦，認為收拾委員會既然成立，表示光州已經重建秩序，這樣的秩序必須遵守。但相當數量的市民軍成員不同意。他們認為，與戒嚴軍的談判還沒有任何實際成果，收拾委員會這樣急著回收武器一點道理也沒有，也因此他們沒有交回武器。這些市民軍成員大多是光州市周邊防務負責人。就這樣，武器回收計畫播下市民軍內部分歧的種子，幾天來風起雲湧的民主化熱潮也因此降溫。學生收拾委員會的金宗倍與許圭晶從一開始就反對交回武器。

在武器回收計畫展開第一天，收拾委員會沒有找上武裝民眾，只收撿了丟在街頭、或民眾志願繳交到道廳或光州公園回收站的武器。當天傍晚，收拾委員會已經回收約一千五百件槍械，不過它們只是堆成一堆，擺在道廳保安室附近而已，沒有安全措施。[16]

● 無名塚

五月二十二日一早，全南大學訓導主任徐銘源，與其他幾名學校員工前往校園檢查狀況。他們在戒嚴軍用作指揮中心的理學部與家政館教室內，找到五百多條腰帶與一百多雙鞋子。教室地板上血跡斑斑。徐銘源在校園後方一座小丘上發現一堆松枝，

堆成一個大得離譜的堆。他一腳踩上去，松枝堆立即塌陷。他見到松枝底下是一具高中生屍體，屍體上半身用一個麵粉袋遮著，然後埋在這裡。屍體上有許多被刀刺與被毆打的痕跡。屍體後來經指證是光州商業高中學生李成貴（十六歲）。機動巡邏隊員金泰贊（十九歲）在擔任巡邏任務時，也在全南大學校園發現一具屍體。他見到一堆狗在全南出版大樓邊的鋪石地上亂挖，把石頭都挖得翻起來。於是他見到一具高中女生屍體。她的大腿被刺刀刺了兩個洞；她圓睜兩眼，嘴裡都是土。他把屍體帶回道廳。[17]光州各地也陸續發現屍體，特別是在城郊山區。民眾在梧峙三十一師駐地後方的一座小丘發現幾具屍體與幾個挖到一半的坑，顯示戒嚴軍可能原本還要埋其他屍體，但來不及完成就匆匆撤離。

● 區域防衛隊

市民軍以光州公園廣場為本部，本部下設幾個「區域防衛隊」。區域防衛隊是由武裝青年組成的連級單位，派駐白雲洞鐵道、花亭洞工業園區入口、東雲洞高速公路交流道、西方路三叉口、山水洞、與鶴雲洞的飢餓橋等關鍵要地。

飢餓橋是區域防衛隊進駐的第一個地點。後備役排長文章宇奉派主持鶴雲洞防務，他將來自鶴雲洞與所台洞地區的後備役與青年組織成十二個小隊。後來因參與鶴雲洞區域防衛隊而被捕的人包括文章宇、金容善（十九歲）、金福洙（二十一歲）、金春國（二十五歲）、柳洪列（十九歲）、許春燮、朴秉基（二十一歲）、朴東燮（三十三歲）、與尹多鉉（二十九歲）。[18]

● 軍方強硬派出線

經過一次內閣改組，尹興禎中將出任資訊與通信部長。五月二十二日上午十時，蘇俊烈少將繼尹興禎之後出任戰教司司令。

這是全斗煥下令戒嚴司令官李熺性進行的人事異動，因為有人建議全斗煥撤換鴿派，改用強硬派對付光州暴動分子。[19] 在與全斗煥商議之後，陸軍參謀次長黃永時提名陸軍行政學院院長蘇俊烈擔任這項新職。五月二十日下午六時，黃永時通知蘇俊烈這項任命，並且保證會在光州情勢解決後晉升他為中將。蘇俊烈因曾在雙十二政變中反對新軍部，錯過一次晉升機會。根據慣例，中將才能出任戰教司司令官。蘇俊烈是黃永時過去在軍校期間的同學，是全羅南道求禮郡人。黃永時所以打破慣例，擢升蘇俊烈出任戰教司司令，為的就是讓強硬派主持對光州的鎮壓。[20] 緊接著雙十二政變過後，黃永時還指派金在明少將——同樣也是黃永時的軍校同學，是全羅南道康津人——出任韓國陸軍本部作戰部參謀次長，協助參謀次長進行作戰規畫。[21]

政府於五月二十二日成立主要由朴忠勳新內閣成員組成的「光州情勢反制委員會」。這個新內閣在第一次會議中，就討論了戒嚴司令部提出的光州情勢報告，隨即分配相關任務。新內閣決定，光州情勢的解決主要由軍方負責，政府其他部門負責民眾救濟工作。晚間九時三十分，代總理朴忠勳透過電視與電台發表政府對光州情勢的立場：

「沒有軍、警維持和平的光州市，現在處於一種治安真空狀態。來自外界的壞分子滲透、攻擊市政中心、縱火，還用盜來的武器攻擊軍隊，殺害許多人。但基於政府的命令，軍方目前不能對民眾開火。有鑒於市政廳員工仍在辦公，水電繼續供應、銀行業務也未受干擾的事實，光州情勢似乎正在改善。」[22]

全斗煥也於五月二十二日，以韓國中央情報部代理部長的身分，在「新羅飯店」與各大媒體負責人舉行記者會，表達他對光州情勢的看法。根據一份長兩頁、有關全斗煥這項聲明的文件，全斗煥一開始就說「軍隊已經包圍光州周邊，切斷從木浦這類地區進入光州的道路，還在光州機場設立無線電通信中心，

提供有關情勢的即時報告」。[23]

　　全斗煥提到一些毫無根據的謠傳，例如「城裡五金店成為主要掠奪對象」，「暴民挨家挨戶威嚇民眾加入，威脅地方領導人」，以及「消滅富人」已經成為光州市裡熱門口號等等。全斗煥說，「不明人士扮成傘兵，乘十輛卡車登上無等山，宣稱「全羅道軍人已經起而反抗慶尚道軍人」，或許還會設法經由海路投靠北韓，迫使海軍封鎖海岸」。全斗煥強調，「武裝叛徒已經佔領光州監獄」，「無線電監聽發現，統一革命黨已經下令在監獄引爆炸藥」。他還宣稱，「四個為金大中效力的犯罪集團已經加入暴民」。

　　全斗煥說，「軍方準備展開一場可能涉及全市的城市戰」。他說他深信「這場鎮壓行動不會超過兩個小時」，「軍方的承諾不會退縮」。他的說詞強烈暗示，軍方將於五月二十四日對光州發動大規模暴力鎮壓。最後，全斗煥還語帶威脅地告訴聚集會場的媒體負責人與管理層：凡是對光州情勢「表示同情或採取悲觀立場的人，都會遭到前所未有的反制」。

● 美方同意軍事鎮壓

　　五月二十二日，美國國防部發言人湯瑪斯・羅斯（Thomas Ross）說，「聯合國軍指揮部與韓美聯軍指揮部司令官約翰・威克漢已經同意韓國政府請求，部署威克漢作戰指揮系統轄下的軍隊，用於鎮壓抗議者。」羅斯補充說，「我們還沒發現北韓軍計畫趁南方發生的這種情勢有所行動的證據。」換言之，儘管沒有北韓威脅，威克漢仍然同意為了鎮壓韓國國內抗議而部署軍隊。能夠在暴力鎮壓光州示威這件事上取得美國官方支持與首肯，是新軍部的一項勝利。美國國防部發言人霍廷・卡特三世（Hodding Carter）表達他「對光州出現的暴動的深度關切」，並且警告「如果暴力情勢持續，外部勢力有可能誤判」。他強調，外部勢力如敢趁火打劫，「美國政府將根據大韓民國與美國之

間的共同防禦條約強力反應」。[24]

同一天，美國政府決定將部署在日本沖繩的兩架空中預警機，以及停泊在菲律賓「蘇比克灣」（Subic Bay）的「珊瑚海號」（USS Coral Sea）航空母艦調駐韓國水域。美國當局宣布美國以防範北韓入侵、保障韓國安全為最高優先，之後才會考慮韓國內部政治議題，基本上等於公開宣稱，國家穩定是比人權問題更重要的優先要務。當美國將派遣一艘航空母艦進駐釜山的消息傳來時，光州人民開始希望美國能讓全斗煥不敢輕舉妄動。

但威克漢已經批准韓國國防部長官與陸軍參謀長之請、於五月十六日將第二十師的戰時作戰管控權交給韓國。當韓國政府再提要求，要將第二十師的任務從鎮壓漢城地區騷動改為鎮壓光州地區暴亂時，美國大使來天惠與韓美聯軍司令威克漢在與華府磋商後批准所請。[25]

從五月十九到二十一日間，光州美國文化院院長大衛・米勒一直留在錦南路光州觀光飯店，每天向來天惠做報告。[26] 光州觀光飯店也是保安司令部五〇五保安部隊隊員的秘密基地。[27]

● 反美情緒揮之不去的不祥之兆

來天惠在他五月二十一日的報告中告訴華府當局，光州情勢的軍事解決似乎迫在眉睫，但軍隊的介入可能在日後為美國帶來困擾。他在二十一日這天提出的第一份報告中預測，批准調派第二十師鎮暴──二十師當時置於美軍作戰指揮系統──可能讓美國捲入罪責議題。

在二十一日的第二份報告中，來天惠的分析更為詳細：

「軍事介入雖可能在運用相當武力後重建秩序，但會造成重大損失，留下持續多年無法癒合的瘡疤……為什麼這個南方城市陷入如此嚴重的動亂，而政府完全喪失維護公共秩序的能力？很可能是因為區域主義在這場暴亂中扮演了重要角色……警方

與軍隊的反應特別嚴厲，部分由於這是一項嚴厲的挑戰，但也可能因為他們認為對付〔全羅道的〕人民就該這樣……據說，暴民認為，美國對韓國軍方的支持與軍警暴力鎮壓有關，也因此，就若干方式而言，與今天的事態演變有關。人們尋找外來禍首的習性，日後可能會為我們帶來很大的麻煩。」

來天惠在五月二十一日的第三份、也是最後一份報告中說，「至少十五萬民眾介入……雙十二〔政變〕這些將領們顯然已經感受到這整件事的威脅」。來天惠還說，威克漢將軍已經同意提高內部警戒狀況，防範滲透，而且還非正式地採取一些有關「戰備狀態三」（DEFCON 3）的措施。[28]

第二天，來天惠向韓國外務部長官朴東鎮解釋說：

「美軍會與韓國軍方合作『以重建光州秩序，嚇阻其他地方的暴亂』，但表明美國『沒有也不打算公開〔美方這些〕行動，因為〔美方〕擔心〔美方〕將因此被控與戒嚴當局串通，從而煽動光州地區反美情緒』。」

來天惠擔心美國與政變將領們的合作可能導致反美情緒高漲。[29]

到五月二十三日，來天惠認定光州情勢已經沒有轉圜餘地。根據他於晚間十時送交華府的報告，「光州『暴民』已經增加到十五萬人，已經奪取數以百計車輛與數以千計槍械」。

根據美國國家安全會議的一項秘密會議記錄，高階政府官員於五月二十三日聚集白宮，討論韓國情勢。會議記錄指出，「與會者一致認為，第一優先是由韓國當局重建光州秩序，但必須盡可能將必要武力的使用減至最低限，以免播下造成日後大動盪的種子」。白宮的計畫是先重建光州秩序，再向新軍部施壓，迫使新軍部放寬政治自由。茲比格紐・布里辛斯基（Zbigniew Brzezinski）將美國的立場歸納如下：「短期之內給予支持，長

期要施壓促成政治革新。」幾個小時以後，來天惠通知朴東鎮，說美國會「竭盡我們所能促成秩序重建」。[30]

但阿諾‧彼德森牧師的看法與大衛‧米勒截然不同。在整個事件過程中，彼德森一直留在光州，親身見證傘兵的行徑。[31] 根據彼德森的說法，來自多個教派的神職人員於五月二十二日上午十時三十分在光州浸信會教堂聚會，決定派三名浸信會牧師——包括張世均牧師——前往全羅南道廳，勸使學生與戒嚴當局談判。學生同意談判，張世均等人於是加入民眾收拾委員會。就是透過這層關係，彼德森成了前來道廳採訪的外國記者的通譯。彼德森一直留在光州，直到整個事件結束，甚至在情勢危急、友人力促他逃離時，他也沒有離開光州。後來他出庭作證，說明戒嚴軍如何暴力鎮壓，如何將機槍架在直升機上濫殺平民。

五月二十二日下午五時，在松汀里美國空軍基地的美國空軍技術士官戴夫‧希爾（Dave Hill）打電話給彼德森，說戒嚴軍計畫對道廳地區發動攻擊，美國空軍準備出動幾架直升機，營救困在楊林洞的美國公民。彼德森答稱，空軍這麼做沒有必要，因為根據他的猜測，空軍所以訂定這樣的救援計畫，是受了大衛‧米勒造成的那些沒來由恐懼的影響。米勒已經逃離光州進入松汀里空軍基地避難。五月二十三日，應美國大使館之請，彼德森找到八名美國人與外籍人士在光州的下落，發現他們都安全。彼德森在他的書中說，他幾乎每天都會獨自一人騎自行車進入光州市區，但從未因為他是美國人而遭到威脅。事實上，他在光州遇到的人大多因為他是外國人而更歡迎他，更願意幫他。

彼德森的證詞，以及提姆‧肖洛克發給華府的分析電報顯示，每天向來天惠做報告的米勒支持新軍部的觀點。也因此，只根據來天惠的報告進行研判的華府官員，對光州情勢的了解深受米勒親軍方觀點的影響。

第 9 章│解放第二階段

（五月二十三日，週五：抗爭第六天）

● 前往道廳！

　　光州市周邊地區徹夜槍聲不斷。戒嚴軍已經在一夜之間全面封鎖光州市，佔領各處據點。但在五月二十三日上午，光州人仍因他們剛爭取到的勝利與自由而氣勢高漲。[1]儘管車輛上午仍在路面呼嘯疾駛，到了下午，市街秩序已經緩緩恢復。武器回收計畫成為民眾關注與熱議的主題。民眾開始成群結隊，從各角落湧向道廳。七百多名高中生從上午六時開始清掃街道，各地社群也紛紛響應，打理著附近小巷大街。婦女大清早就提著鍋子來到市場邊煮飯。在市郊值完一整夜警戒任務的市民軍成員開車回到城裡，找地方坐下早餐，交換著有關一夜來戰鬥的消息。商店也開始營業了。

　　道廳廣場對面尚武體育館的禮堂成了靈堂，擺著無數覆蓋在白布下的屍體。其中好幾十具還沒有入棺，屍首血汙在裹屍布上留下點點黑斑。靈堂入口為亡靈設了焚香祭壇，為防屍體進一步腐爛，工作人員在屍體上撒了防腐劑。悼念民眾列著長隊，從靈堂入口一直排到對街廣場。進入靈堂的民眾眼見這麼多人死難，無不震驚。他們上了香，緩緩穿過靈堂，那些肢離破碎、血肉模糊的殘屍，讓他們氣得發抖。他們吞下了淚水。

　　失蹤者家數也在道廳前排隊，等待確認親友生死。辦事人員會用家屬提出的失蹤名單，與醫院的死、傷記錄文件進行比對。大多數前來尋找親友的都是婦女與老人。戴著「收拾委員會」

解放期間，女性們在街上擺鍋造飯，提供給市民軍。（羅庚澤攝）

臂章的年輕人站在靈堂入口，檢驗訪客身分證。大多數屍首已
經殘破得幾乎無法辨認。被槍殺或遭棍棒打死的人臉孔與頭顱
都凹陷，被次刀刺死的人屍體腫脹，或開始腐爛。痛失親友的
民眾從一個棺前走到另一個棺前──有些棺木裡面擺著殘肢，

或無頭屍，或臉孔發黑腐爛、兩眼爆出的屍體——有的用手帕搗嘴，不讓自己哭，有的雙手抱棺痛哭，直到不支倒地。經確認身分的屍體移到尚武體育館。

負責喪葬事務的金宗倍發現棺木極度欠缺，於是帶著一份學生收拾委員會的授權書前往光州幾個殯儀館，打算先取得一百具棺木應急，事後再以募款方式籌款償還殯儀館。但他到訪的殯儀館也都在鬧棺木荒。沒有人想到會在這麼短期間突然死這麼多人，整個光州市已經一棺難求。金宗倍向有關當局求助，全羅南道「保健社會局」局長保證給予協助。一名少婦為靈堂送來幾十雙白襪子，幫死者套在腳上。她沒有透漏身分，但據說她是酒館女侍。她還打了水，為死者洗臉。

在經過徹夜討論之後，學生收拾委員會同意擔起公共維和、公關、喪葬、與武器回收等工作。由地方領導人組成的民眾收拾委員會由於害怕傘兵在夜間入侵，大多在傍晚回家，天一亮就馬上再回道廳。

五月二十三日上午十時，在幾名成員於之前一天辭職之後，民眾收拾委員會剩餘成員聚在知事辦公室進行重組。加入委員會的新成員包括：曹喆鉉神父、申承均牧師、朴英峰牧師、全羅南道紅十字會會長朴潤奉、獨立鬥士崔漢泳、律師李鍾基、太平電影院老闆張孝東、與教師申英善。之後，改組後的民眾收拾委員會與學生收拾委員會攜手合作，擴大了領導核心。

● 第二輪談判

新成立的擴大收拾委員會達成協議，決定向戒嚴司令部提出八項要求：

一、承認戒嚴軍與傘兵在鎮壓示威過程中，用了不必要的暴力手段。
二、釋放被拘捕的人犯。

三、保證戒嚴軍不會進入光州市內。

四、保證光州民眾不會受到報復或懲罰。

五、政府要對民眾遭受的死、傷、與損害賠償。

六、恢復媒體廣播，將事實真相公諸於世。

七、保證不使用煽動性言詞。

八、重開光州聯絡外部的道路。

　　學生收拾委員會的內部討論，對有關光州情勢的大多議題都能幾近一致協議，唯獨在武器回收議題上意見異常分歧。主席金昌吉與另幾名成員相信，蒐集、繳回武器是防止進一步流血的最佳之道，而副主席金宗倍與許圭晶則認為，在戒嚴軍與政府能滿足民眾可以接受的最起碼的條件以前，不能將武器交還當局。

　　在與戒嚴司令部舉行的第二輪談判中，收拾委員會的代表是曹喆鉉神父、明魯勤、韓完錫牧師、張孝東、與金昌吉。金昌吉極力呼籲將一百五十枝回收的卡賓槍帶到尚武台。儘管收拾委員會對於這個議題的意見仍然分歧，但交回一百五十枝卡賓槍是一種象徵性姿態，顯示收拾委員會的和解誠意。

　　收拾委員會向戒嚴當局明白表示，儘管他們無權領導、控制光州民眾，但他們願以性命擔保，只要戒嚴司令部能滿足委員會提出的條件，他們會回收、交還所有槍械。但戒嚴司令部堅持市民軍必須無條件繳回一切武器，讓收拾委員會深陷沮喪與絕望之中。戒嚴當局展現的這種固執，甚至似乎顯示他們之所以願意與收拾委員會談判，為的只是造一個入侵光州的藉口罷了。收拾委員會於是認為，想避免進一步暴力，不如先說服光州民眾，這麼做會比說服戒嚴當局容易。

　　談判一直沒有結果，收拾委員會於是決定由明魯勤留在全羅道戒嚴司令部，由其他談判代表帶著軍方挑出來釋放的三十四名人犯返回道廳。明魯勤繼續與戰教司副司令金基錫談判，終於在六項要求上取得共識。但在釋放所有人犯，與釋放被預防

性羈押人士的議題上陷入僵局。被預防性羈押的人與示威過程中被抓的人不一樣,前者都是運動人士,都是在野民主化支持者,保安司令部提前將他們抓捕,是因為他們可能阻礙新軍部掌權。金基錫說,他無權同意這項要求──除非中央政府下令,他無權釋放被預防性羈押的人士。明魯勤懇請金基錫改變主意,因為唯有全數獲釋才能讓示威者放下武器。金基錫問,「如果我釋放被關在尚武台的那些被預防性羈押的人士,你能保證情勢全面解決嗎?」明魯勤答道,「我不能作答,不過鄭東年、金相允等全南大學學生可能可以說服示威者。請讓我見鄭東年與金相允,讓我當面勸他們。」金基錫答道,「既然這樣,我們明天上午十時再討論這個問題的細節。」明魯勤表示同意,隨後前往憲兵隊,至少看一眼那些被捕的人。他確認那些被捕的人還活著,但他只能在遠處看他們,不能與他們說話。明魯勤那天晚上沒有返回光州市區,而在尚武台附近一家旅館過夜,準備第二天一早可以重啟談判。

● 交還或不交還槍械

當曹喆鉉與委員會其他成員帶著三十四名獲釋人犯返回光州時,有關武器回收的衝突已經表面化。金昌吉等支持無條件繳交武器的人說,「戒嚴司令部已經放了一些人犯。如果我們繳回所有槍械,他們會接受我們其他的條件。繼續與他們鬥下去,只會帶來更多暴力。我們必須立即把武器送回去。」金宗倍等主張有條件繳交的人反駁說,「在這一刻無條件交還武器,無異於讓光州人民流血──更別提市民軍成員不會同意交還武器。我們如果想說服人民,至少先得讓政府全面改變對我們的立場才行。被拘捕的學生與民眾必須立即獲釋,財物損失與人命傷亡必須全額獲得賠償,為罹難者舉行市民葬禮。」但宗教領袖基本上支持非暴力抵抗,而他們的聲援使委員會中支持無條件繳交武器的一派佔得上風,讓主張有條件繳交武器的一派人很

難堅持立場。

另一方面，來天惠大使在漢城樂天飯店會晤來自民主共和黨、維新政友會、與韓國新民主黨的八名國會議員，共進午餐。八名議員對美國協助維護韓國國家安全表示感謝，會中還小心翼翼地討論了光州情勢。來天惠表示，韓國情勢近日來已經超越伊朗或阿富汗，成為卡特政府的優先要項，美國已經向北韓表達了美國保衛韓國的堅定承諾。[2]

● 保衛民主的第一次市民大會

在收拾委員會忙著處理業務的同時，幾名青年也在道廳戰情室忙著組織市民軍。他們認為，只有加強防衛能力，才能為光州在對戒嚴當局的談判過程中帶來更有力的籌碼。陷於孤立的光州如果不能迅速重建秩序，加強防務，很快就會遭戒嚴軍攻陷。為增加與軍方成功談判的機會，光州人民必須展現團結。

在組織市民軍的過程中，他們發現由於遭到封鎖，光州處境很不利。為保有堅強防禦力，他們需要全面管理戰鬥裝備、取得彈藥、防止油料浪費、建立反戰車防線、確保糧食補給、不斷改進他們的組織。

五月二十三日晨，金永哲、尹祥源、朴曉善、金泰鍾、鄭尤雅、李玧娅、林英熙（二十四歲）、與尹奇賢等社群團體代表與學生領導人陸續聚集綠豆書店。前一天的談判結果聲明，已經表明光州市民的憤怒以及他們不屈服的決心。大多數民眾反對無條件交還槍械，也不信任部分由政府官員組成的原始收拾委員會。將光州市的命運交在這些人的手裡，顯然只會帶來更多混亂。在野領導人達成協議，應該舉行市民大會，將民眾團結在一起，建立強有力的領導，以便在對付戒嚴當局的談判桌上爭取更多談判籌碼。他們很顯然亟需一個倡導這項市民大會的組織。在野領導人終於準備奮力一搏了。

第一次「市民保衛民主大會」訂於二十三日下午三時舉行。

尹祥源志願前往道廳會晤學生收拾委員會主席金昌吉，負起推廣、街頭廣播主講、以及傳單與新聞信製作的任務。來自光大劇團的朴曉善與金泰鍾，開始尋找逃散各方的劇組成員歸隊。鄭賢愛、鄭尤雅、李玹娅、與林英熙也呼籲松柏會會員到書店集會。在道廳外噴水池廣場舉行大規模群眾大會需要詳密的準備。他們需要擴音器、音箱等音響設備，需要邀請演講人、寫講稿。布置廣場的旗幟標語，與宣傳海報與傳單也得立即開始製作。

最緊急的工作就是向光州民眾推廣這項市民大會。尹祥源建議用一輛裝備擴音器的全南大學巴士巡遊光州各地，宣講市民大會，爭取民眾信任。使用大學巴士進行宣講很重要，因為光州民眾對大學生非常信任。擅長駕駛的金相集，開一輛廂型車帶著金永哲、田龍浩、徐大錫（二十歲）、李玹娅、鄭尤雅、金允基（二十三歲）、朴正烈（二十一歲）、金光燮（二十四歲，漢城大學學生）來到全南大學巴士車庫。他們沒有找到巴士的鑰匙，但金相集用他在服兵役期間學得的技巧發動了引擎，把一輛巴士開了出來。這群在野人士隨即將他們從光州高中廣播室裡取出的音響設備裝上巴士，開始在光州各地巡迴，告知民眾市民大會舉行在即。

同時，光大劇團成員金正熙（二十二歲）、李賢珠（二十一歲）、尹晚植（二十八歲）、與崔仁善（二十一歲），以及松柏會會員林英熙與鄭賢愛，與畫家洪性潭（二十五歲），在國稅局大樓前製作標語牌，掛在道廳、尚武體育館、與警署車庫牆上。用紅、黑、與藍漆寫著「民主人民萬歲」、「將殺人犯全斗煥碎屍萬段」、「結束戒嚴」、「趕走維新餘孽」、「釋放金大中」、「我們要奮戰到死」、「不達勝利誓不休」等等字樣的標語，隨即出現在道廳外廣場上。這些標語大幅提升了民眾士氣。南島藝術廳與錦南路邊基督教女青年會外牆上貼著死亡名單，還有許多死者、傷者、以及醫院裡垂死者的可怕的照片。這些照片大多是匆匆印製的黑白照，但仍然足以讓人落淚。

午餐過後，道廳外人潮開始洶湧。道廳內開會的收拾委員會

因報紙、廣播中斷而與外界隔絕的市民們為了接收新消息湧向大字報。（羅庚澤攝）

迄未達成共識。有些成員對於召開市民大會的構想感到不放心。儘管他們同意提供麥克風、擴音器等設備，但這些設備都還沒有就位。朴曉善、金泰鍾、朴夢求、尹其賢等大會籌備小組成員，於是從全南大學巴士上取下廣播裝備，裝在噴水池上。他們一開始笨手笨腳，不知如何操作這些裝備，但沒隔多久，人叢中就走出兩名無線電裝備店老闆幫他們。

　　下午三時，市中心已經集結了近十五萬名民眾。擴音器開始發聲，群眾也在噴水池周遭站定。當金泰鍾與李賢珠以大會司儀身分走上噴水池講台時，十五萬雙眼齊齊盯在兩人身上。金泰鍾拿起麥克風說，「我是全南大學學生」，廣場上頓時鴉雀無聲。他的簡單陳述贏得民眾的信任與信心。與前一天在同樣這座廣場舉行的亂糟糟的大會相形之下，五月二十三日這場市民大會既有結構，又有組織。大會一開始全場首先為死難者默哀，隨即唱國歌。工人、農民、普通市民、學生、教師、與家庭主婦的代表隨即走上講台。大多數人在上台後，首先自我介紹，隨後表達自己對情勢的看法，或說出自己的沮喪。在基督教女青

年會合作社員工金永哲以工人代表身分發言之後，尹基賢以農民代表身分發言。尹基賢是海南居民，於五月十九日前來光州參加天主教農民會議，隨即加入示威。市民代表洪喜潤（三十四歲，家庭主婦）以有條不紊的口吻娓娓道出戒嚴軍犯下的可怕罪行，贏得群眾極大掌聲與回響。

在大會進行期間，主辦當局不斷就發展中的情勢做出最新報告。這些報告說，城內各處總醫院已有三十幾具身分確認的屍體，加上身分不明的屍體，死者已經有好幾十人，傷者有好幾百人。報告中還說，傘兵究竟移走了多少死者與傷者，以及這些死者與傷者究竟在哪裡，不可能知道。主辦當局每宣布新的死難者消息，總讓無數民眾淚流滿面。每一名上台演說的人都贏得民眾如雷掌聲。有人帶來許多箱飲料，擺在講台上。有人建議為喪禮費用發起樂捐，結果在不到三十分鐘之間募得一百多萬韓元，交給設於道廳的收拾委員會。募捐活動之後繼續進行，不僅在廣場，地方居民與高中女生也在一些重要路口擺上貼了「為傷者募捐」的標籤，站在箱子上進行募捐。民眾無分男女老幼，紛紛捐出面值一百元的硬幣與面值一千元的紙鈔，募得的款項有八萬、二十萬、甚至五十萬韓元，都立即送交收拾委員會。在整個光州抗爭期間，這類行動一直持續，捐助對象也擴及不同的組織。

崔致秀（十九歲，高中生）以高中學生收拾委員會主席的身分上台說道，「高中同學們！我來這裡，不是來要你加入示威，或要你搗毀什麼東西或什麼人。那些是成年人的工作。我們必須做的是例如清掃街道等等，這類高中生能做的事。如果你同意，請集結在道廳民政大樓前。」市民大會結束後，兩、三百名高中生聚在民政大樓前。崔致秀領他們在城裡逛了一圈，然後回到道廳分配工作。有些高中生奉派協助婦女在道廳提供餐飲，有些奉派挨家挨戶要求為市民軍捐助米糧。從這一天起，崔致秀帶著他的同學就睡在道廳裡。[3]

市民大會結束時，朴曉善再次走上講台，發表收拾委員會聲

明，並通知民眾將於翌日舉行第二次市民大會。大會就在三聲「民主萬歲！」的口號中落幕。經歷前一天的雜亂無章的民眾，對大會的井井有條似乎很是滿意。大會結束後，大多數民眾仍然席坐街頭，一起唱著歌。十幾名高中生抬著他們死難同學的覆蓋國旗的棺木，唱著《我們的願望是統一》，民眾也噙著淚水唱和。

就在民眾逐漸散離時，一架直升機出現在光州上空，散發戒嚴司令部的傳單。傳單上用紅色寫著鮮明的「警告」兩字，然後寫道，「北韓特工、壞分子、與犯罪組織幕後策動這場暴亂，戒嚴司令部決心剷除這些用盜來的槍械、彈藥、與炸藥不斷升高行動的暴亂分子。」讀了這些傳單的民眾都把它們撕了，踩在腳底。「他們指控誰是北韓間諜與壞分子？根本莫名其妙！」民眾叫罵著。在民眾都已回家過夜之後，市民軍成員仍然守在重要據點與光州市周邊，直到清晨。由於實施燈火管制，除了道廳以外，整個光州市入夜一片漆黑。偶而可以聽見城郊傳來的槍聲。

● 強有力的領導團隊的必要

市民大會結束後，民主運動人士在基督教女青年會開會，檢討會議成果。突破封鎖線，於當天下午三時來到綠豆書店的鄭祥容、李樣賢、與金成愛（二十四歲）也參加了這次會議。鄭祥容等人於五月二十一日逃離光州，在咸平老家避難，但於五月二十三日一早徒步走回光州。鄭祥容與李樣賢的重返讓尹祥源大為鼓舞。五月十七日晚躲過預防性拘捕一劫的全國民主青年學生總聯盟的尹江鈺（二十九歲），沒有離開光州，他加入示威，直到五月二十二日與尹祥源會合。來自「韓國青年學院」的寶城小學教師鄭海直（二十九歲），搭火車於清晨四時抵達和順，然後乘計程車來到板峙，然後走到池元洞，搭上一輛市民軍的便車來到光州。

四十幾人參加了下午六時在基督教女青年會「素心堂」舉行的這次檢討會，與會者包括年輕成年人、學生、光大劇團成員、松柏會會員、以及來自野火夜校的學生與教職人員。這是在野運動人士自五月十八日以來舉行的第一次如此大規模的會議。與會者討論了當天下午的市民大會以及他們日後的努力方向。他們一致認為，民眾熱誠固然令人鼓舞，但市民軍需要進一步結構與組織，需要更明確的角色分工。李在儀指出他們現在面對諸多問題，收拾委員會沒有能力克服即將到來的挑戰。為避免進一步人命損失，光州需要與其他地區團結、締盟，建立更強大的反抗武力，為達到這個目標，就得動用後備役部隊。光州市內的食物、油料、電力、與水源補給也需要有效管理。此外，喪葬儀式必須搶在屍體進一步腐爛以前盡速舉行。收拾委員會的問題太多，目前為止，就連市民葬禮都辦不成，市民軍需要建立一個強大的領導隊伍。強大的領導隊伍能在與戒嚴當局的談判中為民眾帶來更多籌碼，從而促成和平而令人滿意的解決辦法。與會者同意，將在下一次市民大會後徵召年輕成人與學生，建立志願市民軍，部署在道廳。這支志願軍可以讓馬不停蹄、辛苦多天的地區衛隊稍事休息。對於反對無條件交還武器的收拾委員會成員來說，志願市民軍的建立也是一種聲援。

　　宗教界與在野政界人士也展開行動。五月二十二日會議結束後，洪南淳、曹亞羅、李聖學、金奉煥、李基洪、李永生、金天培、宋基淑、明魯勤、李愛信、金成龍、曹喆鉉、張志權、張基彥、魏仁白、與金甲濟等十六名運動領導人於五月二十三日上午十時聚在南洞天主堂。眼見收拾委員會因支持無條件交還槍械而遭致民眾的不快與不信任，以副知事丁時采為主的收拾委員會也感受到，他們必須將收拾委員會徹底改組。木浦的安哲、康津郡的金泳鎮、基督教女青年會會長李基峰與總務長金敬天——都是國際特赦組織成員——雖然沒有與會，但經推選為新的收拾委員會成員。新的收拾委員會成員還包括全羅南道知事、光州市長、警察局長、以及媒體與勞工激進運動領導人。

與會者並就計畫向戒嚴軍提出的八點聲明達成協議。[4]出席這項集會的在野運動人士,將與五月二十五日成立的「抗爭領導團隊」攜手,在收拾委員會改革過程中扮演領導角色。

● 「不惜付出生命代價也要結束這場危機」

五月二十三日上午九時,戒嚴司令李熺性;陸軍參謀次長黃永時;負責情報、作戰、後勤、與戰略的幾位參謀次長;戒嚴司令部參謀長;以及韓國陸軍第二軍團司令陳鍾堁聚集韓國陸軍參謀長辦公室,討論戒嚴軍重返光州事宜。[5]

道廳前濫殺,與戒嚴軍五月二十一日全面撤出光州帶來的震撼終於平息,戒嚴當局現在打算重整旗鼓,以不同的作法鎮壓示威。全斗煥與新軍部其他領導人已經下令「必須盡快打垮佔領全羅南道廳做為基地,進行頑抗的民眾與學生」,戒嚴司令李熺性因此召開這項會議,討論再次進軍光州的戰略。第二軍團司令陳鍾堁強調,為避免長期僵持,軍隊必須盡快重返光州。戒嚴司令李熺性表示同意,並且決定進軍行動的精確細節與時間,應由現場指揮官——戰教司司令——根據早先五月二十五日凌晨二時後展開行動的命令,在考慮民眾交還槍械所需時間,考慮無辜民眾離開暴民所需時間,以及進軍部隊指揮官準備所需時間之後,自行決定。

五月二十三日下午,全斗煥透過戰教司司令蘇俊烈向特戰司令鄭鎬溶傳達手諭,下令「不惜付出生命代價也要結束這場危機」。手諭中還要求這項行動「不要對傘兵士氣造成重大影響」。陸軍參謀次長黃永時也打電話給蘇俊烈,要求就算造成人命傷亡,也要盡速解決光州情勢。全斗煥已經打定主意:寧願以暴力鎮壓手段造成平民死傷,也不願與人民談判、和平解決問題。新軍部所以在光州問題上立場如此兇狠,是因為如果讓光州示威擴散到漢城等其他地區,會損及他們拿下總統大位的終極目標。[6]

在奉命出任戰教司司令之後，蘇俊烈立即著手實施攻擊道廳的計劃。在五月二十三日接獲全斗煥手諭與新軍部領導人的鼓勵之後，蘇俊烈下令戰區發展處處長金善賢訂定「尚武忠貞作戰」。[7]

　　五月二十三日下午三時，韓國陸軍主管作戰事務參謀次長金在明，在戰鬥兵科教育司令部訓斥蘇俊烈：「為什麼直到目前為止，反應這麼有氣無力？為什麼到現在還不出動戰車與武裝直升機來結束光州情勢？」副司令金基錫提出異議：「這甚至不是一種戰爭狀態——我們怎能用這種武器鎮壓平民示威者？」金在明臉色不悅地離開了戰鬥兵科教育司令部。[8]

第 10 章｜解放第三階段

（五月二十四日，週六：抗爭第七天）

● 將領間的槍口相向

　　五月二十四日上午九時，明魯勤教授走進戰鬥兵科教育司令部副司令辦公室，繼續與金基錫少將的談判。穿著戰鬥服的三、四名准將很快也來到辦公室，與金基錫談了起來。明魯勤於是起身，站在一旁聽著。幾位將領談著談著突然拉高嗓門。其中一名似乎是來自漢城的將軍拔出手槍，比著金基錫，擺出一幅要槍斃金基錫的模樣，金基錫也拔出自己配在腰間的槍。兩名將領各自的部屬上前勸阻，那幾名將領漲紅著臉，怒氣沖沖地離開辦公室。根據明魯勤的判斷，光州地區的指揮官主張接受光州人民的條件，和平解決問題，但來自漢城的將領決意武力鎮壓，從而導致他在戰教司副司令辦公室目睹的這場衝突。[1]

　　目睹這種拔槍互槓的火爆場面，讓明魯勤就連建議與金基錫進一步談判的話也說不出口。他知道金基錫決心和平解決──甚至不惜拔槍與另一名將領對峙──但他也見證了金基錫權力有限，以及戒嚴司令部加在金基錫身上的龐大壓力。[2]

　　明魯勤垂頭喪氣地返回道廳。軍方已經打定主意全面接管政府，利益與光州人民的民主化要求完全背道而馳。明魯勤很清楚新軍部已經決定暴力鎮壓。就算金基錫努力尋求和平解決，戒嚴當局仍將採取暴力手段。當明魯勤回到道廳時，學生收拾委員會的氣氛已經完全走樣。委員會成員分成兩派：主和派主張不計一切代價尋求非暴力解決辦法，主戰派主張不交還武器，

奮戰到底。

● 區域防衛隊反對武器回收

　　甚至直到五月二十四日，學生收拾委員會仍然未能就武器回收問題達成協議。主張向戒嚴司令部交還武器、尋求解決的一派，與主張官方道歉、重建榮譽、以及不得報復為交還武器條件的一派，仍然針鋒相對，堅持不下。而在同時間，武器回收作業繼續進行到第三天。由於槍械落入未成年人手中引發的安全顧慮，大多數民眾同意武器應該蒐集，以安全手段進行管理，但市民大會顯示，儘管光州民眾主張回收槍械，但絕大多數民眾反對將它們無條件還給戒嚴司令部。在將蒐集的槍械交還軍、警以前，還需要進一步談判。

　　主張非暴力反抗的收拾委員會成員說，他們所以主張交還武器並不是想投降，而是因為他們決心效法甘地，以和平方式繼續抗爭。這些成員包括大多數在野運動圈人士——如曹喆鉉、南才熙、李鍾基、與曹亞羅等等。收拾委員會以武器回收為優先，還在光州市內各處建立回收站。機動巡邏隊前往區域防衛隊防護的城市周邊收繳武器。就連守在鶴雲洞飢餓橋的防衛隊——當時已經建立一支相當有效的地方防禦武力——最後也在他們勸說下，交出手中槍械，宣告解散。

　　五月二十三日下午一時三十分，機動巡邏隊來到鶴雲洞市民軍本部，要求交還武器，說「武器分散得太廣，不能有效運用，因此要回收整理，一旦建立結構明確的系統就會再次分發」。這讓鶴雲洞區域防衛隊進退兩難。沒有人知道無條件交還武器會帶來什麼後果。他們無法拒絕，但相當多的鶴雲洞區域防衛隊成員強烈反對交還武器。由於意見過於分歧，鶴雲洞區域防衛隊隊長文章宇要求機動巡邏隊等一下再來，讓他們開會討論這件事。文章宇逐一勸導那些反對交還武器的隊員，要他們遵守新命令。當機動巡邏隊幾個小時後返回時，文章宇交出鶴雲洞防衛隊的

武器。在那一刻，鶴雲洞區域防衛隊也解散了。[3]

　　與鶴雲洞區域防衛隊不一樣的是，負責白雲洞鐵道、花亭洞工業區入口、東雲洞高速公路交流道、西方三岔路、山水五岔路口、與池元洞的市民軍堅拒交還武器，強調他們必須為了那些死難、受傷的同胞戰至最後一兵一卒。白雲洞區域防衛隊尤其反對交還武器，因為五月二十四日那天下午，附近松岩洞與孝德洞地區因戒嚴軍彼此誤射的烏龍事件，爆發一場大規模槍戰。槍戰過後，戒嚴軍為示報復，從地方社區抓走一些青年，將他們槍殺。

　　從五月二十三日到二十四日，收拾委員會的曹喆鉉、張世均、李鍾基、與南才熙神父也走訪市民軍設防的城市周邊，呼籲交還武器。不僅地方天主教徒、也深獲學生與在野領導人敬愛的曹喆鉉，特別強調武器回收計劃的必要。市民軍反駁說，「如果我們交還武器，你們能保證光州流的血都獲得賠償嗎？」收拾委員會成員只能答說，「我們不知道。」市民軍於是答道，「那我們也拒絕交還我們的武器。」[4]

　　五月二十五日，收拾委員會又一次走上街頭，這一次造訪的都是沒有交還武器的地區。通往和順道路上的鶴洞橋地區，由於戒嚴軍就駐在附近朱南村邊山上，情勢特別危險。收拾委員會在來到鶴洞橋時，發現區域防衛隊不僅筋疲力盡，而且由於沒吃早餐，早已饑腸轆轆。鶴洞橋區域防衛隊之前接獲朱南村附近發現屍體的報告，於是派出一輛吉普車前往收屍，吉普車懸上白旗，乘員還戴上紅十字臂章，但仍然遭到戒嚴軍開火。也因此他們很反對交還武器。收拾委員會不肯退讓，拼命勸說，鶴洞橋區域防衛隊最後終於交還武器，五十餘名隊員撤離鶴洞地區。

　　一百名市民軍成員駐在工業園區入口，用空置的巴士做路障掩護。路障外，朝國軍綜合醫院方向望去，可以看見戒嚴軍已經擺好以戰車開路、隨時準備殺過來的架式。這一群防衛隊的指揮官是後備役軍人，隊員大多是年輕的藍領工人。他們堅持

不肯交還武器，說，「反正我們只有死路一條。要我們交還武器辦不到。要解決這種情勢，除非逮捕我們，要不殺了我們。」曹喆鉉懇求他們，說「我們如果要死，就死在一起，要是能活也活在一起。」最後，工業園區入口處衛隊做了妥協，同意返回道廳，但不交還武器。已經疲憊不堪的衛隊在抵達道廳後立即睡倒，但手中仍然抱著他們的武器。收拾委員會的李聖學建議籌款為市民軍成員買熱水瓶，幫他們抗寒。尹永奎立即拿著一頂帽子募款，把募來的錢交給剛從工業園區撤下來的市民軍成員。

市民軍成員用女志工在道廳廚房剛煮好的飯填飽肚子，然後交還他們的武器。[5]交還武器之後，部分隊員離開道廳，但約八十人留下來，投入道廳防務。

在武器回收以前，投入光州周邊防務的市民軍兵力如下：光州公園一百五十到兩百人，西方五十人，白雲洞鐵道一百多人，農城洞路口一百多人，鶴雲洞飢餓橋一百多人，鶴洞橋五十多人，通往光州監獄的高速公路上也駐有一百多人。約有一千人負責為駐防這些地區的隊員準備、運送餐飲。

到五月二十五日，從光州民眾繳獲的槍械達到約四千五百件，從各處軍械庫盜走的五千件槍械至此已經回收約百分之九十。其餘五百件握在決心死戰的市民軍成員，以及支持市民軍的民眾手中。武器回收計畫就這樣落幕。

● 武器歸還：一把兩面刃

不過事實證明，對光州人民而言，武器歸還是一把兩面刃。武器歸還有助於消弭青少年、甚至小學生帶著槍械與手榴彈（用一條穿過保險針孔的繩子掛在肩上）到處亂逛引起的安全隱憂，但大多數光州民眾反對無條件交還武器，認為這麼做等同向戒嚴軍繳械投降。民眾一般都支持蒐集武器、集中管理以防意外走火與其他問題，但回收武器與把它們交還戒嚴軍是完全不同

的兩回事。

　　收拾委員會只是忙著收回武器，但推遲了是否將武器交還戒嚴軍的決定。學生收拾委員會主席金昌吉一派人（將交還武器視為解決危機之道），與宗教領導人（主張非暴力反抗，與停止流血事件）都支持收回武器，所以這項決定作得很快。但另一方面，是否交還武器的問題得取決於與戒嚴軍的談判。不幸的是，軍方拒絕妥協，要求無條件交還槍械。光州人民要的是一旦交還武器就能和平解決問題、他們就能安全的保證，對光州人民來說，軍方這項答覆完全不能讓人滿意。

　　雖說非暴力反抗是一種有效的反抗形式，但這樣的示威想成功，得具備兩個先決條件：首先，示威者必須能夠將鎮壓當局的野蠻暴行公諸於世；其次，當暴行公開時，必須有能夠對鎮壓當局懲處、審判的第三方。但光州情勢不一樣。新軍部已經完全控制媒體，讓住在其他地區的人不可能知道光州出了什麼狀況。外人既然見不到軍方在光州犯下的暴行，非暴力反抗也就沒有戰術優勢。這種外界關注的付之闕如，對光州人來說是難以忍受之痛。新軍部的媒體封鎖不僅阻止外界對光州的援助，也抹煞了非暴力反抗的選項。[6]

　　除媒體之外，新軍部還徹底切斷了光州對外的一切交通。將這些因素納入考量之後，將槍械交還戒嚴軍等於無條件投降。在沒有任何行動計劃的情況下將槍械交還戒嚴軍，會讓光州毫無談判籌碼。這個議題本質上會導致區域防衛隊解散與市民軍崩潰，讓光州在談判桌上任人宰割。目前光州人民持有約五千把槍支當中，已經回收了約四千五百把，也就是喪失了九成的武力。在城郊周邊與戒嚴軍對峙的區域防衛隊一旦繳出武器，意味市民軍已經自我解除武裝。

　　對戒嚴軍來說，這時他們最關心的，是儲藏在道廳地下室的大量炸藥。市民軍握有三百八十二點五公斤炸藥，六千八百根雷管、與六千一百公尺導火線 —— 這是對戒嚴軍構成相當威脅的強大武器。戒嚴軍當局於是秘密派遣一名技術人員進入光州，

除掉這些雷管。就從雷管去除一刻起,收拾委員會與戒嚴當局的談判也越來越艱難。有關交還武器議題的爭議,最後導致收拾委員會分裂,改組。

韓國放送公社在那天上午八時播出戒嚴司令部的聲明說,「持有槍械的人,只要在五月二十四日上午以前,將槍械歸還國軍綜合醫院或一處警察署,就能獲得免責。」這項聲明顯示一場腥風血雨即將降臨光州。光州民眾害怕遭到政府報復。他們不知道漢城等其他城市的居民會不會支持他們孤軍奮戰,或是坐視不管。

拒絕交還武器、守在城市周邊的市民軍成員也很害怕。大量武器繳回,許多隊伍解散,殘餘下來的市民軍成員已經不可能擋住戒嚴軍入侵。一旦戒嚴軍殺進光州,市民軍保證徹底潰敗,除非能逃入蠻荒山區,留在市內的成員必死無疑。

只有堅持要為死者復仇的人仍然握著武器,留了下來。隨著勝利與解放的喜悅退潮,反抗的激情也降溫了。

● 松岩洞的軍方誤射事件

五月二十四日凌晨一時三十分,駐在朱南村的第七與第十一空降特戰旅,奉命將當地指揮權移交第二十師第六十一團,移動到光州機場,擔任機動攻擊隊任務。第六十一團將封鎖孝泉車站的任務交給來自戰鬥兵科教育司令部步兵與裝甲兵學校的部隊,然後往朱南村前進。上午九時,第七旅搭直升機來到光州機場,第十一旅完成與第六十一團的交接,由陸路出發。根據計畫,第十一旅以裝甲車打頭陣,其餘人員分乘五十六輛軍用卡車隨後,經由池元洞與龍山洞,通過真月洞與松岩洞。然後經過通往羅州南平的環形高速公路進入光州機場。

下午一時三十分,第十一旅先頭部隊在孝德小學三岔路口發現十幾名乘卡車來到的武裝市民軍成員。雙方爆發槍戰。[7] 跟在先頭部隊後方約五百公尺的第十一旅其他人員,在聽到槍聲後

開始對周遭展開亂槍掃射。他們甚至對正在真月洞元堤村前方元堤水庫洗浴的孩子開火，槍殺了初中一年級學生方光汎（十三歲）。傘兵還對正在孝德小學附近、元堤村入口處玩耍的孩子開火，嚇得孩子躲進山裡。小學四年級生全在洙（十歲）在逃跑的時候，跑掉了他的一隻黑色膠鞋，他回來撿鞋，在一陣彈雨中送命。他的母親見到兒子屍體時休克，隨於一九八四年哀傷而死。五年級生金文洙（十一歲）當時在小學操場遊戲，也遭到槍傷。

傘兵在孝德小學附近發現的五名武裝市民軍都是區域防衛隊員，其中包括崔英哲（二十歲，鞋匠）、崔辰洙（十七歲）、與李江甲。一輛市民軍車輛於下午一時把他們送到學校前，為每人發了一頂頭盔與槍。崔英哲領到一枝卡賓槍與一枝 M1 步槍，以及十五發卡賓槍子彈與三發 M1 步槍子彈，他把這些子彈都放在褲袋裡。在把他們送到孝德小學後，送他們前來的車立即返回光州。沒隔多久，約在下午二時左右，他們聽到在學校操場玩耍的學生大喊「士兵來了！」傘兵坐在裝甲車上，開上通往池元洞的那條窄路，一路看見人就開火。崔英哲迅速躲進路邊一棟民房，子彈在他耳邊飛過。兩發子彈打在他頭上，全靠鋼盔救了他一命。第一發打在鋼盔頂，把鋼盔打得一陣亂抖，第二發正中鋼盔後方，打得他撲倒在地。崔英哲丟了他的 M1 步槍，躲在道路盡頭一處民宅的戶外廁所裡，只剩下他的卡賓槍。他的兩名同伴藏身在那處民宅裡。傘兵對附近地區狂射濫掃，讓他動也不敢動。[8]

之後，在被捕帶到尚武台時，崔英哲才知道他聽到的那場槍戰是戒嚴軍之間的自相殘殺。他在藏躲時，傘兵朝光州開放大學（今光州大學）開了三次火，每次都打向一處稻田，把土打得滿天飛舞。傘兵指揮官隨即下令部下搜索，四名士兵進了崔英哲藏身的民宅。崔英哲勉強站起身，心想說「我死定了」，他舉槍瞄準，甚至還打開了槍機保險，但已經全身癱軟，扣不動扳機。傘兵們找到崔英哲與他的同伴，下令他們投降。崔英哲高舉雙手走出來，立即遭到棍棒、槍托毒打與一陣拳打腳踢，

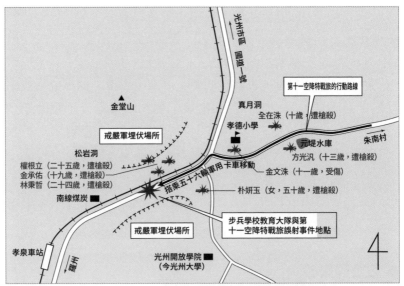

真月洞、松岩洞屠殺和戒嚴軍誤射事件（5.24. 13:00–15:00）

直到他失去知覺為止。所有五名在孝德小學下車的市民軍成員都被活捉。

　　第十一旅於下午一時五十五分通過孝德三岔路口（今天的孝德地下道），抵達松岩工業區前方道路。擔任十一旅先頭部隊的第六十三營，在朝羅州方向進發、距孝泉站約五百公尺時，遭到步兵學校後備役訓練單位伏擊。這些訓練單位於那天上午取代二十師六十一團負起當地防務。他們見到在裝甲車前導下大舉進發的第十一旅，誤以為是離開光州的市民軍。訓練單位立即發射四枚 90 mm 無後座力砲彈，炸毀了前導裝甲車與幾輛緊隨其後的卡車，隨後用 M16 步槍與「克雷莫」（Claymore）人員殺傷地雷攻擊第十一旅，還向第十一旅扔手榴彈。當前導裝甲車遭到無預警炸毀時，第十一旅認為市民軍一定已經在地面埋了地雷，於是立即展開反攻，一場戒嚴軍相互之間的惡戰就此展開，持續三十分鐘。

　　前導裝甲車裡有六名乘員，其中包括營長曹昌九中校、作戰官車正煥上尉、與一名金姓班長。第十一旅在遇襲時立即下車，

朝火炮飛來的方向發動攻擊。經過一場激烈衝突，傘兵攻佔伏擊部隊在山上的藏匿點，殺了一人，擄獲七人。在調查這些俘擄時，傘兵發現攻擊他們的其實是戰鬥兵科教育司令部步兵學校的一支後備役訓練單位。也就在同時，這支後備役訓練單位用無線電報告尚武台，說他們「對乘坐幾十輛車的暴亂分子發動先發制人攻擊，壓制了他們」。戰鬥兵科教育司令部發現第十一旅與這支後備役訓練單位相互都將對方視為敵軍，於是下令停火，但為時已晚。第十一旅六十三營的九名軍人在伏擊中當場送命，包括營長曹昌九在內，有三十三人受傷。四輛裝甲車與卡車也在戰鬥中被毀。[9]

● 報復與屠殺

由於在戰鬥一開始，難以辨識敵人藏匿的方向，第十一旅甚至對附近村落民宅開火。他們槍傷了正在床上午睡的盧德琪（三十三歲）；正在自家住宅旁邊稻田插秧的金英穆（六十四歲）；正在附近磚廠工作的崔哲鎮（三十七歲）；在距離大路約一百五十公尺外經營農場的金杏南（四十六歲）；與理髮師尹英花。金杏南住處牆壁與衣物中找到好幾十發子彈，農場裡養的兩百五十多隻火雞被殺。

第十一旅衝進附近社區，對居民展開報復。他們闖入民宅，拖出金承佑（十九歲，車床工人），與租住在隔壁的權根立（二十五歲，藍領工人）與林秉哲（二十四歲，南線煤炭公司司機），押到鐵道邊，當場槍決。根據家屬供述，當屋外槍聲與爆炸聲平息、五名士兵闖進民宅時，權根立與林秉哲正在家裡下象棋。傘兵們揮舞著槍，大聲吼叫。金承佑的父親金吉洙擔心傘兵會誤將他家人視為市民軍，於是冷靜地向傘兵解釋，「這裡只有我家人」。但傘兵怒罵道，「叛國暴徒在路上埋了地雷，毀了我們的車」，他們要在屋裡搜索。傘兵用槍比著在屋裡的三名青年，令他們走到屋外。沒多久，金吉洙與家人聽到槍聲，

大家都感到絕望。當屋外街道重歸寂靜時，金吉洙與家人小心翼翼走出屋外，見到不遠處一輛被毀的卡車仍在冒煙。卡車旁邊沒有人。金吉洙走近幾步，發現卡車裡面有人。當時天正下雨，雨水混著血水流在路面。金吉洙再走近一看，發現自己的兒子金承佑已經倒在車裡死亡。金吉洙暈倒在地。被傘兵拖走的另兩名青年也陳屍在屋前排水溝內。[10]

在松岩洞有一家農場的當地居民朴妍玉（女，五十歲），在出門尋找她還在唸初中的小兒子時，聽到路上傳來槍聲與爆炸聲，於是迅速躲進附近一處山溝避難。當傘兵發現她，令她出來時，朴妍玉嚇得全身癱軟，無法動彈。傘兵憤而開火，把她打死在山溝內。

在接獲兩軍誤傷的報告後，特戰司令鄭鎬溶搭直升機趕到現場。在目睹現場一片狼藉時，他關心的只是軍隊傷亡，對地方居民慘遭屠殺一節不聞不問。他後來說，「我不相信世上竟有這樣的事。我沒辦法想像士兵會用刺刀刺死無辜百姓——甚至殺害女人與孩子——我不相信。會發生這樣的事。有謠傳這麼說，但我們必須找出具體證據加以駁斥。我永遠也不相信他們的說法。」[11]

但檢察官在一九九五年深入調查發現，「一名身分不詳的市民軍成員，以及被誤認為市民軍成員而被拘捕的地方居民權根立、金承佑、與林秉哲，以及躲在山溝的朴妍玉，都被傘兵槍殺」。這項發現經法庭後來查證屬實。[12]

同一天上午九時五十五分，還發生一起類似事件。當時三十一師九十六團的三十一名官兵（兩名軍官，二十九名士兵）沿高速公路南下，返回靈光。戰鬥兵科教育司令部裝甲兵學校的一百二十名官兵（三名軍官，一百一十七名士兵）誤以為他們是市民軍成員，向他們開火，殺了三十一師三名士兵，傷了兩名平民與十名士兵。[13]

在國會的光州聽證會中，友軍誤殺造成的軍人死傷成為一個辯論焦點，因為它是指揮系統出現分裂的證據。[14]步兵學校後備

役訓練單位進行的伏擊，竟然動用無後座力砲與克雷莫殺傷地雷等重武器，遠遠超越自衛範圍，完全是不分青紅皂白的濫殺。[15]當光州抗爭結束時，戒嚴當局在記錄上動了手腳，說這些死於友軍砲火的軍人是被市民軍射殺的，還為他們頒發追授獎章。[16]

● 收拾委員會的爭執

五月二十四日下午一時，金昌吉在道廳戰情室舉行學生收拾委員會會議，決定向戒嚴當局提出四項要求：

一、光州事件事實上是全體市民的抗爭，而政府卻將它描述
　　成一種壞分子造成的暴亂，政府必須為這種說法致歉。
二、必須為遭到軍方殺害的民眾舉行市民葬禮。
三、所有被拘捕的學生與民眾必須獲釋。

五月二十四日，道廳會議室內收拾對策委員會會議現場，可以看到已故的洪南淳、曹亞羅、尹永奎等人。（張在烈攝）

四、必須以光州人民可以接受的標準進行賠償。

這些要求由收拾委員會副主席金宗倍於下午三時正式宣布，並將以學生收拾委員會的名義向戒嚴當局提出。但全羅南道副知事丁時采與市民收拾委員會幾名成員有異議。反對金昌吉所提回收武器建議的聲浪開始加強。

在武器交還問題的立場上，金昌吉與金宗倍兩人基本已經分裂。金昌吉講白了等於支持投降，而金宗倍則主張繼續抗爭。無論收拾委員會提出什麼要求，戒嚴司令部顯然都會下令立即交還槍械，解散示威。但一百多名無辜百姓已經死難，數以千計民眾受傷，而政府卻連一句道歉都沒有。在這種情況下，大多數光州人民不會接受戒嚴當局這樣的命令。事到如今，他們只有兩個選項：投降或戰死。就在這時，尹祥源與鄭祥容來到道廳，找到金宗倍，表示願意協助。「我們同意你的論點，大多數市民也同意你的論點。我們可以幫著把大學生拉進你的陣營。」在收拾委員會孤軍奮戰已久的金宗倍，欣然接受尹祥源與鄭祥容的建議。金宗倍、尹祥源、與鄭祥容就此結盟。

在南洞天主堂定期集會的在野政治運動圈，也不相信副知事丁時采領導的收拾委員會。金成鏞神父有一次在造訪道廳戰情室時，聽到收拾委員會兩名委員與戒嚴當局通電話。讓他不敢相信的是，兩名委員竟然在電話中要求軍方盡快進兵光州，控制光州情勢。

金成鏞帶著幾名神父回到道廳，與收拾委員會商量。他告訴收拾委員會，除非流血，光州情勢不可能真正解決，但那些與政府有關的委員只是一味堅持回收武器。金成鏞知道多說無益，於是帶著在野民主人士離開道廳。[17]

就是在這一刻，以綠豆書店與基督教女青年會為作業據點的學生與在野青年召開市民大會，向副知事丁時采領軍的原始收拾委員會施加群眾壓力，將他們一一逐出道廳。

● 以保衛民主為宗旨的第二次市民大會

　　五月二十四日，道廳外廣場附近的牆上貼了許多海報，攻擊收拾委員會的投降派立場。有人還貼了日本《每日新聞》的一張報紙，這張報紙上刊了一張光州市民大會的照片。外國記者報導光州事件，相對而言更能不受限制。光州民眾不但不討厭外國記者，還歡迎他們。這是因為韓國國內記者就算採訪了光州狀況，也無法見報，要不就是扭曲事件真相，把示威描述成暴亂，或是乾脆隻字不提。而外國記者在民眾的協助下能通過軍方封鎖，一路返回日本發稿，然後帶著印出的報紙重返光州。此外，外國記者能夠隨意進出道廳，而本國記者嚴禁入內。

　　上午，收拾委員會印了一份與戒嚴司令部的八點談判聲明，在光州各地發放。聲明中說，除了七十九人以外，戒嚴當局將釋放所有九百二十七名被捕者中的其他人，情勢乍看來很樂觀。但光州人很快發現，談判進展沒有收拾委員會說的那樣順利。

　　當第二次市民大會於下午二時三十分展開時，民眾不斷指控

五月二十四日在市民大會上舉行的焚燒全斗煥稻草人火刑儀式。

收拾委員會的冷漠。十幾萬民眾聚集在光州市中心，尚武體育館上香煙繚繞。儘管甲醛與腐屍的氣味濃烈刺鼻，排隊等著進入尚武體育館悼念亡靈的人流依然滾滾而至。大會主辦人忙著在噴水池架設音響設備，但收拾委員會只是冷眼旁觀，不肯援手。在他們看來，市民大會只能添亂子，使光州情勢更難善了。讓問題更嚴重的是，眼見市民大會讓民眾宣洩哀傷與不滿，讓民眾更加團結，戒嚴當局出手進行破壞。特工潛入道廳，在廣播裝備上動手腳，關閉擴音器，讓裝在大型教會的音響系統無法使用，還悄悄偷走光州各無線電用品店的擴音器與音響設備。

收拾委員會也一再切斷道廳供電，擾亂大樓播音系統。但年輕人沒有因此屈服，他們使用鎮暴警察留在催淚瓦斯車內的擴音器，同時大聲痛罵收拾委員會。他們指控收拾委員會與戒嚴當局共謀，意圖違反光州民眾意願，無條件結束光州事件。在警車裡廣播的青年，呼籲民眾阻止收拾委員會這些陰謀，要求當局為光州流的血賠償。聚集在廣場的民眾也對青年這些呼籲報以如雷掌聲與喝采。為了不依靠道廳供電，民眾從汽車上取下電池，接在擴音器上。市民大會不斷進行，民眾紛紛走上講台，要求懲兇，要求為死傷受難者賠償。還有人要求全面公開與戒嚴司令部談判的記錄。隔了很長一段時間，律師李鍾基才上台宣布收拾委員會提出的八點談判條件，但談判條件的軟弱立即遭到民眾嘲諷。突然間，光州降下大雨，民眾紛紛走散避雨。大會司儀說，「這些雨水都是民主鬥士死難者的淚水，除非我們勇往直前，他們的英靈將無法安息。」民眾於是都合了傘聚在一起，在雨中莊嚴肅立。有人將一具象徵全斗煥的稻草人帶到台上燒，原本寂靜無聲的廣場立即化為一片歡欣鼓舞。市民大會在一場遊行中於下午六時結束。美國「國家廣播公司」（NBC）與「北德廣播公司」（Norddeutscher Rundfunk，NDR）記者尤金·辛茲彼得（Jürgen Hinzpeter）都錄影播報了這場大會。

雨下來後，大批駐在城郊、面對戒嚴軍的市民軍成員離開駐所。他們已經在得不到任何激勵的情況下撐了太久，收拾委員

會不斷要他們交還武器，大雨讓他們的處境更加痛苦不堪。第二天，市民軍兵力明顯減少。那天下午，韓國放送公社電視廣播暫時恢復，不過仍將聚在道廳的民眾描述為暴民。

● 抗爭領導部的萌芽

儘管困難重重，第二次市民大會仍有十餘萬民眾共襄盛舉。但學生收拾委員會主席金昌吉與民眾收拾委員會委員張世均要求鄭祥容不要再煽動民意，因為收拾委員會代表們已經向戒嚴當局做了收回武器、自我解決光州情勢的保證。

鄭祥容答道，「光州民眾不能接受收拾委員會訂定的這些條件。我們必須透過市民大會展現民眾的理念與意願，爭取更大對抗政府的籌碼。如果沒有做到這一點的信心，你們就應該下台。」

在針對第二次市民大會舉行的檢討會中，主辦人為日後行動訂定四項指導原則：

一、將聯繫在野政治運動人士，將他們納入反抗活動。

二、為爭取更多民眾參與市民大會，要控有音響裝備，製作宣傳活動的傳單、標語、與標誌帶子。

三、必須讓民眾走回反抗的路，而不是走上收拾委員會主張的投降之路。為達到這個目標，主辦人要與道廳內的主戰派一起合作。

四、必須用「鬥士會報」、車輛廣播、與群眾大會等手段徵召願意加入市民軍的青年與學生，集結在道廳，組織成新團隊。

他們進一步分配了繼續舉辦大會的任務，[18] 並且討論抗爭面對的最迫切相關的議題。他們決定寫信給政府、韓國人民、軍方、漢城市民、媒體、與光州市民。這些信將在群眾大會中大聲宣讀，要求全國團結對抗戒嚴當局。會中還討論透過紅十字

會發動全國捐血運動，讓國人知道出現在光州的暴力。他們還要接受紅十字會援助，處理死傷喪葬救護，以及食物與補給領取問題。最後，他們同意組織青年與學生進入道廳，成立新領導團隊。為準備這項計畫，他們決定在第二天動員基督教女青年會的大學生。

● 交還武器議題的激辯

　　學生收拾委員會於晚間九時在道廳戰情室開了另一次會議，兩派人馬就交還武器給軍方的議題激烈交鋒。金昌吉說，「戒嚴軍已經正式通知我們，如果不交還武器，他們將對光州發動攻擊。一場全面軍事入侵將導致大屠殺與血染街頭。我們必須立即交還武器。」金宗倍也慷慨陳詞，駁斥道，「在我們提出的要求沒有一項得到滿足的情況下交還槍械，等於出賣民眾。我絕不妥協。」學生收拾委員會大多數成員對金昌吉的說法表示贊同，但朴南宣站起身，推開椅子說，「我寧可炸了道廳，與道廳同歸於盡，也不會根據軍方條件交還武器。」會議開到夜間，直到幾名成員於凌晨一時因口角憤而離席。學生們決定，由於面對的任務過於艱鉅，無力獨力承擔，他們需要增加人手，改組現有學生收拾委員會如下：

　　主席：金昌吉
　　副主席／內務／總務長：黃今善
　　副主席／喪葬管理／發言人：金宗倍
　　戰情室長：朴南宣
　　警備管理：金和成
　　企劃室長：金鍾弼
　　武器管理：李京植
　　宣傳管理：許圭晶

● 「我們為什麼必須戰鬥？」

　　同一時間，為了組織一個更有力量的領導團隊的青年們，即「抗爭領導部」（抗）的準備組，與學生收拾委員會（學）進行辯論，以決定日後的反抗路線：

抗：學生收拾委員會對當前情勢有什麼展望？

學：我們必須不計一切代價避免流血。

抗：這一點我們也同意。但如果我們在當前情勢將武器交還戒嚴軍並投降，會發生什麼狀況？

學：我們必須信任戒嚴軍。他們同意在有關光州善後的問題上談判，與政府妥協。

抗：你們難道忘了他們是些什麼人了嗎？僅僅幾天以前，戒嚴軍在街頭屠殺民眾，那是我們的錯嗎？我們為血濺街頭的民眾提出的要求，沒有一項得到答覆。現在繳械投降是對那些戰死民眾的侮辱。如果我們交還槍械，我們會失去我們唯一的武器，我們的民眾，與我們的公道——為戒嚴軍製造一個在我們街頭屠殺、施暴的藉口。

學：我們也不相信我們的要求能得到答覆。但我們不能再讓暴力發生。就算我們持有武器，我們也贏不了。如果有可能一戰，我們也不會主張交還武器。

抗：勝利有許多詮釋的方式——在我們之前的反抗鬥士比任何人都更清楚這一點。保證勝利的唯一途徑是每個人都團結在一起，反抗戒嚴軍。有六個論點支持這項戰術。

　　首先，全世界都在看著光州。根據從漢城前來光州人士的說法，全球各地輿論都反對韓國現政府——就連美國也站在光州這一邊。他們因為相信韓國民主化符合美國利益，不會無條件支持韓國軍事政權的強硬立場。

　　其次，崔圭夏臨時政府面對一種兩難困局。國內的民主化支持者正發起市民軍，準備展開攻擊。就連軍方也有人支

持我們的運動，不斷找著機會準備為我們援手，第三十一師就是這樣的例子。一旦我們反抗的訊息傳到其他地方，其他軍事單位也會軍心動搖。至少我們必須防止這些大屠殺的兇手掌權。

第三，如果軍方控制政府，其他國家會切斷與韓國的經濟關係。我們國家的經濟極度依賴國際貿易，經不起這樣的制裁。經濟崩潰也會重創藍領工人，就像「舍北事件」中的礦工一樣，工人也會揭竿而起，與我們站在一起。

第四，如果我們能用這種方式纏住戒嚴軍，哪怕只能多纏一週也好，我們抗爭的訊息不僅能傳到全羅南道，還能傳到韓國全境。媒體封鎖讓國人無法得知我們的情勢，但一旦消息傳出去，他們不會袖手旁觀。當其他城市也像我們一樣抗爭時，戒嚴軍將彷彿摧枯拉朽般崩潰。

第五，韓國全境一旦大舉抗爭，美國不可能對新軍部這些作為視若無睹。朝鮮半島是美國在太平洋作業的樞紐要地，放棄韓國，坐視韓國自生自滅，等於放棄太平洋地區。美國一定會選擇支持韓國民主化，不會讓韓國陷於混亂，讓北韓威脅成真。

第六，就算以上這些預測都未能實現，我們能爭取的時間越多，我們的優勢也會越大。新軍部想像朴正熙過去那樣統治韓國，意味他們會想方設法盡可能避免大屠殺。基於這個理由，我們能在日後談判中提出更多要求，並確保我們的要求獲得實現。如果我們現在就放棄我們的武器投降，我們不但什麼也得不到，甚至還會讓更多人送命。我們必須組織民眾，建立強有力的防線，阻擋戒嚴軍進攻。

● 秘密拆除雷管

對市民軍與戒嚴軍而言，儲藏在道廳的大量炸藥都是一大隱憂。對市民軍而言，這些炸藥是用來對抗軍隊的最後手段，可

以在談判桌上發揮作用。由於太多武器已經繳回，光州周邊防務基本瓦解，只有這些炸藥還能用來對抗入侵。就算是戒嚴軍，也不敢為了控制光州而甘冒將半個城市炸毀的奇險。

市民軍負責蒐集槍械的團隊成立了一個軍械管理組。這個管理組原本有十幾個人，但到第二天減為九人。他們在成立之初都是陌生人，但經過多次集會協商，彼此已能呼名道姓，十分熱絡。管理組成員包括文勇東（二十九歲，湖南神學院學生，五月二十七日遇害）、金英福（二十七歲）、朴善載（二十二歲）、梁洪範（二十歲，拳擊手）、鄭南均（二十一歲，仁川教育大學學生）、李京植（二十三歲，朝鮮大學學生）、與李赫（二十歲）。其中年紀最長的文勇東、李京植、與朴善載輪流以軍械管理組代表身分出席收拾委員會會議。[19]

文勇東是湖南神學院四年級生，也是光州第一教會傳教師。自去年起，他也在尚武台擔任軍事傳教士。光州第一教會首席牧師韓完錫也是道廳收拾委員會成員。文勇東於五月十八日下午加入示威運動。那天他在結束尚武台教會主日儀式返家途中，在錦南路上見到一名被傘兵毆打的老人，他將老人送進醫院。從那一刻起，他就參與協助傷患與捐血活動。根據李京植的證詞，同時也在尚武台擔任軍事牧師的一名光州第一教會助理牧師建議文勇東，用光州蒐集到的武器為籌碼，與戒嚴軍進行談判。文勇東向李京植徵詢有關這件事的意見，李京植原本不贊成，但經過文勇東一再勸說，最後同意這種作法。

五月二十三日下午五時，文勇東與金英福從軍械庫取出六百到七百根雷管前往尚武台，光州第一教會那名助理牧師，與戰鬥兵科教育司令部參謀長張世福已經守候在那裡。不幸的是，軍械管理組唯一的任務就是市民軍武器的安全管控，沒有準備自己的條件。他們只是重申收拾委員會五月二十三日提出的、已經被拒的八項要求而已。談判從一開始就不可能有結果。就在文勇東與金英福準備離開時，戰教司副司令金基錫少將帶著一項新建議出現，表示為了保護無數人命，應將儲藏在道廳軍

械庫的手榴彈拆除武裝。這是一項可以接受的建議，因為意外爆炸一直就是讓軍械管理組臥不安枕的隱憂。文勇東問到拆除手榴彈武裝的程序，金基錫表示願意派遣一名軍方爆破專家前往拆除雷管，並要求保證這名專家的人身安全。就這樣，在道廳收拾委員會不知情的情況下，戒嚴當局與軍械管理組成員達成一項解除道廳地下室雷管的協議。

五月二十四日下午，文勇東與另三名軍械管理組成員於下午五時前往尚武台，與金基錫少將進行另一次會談。文勇東一行人將他們從道廳地下室取出的兩千兩百八十八根雷管，交給戰鬥兵科教育司令部保管。軍方軍械庫負責人也在會議現場。晚間八時，文勇東與軍械管理組帶著在一家軍火公司當技術員的裴乘逸回到道廳。裴乘逸負責從儲藏在地下室的手榴彈上取下雷管。他徹夜工作，卸下所有兩百七十九枚手榴彈、一百七十個催淚彈、與兩千一百個炸藥筒的引爆裝置。[20]

金宗倍、朴南宣、全相勇、與尹祥源一直不知道軍械庫裡的炸藥就在他們眼皮底下解除了武裝。如果他們事先知情，情勢的發展或有不同。但學生收拾委員會主席金昌吉知道裴乘逸在軍械庫裡幹了些什麼。金昌吉與副主席黃今善於五月二十四日晚十一時來到軍械庫，看著裴乘逸工作了很長一段時間才離開，臨走還說了些鼓勵裴乘逸的話。[21] 裴乘逸於五月二十五日下午一時完成工作，在抗爭領導部不知情的情況下溜出道廳。[22] 軍械管理組將去了雷管的炸藥裝在麻袋裡。在光州事件結束後，裴乘逸因拆除炸藥有功，獲頒「國家安全功勳勳章」的「光復勳章」。[23]

● 國內媒體對真相視若無睹

五月二十四日，戒嚴當局用專機搭載漢城地區各大報紙與廣播電台社會新聞編輯飛來光州，向他們顯示光州事件「實況」。這些媒體代表先在尚武台聽取簡報，然後隔著市民軍設了路障的花亭洞隘口遠眺光州，之後返回漢城。透過治安本部五月二十

日的一篇聲明，軍方第一次公開提到光州危機。第二天上午，治安本部局部解除了光州新聞採訪令，發表官方聲明說，「光州暴亂已經擴大失控」。由於情勢持續升高，紙已經藏不住火，戒嚴司令部於是透露一些有利於自己的訊息。

戒嚴當局隨即宣布，十五萬民眾從軍械庫盜取了武器、彈藥、與裝甲車輛，攻擊戒嚴軍，造成「五名軍警與一名民眾死亡」。五月二十一日，各大報紙都說光州是「一個暴亂者之城」。這些報紙說，「毫無根據的傳言與地域仇恨」使情勢更加惡化，並且強調「公務機關與車輛遭縱火」，營造出一幅彷彿戒嚴軍是受害者的假象。

在五月二十五日的社論中，《朝鮮日報》遵照戒嚴司令部的口徑說，「北韓特工已經散播毫無根據的傳言，煽動地域仇恨。《東亞日報》與《中央日報》隨即跟進，說光州已經遭暴民盤據，成為一座無法無天的無政府之城。

儘管主流媒體無視於光州悲慘的命運，光州人民卻為了傳播真相而奮鬥不懈。五月二十三日，漢城部分地區出現題為「全斗煥的大屠殺陰謀」的傳單。八開大小的傳單一開始就寫道，「天下怎有如此冷漠的事？」這是有記錄的第一起光州事件訊息擴散到全羅南道界外的案例。[24]

● 來自全球的見證

韓國國內媒體雖然對光州事件三緘其口，或作一些扭曲事實的報導，外國記者卻能將事實真相向全世界揭發。光州悲劇透過外媒播報，傳到歐洲、美國、與日本，掀起一股國際聲討新軍部的風暴。

五月二十二日拍下的、光州悲劇的清晰畫面，不僅在德國，也在歐洲其他國家與美國播出，這是流到世界的最早的光州抗爭實錄。

五月十九日上午，北德廣播公司亞洲特派員尤金·辛茲彼得

在東京第一次見到「光州民眾在戒嚴狀態下與軍隊衝突」的標題。他立即飛往韓國，於五月二十日上午抵達光州，比大多數其他外國記者都早了整整一天。根據當時的規定，外國記者在採訪韓國境內新聞以前，必須先向韓國新聞部報備。但辛茲彼得知道，韓國當局不可能批准他採訪光州，於是他決定不聲不響地潛入光州。五月二十日，當抗爭情勢達到鼎沸時，突破層層封鎖、進入光州的辛茲彼得，獲得光州民眾熱誠歡迎。他造訪醫院與屠殺現場，錄成影片。儘管曾經採訪越戰，但光州的血腥殺戮景象仍然讓他看得觸目驚心。不止一次，由於氣得渾身發抖，或傷心淚崩，他不得不暫時放下拍攝工作。他的攝影機捕捉到五月二十一日道廳前的濫殺慘劇。為了將影片送到漢堡的北德廣播公司總部，他於五月二十一日下午離開光州，帶著這段影片經漢城飛往東京。途中他遭受盤問，花了二十二小時，終於抵達東京機場。他在東京機場將影片脫手，送往德國，隨即直接飛回光州。五月二十三日，他錄下光州解放期間的反抗活動與市民大會景象。我們今天看到的光州抗爭錄影，大多是辛茲彼得的作品。[25]

從五月二十一日起，駐在漢城的外國記者也開始冒著生命危險潛入光州。《世界報》（*Le Monde*）記者菲利浦·彭斯（Philippe Pons）與《紐約時報》（*The New York Times*）駐漢城特派員沈在薰，那天清晨五時租了車從漢城啟程，於上午九時抵達「西光州」收費站。兩人受到英雄式歡迎，發現光州根本不是一處暴力、騷亂、與無政府之城，而是市民軍大本營，婦女、老人、與年輕人欣然為示威車輛獻上紫菜飯糰、水果、與各種食物。[26] 彭斯與沈在薰在民眾帶領下，遍訪道廳周邊與各處醫院停屍間。之後他們離開光州，前往順天，把寫好的稿子送到各自在漢城的辦事處。彭斯與沈在薰的報導分別出現在五月二十三日的《世界報》與《紐約時報》上。這兩家西方世界最有影響力的報紙都報導了光州危機，在國際社會造成軒然大波，來自電視、電台、報紙、與雜誌的外國記者開始往光州蜂擁而來。

五月二十一日日落時分，美聯社記者泰瑞・安德森與《時代》雜誌（*Time*）攝影記者羅賓・摩耶（Robin Moyer）來到距離光州僅僅十公里處。兩人混在難民隊伍裡走進光州市中心。安德森形容光州情勢是軍方造成的一場暴亂。[27]

美聯社記者山姆・賈姆森（Sam Jameson）在五月二十一日採訪了美國大使來天惠的光州情勢外國記者簡報。根據賈姆森的報導，來天惠在記者會中說，光州的示威已經演變成大規模暴亂，全斗煥擴大戒嚴範圍的決定是個有深度瑕疵的選項。但來天惠也在記者會中說，美國支持韓國動用軍隊恢復秩序。[28]《亞洲華爾街日報》（*Asian Wall Street Journal*）記者諾曼・索普（Norman Thorpe）也在五月二十一日進入光州，前往醫院，清點死亡人數，還拍了照。儘管韓國政府仍然宣稱沒有平民傷亡，索普本人就數了幾十具屍體。索普說，韓國政府不但違背了保護人民的首要任務，還企圖掩蓋罪行，造成這場大殺戮。[29] 其他進入光州的，還包括《巴爾的摩太陽報》（*Baltimore Sun*）記者布萊德雷・馬丁（Bradley Martin），《南德意志報》（*Süddeutsche Zeitung*）記者吉哈德・海斯契（Gebhard Hielscher），《紐約時報》東京局主任（Henry Scott-Stokes），還有《朝日新聞》、《讀賣新聞》、國家廣播公司（NBC）、與美國廣播公司（ABC）的記者。外國記者的報導，與韓國本國媒體報導的角度截然不同。海斯契在他的一篇報導中指出，新軍部意圖栽贓北韓特工或一小群共產黨同路人的作法，不僅扭曲事實，還曝露出新軍部不計一切代價維護法律與秩序的狹隘政治目的觀。[30]

外國記者就這樣在光州事件中扮演公正觀察家與歷史見證人的角色，成為光州危機中，與戒嚴軍與光州民眾鼎足而三的第三種重要參與者。如果沒有他們的參與、報導，光州人民的犧牲與反抗可能永遠埋藏在層層黑幕下，不見天日。外國記者們有關光州危機的這些公正無私的報導，每一篇讀來都令人驚悚、震駭不已。拜這些報導之賜，我們今天在談到光州事件時，才知道這不是共產黨同路人奉北韓之命而煽動的一場暴動。

第 11 章│解放第四階段

（五月二十五日，週日：抗爭第八天）

● 毒針事件

五月二十五日上午八時，擔任市民軍情報組組長的張桂範（二十三歲，酒吧經理），蹣跚走進道廳農漁業處處長辦公室，抱著他的肩喊道，「我被一根毒針刺了！」

當調查處的申滿植上前檢視時，張桂範拒絕了他，轉而向鄭相圭（三十二歲，駕駛員，真名鄭亨圭）求助。鄭相圭扯下張桂範的襯衫，嘗試著用嘴吸出傷口的血，旋即昏迷倒地。調查處其他人立即將兩人送往全南大學醫院。一股疑神疑鬼的氛圍開始瀰漫在道廳。兩個收拾委員會之間的衝突讓每個人都緊張不安，可能與戒嚴軍打持久戰的前景讓市民軍士氣受挫。這次毒針事件讓道廳內人人自危。不出幾分鐘，北韓特工滲入道廳的傳言大起。人們開始一個個撤出道廳周邊。

市民軍領導人猜測，製造這次事件的人，若不是戒嚴當局情報人員，就是奉他們之命行事的人。學生收拾委員會副主席金宗倍一面安撫市民軍成員，一面要調查處的金俊奉觀察張桂範。金俊奉不斷往返醫院與道廳之間，緊盯張桂範病況，還在張桂範住的病房外走廊上駐了六名武裝市民軍人員。張桂範的家屬已經來到，醫院裡擠滿記者。張桂範悄悄把金俊奉招到跟前，對金俊奉說，「領導團隊的金宗倍與廣播室裡幾名年輕女性是共產黨——調查他們。」金俊奉警告張桂範不要瞎猜，之後回到道廳，向領導人簡報情勢。

金俊奉查了那根用來攻擊張桂範的所謂毒針，發現它不過是一根裝在普通原子筆上、簡簡單單的筆尖而已。這支原子筆的主人是一名加入市民軍的大學重考生。金俊奉思前想後，在考慮各種狀況之後，認為張桂範是這次事件最可疑的人物。他來到醫院，向張桂範的醫生出示這根筆尖，解釋相關情勢。醫生答道，使張桂範中毒的，似乎不是毒針，而是一種暫時性癱瘓劑。[1]當金俊奉於下午六時返回醫院病房時，張桂範與鄭相圭兩人已經不見影蹤。韓國放送公社、《朝鮮日報》、與其他媒體記者擠滿醫院，報導這次事件。道廳的市民軍領導人立即派尹錫樓（二十二歲）與機動巡邏隊追蹤兩人去向。儘管張桂範已經蹤影全無，機動巡邏隊找到了鄭相圭，把鄭相圭帶進道廳調查處進行調查。收拾委員會隨後正式宣布張桂範是政府安置的間諜。「毒針事件」成為那天晚間新聞的重點，道廳內士氣更低靡了。

幾天後，張桂範的真正身分揭曉。在軍隊於五月二十七日佔領道廳後，戰鬥兵科教育司令部憲兵逮捕市民軍領導人進行調查。張桂範也在調查庭上出現，完全蒙著臉孔，向調查人員說明每一名市民軍領導人在道廳扮演的角色。在初步調查結束，許多被捕的市民軍領導人在等候押送保安司令部時，見到張桂範抽著菸，在附近閒逛。張桂範向保安司令部聯合調查組承認，他根本沒有中毒——那完全是一場戲。他於五月二十三日進入道廳，成立一個由他領導的情報組。他作證說，五月二十五日上午，他「碰巧撿起一根像是毒針一樣的東西，演了一場戲，以便從道廳脫身」。[2]

張桂範在住院期間的診斷報告說，在他身上發現一個直徑三公分的紅色圓點。儘管張桂範說，這個圓點是（透過毒針）中毒造成的，但在住院期間（上午八時到下午六時）他一直清醒，而且理學與臨床檢驗也沒有發現中毒跡象。[3]

由於害怕遭到市民軍追捕，張桂範不敢回家，而是躲在光州各地醫院與旅館裡。第二天上午，他先後躲在社洞他所謂「舅舅家」與「宋老頭家」，直到二十六日下午，他在父親陪伴下

前往五〇五保安部隊自首。國軍保安司令部的徐義男中校下令士官長許壯煥看牢張桂範，許壯煥認為張桂範一定是軍方的特工。[4] 張桂範在調查過程中，把他對市民軍的了解都告訴了保安隊搜查官，還交出有關市民軍領導人的情報。[5]

同時，奉保安司令部特別命令，洪成烈上校在光州社洞建立秘密總部，進行祕密活動。在全羅南道警察局第二情報處一名金姓探長，與五〇五保安部隊情報處一名朴姓士官長協助下，洪成烈成為三個團體在光州市中心區情報蒐集工作的領導人。[6] 洪成烈所負特別任務的細節仍然不詳，但道廳外濫殺槍擊事件與毒針事件都出現在他停留光州期間。雖說沒有具體證據證明張桂範曾經聯繫洪成烈或他的手下，但值得注意的是，張桂範在自首以前，曾經藏身他舅舅的家也在社洞。

戒嚴軍還發動了另幾項秘密行動，以製造光州內部分裂，摧毀民眾士氣。大約就在這段時間，《東亞日報》發表了一篇題為「意圖煽動光州暴亂的北韓特工在城郊被捕」的報導。五月二十四日，漢城市警局宣布，奉命將光州示威演成武裝暴亂的北韓特工李昌龍，在韓國南方海岸登陸，意圖闖入光州，但進路遭軍方封鎖。李昌龍於是搭直達火車到漢城，但在漢城車站遊蕩時被捕。不過，韓國國防部的二〇〇七年「真相委員會」正式裁定，「北韓特工李昌龍派赴韓國的原因與光州事件無關」，證明新軍部發布不實訊息，意圖將光州事件與北韓陰謀扯在一起。[7]

● 民眾的尊嚴

五月二十五日，解放第四天，光州街頭秩序已經重建。市場與商鋪開了門，拖拉機載著蔬菜來到市集販售。商販與顧客並肩合作，防止囤積。抽菸的人一次只能買一包菸。幾天前因傷患病例突然暴增，而陷於血荒癱瘓狀態的醫院，很快因民眾踴躍捐血而恢復運轉。全羅北道一個天主教團體在發起捐血之後嘗試

進入光州，但在城郊遭戒嚴軍擋回。水、電、與電話服務仍然照常。金融意外事件幾乎沒有。光州市區四十二家商業銀行在五月二十日持有的總額近一千五百億韓元的現金儲備沒有異動。三百二十五家企業與公司存放辦公室裡，以及道廳會計部門金庫存放的員工薪資現金儲備都安然無恙。示威民眾如果從金融機構盜取金錢，很可能造成難以形容的動亂與困惑，但即使在絕望之中，光州民眾既沒有打劫金融機構，也沒有偷盜他人財物，充分彰顯他們對民主化運動的承諾。

在抗爭運動期間，光州的犯罪率比政府控制期間低了許多。即使發生最微不足道的事件，駐在道廳的機動巡邏隊也會立即出動，將犯行者交給調查部門。光州市民用鮮血與生命換來自由與獨立，當行政與執法當局無法視事之際，他們不能讓罪犯宵小毀了這份得來不易的尊嚴。光州人民這種秩序井然的展現讓外國記者看得嘖嘖稱奇。來自宗教團體與地方社群的捐輸源源不絕，流入收拾委員會與基督教女青年會的一個青年群體。地方民眾負責為道廳的三百多名市民軍成員、以及四百多名區域防衛隊隊員提供食物。當光州圍城似將曠日持久時，各地社區民眾紛紛捐來食物與韓國小菜。

五月二十五日下午三時，社稷公園北方「成河公館」公寓區的居民找上道廳，表示願意為尚武體育館工作的人員提供手工製面罩。成河公館公寓區居民在當地婦女會領導人宋熙星（女，四十三歲）家中用藥用紗布製成這些面罩，它們比標準面罩略大，專供在尚武體育館處理屍體的人員使用。[8]機動巡邏隊隊員李載春（二十一歲，國防軍後備役）、楊基南（十八歲）、與吳正浩（三十二歲）前往成河公館公寓，領了一百個面罩、五十雙手套、五十條麵包、還有一袋為道廳工作人員準備的飯糰。這些面罩大多送往尚武體育館，部分留下來交給市民軍使用。[9]

光州抗爭事件結束後，戒嚴當局的調查人員扭曲事實，把民眾對市民軍的捐輸，說成是暴民搶劫民眾，為市民軍提供食物與飲料的民眾都被拘捕，接受調查，其中有些人，包括宋熙星，

還遭到調查人員酷刑。

● 基督教女青年會的青年與學生反抗總部

　　位於全日大樓後方的基督教女青年會，是參與市民軍的青年與學生的行動基地。他們一開始選在綠豆書店與在野運動人士集會，但自五月二十二日起，人潮不斷湧入，市民軍不得不找尋一處更大的地方製作標語、海報。位於道廳附近的基督教女青年會遂成為他們的首選。

　　五月二十三日，朴曉善、金泰鍾等光大劇團成員，以及洪慧雲、林英慧等松柏會會員前往綠豆書店與基督教女青年會製作海報，發送黑緞帶，蒐集捐款，撰寫標語。[10] 朴正烈與李妍等幾名大學生，用他們從全南大學弄出來的一輛學校巴士進行街頭廣播，也將基督教女青年會作為這項廣播的基地。良書組合成員金香得等幾名高中生，也參加了這些在綠豆書店、基督教女青年會、與道廳的作業。[11]

　　五月二十五日，「鬥士會報」出版團隊將他們的新聞信製作作業，從光川洞「市民公寓區」的野火夜校教室，轉移到基督教女青年會。直到這一刻，這個出版團隊使用的一直是兩部手動油印機，但在轉入新址之後，他們得到作家黃晢暎從自己家裡拿出來的高速油印機。這項新添的裝備使他們可以每天印製幾萬份拷貝。尹祥源先在道廳寫好草稿，然後由朴勇準與董根植轉錄。夜校教師與學生負責印製新聞信，蒐集紙張、油墨等補給。[12] 從這一刻起，群眾大會宣讀的稿件能立即出現在鬥士會報上，發送到光州各地。就這樣，群眾大會籌備人員、海報製作人、街頭廣播隊伍、與鬥士會報出版團隊都聚在一處，基督教女青年會於是成為反抗鬥士的實質意義的公關總部。

　　籌建新領導團隊的青年，找上曾經與之共事、來自光州的在野政治人士，於五月二十五日上午十時開會，評估民主化運動的情勢。在這以前，在野人士若不是進入道廳收拾委員會，參

加市民軍，就是退到一邊，袖手旁觀。與會每個人都同意，需要廣納所有在野運動人士，舉行一次大會，為光州抗爭運動訂定未來走向。這次會議在基督教女青年會大樓二樓總經理辦公室舉行，與會者包括立憲會議國會議員李聖學、洪南淳律師、李基洪律師、全南大學教授宋基淑與明魯勤、信用合作社社長張斗錫、基督教女青年會主席曹亞羅與總務長李愛信、尹英圭教師、朴錫武教師、尹光將教師、以及青年領導人鄭祥容與尹祥源。與會者指責收拾委員會談判有氣無力，認為必須以不同方式解決這場危機。

會中有人提出之前收拾委員會提出的七項條件，強調必須蒐集民眾在市民軍初期使用的武器，以避免進一步流血。但鄭祥容等一眾年輕與會者表示反對：「收拾委員會想交出武器，以方便戒嚴軍接受七項條件，但這麼做不能妥善解決問題。收拾委員會忽視了人民意願，甚至對道廳外舉行的群眾大會都顯得心不甘、情不願。我們年輕人不同意他們的領導。我們已經打定主意要繼續舉行群眾大會，團結光州人民，向軍方展示我們的決心，讓我們在談判桌上取得更大談判籌碼。請信任我們，加入我們。」年輕與會者並且指出，收拾委員會中那些政府指派的領導人與保守派牧師，既非民主運動、也不是民權運動人士，民眾根本不知道他們是何方神聖，自然也不信任他們。經過進一步討論，李聖學、張斗錫、李基洪、朴錫武、魏仁白與另幾名在野人士宣布支持年輕人，其他人有些反對，有些表示沒意見。

但即使是最進步的民主派人士，對於鄭祥容與尹祥源「不交還武器、繼續反抗」的建議也不表支持。一群沒有受過訓練的年輕人，與受過訓、擁有戰車與重武器的軍隊一旦衝突，結果如何不言可喻。數以百計、甚至數以千計的人命可能在眨眼之間葬送。沒有人願意向全斗煥與他的軍事爪牙屈服，但在野民主人士不能眼睜睜看著這許多年輕人送命。與會兩派人的辯論越來越激烈，沒有達成妥協的明顯跡象，不過這次會議仍然導致在野政治運動人士參與收拾委員會，以及光州的再武裝。事後，

戰鬥兵科教育司令部戒嚴軍事法庭發布的傳訊狀，對當時情勢有以下描述：

「當明魯勤解釋市民收拾委員會正式通過的七項條件，並且表示即使這些條件未獲滿足，也必須交還武器時，朴錫武答道，『這根本就是對光州人民的羞辱』，他說，『除非他們釋放金大中與其他被拘捕的人，並且收回他們對我們的暴亂指控，否則我們不能展開談判。』李基洪提議，『強硬派學生必須前往道廳，接管學生收拾委員會與警備人員，繼續奮鬥，直到金大中獲釋。我們在野人士還要接管市民收拾委員會，以支持你。』……洪南淳非常支持李基洪的說法，不斷反覆強調他的觀點。張斗錫說，『我們還要控制那些民眾領導人』，他因此力勸鄭祥容重新組織道廳的暴民，將他們組成強硬戰隊，以對付戒嚴軍……」[13]

原是全南大學學生的朴錫武（光州大東高中教師），在基督教女青年會門外會見同樣出身全南大學的鄭祥容，鼓勵鄭祥容說，「你必須管好道廳內的狀況。那些年紀大些的運動者由我來負責。無論你怎麼做，決不能讓我們繳械。」朴錫武這番話大大鼓舞了鄭祥容與尹祥源。

在基督教女青年會這次會議結束後，幾名在野政治運動人士於下午二時在南洞天主堂再次聚會。金成鏞與曹喆鉉神父、全南大學教授宋基淑、還有另外幾人，深入討論了參與道廳收拾委員會的議題。從一開始就是收拾委員會一員的曹喆鉉，要求全面參與收拾委員會，認為曾經領導民主化活動、或在社區德高望重的神職人員，應該挺身而出，謀求這場危機的和平落幕。在收拾委員會中，曹喆鉉是極少數能針對自己提出的議題採取行動、負責到底的成員。以回收武器的協議為例，根據這項協議採取後續行動的只有曹喆鉉與律師李鍾基，其他人都只是映著臉，站在一旁看著。[14]

在確定收拾委員會不具備民意支持基礎之後，聚在南洞天主

堂的在野人士，討論是否應該與既有收拾委員會合作、設法從內部進行改造，還是應該另外成立擁有民眾支持的新委員會。兩名在野人士奉命前往道廳，評估情勢。等兩人返回後，在野人士達成協議，認為與既有委員會合作是較好的選項。魏仁白打了一份正式文件，將政府領導人納入擬議的新委員會中，就理論而言，這麼做能保護收拾委員會其他成員免於煽動暴亂的指控。下午五時，聚在南洞天主堂的這些在野人士前往道廳，加入收拾委員會。

儘管沒有大張旗鼓喧嚷，在野生力軍的到來帶來改頭換面的轉型。在收拾委員會最早先的十一名委員中，只有李鍾基、明魯勤、與曹喆鉉仍然留任。許多與政府有淵源、或由行政當局領導人推薦的成員離開了委員會。收拾委員會的改組改變了領導方向。現在當家作主的在野人士立即在副知事辦公室集會，金成鏞在會中提出解決光州危機的四項條件，獲得與會者一致贊同。這四項條件納入名為「向總統崔圭夏陳情」的文件中，它們分別是：

一、政府必須接受作為光州事件肇事者的角色。
二、政府必須正式道歉，懇求光州人民原諒。
三、政府必須為一切損失、死、傷提供賠償。
四、政府絕不可以採取任何報復措施。以金成鏞為發言人的這個二十五人收拾委員會，每一個委員都在陳情書上簽了名。[15]

這份新文件與過去幾份文件不同之處，在於收拾委員會要求政府承認錯誤並道歉以及賠償。

● 志同道合

那天清晨，金昌吉與他在學生收拾委員會中的一派人片面決

定收回光州人民取用的一切槍械，交還戒嚴軍。他們計畫將收來的所有武器集中在道廳，然後撤出道廳大樓。副主席金宗倍與戰情室長朴南宣都極力反對這項計畫。當時由於傳言說戒嚴軍特工意圖暗殺市民軍實質領導人金宗倍，道廳正處於高度緊戒狀態。主張投降的一派與主張反抗的一派兩派人馬間的摩擦，已經嚴重到必須指派兩名保鑣、保護金宗倍安全的地步。

朴南宣自五月二十二日起協助組建市民軍，用救護車與軍用卡車從紅十字會醫院運載屍體，供家屬辨認，開始扮演領導角色。由於熱誠與奉獻，他於五月二十四日成為道廳戰情室長。粗曠、率直、大膽的朴南宣很快成為道廳市民軍領導人。他領導十幾名市民軍成員，輪流在道廳大門進口處擔任守備，他還負責在軍械庫與炸藥儲藏室巡查，組建防務。機動巡邏隊也屬他該管。

尹祥源認為，市民軍必須再武裝，才能在與戒嚴當局的談判中擁有更多籌碼。他很欣賞朴南宣的態度，與朴南宣一樣，他也認定情勢緊急，市民軍必須立即再武裝，加強光州防務。朴南宣對尹祥源的看法表示同意，尹祥源於是要求朴南宣與他聯手，一起批判學生收拾委員會的消極態度，並表示他計畫成立一個包括大學生與青年運動分子的新領導團隊。尹祥源要求朴南宣全面控制市民軍成員，以免在轉型過程中出現任何形式的肢體衝突。尹祥源也與金宗倍與許圭晶各別談話，說明他計畫糾集志同道合的學生與青年，在基督教女青年會成立一個新領導隊伍。在武器回收議題上與學生收拾委員會主席金昌吉意見相左的金宗倍與許圭晶，全力支持尹祥源的計畫。

● 第三次保衛民主市民大會

第三次保衛民主市民大會在當天下午三時舉行。參與民眾人數減到五萬左右，但與會者熱情不減。整個社區手持同樣示威標語、旗幟來到會場。民眾上台宣讀聲明與宣言，發表傷、亡、

우리는 왜 총을 들 수 밖에 없었는가?

3次 5.25

— 시민군대표

먼저 이고장과 민주주의를 수호하기 위해 피를 흘리며
싸우다 목숨을 바친 시민 ~~학생~~ 들의 명복을 빕니다.

우리는 왜 총을 들 수 밖에 없었는가?
그 대답은 너무나 간단합니다.
너무나 무자비한 만행을 더이상 보고있을 수만
없어서 너도 나도 총을들고 나섰던 것입니다.

본인이 알기로는 우리학생들과 시민들은 과도정부의
23일내 중대발표와, 또 자제하고 관망하라는
말을 믿고, 학생들은 17일 부터 학업에, 시민들은
생업에 종사하고 있었읍니다.

그러나 정부당국에서는 17日 야간에 계엄령을 확대선포하고,
일부 학생과 민주인사, 정치인을, 도무지 믿을수 없는
구실로 불법 연행하였읍니다. 이에 우리 시민 모두는
의아해 했읍니다.

또한 18일 아침에 각학교에 공수부대를 투입하고, 이에
반발하는 학생들에게, 대검을 꽂고 "돌격앞으로"를
감행하였고, 이에 우리의 학생들은 다시 거리로 뛰쳐나와
정부당국의 불법 처사를 규탄하였던 것입니다.

五月二十五日在第三次市民大會上宣讀的聲明書《為何我們只能舉槍?》（五一八民主化運動記錄館藏）

損失清單。市民軍成員李觀澤（三十二歲）上台，宣讀一篇名為《為何我們只能舉槍？》的聲明。

根據道廳的統計，重傷者有約五百二十人，輕傷兩千一百七十人，七十人死難。身分已經確認的屍體移入尚武體育館，身分未經確認的屍體則置於道廳院落，留待失蹤者家屬指認。

在大會中，住在城市周邊地區的居民要求道廳在每一個社區派駐一兩名學生，以轉達他們的顧慮。被封鎖線切斷或緊鄰封鎖線的獨立社區，由於戒嚴軍近在咫尺，處境特別艱難。這些居民說，由於恐懼，他們的許多親友已經搬進市區，在親戚家裡避難。

● 抗爭領導部的誕生

晚間七時，尹祥源領著鄭尚用、李樣賢、金永哲、鄭海直、尹江鈺、與朴曉善進入道廳，與學生收拾委員會副主席金宗倍與許圭晶舉行第一次會議。他們還帶來五十幾名在基督教女青年會組織的大學生。在進入道廳大樓時，將這群學生安置在食品與生產處處長辦公室隔壁的會議室中。尹祥源已經事先說明情勢，所以很快就達成設立新領導組織的協議。他們立即決定，必須停止武器回收行動，領導團隊必須全力設法爭取更大談判籌碼。沒隔多久，學生收拾委員會主席金昌吉走進會議室，提高嗓門問道，「你們想幹什麼？想讓這個城市再一次浴血嗎？」

當時在場的曹喆鉉後來作證說，「那是一個最後通牒。後來被士兵殺害的李陽賢、許圭晶、與尹祥源支持繼續反抗。尹祥源是個聰明人，周旋於主戰派與主和派兩派之間，好像他在談判停火一樣。」金昌吉說，他們應該把他們所有的武器全部留在道廳，然後撤出周邊，但尹祥源駁斥說，「我們寧願死也不會放下武器。那麼多友人與無辜民眾被害，我們還沒有取得賠償保證。而且就算我們按照你的方式投降，我們還是註定死路一條。既然我們橫豎都得死，我們寧願戰死。」[16]這場激辯一直持

續到晚間。晚間九時，眼見尹祥源一派人不可能接受他的說詞，金昌吉終於自動請辭主席一職。（韓國放送公社早在下午七時已經報導，說強硬派接管道廳，但當時金昌吉還沒有讓步。）

● 學生與青年市民軍

徵召大學生進駐道廳的行動於五月二十五日晨展開。七十幾名青年響應號召在基督教女青年會外列隊，經出示身分證或學生證等證件才獲准加入。為取得民眾信任，只有能夠證明年齡的大學生才能加入市民軍。之前有許多未成年人，包括一些初中生，都能取得槍械，導致民眾極度關切。

之前加入市民軍的人，主要來自藍領階級或服務業，或是高中生，或是準備重考大學的畢業生。基督教女青年會的領導人發現，由於民眾信任大學生，想迅速組建自己的反抗隊伍比較容易。午夜時分，這些新召募的學生在雨中進入道廳。道廳二樓副知事辦公室的氣氛緊張凝重。完全不了解收拾委員會情勢的這些新來的大學生，聽了神父金成鏞的一篇演說，然後在辦公室過夜。第二天上午，他們領到卡賓槍與彈藥，分配了任務。大多數學生的任務是守衛道廳周邊大門與軍械庫，以及運送死者。[17] 朝鮮大學生魏聖三也進了道廳，擔任警衛。[18] 來自基督教女青年會二樓良書組合讀書會的高中生金相德與金孝石，也在道廳集結。

當道廳的「抗爭領導部」重整，組成「鬥爭委員會」時，企劃室長金永哲向待命中的學生與青年解釋大樓內的情勢。金成鏞代表收拾委員會，就學生與青年扮演的角色發表短暫的演說。之後，曾經當過兵的魏聖三與金相集教導這些新手使用槍械。大多數新手都派到青年與學生警備隊，主要負責道廳行政工作，包括死亡登記，協助死者身分辨識，以及焚香所的清理工作等等。

市民軍很快就宣布，新徵招的這些學生將取代道廳的武裝警

備隊。為避免摩擦，學生們奉令要禮遇警備隊員，勸這些不眠不休多日的隊員放下工作、好好休息一下。之後，學生市民軍成員奉領導人指示，每人裝備十五發彈匣與卡賓槍，分班輪調，在道廳執行警戒任務。

　　既有市民軍隊伍對這些學生略有一些微詞。在這些市民軍眼中，發動示威的是學生，但當示威進行最激烈的時候，臨陣脫逃的也是學生。對於學生收拾委員會無視日後後果，片面決定回收武器的作法，許多市民軍也無法苟同。對抗爭領導部來說，這始終是個棘手難題。

　　抗爭領導部急需訂定一項反制長期封鎖的策略。為了一方面滿足民眾提出的安全要求，一方面又要掌控市民軍，他們必須讓市民軍與新成立的學生反抗單位合併。團隊合作是必須考慮的重要議題。

　　聚集在基督教女青年會的學生市民軍成員，已經事先完成分組，也聽取了如何使用與拆解槍械、以及有關戰陣基本知識的簡報。這些學生成員中，只有大約十人在返校唸書以前服過兵役，其他人充其量只在學校軍訓課程中摸過一、兩次槍。在五月二十五日那天，志願加入這支隊伍的大學生與青年有七十幾人，第二天有超過一百五十人。在五月二十六日這一天，志願加入的高中生、後備役、與社會青年人數也有顯著增加。

　　在五月二十五日那天，聚集在基督教女青年會的婦女人數也很多——其中有松柏會會員、有女性工人、有光大劇團女團員、有受到街頭廣播感召的大學與高中女生。這些女性勞動者都是「韓國天主教勞動青年協會」（簡稱 JOC）會員，任職於湖南電氣、日新紡織、全南紡織、與南海漁網廠等公司。她們中一部分奉派進入道廳廚房，其他人負責製作海報、以及在市民大會服務民眾。

● 民主鬥爭委員會的成立

　　抗爭領導部成立於五月二十五日晚間十時，成員俱都下定決心、反抗戒嚴軍。他們在道廳內務處處長辦公室內新設「民主鬥爭委員會」。這個新團隊的結構比學生收拾委員會嚴密得多，成員如下：

主席：金宗倍[19]（二十六歲），督導全局
主管內務副主席：許圭晶（二十六歲），道廳內務，公關事務，
　　　　　　　　喪葬管理
主管外務副主席：鄭祥容[20]（三十歲），負責與戒嚴司令部談判
發言人：尹祥源[21]（二十九歲），主持記者會與正式公開聲明
戰情室長：朴南宣[22]（二十六歲），反抗作戰
企劃室長：金永哲[23]（三十二歲），領導團隊一般性作業與計畫
企劃委員：李樣賢[24]（三十歲），計畫任務
企劃委員：尹江鈺[25]（二十九歲），計畫任務
公關主任：朴曉善[26]（二十六歲），群眾大會計畫與一般公關事
　　　　　務
民政長：鄭海直[27]（二十九歲），一般民政，喪葬管理
調查長：金俊奉[28]（二十一歲），公共安全與秩序，叛亂分子調
　　　　查
補給長：具成柱[29]（二十五歲），食物補給與分發

● 領導部的計畫

　　抗爭領導部徹夜討論長期困守的因應之道。組員一致認為，現在才成立這個委員會或許已經過遲，因為大批武器已經收繳，區域防衛隊也已經幾乎解散。光州沒有外援。武器必須立即重新分配。首先，抗爭領導部決定向每一處鄰里發布後備役徵兵令，建立一支防衛城市周邊的自衛武力。在市民大會中，後備役動

員的議案曾經多次提出。原計畫為死難者舉行的市民葬禮也將升格為道民葬禮，定於五月二十八日舉行。

聯合市民葬禮的舉行因多項因素而延宕。首先，戒嚴當局堅持受難者驗屍必須由相關當局進行，以免日後發生有關死因的爭議。憤怒的家屬因不願乾等政府採取行動，自行埋葬了死者。由於夏日將至，屍體腐化得很快。在沒有靈車載運的狀況下，家屬只得將屍體蓋上白色棉布，自行帶走。在道廳外廣場上，死難者家屬的哭喊聲不絕於耳，讓在場民眾莫不傷心飲泣。

抗爭領導部也討論了利用地下室軍械庫炸藥作談判籌碼的計畫，卻不知道戒嚴軍已經在五月二十四到二十五日間拆除了這些炸藥的雷管。

會中討論的議題還有光州民眾日常生活的恢復，包括公車恢復運作、公務員與無武裝警員恢復上班、市場開市、公司上班、社區損害調查、市政廳米糧配給、「全日放送」等地方媒體重開、燃料使用限制、跨城市電話線恢復通話、公共秩序維護、巡邏隊重組、以及機動打擊部隊的成立等等。抗爭領導部同意，一旦達成正常化措施協議，就在第二天舉行國際記者會，強調對反抗的承諾，讓世人更了解光州民主化的決心。

● **掃蕩光州的計畫定案**

就在同一天，戒嚴當局將軍事掃蕩光州的「尚武忠貞作戰」作成定案。全斗煥、盧泰愚、周永福、與黃永時等戒嚴領導人在韓國陸軍會館舉行午餐會，檢討了「尚武忠貞作戰」計畫方案，並同意於五月二十七日凌晨零時一分起實施。

儘管戒嚴當局說，直到市民軍將主張和平繳械的領導人都逐出領導班子以後，他們才決定實施尚武忠貞作戰，但這個說法與時間框架不符。新的市民軍領導團隊於五月二十五日晚間十時取得主控，但戒嚴軍早在五月二十一日撤出光州時，已經計畫要在五月二十三日展開尚武忠貞作戰，之後由於有關美國軍

事合作的議題，才將行動延後兩天。這時，市民軍內部還沒有建立共識，市民代表與戰鬥兵科教育司令部領導人之間每天進行的談判，由於戒嚴當局的態度在五月二十四日上午突然轉趨強硬而停止。戒嚴司令部有關尚武忠貞作戰的計劃與執行，與道廳市民軍新派系的出現無關。

在午餐會結束後，韓國陸軍參謀次長黃永時與主管作戰事務參謀次長金在明前往光州，向戰教司司令蘇俊烈下達有關尚武忠貞作戰的指示。基於安全考量，有關文件都以親手交付。同時，特戰司令官鄭鎬溶親自擀選攻擊道廳、全日大樓、與光州公園等關鍵要地的特攻隊，將特攻隊人員與地點清單交給蘇俊烈。

同時，國防部長官周永福與戒嚴司令官李熺性於下午四時二十分前往青瓦台，向總統崔圭夏報告。兩人奉全斗煥之命，建議崔圭夏親自出訪光州，意圖利用崔圭夏總統為尚武忠貞作戰的合法性背書。崔圭夏接受了這項建議。

下午六時，崔圭夏與四名部長、戒嚴司令官、與其他幾名政府領導人搭直升機抵達尚武台戒嚴司令部全羅道支部。蘇俊烈與全羅南道知事張炯泰向總統作了光州情勢簡報。蘇俊烈說，「與民眾領導人的談判已經陷於僵局，一群兩百到三百人的武裝示威分子正以恐怖手段統治著八十萬光州百姓。我們除了派軍進入光州，已經別無其他選擇。」知事張炯泰要求軍方「重建秩序，但要謹慎」。[30] 當總統問道「預期〔這項掃蕩光州的行動〕會有多少死傷」時，戰鬥兵科教育司令部戰區發展處處長金善賢答道，「我們會將傷亡壓到最低限。」總統又問，「所謂最低限是指多少？」金善賢答道，「假定有四千名武裝示威分子，我們預估會有兩百人傷亡。」總統隨即說，「我要前往道廳，親自與示威領導人談判。」[31] 戒嚴當局眼中最起碼的傷亡，在崔圭夏看來已經無法忍受。崔圭夏的這項要求讓在場每個人都大感意外，他們勸他說，「你如果現在去道廳，可能遭綁架成為人質，讓國家領導出現空窗，招來北韓攻擊。」崔圭夏最後不再堅持往訪道廳的要求，親自修改了幕僚撰寫的聲明，製作成

錄音聲明稿。韓國放送公社電台與電視於當天晚上九時、十時、與十時三十分分三次播放了這段錄音聲明。

　　崔圭夏為了軍方在應對光州事件過程中展現的克制與忍耐，向軍方致謝，並且懇求軍方盡可能避免人命損失，因為即使是那些破壞公共秩序的人也仍然是同胞。崔圭夏作這樣的懇求意味，但在那一刻，軍事掃蕩光州的計畫已經箭在弦上。

第 12 章│解放第五階段

（五月二十六日，週一：抗爭第九天）

● 死亡行進

　　五月二十六日上午四時，消息傳來，戒嚴軍已經在戰車前導下，兵分三路，進入光州周邊。道廳壟罩在一片愁雲慘霧的危機中。在國軍綜合醫院附近的農城洞，戒嚴軍已經闖入城郊一公里。從白雲洞方向而來的戒嚴軍已經通過松岩洞，來到光州大東高中。從鳥南洞方向而來的戒嚴軍也已經通過高速公路，直逼無等體育場。戒嚴當局沒有向收拾委員會宣布他們的計畫或行動。這麼做為的是用先發制人的攻擊，佔領穿過工業區的道路，讓軍隊可以運輸人員與裝備，以便於五月二十七日上午發動對道廳的攻擊。五月二十六日，軍隊訂定計畫，準備一面攻擊道廳大樓後門，一面集結發動正面攻擊。

　　道廳宣布進入緊急狀態，以因應戒嚴軍進逼。戰情室長朴南宣與機動巡邏隊搭乘武裝吉普車前往農城洞韓國電力公司大樓，發現當地已經為戒嚴軍的裝甲車輛佔領，並發射了警告彈。

　　收拾委員會在經過徹夜討論後立即再次集會，處理當前情勢。與會者有十七人，包括長老李聖學、律師洪南淳、神父金成鏞、律師李起洪、神父曹喆鉉、基督教女青年會總務長李永生、基督教女青年會主任金天培、教師尹英圭與張三男、以及在野人士魏仁白。金成鏞提議說，「我們當成人肉盾吧。我們走到戰車前面，擋住它們去路。他們要想殺害更多光州人民，就得先從我們身上輾過去。」就這樣，他們肩並肩離開道廳，

懷著必死的悲壯心情踏上征塵。外國記者圍在他們身周，但除了金天培以英語向記者們簡述情勢以外，收拾委員會成員們保持沉默。光州民眾也紛紛加入，隊伍人數增加到好幾百人。他們從道廳沿錦南路而下，經過「石嶺站」，跋涉四公里，來到「鄉村開發中心」。一個小時候，隊伍走到戒嚴軍戰車前停下來。

收拾委員會成員找上在場軍官，要求他們把軍隊撤回原駐地，並且要求與他們的領導人會商。沒隔多久，戰教司副司令金基錫少將乘一輛黑色轎車到來。金基錫建議收拾委員會在尚武台進行會商，但收拾委員會要求金基錫先將軍隊撤走。在無數光州居民鼓掌、喝采聲中，金基錫默許了。

那天早些時，在凌晨四時，金昌吉打電話給金基錫，對軍隊這番突然調動表示不滿。金基錫在電話中致歉，表示就連他本人事先也不知情，還說無論能否透過談判解決，他都會親自走訪道廳，謀求解決之道。金昌吉建議，他們可以在尚武台與道廳之間找個地方會晤，因為他不能擔保金基錫的安全。但金基錫早在前一天黃永時下令展開尚武忠貞作戰時已經打定主意。他與市民軍談了四次，竭盡全力以和平方式解決問題，但戒嚴司令部執意堅持暴力，終於使他的一切努力付之流水。

十一名收拾委員會成員，包括洪南淳、金成鏞、李聖學、李基洪、金天培、李永生、與金昌吉來到尚武台戰鬥兵科教育司令部，談判於上午七時展開，進行了四個半小時。兩名代表戒嚴軍發言的准將與一名中校，坐在談判桌邊。金基錫少將說，「我是軍人，對政治事務所知甚少。如果你們能蒐集民眾手中現有的武器，我會要警察重建市內秩序。我們時間不多，所以我要在半個小時以內結束這項討論。你們得在今天以前蒐集好武器，重建光州公共秩序，如其不然，你們不能再見我或找我談判。」

代表收拾委員會發言的金成鏞說，「你們的軍隊已經把這個城市毀成這個樣子，三十分鐘的討論根本不夠。你們怎麼能在廣播中稱光州民眾為『暴民』？為什麼要給我們安上這樣的標籤？不要再這樣侮蔑我們，不要讓你們的軍隊進入我們的城市。

如果一定要進行干預，就讓警察來干預。你們怎能用納稅人花錢買來的武器幹這種事？」

一名准將推開座椅起身。「我受夠了這些胡言亂語！」他吼著走出會議室，還把門重重關上。會議室裡一片死寂。金基錫又一次懇請示威者交出武器回家，還說這是最後機會。

收拾委員會終於認清戒嚴軍將在二十四小時內發動對道廳的攻擊。金基錫少將發出最後通牒，說如果光州情勢不能在午夜以前解決，他除了進兵以外別無選擇。收拾委員會提出他們事先擬妥的五項要求，但戒嚴軍一項都不接受。金成鏞知道情勢已經絕望。[1]

新軍部領導人已經於五月二十六日上午在戰鬥兵科教育司令部舉行作戰會議，決定於五月二十七日凌晨零時一分起實施尚武忠貞作戰。軍隊與裝甲車輛調動與直升機支援的特定命令也於這一刻下達。[2]

尚武忠貞作戰已經展開，談判已經沒有意義。金成鏞寫了一份他與戒嚴司令部談判的備忘錄：

一、需要更多時間。在我們努力控制情勢後，軍方破壞了它的承諾，所以我們要求時間——但立即遭到斷然拒絕，理由是軍方已經忍耐了幾天，甚至經歷一次撤退，再拖會對軍隊士氣造成負面影響。這根本就是說，軍方必須永遠是贏家才行。我看得出他們的邏輯。沒錯，為了士氣，我們的軍隊必須是常勝軍。不過只有在對付敵軍時，而不是在對付自己同胞時——對付八十萬光州民眾時——才應該這樣。由於沒有時間，我不能再要求什麼。

二、軍方必須說明白它打破承諾、派戰車進入城郊的理由，並且道歉。他們說，他們已經透過廣播提出相關說明與道歉。

三、軍隊絕不能進入市中心區。我們每個人今天早上都感覺

到，光州人民不會將那些對自己同胞開火的軍隊視為韓國保衛者。光州人民永遠不會原諒那些突然不分青紅皂白、屠殺光州民眾的軍人。我是個神父，從未親眼見過謀殺。但當我初會金將軍時，我仍然感到一陣厭惡。那些親眼見過殺戮、那些失去自己心愛親友的人，見到軍人會有多厭惡？他們這輩子怎可能原諒軍人？有人告訴我，一些年輕軍人眼見同袍戰死，也非常氣憤，也有人告訴我，他們受過徹底教育，要控制情緒，不能衝動。與軍隊講理是行不通的。學生認為身為民主國家人民本有示威權，結果卻在眾目睽睽之下因行使這些權利或遭槍殺或遭刀刺，而軍方卻對民眾的義憤視若無睹。

四、公共秩序的維護必須留待警方來做。我們在蒐集武器、交還軍方的談判上附加的條件。

五、軍方絕不能透過廣播要求和解，決不能進一步刺激人民。以上建議都做成記錄，交給一名信差，並獲得當局將予以考慮的保證。[3]

收拾委員會成員踏著沉重的步伐從尚武台折返。他們沒有再多說什麼。在決定下午在道廳再聚之後，他們各走各路。金成鏞走訪農城洞天主堂，打電話向尹恭熙總主教報告談判結果，之後前往基督教女青年會，會晤李聖學與洪南淳。李聖學指示洪南淳與金成鏞立即前往漢城，希望能面見總統崔圭夏，說明光州情勢真相，以防止進一步傷亡。洪南淳與金成鏞要求前總統尹潽善與大主教金壽煥安排他們面見崔圭夏。下午三時，金成鏞與金甲濟（二十五歲，「民主與憲政同志會」會員）啟程前往漢城。洪南淳也於下午四時帶著妻、兒離開光州，乘計程車前往松汀里，打算尋找運輸工具前往首都。但洪南淳與家人在「極樂橋」檢查站上遭軍人逮捕。金成鏞在旅經靈光與全州途中經歷五到六次盤查，都靠了金甲濟那張記者證驚險過關，於翌日上午來到漢城。[4] 只不過到那時全羅南道廳已經為戒嚴軍攻陷了。

● 蒙面的市民軍成員

五月二十六日上午，當戒嚴軍逼近市中心的消息傳來時，機動攻擊隊隊員楊基南、林成澤、與具成熙乘軍用吉普到農城洞。他們的裝備包括鎮暴警察在五月二十一日撤離時留下的制服與頭盔，以及五月二十五日在道廳領到的面罩。在他們與戒嚴軍在韓國電力公司前方對峙的過程中，一名德國記者用蹩腳的韓語問道，「我能為你們拍照嗎？」攻擊隊隊員表示同意。這名德國記者要求他們除去面罩，但遭到拒絕，因為他們不願身分洩漏。就這樣，德國記者拍了一張照片，照片右方有一名捲著左手的攻擊隊隊員。這人是林成澤。林成澤在兒時的一次意外事件中失去左手小指，因此養成捲著左手、隱藏少了一根手指的習慣。

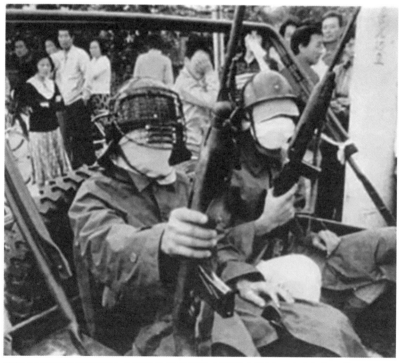

戴著大口罩坐在吉普車上拿著槍的兩名機動攻擊隊市民軍。（天主教正義和平委員會藏）

這張兩名穿著墨綠色制服、頭戴鎮暴警察頭盔、手持卡賓槍的市民軍成員的照片，後來成為光州抗爭事件的象徵。直到今天，一些危言聳聽的極右派仍說這是一張北韓特種部隊的照片，但林成澤也仍然不斷闢謠，指斥這種對歷史的扭曲。[5]

● 第四次保衛民主市民大會

當戒嚴軍進入市中心的消息於上午擴散時，抗爭領導部決定將原訂下午舉行的市民大會提前到上午舉行。公關隊伍在全城各地張貼海報，廣播車也在各地遊走，通知民眾第四次市民大會將於十一時舉行。十一時，聚集道廳前廣場的群眾已有三萬餘人。氣氛很緊張。嚴泰柱（二十餘歲）與朴朦救擔任大會司儀。他們告知民眾，戒嚴軍已經背棄承諾，於今天早晨闖入光州。他們呼籲媒體公正、據實報導發生在光州的事，還宣讀一篇致軍方的聲明，要求軍方不要當全斗煥與新軍部的走狗，幫全斗煥奪權，要求軍隊返回三十八度停戰線，保衛這個國家。大會還通過一篇題為「八十萬爭民主公民的承諾」的聲明，列出以下七項要求，忠實反映五月二十五日「鬥爭委員會」選定的方向：

一、造成這場危機的一切責任都在臨時政府。臨時政府必須賠償它造成的一切死、傷、與損害，並且立即下台。

二、不公不義的戒嚴狀態必須立即結束，因為它唯一目的就是為暴力鎮壓民眾示威尋找藉口。

三、我們以韓國人民的名義，要求公開懲處殺人魔全斗煥。

四、被拘捕的民主運動人士必須立即獲釋，必須成立由在野人士組成的新臨時政府，以改革這個國家。

五、政府與媒體必須據實報導發生在光州的事件。

六、我們要的不只是賠償與釋放被捕人士而已；我們還要求建立真正的民主政府。

七、我們謹此向韓國人民宣告，除非這些要求都能做到，

八十萬光州公民將抗爭到最後一刻，最後一人。⁶

　　與收拾委員會過去提出的要求與聲明不同的是，這項新聲明明白指出，光州抗爭的主要動機不是單純的要求賠償或解決問題，而是要求民主化。建立新臨時政府與建立民主政府的要求當然不可能達成，但這些要求說明一件事：光州抗爭不僅是對暴力鎮壓的反抗而已，它還是一場對抗軍事政變的民主化運動。

　　大會結束後，無數民眾在校車前導下，在光州街道上遊行。人潮擠爆市中心區，當走在群眾前方的民眾已經離開錦南路走了一公里，來到光南路岔路口時，走在後面的民眾還沒有走上這條六線大道。民眾不斷高喊，「我們不投降」，「我們不交武器」，與「將殺人魔全斗煥碎屍萬段」等口號，從錦南路通過光南路、光州公園、楊林橋、全南大學醫院、私立青山學院、雞林警察署、光州車站、韓一銀行，然後又回到道廳。五月二十六日早晨開始發行的「市民民主公報」，在第九期公報中，刊了「八十萬爭民主公民的承諾」聲明。

　　下午二時，抗爭領導部與光州市長在道廳內務處處長辦公室開會。金宗倍、鄭祥容、與鄭海稷在會中向光州市長與道廳處長級官員提出九項要求：

一、每天向光州運補八十公斤白米。
二、運補其他食物與燃料。
三、提供四十具棺木。
四、提供一輛救護車。
五、日常必需用品的供應無缺。
六、派駐警察維護治安。
七、恢復公共巴士服務。
八、為死者舉行道民葬禮儀式。
九、補貼所有喪葬費用。

在八名死難者家屬代表陪同下，鬥爭委員會成員與副知事丁時采以及社會服務處處長，在副知事辦公室討論了喪葬事宜。當鬥爭委員會成員指出，屍體正在腐爛，需要盡快掩埋時，副知事建議舉行市民葬禮，將死者葬在望月洞市民公園。[7] 死難者家屬代表同意這項建議，會中協議，決定在五月二十八日舉行市民葬禮。鬥爭委員會成員有意將葬禮舉行時間推遲，希望戒嚴當局至少會等到葬禮結束後再揮軍入城。只不過他們如此卑微的希望仍然落空了。

● 在廚房工作的婦女

五月二十二日，朱素妍與其他婦女 —— 包括高中生、大學生、與家庭主婦 —— 接管道廳廚房，為示威者提供餐飲。儘管自動自發接受這項挑戰的婦女人數不少，但仍然人手不足，因為幫數以百計的人提供一日三餐不是一件簡單的事。她們沒有大型飯鍋、爐灶、餐具、勺子、筷子，也缺乏供人飲食的空間。她們在一開始還能利用內務辦公室地下室的餐廳，但在暴動期間，大批回不了家的人很快湧入、擠滿這座餐廳。最後，這座餐廳改裝成為廚房，二樓禮堂成了臨時餐廳。由於必須一次煮出大量米飯，她們煮出的飯往往水分太多，太軟。一名中年男子提出建議，要她們在端上爐灶烹煮以前，先在米上加一些鹽。這一招果然有用，不僅解決了水分太多的問題，還使煮出的飯別具風味，做成的飯糰特別好吃。由於廚房全天作業，婦女們必須輪班工作。早班從凌晨天亮到下午五時，晚班從下午五時到晚間十時。由於缺少餐具，飯糰成為主要菜單選項。來自良洞與西方市場的婦女會定期推著車，將泡菜與紫菜飯糰帶進道廳。由兩兄弟開在柳洞三岔路口的「兄弟麵包店」，幾乎每天都會帶來一箱箱剛出爐的麵包。

五月二十二日與二十三日，廚房也將飯糰送往鶴洞、白雲洞、山水洞、與花亭洞的區域防衛隊。五月二十四日，許多民眾

回復正常生活，道廳總務處裡擠滿人潮。隨著時間過去，解放初期的狂熱逐漸消散，廚房、戰情室、與軍械庫都需要更多人手。金成鏞聽說這事以後，找上南洞天主堂教友鄭淑京（二十五歲，護士），要求多找人手支援廚房。曾經組織護士在醫院治療傷患的鄭淑京，於是找上「韓國天主教勞動青年協會」的金成愛，找來二十幾名婦女。李黃（二十六歲）經營的「教育文化出版公司」讀書會的幾名藍領工人也挺身而出。韓國天主教勞動青年協會早在五月二十三日，已經組織會員，響應捐血、籌款、製作海報、製作與散發團結黑緞帶等運動。他們於五月二十五日前往道廳，分成三個組填補人員空缺。[8]

良洞市場的明太魚商人金良愛向鄰居募集米飯，做成紫菜飯糰用推車帶進道廳。金良愛是社區婦女會主席，在前往道廳尋找兒子時，聽說道廳裡的學生與青年餓著肚子。她隨即在社區向鄰里們說明情勢，獲得鄰里們熱烈響應。由於鄰里們捐的米過多，她不得不找上一家餐廳煮這些米，並從市場上找來幾名婦人幫她製作紫菜飯糰。飯糰所需一切著料都在市場就近取材，這些婦女不僅提供食物，還提供援助。在市場另一角，民眾有些製作韓國國旗，有些煮蛋挑水，交給在城裡各地奔波的市民軍成員。道廳那些餓得發慌的市民軍成員在一眨眼間就將送來的全部紫菜飯糰清空。至於金良愛，也與她的兒子朴秉圭（十九歲，東國大學一年級生）重聚。朴秉圭戴著一條寫有「學生收拾委員會會員」的肩帶，幫著看管送進大樓的屍體。金良愛握著朴秉圭的手說，「我真的快被可能發生在你身上的這些事嚇死。跟我一起回家吧。」但她的兒子甩開她的手，留在道廳。當戒嚴軍於五月二十七日晨奪回道廳時，朴秉圭被 M16 部槍槍殺。

● 街頭廣播系統

有相當多民眾參加了光州抗爭期間的街頭廣播活動。示威者於五月十九日起展開廣播器材捐助行動。為了組織群眾對抗傘

兵，音響裝備必不可缺。在示威達到頂峰的五月二十與二十一日，街頭廣播人員從社區辦公室這類民政辦公處所取得裝備。根據日後發表的調查報告，這些民政機構在抗爭期間損失大量擴音器、喇叭箱等等音響設備，證明在抗爭期間，參與街頭廣播活動的民眾人數不少。

甚至在戒嚴軍撤出、光州解放之後的五月二十二日，許多廣播車輛仍在大街小巷不斷穿梭。五月二十三日，年輕人與青年公關隊伍乘坐一輛全南大學校巴，從基督教女青年會出發展開街頭廣播活動，向民眾宣講抗爭領導部的聲明。校巴還一路上散發「鬥士會報」。市民軍成員金正男（十九歲）就是道廳公關隊一員，這支公關隊伍的一號車是一輛四噸半的辣椒噴霧車，二號車則是一輛兩噸半的鎮暴警車，三號車和其餘幾輛屬於道廳的車輛。[9]

有些廣播從道廳直接播出。領導層透過道廳戰情室的高品質音響裝備，向民眾宣布死者身分、群眾大會與活動時刻、以及從五月二十二日到二十六日必須遵守的規則。李慶熙、金善玉等女士會宣讀收拾委員會撰寫的聲明、告示。朴英順在五月二十六日的街頭廣播結束後留在道廳，在五月二十七日一早告知民眾戒嚴軍已經入侵。

● **機動攻擊隊**

抗爭領導部於五月二十六日下午二時在食物與生產處處長辦公室組建機動攻擊隊。原本參加機動巡邏隊的市民軍成員大多加入了這個新組織。最早先設立的武裝反抗組織「機動巡邏隊」，並沒有真正的結構或階級系統。隊員累了就直接回家休息，也沒有上級交待什麼需要完成的任務。但當抗爭領導部接管道廳、將市民軍方向從投降轉變為反抗時，尹錫樓與李在鎬（三十三歲）挺身而出，將這個反抗組織改組成一支機動攻擊武力。

尹錫樓成為這支新隊伍的隊長，李在鎬為副隊長。機動攻擊隊是一個有結構的半軍事組織，有自己的指揮系統。他們的主要任務是巡邏城市周邊，偵查戒嚴軍動態，以及維護城裡公共安全。機動攻擊隊一開始有六個小隊，之後由於人員增加，擴編為七個小隊。第七小隊負責為其他六個小隊提供支援與後勤。[10]

加入這個組織的人必須宣誓，並領取特定任務，以加強他們身為新組織一員的責任感。金成鏞等重要人物並且親臨機動攻擊隊成立儀式，向隊員解說他們的職責與任務重要性。成立儀式莊嚴隆重，讓隊員感到與有榮焉。宣誓詞由李在鎬副隊長撰寫。李在鎬是隊員中年齡最長的，是大學畢業生，是這個組織的組建人，也是組織規章的草擬人。在成為機動攻擊隊領導人以前，李在鎬原是光州建築師。

每一個小隊配備一輛軍用吉普車，一具無線電，隊員擁有手榴彈，以及道廳裡最好的武器。他們還領有鎮暴警察與軍隊留下來的制服與頭盔。根據李在鎬的建議，每一名隊員都有一個代號——例如第一小隊的「北極熊」——寫在一條纏在頭盔的白布上。這些代號大多數以動物為名。一旦隊員遭戒嚴軍逮捕，不知道彼此姓名能起一種保護作用。

在成立式結束後沒多久，機動攻擊隊就接獲戒嚴軍出現在光川洞的報告。奉命前往光川洞地區進行偵查的第六小隊，抓了一名士兵帶回問訊。他們發現這名士兵不是傘兵，而是駐在尚武台的戰教司成員，遂把他的槍交還，還開車把他送回原單位。[11]

在光州抗爭事件中被捕的士兵，大多透過類似方式回到原單位。五月十九日沿光州川撤離時受傷的傘兵，在由民眾送往紅十字會醫院後，移交戒嚴軍控制下的國軍綜合醫院。就連憤怒的民眾於五月二十一日上午在光州工業區前從二十師手中奪下十四輛車輛時，所有被俘的軍人也都被送回尚武台。軍方記錄顯示，一名當時據說失蹤的士兵也在同一天下午安全返回他的單位。在從朝鮮大學撤退到朱南村時與部隊走散、在鶴雲洞被捕的第十一空降特戰旅的士兵，也在被帶到道廳接受問訊後移交戒嚴軍。五

月二十三日，負責公安的市民軍成員金俊奉，訊問一名因脫隊被捕、帶到道廳的傘兵。金俊奉對這名嚇得渾身發抖的傘兵說，「不要害怕。我不會殺害自己的同胞。士兵的職責就是服從命令。不要擔心，因為我們知道你不過是在做你的工作而已。」[12]這名傘兵過後被送往國軍綜合醫院。

儘管民眾與戒嚴軍之間多次惡鬥，被俘的軍人沒有遭到酷刑或殺害，都能返回他們的單位。與民眾這種寬待軍人的作法截然不同的是，從全南大學撤退的傘兵毒打沒有抵抗能力的人民、或用催淚瓦斯窒息囚犯，還在朱南村外那輛小巴士上，殺害兩名倒在洪錦淑身邊的市民軍傷員，並將他們秘密埋葬。

機動攻擊隊的小隊各有巡邏區：一小隊駐防錦南路—鶴洞—芳林洞地區，二小隊駐防豐鄉洞—雞林洞—忠壯路—錦南路地區，三小隊駐防白雲洞圓環與全南大學醫院地區，四小隊駐防豐鄉洞—山水洞—芝山洞—東明洞地區，五小隊駐防錦南路—光川洞—良洞市場地區，六小隊駐防道廳—錦南路—良洞小學—月山洞—光州川地區，七小隊駐防池元洞地區，作為支援單位。每一個小隊有隊員六到九人，總計四十到七十人。光州事件結束後，有三十一人經指證為機動攻擊隊隊員。在五月二十七日上午攻擊道廳的戰鬥中，陣亡或逃離現場的隊員身分不詳，因為為保護身分隱密，隊員彼此只用代號相稱。

● 第五次保衛民主市民大會

在尚武台談判結束、戒嚴軍入城的消息確認後，第五次保衛民主市民大會於同一天下午三時舉行。與之前舉行的幾次大會不同的是，這次大會的重點不是公開宣讀聲明，而是為民眾提供行動準則。但與之前舉行的幾次大會一樣，民眾仍然上台譴責戒嚴軍犯下的罪行。一名中年婦人上台講述她一家人如何在光州監獄附近遭傘兵屠殺，講到一半就泣不成聲，無法再講下去。一名女教師上台，表示想為光州盡一份心力，要大家給他出主

意。另一名中年婦人上台後說，這是她第一次參加大會，因為她信了電視廣播中的說法，以為光州市已經遭肆意燒殺搶掠的暴民佔領，躲在家裡不敢出來，直到一天走出家門才知道事實真相完全不是這樣。她呼籲示威者走訪郊區與周邊地區，讓更多民眾發現事實真相。還有民眾上台討論韓國自脫離日本統治以來遭到的各種政治與經濟問題。大會又一次宣讀了當天上午大會中宣讀過的「八十萬爭民主公民的承諾」聲明。

在大會結束時，抗爭領導部正式宣布戒嚴軍可能於當天晚上進城。這時的光州已經傳言漫天亂飛。根據尚武台國防軍後備役傳來的說法，戒嚴軍將在當晚發動攻擊。一些有家屬在軍中的民眾說，軍方正源源不絕、大舉增兵，還在晚餐中加了豬肉以提振士氣。據說，一名婦女打電話到道廳，說她在尚武台擔任軍官的先生告訴她，說他一連幾天不能回家，還警告她無論如何不要外出。大會結束後，五千民眾大喊「我們要戰到底」，然後沿錦南路而下，遊行到良洞市場與花亭洞，一直走到城郊與戒嚴軍對峙，才停下腳步。民眾繼續在軍隊面前呼喊口號，然後返回道廳。那天晚上，約一百五十名年輕人與學生留在基督教女青年會過夜，保護道廳。

● 國際記者會

五月二十六日下午五時，抗爭領導部發言人尹祥源在道廳二樓發言人辦公室為外國記者舉行記者會。這是自收拾委員會由鬥爭委員會取代、戒嚴軍入侵消息風聲鶴唳以來第一次國際媒體記者會。發言人辦公室為外籍記者發了二十幾枚採訪證，光州市已經成為全球矚目焦點。守在發言人辦公室門口的是全南大學學生金潤基、安吉正、與朴鍾燮（十九歲），三人都配了卡賓槍。[13] 這是市民軍在抗爭事件期間舉行的第一次、也是最後一次國際記者會，出席的十餘名外籍記者包括《紐約時報》東京局主任亨利・史考特–史托克（Henry Scott-Stokes）、《紐約

時報》駐漢城記者沈在薫、美聯社的泰瑞・安德森、《讀賣新聞》的松永成太郎、北德廣播公司的尤金・辛茲彼得、《巴爾的摩太陽報》記者布萊德雷・馬丁,《南德意志報》記者吉哈德・海斯契。出生在順天一個傳教士家庭的美國人約翰・林登（John Linton,韓文名印耀漢;二十二歲,延世大學醫學院一年級生）擔任翻譯。[14] 林登因好奇,自稱美國大使館員工,溜進光州,誤打誤撞成了記者會的翻譯。

史考特－史托克對道廳大樓的氣氛有如下描述:

「學生領導人看起來非常疲倦,非常年輕,不知道怎麼適當運用他們的武器。當我們走進辦公室會見發言人時,我們發現他們把他們的卡賓槍像玩具一樣靠在牆上。他們有沒有關妥保險?」[15]

尹祥源首先就鬥爭委員會的立場、與全羅南道戒嚴司令部談判的結果、傷亡數字、以及光州民眾遭受的損失作了簡報。他特別懇請記者們代表光州做兩件事:與美國大使來天惠聯絡,以及促請紅十字會提供援助。尹祥源在結束記者會的聲明中說,「就算我們今天倒下,我們也永遠不會被擊敗。」為尹祥源擔任翻譯的林登,在全程三小時的記者會結束時已經淚流滿面。光州不是一座暴民之都,而是一處沉浸在哀悼中的大型葬禮。據林登說,尹祥源說:「我不了解軍方為什麼用那些槍砲對著南方,而不用來對準休戰線。我們處於一種絕望的情勢。我們的食物與水即將用盡……我們不是『共產黨』。我們每天做的第一件事就是譴責共產主義。軍方卻誣陷我們、把我們加上北韓特工標籤,冤枉我們。」

記者會過後,尹祥源要求與同樣來自《紐約時報》的史考特－史托克與沈在薫談話,請兩人安排他與美國駐韓大使會面。尹祥源明白表示,他不會與全斗煥談。這項擔任市民軍傳話人的要求令史考特－史托克與沈在薫非常掙扎。兩人在記者會結

束後私下討論了這個問題，都認為如果不是身為記者，兩人一定會為光州請命，但兩人最後還是決定婉拒尹祥源所請。因為記者應該扮演一種公正觀察員的角色。兩人認為，他們充其量只能寫文章在《紐約時報》發表，讓來天惠透過這些文章了解光州情勢，然後由來天惠自行決定是否會晤鬥爭委員會發言人。不幸的是，在他們的文章甚至還沒來得及付印以前，道廳已於翌日一早淪陷。

記者會結束後，道廳外貼上海報：「光州市民，不要擔心。領導層已經與《紐約時報》的記者面談，獲悉美國即將干預，以和平方式解決我市的危機。」

海報甚至還附上史考特－史托克與沈在薰的姓名。沈在薰事後表示，市民軍領導人一定是為了讓民眾安心，迫不得以才這麼做。海報上的說法並不真實。七月初，在光州事件結束一個多月後，沈在薰突然遭到戒嚴司令部聯合搜查團非法拘捕，調查。調查人員關注的焦點就在這些海報的內容。在《紐約時報》與來天惠極力要求下，沈在薰在幾天後獲釋。

五月二十六日，來天惠接到一通從光州打來的電話，要求他介入叛軍與戒嚴司令部之間進行調停。但來天惠基於兩個理由沒有同意所請。首先，他認為戒嚴司令部不會同意調停，因為第二十師已經進駐光州。他認為美國大使不宜扮演這樣的角色。[16] 第二個理由是，他不可能搞清楚要求他進行這項調停的人是誰。不過《華盛頓郵報》（The Washington Post）引用國務院發言人的話說，美國無意與市民軍進行談判：「發言人說，當局沒有理會這項調停的要求，因為這『不是一個人權議題……這是建立與維護東北亞安全、事關美國國家利益的問題』。」[17]

出席這次記者會的外籍記者都對尹祥源印象深刻。史考特－史托克後來回憶說，尹祥源是「一位傑佛森民主主義忠誠信徒」。安德森說，尹祥源「是一位提出熱誠而衷心請求的市民軍成員」。布萊德雷·馬丁在《巴爾的摩太陽報》五月二十八日頭版刊出的一篇報導，標題是「這位韓國反抗者的目光令人稱奇，

Korean rebel's gaze was even but it foretold his death

STUDENT, from A1

as an ally can exercise its influence on the Korean government. Since it hasn't done so, we suspect the U.S. might be supporting Gen. Chun Doo-hwan." (General Chun is South Korea's new military strongman.)

The Americans should send their ambassador in to arbitrate the Kwangju problem, the student spokesman said, because "we can't trust the government authorities. In the case of the recent coal miners strike, the government promised no punishment if the rioters would stop — but in fact they were arrested later."

The spokesman would not give his name. He said that was the policy of the student militants, although he was sure the Army knew who he was.

I looked at him and could not escape the knowledge of the future that I saw in those eyes. More than 100 Kwangju people had been killed in the previous week's rioting, according to news accounts, and he was saying the real figure was about 260.

Finally I asked him the question that was bothering me. It was obvious to any outsider, I said, that the Army had overwhelming power to call upon whenever it might choose to strike and retake the city. Were the poorly armed student militants prepared to die in resisting or would they surrender?

He replied calmly, his eyes gently insisting that the words be believed. "We'll fight back to the last man." He said the students had enough dynamite and grenades to "blow up the city."

After the press briefing, I stayed in Kwangju a while, examining the barricades, interviewing citizens. Then, at night, I returned to Seoul and sent a story to *The Sun* about what I had seen. The story never ran. Before it could be printed, word came that the Army had retaken Kwangju.

Casualty figures released at first were low—only two dead among the students. I was happy it was not more. They were so young, so full of idealism and determination.

Later I heard higher figures. The Associated Press correspondent, who had been at the news conference, counted 16 young people dead. Among them, he said, was the student spokesman, found in the same Capitol office where he had held his first and last regularly scheduled meeting with the press. His body was partially burned in a fire that had broken out there, I was told.

If I knew the student's name, I would write it here.

五月二十六日下午五點左右，市民軍發言人尹祥源在道廳召開外媒記者會。（圖為美國記者布萊德雷・馬丁在《巴爾的摩太陽報》的報導，五一八民主化運動記錄館提供）。

但也預言了他的死亡」。馬丁後來在《深泉》（샘이 깊은 물）月刊一九九四年的一篇報導中寫到他與尹祥源的那次會面：

「我當時心想，他〔尹祥源〕已經活不成了。他似乎也知道自己大限在即。他的言語透著一種溫和，一種仁慈，但死亡陰影似乎一秒一秒不斷逼近。我還清楚記得他睜著那雙富有洞察力的眼睛，義氣凜然說道『我們會戰鬥到最後一人』(We will fight until the last man.) 那句話的一幕。」[18]

那天上午九時三十分，哥倫比亞廣播公司一名記者訪問仍然留在光州的阿諾·彼德森。記者問，「政府說，這次事件是共產黨或共產黨同路人煽動的。你怎麼看？」彼德森答道，「造成這場危機的不是共產黨，而是韓國軍方。」[19]直到今天，仍有人罔顧事實，堅持戒嚴司令部那套「光州暴動是北韓特工、是共產黨煽動的」的說法。

● 最後會議

那天下午六時，收拾委員會在副知事辦公室開了最後一次會，與會者包括李鍾基、吳炳文（教授）、金在日、張世均、曹喆鉉、曹亞羅、李愛信、黃今善、具成柱、金和成、鄭祥容、金宗倍和金昌吉。金昌吉說，「我們今天早先去了一趟戒嚴司令部，他們說，今天午夜是我們交還武器的最後限期。我們必須立即交還槍械。」鄭祥容駁斥道，「我們在這一刻求和是自取其辱。繳械投降與出賣光州人民無異。我們在每一次群眾大會中都聽到他們要求正義的呼聲。戒嚴司令部做到多少我們提出的要求？一個都沒有！我們現在不能投降。要記住美國已經部署了航空母艦。我們只需要多撐幾天，就能迎來我們的勝利。」金宗倍也附和著說，「現在交還武器等同自殺。我寧願遵照人民的意願繼續奮鬥。」

金昌吉仍不放棄，繼續要求交還武器，戰情室長朴南宣與機動攻擊隊隊長尹錫樓拔出配槍說，「願意戰鬥的人可以留下來，但打算投降的人必須離開。」金昌吉、黃今善等幾名主張交還武器的人於是走出會議室。在走出道廳途中，他們找上在廚房工作的女學生與在周邊站崗的警衛，說戒嚴軍就來了，要他們回家。

基督教女青年會主席曹亞羅後來憶道：

「學生收拾委員會分裂成幾派。鄭祥容與金宗倍不願背叛那些遭到殘殺的人民，不肯離開道廳，但金昌吉說他要在下午五點鐘離開。見到他們這樣爭吵，我實在看不下去，於是對他們斥道，『你們這樣爭下去只有讓這場悲劇更慘。我們現在需要想方設法、爭取一切援助，而你們卻在鬧分裂。如果你們再這樣鬧下去，我先走好了。』最後，金昌吉離開道廳，他的一派人也跟著離開。幾個人留了下來，包括曹喆鉉神父、吳炳文教授、張世均牧師、與李鍾基律師。鄭祥容與金宗倍淚流滿面地告訴我們，『無論發生什麼，我們會留在這裡，直到最後一人。請支持我們直到最後。』當時是晚間七時。約一小時後，我決定回家，於是曹喆鉉神父與吳炳文教授陪我走回基督教女青年會。我從那裡與總務長李愛信一起回家。」[20]

那天晚上九時，金昌吉回到家，這是他自從五天前加入收拾委員會以來第一次返家。那天稍早，約於晚間七時，兩百零七名住在光州的外籍人士（包括一百三十四名美國人、九名日本人、三名英國人、與六十一名其他國籍人士）離開光州。[21] 在光州解放期間，沒有一名留在光州的外國人受到任何傷害。那天下午，彼德森牧師又一次聯絡光州市美國空軍基地技術士官戴夫·希爾。希爾又一次勸他立即離城，但彼德森沒有理會。彼德森一直留在光州，直到事件落幕。那天晚上，彼德森一個人待在他的楊林洞傳教士聚集的寓所。第二天凌晨，道廳方向傳來的槍聲將他驚醒。彼德森日後回憶說，希爾事後告訴他，韓國軍隊還準備出動空軍轟炸這個城市。[22]

● 難以言喻的悲痛

擺在尚武體育館的許多屍體，都是從全南大學醫院、紅十字會醫院、與光州基督教醫院等附近醫院搬進來的。搬進來的屍體首先要經過道廳調查組驗屍，然後移到道廳大樓與民政處辦

公樓之間的空地。一個屍體處理組要用棉花塞住屍體面孔，以防液體溢出，並將迅速腐化的屍體包裹。許多屍體上有彈孔，或四肢不全，或因遭到毒打而腫脹。當家屬來到、認領屍體時，工作人員會將屍體做防腐處理，用白布包裹，置入棺中，並用國旗覆蓋棺木後，搬進尚武體育館。截至五月二十六日，已有六十幾具屍體搬進尚武體育館，留在道廳、身分不詳的屍體也有十幾具。身分不詳的屍體中有兩具女屍，直到五月二十六日仍然無人認領。由於臉孔已經無法辨認，家屬只能根據死者衣著、鞋子與隨身物品指認。

　　儘管良洞市場附近殯葬業者提供了一些棺木，但由於需求突然暴增，當局不得不從朝鮮大學醫院調來建築用合板，製作簡易棺木。在接獲報案，說光州大東高中附近田野發現一具屍體後，屍體處理組與機動巡邏隊前往現場，收回一具沒有棺木、草草掩埋的屍體。但直到五月二十六日晚，仍然沒有人前來認領。送進道廳的傷患會先接受急救，然後視傷勢決定是否送往附近醫院。

　　鄭泰浩（十九歲，大學生）與幾名女學生志願在尚武體育館擔任屍體守護工作。儘管他在一開始膽戰心驚，但之後發現他守護的正是自己戰友的遺體，也就坦然了。天主教徒洪善權（二十歲，教名皮尤斯）負責在道廳為屍體洗浴、塗防腐劑等其他人受不了、做不來的工作。洪善權是北洞天主教青年團團員，原本計畫參加大學入學考，但於五月二十七日在擔任道廳警衛時遭戒嚴軍槍殺。

● 戒嚴軍意圖製造分裂

　　戒嚴軍於五月二十一日撤出光州市區，是民眾拼死反抗的成果。但軍方早在撤退時，已經著手在光州周邊建立封鎖圈，並決定在五月二十三日過後展開一項行動，消滅這些「暴民」。[23]

　　根據軍方計畫，重新奪回光州的行動還包括心理戰——要在

市民軍之間煽動不滿與相互猜忌。但儘管如此，光州仍然在圍城狀況下挺了五天。這些製造分裂的意圖未能得逞，也是戒嚴司令部決定提早入侵的因素之一。

● 尚武忠貞作戰

五月二十三日，全羅南道戒嚴司令部散發傳單，發表以下聲明：

「我們現在要進軍光州市區，為這座被佔領的城市重建和平，保護無辜百姓。如果你被壞分子誘使而加入暴亂，你應該放下武器自首。各位民眾，留在你們家裡。我們會擊斃反抗者。做父母的必須管好孩子。我們今天就會展開行動。」

這些傳單早在五月二十三日已經散發，準備在當天實施「尚武忠貞作戰」，但實施日期奉命延後。

戒嚴軍揚言掃蕩光州，這不是唯一一次。[24] 當韓國陸軍第二軍團作戰參謀金俊逢准將，五月二十三日下午三時向戒嚴司令李熺性提出尚武忠貞作戰時，李熺性下令將實施日期順延一天，以便軍方在展開攻擊以前先取得與美國的協議。國防部長官周永福之後下令，將實施日期延至五月二十五日凌晨二時，表面理由是暴力鎮壓行動會激化地域仇恨，使當局難以應付涉及平民百姓的人質情勢。但真正理由是，他們得先獲得美國合作，讓美國調遣艦隊，而這需要更多時間。當韓國陸軍主管作戰事務參謀次長金在明與美軍當局達成協議時，時間已是五月二十四日下午四時。之後，戒嚴司令部下令戰鬥兵科教育司令部司令官蘇俊烈「暫時按兵不動，等我們取得美國海軍與空軍增援」。光州人民主動交回武器，也是尚武忠貞作戰計畫實施延後的一項因素。[25]

五月二十四日，第三、第七、與第十一空降特戰旅將光州監

獄與朱南村等光州周邊關鍵地點的控制權移交第二十師，在光州機場集結，準備展開部署。韓國陸軍第二軍團本部下令戰鬥兵科教育司令部打通光州與光州市北長城郡之間的補給線。戒嚴司令部隨即「向韓美聯軍司令約翰·威克漢報告說，戒嚴司令部已經完成重入、佔領光州的準備」。[26]

　　早先，戒嚴當局已經「確認，經過國防部長官與參謀首長主席的努力，情況已經明顯，美國將採取一種積極合作的立場」。[27]美國國防部於美國時間五月二十二日（韓國時間五月二十三日）宣布，它已批准第二十師進駐光州。美方高階指導委員會也宣布美國將迅速派遣預警機與航空母艦進駐韓國。

　　五月二十五日十二時十五分，全斗煥、周永福、李熺性、黃永時、盧泰愚等一眾戒嚴高官聚集韓國陸軍會館。李熺性提出韓國陸軍本部說明尚武忠貞作戰的文件。李熺性在當天上午四時下令金在明準備這些文件。現在既然已經取得美方全力支持，這群高官審閱了這些文件，決定於五月二十七日凌晨零時一分起展開部署。戰鬥兵科教育司令部負責計畫實施。[28]

　　「尚武忠貞作戰」實施前的準備工作如下：金在明以韓國陸軍本部特別小組指揮官的身分，於五月二十一日上午十一時到下午三時親訪光州。同一時間，第十一旅的六十一與六十二營對聚集錦南路的數以萬計民眾實施無差別濫射。在與戰教司司令官、特戰司令官、三個空降旅旅長、第二十師師長、以及戒嚴司令部規畫局局長會晤後，金在明發布一份名為「行動實施事務結論」的報告。與他會晤的現場指揮官強調先發制人鎮壓的重要性。金在明在他的報告中建議戒嚴軍於五月二十五日凌晨四時進駐市區。之後，韓國陸軍本部以作戰參謀部作戰次長李相薰的名義發表報告，談到金在明的建議。根據李相薰的這份報告，結束光州危機有三種可行之道：一：支持文人領導的解決辦法，二：長期封鎖光州，三：先發制人的鎮壓。

　　李相薰這份報告說，在考慮這三個選項後，基於下述理由，建議實施第三種選項：第一種選項儘管最平和，卻不能保證成

功，而且需要更多時間，也可能導致民眾被屠殺與長期暴亂。
第二種選項相對而言傷亡較少，也能保證成功，但讓暴民有更
多時間進行整補，讓暴民利用民眾建立人肉盾，加強防禦力量，
將抗議擴散到其他地區，造成民怨，還能利用民眾與軍人眷屬
阻撓軍事行動。第三種選項具有瓦解暴民士氣、阻止抗議擴散、
與減少長期圍城可能帶來的損失等優勢。不過這麼做也能導致
相當數量的軍、民、與暴民傷亡，為媒體惡意中傷帶來藉口，
造成日後負面效應。[29] 這最後的選項是最後選定的解決辦法。

　　為加強監聽能力，戒嚴司令部五〇五保安部隊於五月二十六
日晚間七時派往光州。在松汀里空軍基地與戰鬥兵科教育司令
部待命的士兵獲得一筆總額六千三百萬韓元的獎金，當局還宰
了七頭牛，辦了勞軍特餐。[30]

第三部

尾聲，
與一個新的開始

第 13 章｜抗爭結束

（五月二十七日，週二）

● 戰鬥準備

　　黯淡無光的光州市，降了一場小雨。道廳、噴水池廣場、與錦南路一片死寂。五天來解放的狂熱與激情已經冷卻，民眾回到家，鎖上門，關了燈。市區各處黝黑昏暗，不見人蹤。只有道廳、基督教青年會、與基督教女青年會大樓仍然燈火通明，空曠的街頭偶然駛過機動攻擊隊或市民軍的車輛。光州的命運將於黎明前決定。

　　儘管戒嚴軍入侵在即的消息已經在下午群眾大會中宣布，留在道廳的人仍然為數不少。在那天傍晚主戰派與主降派一場激辯過後，只有二十來人隨同金昌吉離開道廳，但沒有任何人指責他們。金昌吉垂頭喪氣在道廳大樓各處繞了遍，逢人就說戒嚴軍入侵在即，勸人趕緊離開，最後悻悻然離去。[1] 機動攻擊隊隊長尹錫樓事後表示，他沒有攔阻金昌吉這麼做，因為「他只是想盡可能多救一些人。我們或許看法不同，但我們不能絕對確定只有我們是對的。我們的想法是，只有願意留下來、為保衛道廳戰到最後一人的人才應該留下來」。[2]

　　五月二十六日傍晚，一名國安軍高官打電話給尹祥源提出要求，「午夜以前撤出道廳，否則後果自負」。這名高官警告說，如果不撤出道廳大樓，軍隊就會打進去。尹祥源也不干示弱，說「如果傘兵打過來，我們會引爆藏在地下室的炸藥」。

　　市民軍戰情室長朴南宣、楊詩英、李龍淑、孫南升、李京熙、

曹時亨、金亨貢留在一樓戰情室。金俊奉、魏聖三、梁承熙、申滿植、與朴美淑留在隔壁調查室。在結束街頭廣播、回到道廳的公關組成員李興哲與朴英宣，由於回不了家，也留在戰情室。包括抗爭領導部與機動攻擊隊隊員尹錫樓、李在鎬、金泰贊等兩百多人駐守在二樓，準備迎擊這場最後戰役。

留在民政處地下室軍械庫的人有文勇東、金英福、朴善宰、楊洪範、鄭南均、鄭坤錫、李赫等等。自五月二十三日起就在擔任警備工作的李京植，在母親力勸下於五月二十六日晚回家，除了李赫調到大門附近的警衛室以外，其他成員都留守在軍械庫。補給長具成柱忙著到市場與市政廳補貨，來不及出席會議。二十幾名婦女仍然留在廚房，包括高中生朱素妍，與天主教教友鄭淑京、尹清子、與五月二十五日才加入的金宣伊。

抗爭領導部主席金宗倍、發言人尹祥源、外務副主席鄭祥容、副主席許圭晶、企劃室長金永哲、企劃委員李樣賢與尹江鈺、民政長鄭海直、調查長金俊奉、與總務長鄭海珉，負責守衛二樓與三樓辦公室。戰情室長朴南宣、機動攻擊隊隊長尹錫樓、副隊長李在鎬、與巡邏隊隊長金和成忙著因應無線電傳來的情報。

天色漸晚，李鍾基律師出現在道廳，為留守人員帶來意外驚喜。他回家洗了個澡，重返道廳，是唯一一位當天晚上返回道廳的年長領導人。李鍾基說，「身為收拾委員會主席，我必須為沒能處理好這個情勢負責。」說完這話，他逕自走進二樓辦公室。李樣賢事後回憶，「李鍾基先生的回轉對我們年輕人是一大鼓舞。」[3]直到這一刻，市民軍還能撐持，靠的就是成員九天來的犧牲奉獻、他們對民主的渴望、以及他們對自己站在正義一方的堅定信念。

五十幾名機動攻擊隊隊員在光州市區巡邏。沒有配置在這支隊伍的市民軍成員，也就近在道廳與市內各處巡行。晚間七時，七十幾名學生響應海報與「市民爭民主」公報號召，聚集基督教女青年會，加入防衛工作。金相集與金潤基領著他們來到道廳三樓會議室，由金相集向他們簡述槍械使用。

「我們有的這些槍都是古董，未必能妥為上膛。拉開扳機後，槍彈有可能在槍膛內炸射，燒傷射手。每開完一槍後，一定要打槍栓，以防炸膛。開完槍要滾向左邊，以免遭敵火回擊。」

尹祥源很快出現在這群新手面前，發表演說：「我不久前才剛開了一次對外國媒體的記者會。我向他們明白表示我們對這項運動的承諾。殺人魔全斗煥仍在濫殺我們的家人與親友。甚至就在今天，我們還發現更多埋在無名塚的屍體。失蹤的人數以百計。我們必須繼續戰鬥，使那些爭自由、爭民主的烈士之死不致罔然。我們歡迎為保護光州人民與財產挺身而出，加入我們市民軍的新朋友。我們會繼續戰鬥，直到殺人魔全斗煥結束戒嚴狀態，韓國展開建立民主政府的妥當政治進程為止。與我談話的外國記者豎起三根手指，向我保證，只要我們能堅守三天，全斗煥會撤軍。我們必須繼續戰鬥，直到實現民主為止。」

尹祥源這番話讓金相集和孫南升非常感動。當尹祥源最後問道「你們會奮戰到底嗎」，新加入的學生都齊聲高喊「我們會！」[4]

那天晚上，抗爭領導部要每一位參加最後死戰的學生都打電話回家，讓家人知道他們都在道廳。東國大學一年級生朴秉奎打電話回家，妹妹朴敬順接起電話。「敬順，是妳啊？妳知道我在哪裡嗎？我現在在道廳一位處長辦公室裡，坐在處長座椅上。讓我跟媽講話，」他嘻笑地對妹妹說。他媽媽隨即接過電話，告訴他「明天回家吃早餐」，說完掛了電話。朴秉奎沒有告訴母親，他在準備最後一戰。[5]

有些學生經不住父母哭求，最後回了家。家人勸孩子回家的電話湧入，道廳電話鈴聲一時不絕於耳。儘管這是一場整個光州的戰役，覆巢之下無完卵，也因為在市民軍眼中，沒有信念的死沒有價值，每一個人得為自己去留作選擇，不能將自己的決定強加在他人身上。

晚間十時，抗爭領導部的李英賢要妻子回家，陪他們的孩

子，然後向她道別：「如果今晚平靜無事，明天早上九點來道廳，像過去一樣進廚房幫忙。如果孩子要看爸爸，帶他們來。禱告我們一家還能活著重聚。」看到身邊那許多市民軍，李英賢的妻子害羞，不敢公開摟抱丈夫，不敢大哭，只能把頭枕在他的臂膀上低泣。李英賢在妻子背上輕輕推了一下，極端冷靜地走回大樓。這對夫妻就此永訣。

市民軍成員很清楚一場死戰即將到來，紛紛抱著槍倒在椅子上或把頭枕在桌上睡了。許多天來幾乎沒有人好好睡過一覺，時刻緊繃的情勢已經讓每個人筋疲力盡。

● 「保衛道廳！」

五月二十六日下午群眾大會過後的遊行有五千多人參加。遊行結束後，兩百多名參加遊行的青年志願留下來，戰至最後，保衛道廳。他們大多為高中生、大學生、與年輕的藍領工人，是市民軍在這場對抗戒嚴軍的決戰中的最後一道防線。顯然就連他們也很清楚，面對即將進城、受過高度訓練、裝備精良的軍隊，他們根本毫無勝算。但投降不是選項。

由於人數眾多，抗爭領導部將這些志願軍聚在基督教青年會，而不是已經擠滿人潮的基督教女青年會。來自基督教女青年會的婦女為這些志願軍準備咖哩飯。晚上八點過後，戰情室長朴南宣與發言人尹興禎走進基督教青年會。朴南宣懷著壯士赴死的心情，向志願者陳述情勢，戒嚴軍動態，以及市民軍當前的任務。尹興禎極力建議女學生與高中生回家：「我們了解高中生像他們的哥哥姊姊一樣，也熱愛民主。不過這不是未成年人的戰鬥。我們要你們活下來，把你們所見所聞傳給其他人。你們一定要成為歷史證人，把我們如何奮戰而死的事告知世界。」

沒有人能強迫他人留在道廳，因為留下來的人很可能送命。抗爭領導部特別關心不要造成未成年人傷亡。不過大多數在基督教青年會加入市民軍的高中生都決定留下來。林泳賞（光州

瑞石高中三年級生）在與同學兼室友崔在南一起逛光州市區時，決定在基督教青年會加入市民軍。在參加五月二十六日下午道廳外的群眾大會，還進入尚武體育館看了屍體後，他義憤填膺，決心加入志願軍、保護道廳，為無辜死難者伸張正義。志願軍每九到十人一組，在一本名冊上登記姓名地址，以便一旦死難便於遺體辨認。死亡的可能性確實令林泳賞害怕，但他仍然決心加入反抗行列。[6]

在朴南宣與尹興禎致完詞以後，後備役上尉宋金光（二十八歲，上班族）上前指導志願者使用槍械，傳授他們包括裝彈、瞄準、與射擊等基本技巧。抗爭領導部將志願者中擁有軍事經驗、知道如何使用槍械的人聚在一起，從中徵召志願者加入機動攻擊隊。其他聚在基督教青年會的人繼續留在當地，直到午夜過後警報聲響起，才引領他們進入道廳，領取槍械與彈藥。之後，這些志願者分別進駐道廳、雞林小學、與韓一銀行等關鍵要地。

● 部署前夜

五月二十六日上午十時三十分，將親自投入「尚武忠貞作戰」的指揮官在戰鬥兵科教育司令部司令官辦公室開會。[7]第二十、第三十一師師長、與第三、第七、與第十一空降特戰旅旅長、以及戰鬥兵科教育司令部轄下步兵學校校長都接受了掃蕩光州的特定命令。在傘兵前導下，特戰部隊將滲透周邊，佔領光州市內關鍵地點，控制所謂暴民。之後，特戰部隊要將這些關鍵地點的控制權交給由二十師與三十一師組成的攻擊單位。步兵、砲兵、與裝甲兵學校的部隊隨即控制光州周邊，作為封鎖單位。[8]

韓國陸軍本部提前向戰鬥兵科教育司令部下了一套指令。[9]戒嚴軍奉命經由五路進軍光州，確保能佔領最終目標全南道廳，與光州公園、光州觀光飯店、與全日大樓等三處關鍵要地。

個別單位也接獲特別指令。韓軍最精銳的第三旅奉命攻佔道

廳，第十一旅奉命攻佔光州觀光飯店、全日大樓、與基督教女青年會，第七旅奉命攻佔光州公園。這些指令，都是根據特戰司令官鄭鎬溶向戰教司司令官蘇俊烈所提建議做成的。

第三旅（旅長崔世昌准將）第十一營（營長林秀寰中校）第一野戰大隊（隊長片上尉）的七十七名軍人（十一名軍官，六十六名士兵）負責攻擊道廳。佔領全日大樓與光州觀光飯店的任務，由第十一旅（旅長崔雄准將）六十一營（營長安富雄中校）第二野戰大隊（隊長崔上尉）的三十七名軍人（四名軍官，三十三名士兵）負責。佔領光州公園的任務則由第七旅（旅長申佑湜）三十三營（營長權承萬中校）第八與第九野戰大隊的兩百六十二名軍人（三十八名軍官，兩百二十四名士兵）負責。

在接獲部署令後，各單位於下午三時到五時前往光州機場各指定機庫，領取任務指示。他們在機庫觀察地圖與目標建築物藍圖，研究、分析最佳進擊路線與可能面對的情勢。

第三旅的四個連奉派攻佔道廳內特定地點，執行特定任務。道廳大樓每一層樓、警察局大樓、軍械庫、與民政處大樓都將由特定單位進駐。來自保安司令部的特工與派到道廳的特工也加入任務簡報，說明道廳佈局與結構詳情。特工們甚至告訴在場官兵，根據最新情報，收拾委員會內部在鬧分裂，其中主戰派決心死戰到底。旅長們強調要將傷亡降到最低限，士兵們必須一切遵令行事，不得有誤。

在行動展開前，奉命出擊的官兵們必須牢記總共十八項特定行動指示，包括開槍時要盡可能瞄準下腹部，每一連要有兩名警員隨行，要保護外國人與關鍵人士，基於安全理由，要避免使用無線電，要與奉派出擊的其他單位密切合作，要避免與不相干各造意外駁火。當暴民利用百姓為人質時如何反制，也有特定指示。[10]

下午四時，蘇俊烈來到光州機場，通知指揮官們行動將於五月二十七日凌晨零時一分起展開。蘇俊烈親自下達行動令，以免情報走洩。

每一名特戰隊員配備一枝 M16 步槍與一百四十發子彈。每一連有三枚手榴彈、兩個催淚瓦斯罐、與兩幅防毒面罩。為保證最大機動，裝備減少到最低限。由於民眾對傘兵極度仇視，參加這項行動的特戰隊員穿著一般步兵制服，而不是有條紋的傘兵服。他們在外套上罩防彈背心，還在頭盔上繫上白布條，以防遭友軍誤射。

第三旅第十一營，與第十一旅六十一營第二野戰大隊的四個連——都將部署在道廳與附近地區——於下午六時三十分乘直升機飛往朱南村。根據計畫，行動結束後，傘兵要將道廳地區控制權交給自五月二十四日起一直負責朱南村周邊防務的第二十師六十一團。傘兵計畫在夜間迅速攻擊光州市關鍵地點，然後在黎明前秘密離城。為緩和不必要暴力鎮壓手段可能帶來的批判與政治壓力，新軍部在這項鉅細靡遺的計畫中，將秘密列為要件。

甚至就在第三與第十一旅守候在朱南村待命時，情報仍然源源從總部傳來。市民軍成員在光州關鍵地點守備狀況的情報，透過戒嚴軍情報管道傳到傘兵手裡。要親臨現場、指揮特戰部隊的野戰大隊隊長們，為每一個連指派攻擊目標特定任務，這些目標包括必須封鎖的道廳後門、警察局大樓、樓頂、道廳大樓的一樓與二樓、餐廳與地下室、民政處、軍械庫、還有大門。每個連在完成任務時，要發射信號彈。每個連的連長配置兩名熟悉光州的警官，這兩名警官要陪著連長直到抵達目標位置為止。光州地區警察已於五月二十五日奉戒嚴當局正式召喚，為這項行動做準備。負責為第三旅做嚮導的，就是那名之前進入地下室軍械庫、拆除炸藥雷管的軍火公司文職技師裴乘逸。[11]

鄭鎬溶於晚間九時抵達光州機場，為特戰部隊打氣。他在當天上午在漢城見了全斗煥，領了一些假髮、便衣、麻布袋。下午二時，鄭鎬溶與戒嚴司令官李熺性談話，從李熺性處取得一些供行動使用的「爆音彈」（stun grenades，譯按：一種非致命武器，主要用於反恐作戰）與光州市空拍圖。[12]

就在第三旅於晚間十時三十分準備離開朱南村時，情報處一名官員為他們送來十枚爆音彈。每個奉派進入道廳大樓、民政處等市內地點的連，都領到兩枚爆音彈。第十一旅派赴全日大樓的單位也領到幾枚爆音彈。由於有情報說，市民軍已經在道廳大門建立強大防禦工事，[13] 負責攻擊大門的連也領了幾枚爆音彈。行動前的準備工作於是完成。

　　第三旅特戰隊於晚間十一時離開朱南村，兩個半小時後，於五月二十七日凌晨一時三十分來到朝鮮大學後山的任務整補站。第十一旅於晚間十一時十五分離開朱南村，於凌晨一時五十分來到同一地點。[14] 第十一旅這趟旅程原訂兩小時完成，但由於途中碰上阻礙而出現延誤。第三旅特戰隊在整補站停留約九十分鐘，進行最後準備，於上午三時朝目標──道廳──進發。第十一旅特戰隊於上午三時三十分出發，目標全日大樓。

● 「緊急！緊急！」

　　尚武體育館腐屍發出的惡臭夾雜著悼念亡靈的香燭味，隨著輕柔晚風飄進對街道廳辦公室內。道廳外廣場瀰漫濃濃的死亡氣息。前些時，或許因為過於疲累，市民軍成員似乎沒有聞到什麼，但現在望著空蕩蕩、一片死寂的街道，他們訝然發現這死亡氣息竟如此濃得化不開。晚間十一時五十分，戰情室長朴南宣用道廳專線打電話給漢城首都：「這是全羅南道廳。戒嚴軍已經進駐光州市中心了嗎？如果他們進了道廳園區，我們會引爆炸藥，與攻擊我們的人同歸於盡。」

　　沒隔多久，所有通往城外的電話線全部中斷。戒嚴軍已經切斷光州與周遭道內其他地區，以及光州市內所有電話線。市民軍僅存的最後一絲疑慮這時也已耗盡，留在道廳的人這時百分百確定，戒嚴軍要行動了。午夜出動、巡視周邊地區的機動巡邏隊，在返回道廳後紛紛報告發現戒嚴軍蹤跡，情勢更加緊張。[15]

　　機動攻擊隊六小隊隊員羅日成（十九歲）穿過楊林市場、一

路奔回道廳，提出戒嚴軍正從月山洞襲來的報告。他後來作證說，「親眼見到這些軍隊讓我心驚膽戰。我內心很掙扎，很想逃命。我阿姨的家就在回程途中，我想如果我在這裡跳下吉普，我可以不死。但我隨即覺悟逃跑是懦夫，於是回到道廳。」[16]

凌晨二時，道廳宣布進入緊急狀態。[17]道廳各辦公室裡，原本早已橫七豎八躺滿因連日巡邏而累到不行的市民軍鬥士。當警報聲響起時，每個人都跳了起來，趕往指定的警戒點與團隊。

道廳內的婦女在午夜時向青年們發放了麵包與牛奶，完成早餐準備工作，之後前往二樓副知事辦公室睡覺。市民軍首先撤出這些婦女。鄭淑京和尹清子在市民軍護送下，離開道廳園區，進入道廳大樓後方的南洞天主堂。東國大學一年級生朴秉圭喚醒其他七、八名睡夢中的婦女，把她們送往道廳以東一公里的東明教會，然後獨自一人折返。

高中生林泳賞原本卷縮在基督教青年會禮堂一張床墊上睡著。他醒來，看了看錶，時間是凌晨兩點剛過。空中充滿警報聲，引擎吼聲，廣播系統傳來女子氣極敗壞的呼喊聲。約兩百名志願者已經每十人一隊，分成許多小隊在禮堂集結待命。每一小隊都要派往道廳、全南大學醫學院、山水洞、與雞林洞等地點。志願者列好隊，前一晚教他們使用槍械的指揮官提高嗓門對他們說，「我們再一次下定決心。我們只要能在今天保住道廳就算贏了。為保住道廳，我們願意捨了這條命！」

聽在林泳賞耳裡，指揮官說的每一個字都讓他充滿責任與使命感。他與隊友們列隊離開基督教青年會，跑到兩百公尺外的道廳。幾名外國記者跟在他們後面，閃著相機。奉派擔任道廳保安的魏聖三，向志願者發放卡賓槍。林泳賞拿著卡賓槍，站在地下室軍械庫外，領到一個只有三發子彈的彈匣。發彈匣給他的人要他省著點用，因為槍彈存餘不多。林泳賞當時心想，那打完三發之後怎麼辦？等死嗎？不過他知道自己不能做這類要求。在來自基督教青年會的這些青年都領完槍械彈藥之後，魏聖三派遣他們分駐面向錦南路的幾處外圍警戒哨，以及道廳

走廊與民政處的據點。

　　林泳賞與崔在南奉派到約四十公尺外、道廳大門右側的第二警戒哨。這座水泥砌成、僅一坪的小小哨所除了林泳賞、崔在南，還擠了兩名陌生的二十多歲青年。他們可以透過警戒哨牆上的射口，觀察一片黑暗中的許多動靜。就連廣場對面、忠壯路一街入口處的全國漁業協會大樓也依稀可見。每一個警戒哨的高度約為一點五公尺，牆壁上都有四個磚塊般大小的射口。林泳賞與隊友們把槍架在射口上，輪流值班觀察周遭動靜。凌晨三時，每個人都就定位，道廳再次陷入一片死寂。一切都靜止了，林泳賞也酣然入夢。[18]

　　當警報聲於凌晨二時響起時，在基督教女青年會待命的五、六十人也都醒轉。這些人包括光大劇團成員、野火夜校學生與教師、松柏會成員、大學生，以及組織大會、發行「鬥士會報」的良書組合高中生。在獲悉戒嚴軍逼近光州時，他們首先讓由於籌備群眾大會，臉孔為人熟識的金泰鐘與嚴泰柱翻越後牆撤離。之後，三十幾名婦女也逐一撤離。約三十名男子留下來，其中包括野火夜校同事朴勇準與羅明冠（十八歲）、尹善浩、金成燮、申秉冠、田龍浩，高中生金相德、李德俊、金孝錫，以及大學生李奎賢、李彥、鄭延孝、徐漢成、金尚吉。由服過兵役的鄭延孝擔任保安長，調遣這些留下的人就防護位置。

　　不幸的是，由於野火夜校這些人一直專注於出版，基督教女青年會這批人只有十枝槍。在朴勇準領導下，羅明冠等十餘名夜校生來到道廳，要求更多武器。尹祥源沒想到會在軍械庫見到他的夜校學生。「你們知道怎麼使用這些東西嗎？」他愁容滿面問道。「不知道你們力氣夠不夠，」尹祥源自言自語，猶疑了片刻。他最後決定先讓這些學生練一下深蹲。[19]這是羅明冠最後一次見到尹祥源。緊張的氣氛讓人就連彼此喘息聲也聽不見。眼見這些夜校生練得一個個額頭冒汗，尹祥源才不再堅持，把幾枝步槍與槍彈交給他們。之後，他們回到基督教女青年會。

　　戰情室長朴南宣忙著市民軍的指揮調度。由於缺乏彈藥，他

下令市民軍必須在遭到攻擊後才能還擊，而且只有在敵人已經深入射距，在接獲指揮官命令後才能開火。朴南宣親臨市民軍陣地，檢查防禦狀態。他在後門入口柵欄下部署了十幾個人，在廣場噴水池附近的盆栽邊部署了五十幾名機動攻擊隊員。駐在道廳園區附近的市民軍的位置與情勢也都經過他一一確認。

由尹錫樓與李在鎬指揮的機動攻擊隊也非常忙碌。當凌晨二時到三時間發現戒嚴軍進城時，在城市周邊巡邏已經不再可能，尹錫樓召回所有隊員回到道廳，重新分配任務，讓他們駐防道廳園區，以及噴水池廣場附近地區。第一小隊隊長李載春與第三小隊利用廣場噴水池邊的水泥盆栽為障礙，構築防禦工事。第二小隊奉命巡邏長途巴士總站附近地區。第五小隊負責中興洞、大仁洞、北洞、光州車站、與巴士總站安全。當警報聲響起時，第六小隊駐在尚武體育館邊道廳外面的巷子裡。第七小隊隊長金泰贊駐在道廳二樓走廊。

後備役上尉宋金光向朴南宣建議，挑選五十名有槍械使用經驗的後備役成員集中在基督教青年會。這些選出的人分成四個班，分別進駐周邊近旁、戒嚴軍入城時可望穿越的路口。當緊急狀態宣布時，宋金光領著這些人進入道廳一樓會議室，發給每人一枝卡賓槍與三十發子彈。宋金光挑了二十人，向雞林洞進發。第七小隊隊長金泰贊用軍用卡車將他們於凌晨三時載到雞林小學前方行人天橋，然後返回道廳。宋金光將手下二十人十人一組、分成兩組，一組守在行人天橋上，朝西方警戒，另一組進駐雞林小學。[20]

駐在光州公園與城市周邊的區域衛隊已經解散。五月二十三到二十四日的武器回收行動，以及二十五日一整夜的雨，讓大多數隊員無心留守。傍晚時分，抗爭領導部指令仍然留守的少數隊員返回道廳。外圍防線的解體使戒嚴軍可以輕鬆進入光州市中心。但在五月二十七日凌晨緊急狀態宣布時，抗爭領導部從基督教青年會派遣一些志願者，進駐月山洞、社稷公園、山水洞、全南大學醫院、與雞林小學等未遭佔領的地區。凌晨三時三十

分，守在道廳的所有人員，以及來自基督教青年會與基督教女青年會的志願者都裝備了武器彈藥，進入指定駐所。在戒嚴軍五月二十七日晨發動攻擊前，市民軍總兵力估計約有三百四十餘人。[21]

道廳周邊：兩百多人 [22]

基督教女青年會：三十多人 [23]

基督教青年會：十多人 [24]

全日大樓：十多人 [25]

長途巴士總站：三十多人 [26]

雞林小學：二十多人 [27]

月山洞：十多人 [28]

社稷公園：十多人 [29]

南光州車站：十多人 [30]

錦南路韓一銀行：十多人 [31]

西光州警署：三十多人 [32]

在市民軍成員全部部署完畢後，鄭祥容與他的全南大學校友尹祥源握手，略聊了幾句。

「這可能是盡頭了。祥源，你不後悔自己的選擇嗎？」

「我不知道你在說什麼。能在這歷史性轉捩點交出我的生命是一種榮譽。」

李樣賢對尹祥源說，「我們都會在來生重逢，也在來生一起為民主奮戰。」

金永哲、李樣賢、尹祥源都背起一枝卡賓槍，緊牽著手，來到民政處二樓禮堂的軍械庫。[33]

● 最後廣播

上午三時五十分，道廳樓頂擴音器傳來淒厲的女音。朴英順

手持麥克風，坐在戰情室裡，哽咽著宣讀最後聲明。

「光州市民同胞們，戒嚴軍就要進城了。就在說這話的同時，我們心愛的兄弟姊妹們正倒在他們的刺刀與槍彈下。讓我們全體反擊，戰到最後。我們會保衛光州。請記得我們。我們會戰到最後。光州市民同胞們，戒嚴軍就要進城了。」

朴英順的廣播驚醒了光州人，但沒有人敢出門響應。死亡的恐懼震懾了每一個人。朴英順的絕望呼聲像利刃一樣刺入光州民眾內心，絞動著，留下永難撫平的創傷。

抗爭領導部主席金宗倍匆匆來到戰情室，將這篇寫在一張小紙條上的講稿交給朴英順。朴英順一接到這張紙條，立即全身發抖，哭了起來。她知道最後一刻即將到來。[34]《紐約時報》記者史考特－史托克在距離道廳約兩百公尺的旅館裡聽見朴英順這篇廣播。儘管他聽不懂她說的話，但她的聲音深深觸動他的心。[35]

朴英順在將這篇稿子反覆唸了四、五次後，道廳大樓燈火驟熄，播音系統也斷了。凌晨四時，守在民政樓二樓禮堂的李樣賢，在接獲訊息、確認戒嚴軍滲入道廳時切斷了周邊電源。

● 傘兵對道廳後門入口發動奇襲

凌晨四時前不久，第三旅十一營第一野戰大隊的前鋒抵達道廳大樓後門。[36] 他們穿越朝鮮大學運動場，秘密通過多納吉市場、高速公路、鐵路、全南工業高中、與勞動廳。當朴英順的聲音透過擴音器在空中迴響時，野戰大隊傘兵預判市民軍會在大門入口加強防線，而從後門與兩個側門滲入道廳。但殿後部隊還沒有抵達，該部隊是由一名陸姓上尉領導的第四連，奉命翻閱後柵欄，佔領全羅南道警察局所在的警務廳大樓。[37]

上午四時十分，傘兵已經秘密包圍道廳周邊，只除了大門入

口之外，準備發起攻擊。道廳正後方那條巷子很小，勉強可以通行一部手推車。第四連在接近這條巷子時，可以聽見市民軍在柵欄另一邊的低語。陸連長比手勢要手下安靜，但隊伍後方一名傘兵跌落了槍，發生走火。[38] 當時天色太暗，不可能瞄準。一發子彈打在附近牆上彈回，擊中陸連長身邊一名士官長的腿。槍聲停歇後，陸連長將這名受傷的士官長撤到後隊，透過射口打探周邊地區。他發現四下無人，於是準備翻越柵欄。就在這一刻槍聲大響，子彈在他眼前橫飛。陸連長把槍伸出射口，一陣亂槍掃射。他的部下很快翻過柵欄，發現左、右兩邊各有六名市民軍。他們抓到其中一名朝警察局的大樓逃跑的市民軍。

市民軍成員、全南大學生金仁煥（二十一歲）也在證詞中談到這次事件。[39] 他當時駐守在道廳周邊後方柵欄邊，把卡賓槍架在射口上，盯著住宅區那條巷子。射口大約一兩塊磚頭大小，高度約及人體眼部。儘管一片漆黑，金仁煥仍能見到戒嚴軍在巷裡移動。與他在一起的一名市民軍開火，讓傘兵不敢貿然衝過來。[40] 稍隔片刻，戒嚴軍開始反擊。守在柵欄後方的幾十名市民軍，包括徐浩彬與金仁煥，立即被火力壓制，傘兵開始翻越柵欄而來。金仁煥與徐浩彬撤退，逃進警察局大樓。在就要通過門口時，徐浩彬喊道，「我腿部中彈！」兩人終於躲進警察局。只是徐浩彬忍不住傷口疼痛，打破一扇玻璃窗跑到外面。這是金仁煥最後一次看見徐浩彬。[41] 眼見市民軍徹入警察局大樓，傘兵一湧而上，越過柵欄，金仁煥當場被捕。

第四連陸連長活捉了一個人，進入警察局大樓，見到另一連一名上士。[42] 這名士官因中彈，頸部受傷，正離開大樓就醫。攻擊這名士官的人藏在警察局一樓一間房內。陸連長來到這間房外，朝門把開了兩、三槍，大聲警告說，「我數到十。全部出來，否則我殺光你們。」

當陸連長數數時，房內有人喊道，「我們出來了！」隔沒多久，約五名二十來歲的年輕人走出房間——包括調查長金俊奉。金俊奉在聽到無線電傳來「後防很弱」的喊聲時趕到警察局。他

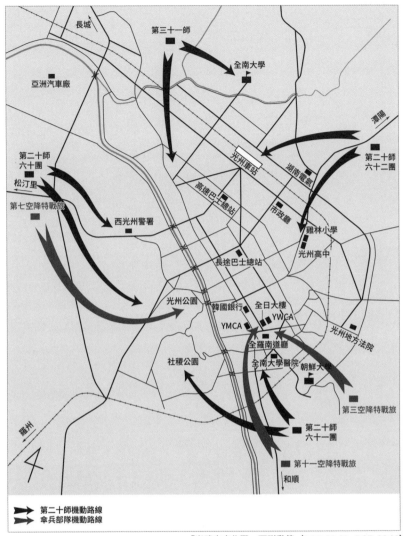

長城

第三十一師

全南大學

亞洲汽車廠

光州車站

潭陽

湖南電氣

第二十師
六十二團

第二十師
六十團

松汀里

高速巴士總站

第七空降特戰旅

市政廳

雞林小學

西光州警署

光州高中

長途巴士總站

光州公園

韓國銀行

全日大樓
YWCA

YMCA

光州地方法院

全羅南道廳

社稷公園

全南大學醫院

朝鮮大學

第三空降特戰旅

羅州

第二十師
六十一團

第十一空降特戰旅

和順

▶▶ 第二十師機動路線
▶▶ 傘兵部隊機動路線

「尚武忠貞作戰」軍隊動態（5.26. 22:00~ 5.27. 06:00）

打開網球場隔壁樓的一個小門，發現裡面躲著四、五名市民軍。
就在這時，一名傘兵在他背後現身，拿槍比著他叫道，「投降，
我們可以讓你活！」金俊奉根本沒有還手機會，只得喊道，「我
們這就出來！」那名傘兵又喊道，「丟下武器，爬到外面來！」
金俊奉被捕後被帶到大門入口，見到兩名市民軍倒在地上，另

一名受重傷的市民軍很快就有傘兵上來拖走。一名似乎是上尉的軍官，對著拖那名傷員的傘兵大聲吼道，「怎麼回事？」那名傷員滿頭滿臉血汗，虛弱地一聲聲叫著母親，直到終於沒了動靜。

朴秉俊（十七歲，裁縫師）在基督教青年會志願加入市民軍，隨於上午二時前往道廳，領取他的卡賓槍與槍彈。他之後與其他十二人一起派赴警務廳大樓。當戒嚴軍進逼到距離他們不到三十公尺時，朴秉俊嚇到手軟，無法開火，於是逃到警務廳大樓地下室，腿部中彈被捕。[43] 道廳後方的防線全面崩潰。

上午四時，開往光州觀光飯店與全日大樓的第十一旅特戰隊通過道廳大樓。他們從忠壯路方向朝廣場噴水池進兵。機動攻擊隊第一小隊隊長李載春，當時正在噴水池前方一座水泥盆栽後警戒。他身邊一名高中生不小心朝天開了一槍。戒嚴軍立即循著聲音朝他這邊集中火力射擊。[44]

「我不斷聽到某處傳來槍聲。兩名從道廳過來支援我們的市民軍成員突然癱倒在地。我曾要他們壓低頭部，但他們不聽，結果頭部中彈。」[45]

第十一旅特戰隊湧向槍聲來處，在障礙物掩護下，用 M16 槍殺了一名市民軍，然後離開噴水池區，往光州觀光飯店前進。[46]

當槍聲停止時，李載春見到頭盔上纏著白布條的戒嚴軍在尚武體育館附近活動。劉石宇與他的朋友鄭金東（十七歲，光州第一高中二年級生）也藏身在噴水池附近那些盆栽後。[47] 全面被圍的事實令李載春驚惶不已。他知道繼續留在噴水池區只會讓自己更加陷身險境。他於是肚皮貼地，匍匐爬回道廳。在第一波交火之後，其他駐守噴水池附近的市民軍也迅速趕回道廳。[48]

機動攻擊隊六小隊隊員羅日成，駐在尚武體育館邊小巷，聽到道廳後方傳來越來越響的 M16 槍聲。他領著一隊人前往槍響

地區，把車停在尚武體育館前，沿忠壯路一街前往道廳。代號「武士」的機動攻擊隊員走在最前方，金汝秀（十九歲）與朴仁秀緊隨其後，成一列縱隊前進。當六小隊隊長朴仁秀來到忠壯路一街入口，即將穿越路面時，他們聽到「多信超市」隔壁傳來槍聲，還見到開槍火光。朴仁秀倒在地上。「武士」與金汝秀把朴仁秀攙扶到道廳。羅日成與金賢彩躍過道廳柵欄，在牆角藏身。金賢彩躲進警亭邊一輛車的底下。等到槍聲稍緩，羅日成衝向道廳後門，見到人影晃動。他問，「你是誰？」但對方沒有回音。「手舉起來！」後方響起聲音，一個人撲了上來。「共產黨人渣！」羅日成被打到不省人事，隨即被戒嚴軍逮捕。[49]

「武士」與金汝秀攙扶著頸部流血的朴仁秀，走進道廳旁一條巷裡一座餐館，喊道，「我們這裡有人受傷！」一名站在外面的士兵令他們放下武器走出餐館。金汝秀扶著朴仁秀走出餐館。[50]金賢彩也很快被捕。但「武士」不見影蹤。[51]

在完成警務廳大樓的掃蕩後，傘兵來到這棟三層樓建築的樓頂。美聯社記者泰瑞．安德森見證了這場過程。安德森當時住在距離警務廳大樓僅僅十五公尺的大島飯店。[52]安德森寫道：

「在黎明前，我見到傘兵在道廳周圍悄悄行動，見到他們攻擊抗爭領導部成員駐守的建築物。傘兵以一種教科書式的都市戰標準戰術直上頂樓，然後一層層往下，掃蕩整座大樓。他們將爆音彈丟進每一個房間，見到會動的東西就開火。」[53]

傘兵也向住了許多外國記者的大島飯店開火。在見到兩名傘兵藏身在距他僅僅十五公尺外警務廳大樓樓頂時，安德森偷偷潛到窗邊拍照。[54]傘兵見到他，朝他開火。第一發子彈打在距他耳邊僅有幾公分的窗邊。安德森逃進其他記者藏身的牆角，但槍彈射穿大島飯店那道籬笆牆，打進室內。記者們都匆匆逃到走廊上。據安德森說，儘管戒嚴當局顯然知道大島飯店住了許多外國記者，但傘兵仍然朝他們開火，決不手軟。

第二十師作戰記錄描述這次事件情況如下：

> 「我軍剛翻越圍牆，就遭到架在樓頂與全羅南道廳後門的機槍（口徑不詳）濫射，駐在道廳每一層樓、全日大樓樓頂、尚武體育館、與道廳大樓樓頂的武裝抗議分子也對我軍開火。兩名士兵受重傷（一人頸傷，另一人腿被子彈打穿）。但二十師官兵封鎖了後門，攻擊主建築物二樓，奪下示威者的軍械庫與彈藥補給。」[55]

● 道廳本館

上午四時，三旅十一營所屬十一野戰大隊二連的一名金姓上尉，從忠壯路方向接近道廳南柵欄，準備對周邊發動攻擊。他聽到巷子對面傳來動靜。[56] 由於天太暗，無法辨別，他等待對方來到更近位置，然後說「六」，對方答道「三」。傘兵原有一套辨別暗號，一方喊出一個數字，對方就要回答一個兩個數字加起來等於「九」的數字。金上尉於是發現他碰上的，是早一步抵達道廳的另一個連。沒隔多久，他們聽到槍響。[57] 金上尉只得守在原地，等槍聲停歇之後繼續行動。他因此沒有及時趕到他的目標──道廳南側的大島飯店──遭到大隊長譴責：

> 「由於我們花了太多時間，我們剛抵達柵欄，大隊長就要我們立即發動攻擊。我們迅速翻越柵欄進入道廳周邊。整個園區一片空蕩，可能因為我們來晚了。由於道廳主建築物沒有後門，我們破窗進入一個房間。那間房裡沒有人。我們迅速上樓梯到二樓。」[58]

道廳主建築物有三層樓：一樓是行政辦公室，總務處就在一樓；二樓是主管辦公室；三樓是部門辦公室與會議室。[59] 李鍾基、金宗倍、許圭晶、鄭祥容、朴南宣、鄭海珉、尹江鈺、鄭海直

等領導人，戰情室與調查小組成員、來自基督教青年會的援手，以及金泰贊等來自噴水池區的機動打擊隊成員，此時已進入道廳主建築物與隔壁的民政大樓。朴南宣走上二樓下令：「打破全部的窗子！」爆出巨響，來自後門的奇擊讓抗爭領導部束手無策。他下令駐在外面的市民軍退回主建築物，但他的聲音已被槍聲淹沒。

三旅二連的金上尉來到主建築物二樓，見到六名市民軍守在走廊窗邊，舉槍朝著窗外。金上尉開火，走廊上那些市民軍立即遁入辦公室躲避。主建築物南側別館上樓的第二連很快控制住樓頂，往樓下掃蕩。

全南大學的金潤基與安吉正，守在原本尹祥源駐守的發言人室。金宗倍一開始與他們一起守在二樓的副知事辦公室，在聽到槍聲與一樓已被佔領的消息後，他才衝上別館四樓。過了一陣，槍聲沉寂，金宗倍與同伴向門外張望。他們發現傘兵出現在四樓走廊，隨即開槍，然後迅速關上門躲進室內。傘兵用手持麥克風下令：「我們已經控制這棟大樓。放下武器，出來投降。」市民軍猶疑著，不知道該戰到死還是放棄。有人說，「看起來反正一切都結束了。我們去自首吧。」沒多久，他們放下武器，走出門，喊道：「我們投降。」[60]

鄭海直和尹江鈺在主樓二樓逃離走道，跳進食物與生產處處長辦公室。「每個人都在黑暗中亂竄。我們搞不清子彈從哪裡打來，也只得亂跑一通，也不知道該朝哪裡開槍。」[61]

他們把檔案櫃抵在門口，搬出一綑綑文件當作障礙。傘兵似乎正在二樓掃蕩，不斷丟擲爆音彈，用 M16 步槍掃射，一邊下令市民軍投降。有人拼命敲門要求進來。鄭海直和尹江鈺打開門，一名高中生趕緊擠進來。沒隔多久，傘兵在辦公室樓層開火。子彈打進檔案櫃，發出陣陣撞擊聲。檔案櫃邊一名高中生嚇到屎尿橫流。傘兵繼續攻門，那名高中生按捺不住，躲進辦公室一角上了大號。

「叛徒，放下你們的武器！我數到七就要走出來，否則我們要丟手榴彈進來了。」

他們已經可以聽見門外傳來吵雜得令人暈眩的呼喝聲，說明他們那些被俘的同伴正被迫做著軍操。有人說，「我想如果我們投降，他們會饒我們一命。」他們於是把槍丟到門外，示意投降，開門走了出去。

鄭祥容躲進在大樓的二樓的企劃室長辦公室。手榴彈和M16步槍的爆響震得他的耳膜隱隱生疼。他俯臥在辦公室地板上，橫豎必死的信念讓他感到平和與安寧。

M16步槍槍聲從後門傳來。玻璃窗在遠方碎裂，駐在外面的機動攻擊隊員紛紛跑進大樓，槍聲與喊叫聲響遍四面八方。高中生志願隊領導人崔致秀走出戰情室，評估大門情勢。他聽見玻璃碎裂聲，見到傘兵正在他左側約二十到三十公尺外朝他開火。朴南宣聽到這些聲音，立即衝出辦公室，「到二樓！」崔致秀跟著朴南宣衝上二樓。[62]

機動攻擊隊第七小隊隊長金泰贊，於上午三時將後備役志願者載到雞林小學，回到道廳。當戒嚴軍上午四時入侵時，金泰贊與攻擊隊隊友張承熙、朴明國一起聚在主樓二樓走廊。在聽到槍響時，他們正在把玩著靠在牆上的槍。直到這一刻，他們才真正了解自己已經命在旦夕。金泰贊緊張得連手中步槍都打不響。友人發現原來金泰贊已經把兩發子彈塞進槍膛裡。但等到他舉槍準備開火時，他的友人已經倒地。金泰贊搖動友人，以為友人在開玩笑嚇他，才發現友人正在淌血。金泰贊朝子彈飛來的方向一陣亂射。片刻後，李鍾基把他拉進一間辦公室。他們已經遭戒嚴軍團團圍困。[63]

一陣刺耳槍聲撼動著大樓。金泰贊從二樓窗戶看出去，見到戒嚴軍瘋狂開火。李鍾基阻止金泰贊，要他不要再開火了。金泰贊把步槍擺在一邊，不由自主淚如雨下。又一段時間過去，一陣槍響過後，門被炸開。戒嚴軍下令，「出來！」李鍾基答道，

「我們投降，不要開槍打我們。」槍聲停了。「爬在地上出來，你們這些混蛋！」士兵下令。李鍾基與金泰贊遵命照辦。士兵用兩人的腰帶將兩人手臂反綁，帶到二樓走廊留置其他囚犯處。早先被捕的一百多人聚在前院，強制接受「元山爆擊」懲罰。

領導團隊的鄭海珉與十幾名市民軍人士在二樓一間辦公室裡避難。沒多久，背著一枝卡賓槍的朴南宣也躲進這間辦公室。但鄭海珉耐不住性，打開門，踏入走廊，立即引來來自走廊盡頭的一陣槍彈。鄭海珉趕緊躲回辦公室裡，關上門，要求朴南宣協助他評估外面的情勢。兩人隨後一起進入走廊，由於天色太黑，什麼也看不見，兩人心想守在走廊盡頭的應該是市民軍的同伴，於是向走廊盡頭處叫道，「不要開槍！我們是戰情室長與總務長。」兩人往走廊走了幾步，突然朴南宣在毫無示警的情況下趴倒在地。鄭海珉一陣錯愕間，聽到走廊盡頭傳來喊聲，「趴在地上，該死的東西！」戒嚴軍已經攻上二樓了。

在一樓調查處房間裡沉入夢鄉的魏聖三，為外面一陣喧嘩聲吵醒。一名市民軍成員跌跌撞撞衝了進來，似乎臉部中槍。魏聖三與廣播室的幾名女性在為這名成員急救時聽到槍響。士兵衝了進來，不分青紅皂白一陣亂槍。魏聖三舉起卡賓槍準備反擊，但躲在他身邊的一名高中女生因為害怕因此曝露藏身處，哀求道，「請不要開槍！」魏聖三取出衣袋中的槍彈，丟在地上，安慰那名女生說，「不要擔憂。我們只要能堅持到天亮就沒事了。全光州都會起來支持我們。」槍聲似乎平息下來，外面傳來士兵的吼聲，「現在就投降！」魏聖三與房間裡的同伴站起身，排成一排，揮著外套喊道「我們投降。」他們走出房間，兩名士兵下令「趴到地上！」其中一名士兵對遠方一個人叫道，「就像電影裡面一樣，是不是，金上士？」這名士兵邊說邊打開一扇窗，朝另一方向開火。

戒嚴軍進入主建築物之後，市民軍都被困在辦公室裡，直到被俘才與士兵們面對面。傘兵有系統地搜索每一間辦公室，市民軍根本沒有還手機會。[64] 少數嘗試衝出辦公室的市民軍成員立

刻中槍倒地。

調查組的申滿植在道廳與士兵激戰良久，直到不得不撤為止。他躲進外柵欄一棵樹下的一堆市民軍屍體中躺倒裝死，把一具屍體蓋在自己身體上。他聽到一名士兵說，「別讓任何人活著跑了。要確定殺了才算數。」

很快就有一名士兵走近這處屍堆，用刺刀在每一具屍體上刺著。當壓在申滿植身上那具屍體被刺時，刺刀也刺進申滿植的右小腿。申滿植強忍疼痛，一動不動。又隔了一陣，等士兵們放鬆緊戒時，申滿植推開壓在身上的屍體，翻越大門入口邊高度及胸的柵欄，打開勞動廳前方交叉路口的一處排水溝蓋，躲進溝裡。由於小腿不斷流血，他撕下內衣一角包紮傷口。申滿植就在溝裡躲了幾個小時。[65]

● 地下室軍械庫

當警報聲於凌晨三時響起時，守在民政處地下室軍械庫的文勇東、金英福、朴善宰、楊洪範，為奉朴南宣之命，從基督教女青年會帶來的四十九名後備役與學生分發武器，每人一枝卡賓槍與一個裝有三發子彈的彈匣。時間不斷過去，儘管他們聽說戒嚴軍正朝道廳而來，但他們就連做夢也沒想到士兵會朝著幾乎手無寸鐵的民眾開火，衝向道廳周邊。[66]

就在警報聲響起前不久，同伴俱皆沉睡，楊洪範獨自一人守夜。早上四點剛過，他們聽到主建築一樓傳來嘶叫聲與 M16 步槍槍響。稍隔片刻，楊洪範等人所在的地下室的門砰然飛開，傘兵開火了。楊洪範等人匆匆通過軍械庫後與臨時廚房，從後門脫逃。文勇東與金英福率先奔向主樓，但朴善宰與楊洪範因附近傳來槍聲而遲疑不前。他們分成兩組，文勇東與金英福衝向警務廳大樓，然後進入大樓前方的小倉庫。朴善宰與楊洪範則等到槍聲平息，才隨在友人之後進入警務廳大樓。園區各處槍聲不斷，發著隆隆引擎吼聲的直升機盤旋空中，不斷喊話，「你

們被包圍了，趕快投降」。楊洪範向朴善宰建議，兩人互射自殺，不過還沒來得及說清楚。在聽到不斷傳來、要求投降的呼聲後，文勇東狠不下心，建議金英福不如放下武器向傘兵投降。金英福同意。文勇東於是大聲喊道，「我們投降！」隨即他高舉雙手，站起身，金英福也緊隨其後，準備投降。就在這剎那間，傘兵向文勇東開火，文勇東嘶喊著倒地。金英福立即躲回建築，已經負傷流血，他相信是遭流彈所傷。戒嚴軍繼續廣播，要市民軍投降，金英福最後也只能遵命走出警務廳大樓被捕。在走出來途中，金英福見到文勇東躺在一攤血泊中。文勇東曾冒奇險、聯繫戒嚴當局，表示願解除道廳炸藥武裝，卻落入軍方毒手。[67]除了文勇東以外，守衛軍械庫的人都當場被捕。

● 民政大樓

當警報聲響起時，尹祥源、金永哲、與李樣賢在大門邊的哨所拾起槍械，來到位於園區北邊、作為臨時餐廳之用的道廳民政大樓二樓禮堂。地下室軍械庫的重要性，使民政大樓成為市民軍最具關鍵性、就算犧牲道廳本館也要死守的防禦要地。戒嚴軍也知道軍械庫至關重要，選用最精銳的第三旅第十一營第一野戰大隊進攻軍械庫，說明了這一點。

同時，駐在廣場噴水池附近的機動攻擊隊被迫撤回民政大樓。[68]這群人包括機動攻擊隊隊長尹錫樓與副隊長李在鎬。

李樣賢把槍架在窗台上準備最後死戰，發現自己沒有絲毫畏懼，只是非常緊張。他轉身向身邊的尹祥源和金永哲說了他最後訣別。「如果我們死在這裡，我們會在來生重聚，是嗎？讓我們引以為傲地記著那些先我們而去的烈士們的犧牲。」

守在民政大樓二樓的人都在禮堂外走廊待命，槍口都對準了園區大門入口。槍聲從後門的方向傳來。當時是凌晨四時二十分，天色仍然太黑，就連窗外枝葉也無法看清。有人從警務廳大樓方向跑進禮堂，提出警告說，「後門已被突破」。李樣賢、

金永哲、與尹祥源穿過禮堂，來到後門附近通往警務廳大樓的天橋，眼前樓高三層的道廳主建築物依稀可見。經由這條二樓走道與民政大樓連結在一起的警務廳大樓近在咫尺。李樣賢等人把槍靠在和腰等高的窗台上正對著警務廳大樓，放在窗台上，突然他們見到一陣閃光。尹祥源呻吟著倒地，金永哲與李樣賢攙扶尹祥源來到禮堂後方，讓他躺在地上。當李樣賢用毯子將尹祥源裹著時，尹祥源似乎已經不省人事，不再動了。[69]

槍聲不斷逼近。李樣賢等人把尹祥源留在禮堂後方，逃到禮堂前面，藏身在一樓樓梯間入口。望向窗外的園區大門入口，他們可以隱約見到戒嚴軍在裝甲車與戰車前導下，正不斷攻入園區。朴來豐與守在二樓的市民軍朝戒嚴軍的方向開火。[70] 在服役期間曾是傑出射擊手的李樣賢，鼓不起勇氣對傘兵開火。遲疑不敢開火的市民軍成員遭到隊長尹錫樓斥責。[71]

進入警務廳大樓的士兵穿越走道，來到民政大樓，通過後方的走廊進入禮堂。這時，留在禮堂裡的市民軍都擠在樓梯盡頭、對面的門廳裡。戒嚴軍朝尹祥源躺著的禮堂一陣亂射，不過槍聲很快停歇。窗戶被打得粉碎，嘶喊聲不絕於耳。軍方用擴音器招降。聚在樓梯間附近的市民軍成員躲進每一層樓入口處的洗手間，不過躲不了多久。朴來豐見到傘兵走上樓梯，於是與兩、三名友人躲進一個洗手間。他們很快就聽到槍聲在四面響起。

槍彈打在牆壁上，彈片擊中李樣賢的頭部與手臂。李樣賢儘管鮮血橫流，卻不覺疼痛。又過了一段時間，他聽到身邊許多人喊著，「我們投降！我們投降！」士兵下令，「放下槍，走出來。」寧死不願被俘的金永哲，把槍管插進自己的嘴，扣了扳機——不過槍沒有打響。金永哲見到的第一名軍人沒有佩戴名牌，但階級章顯示他是一名士官長。金永哲憑直覺認定眼前這人就是射殺尹祥源的兇手，憤恨異常。這名士官長朝他們藏身的地方開了幾槍，下令他們投降。沒隔多久，一些年輕的市民軍成員把槍推到門廳另一頭地上，走出來投降。所有在二樓被俘的市民軍都被迫跪在狹窄的陽台門廳裡。總共有二十幾人被俘。

士兵見到距陽台約一公尺外有兩棵大松樹，於是下令他們的俘虜
順著這兩棵大樹爬到地面。這些被俘的市民軍成員就這樣一個
一個攀著大松樹往下爬，而守在地面的士兵會在俘虜們還沒著
地以前，踢他們的後頸。跌落地面的俘虜無不嘴唇與臉孔撕裂，
一臉血汗。甚至當他們雙手反綁、趴倒在地上時，士兵還不斷
凌虐他們。當太陽終於升起，俘虜們都被拖進外面的廣場。一
名外國記者拿著一個電視攝影機對著金永哲的臉。士兵已經用
永久性馬克筆在金永哲背上寫了「極端分子」與「持有武器者」
字樣。一名士兵用 M16 步槍槍托打金永哲的頭，但他太緊張，
根本不覺疼痛。

　　第三旅於上午四時十分展開對道廳的掃蕩，於大約一小時後
的五時十五分結束掃盪行動。只有兩名戒嚴軍人在現場受傷，
沒有戰死記錄。[72] 相形之下，總共有十六名市民軍成員在現場被
殺，他們大多死於戒嚴軍的 M16 槍彈下。[73]

● 噴水池廣場與尚武體育館

　　市民軍成員不僅駐在道廳園區的幾座大樓裡，也駐在廣場噴
水池、大門警衛哨所、全日大樓、基督教女青年會、與基督教
青年會附近。不過當戒嚴軍開火時，駐在全日大樓、基督教女
青年會外面的噴水池以及警哨等地的人很快躲進道廳大樓避難。
大多數市民軍成員沒能向戒嚴軍開火。部分原因是卡賓槍根本
不是 M16 步槍的對手，但最大原因是市民軍成員害怕開火會曝
露自己的位置，讓自己成為戒嚴軍攻擊焦點。

　　機動巡邏隊第一小隊隊長李載春藏身在廣場噴水池一座盆
栽後。[74] 當戒嚴軍狂風驟雨般的槍聲似乎停歇時，李載春矮著身
子，鑽進大門邊，藏在停在前院一輛巴士底下。他與機動巡邏隊
隊長尹錫樓等其他三人藏在那裡直到天亮，終於形跡敗露被捕。

　　當警報聲大作時，梁仁和（二十四歲，廚子）與七、八名市
民軍成員派駐在停在尚武體育館前方的警用巴士上。他們見到

兩名頭盔上纏了白布條的戒嚴軍士兵，緊靠在道廳外圍柵欄邊潛入噴水池廣場。梁仁和藏身的警用巴士車窗上裝有金屬防護網，但防護網強度不足以抵擋槍彈。廣場上傳來一陣槍聲，槍彈打在巴士附近，激起火花。戒嚴軍將槍口對準巴士，提高嗓門吆喝，梁仁和把他那枝從未扣過扳機的槍丟到車外，下車投降。雨點般打來的槍彈嚇壞得他全身癱軟，但在聽到士兵「快點走，你這混蛋」的吼聲時，他緊閉兩眼，強迫自己拔腿跑向道廳。[75]

約於上午四時，駐守外圍柵欄一座警戒哨的林英相、崔在南、與兩名同伴，發現三、四十公尺外有一個頭盔上纏了白布條的士兵。林英相想扣扳機，但由於過於恐懼，自己的手竟然不聽使喚。那名士兵越走越近，直到距離只有大約十公尺時，他終於也發現林英相等人。「請你們放下武器，趕快出來，」那名顯然也很害怕的士兵顫抖著說。林英相跳出警亭，一口氣翻越道廳理髮店隔壁的柵欄，逃進住宅區。[76]在響應武裝號召、被派到道廳以前，也聚在基督教青年會的尹英哲（光州東新高中三年級生），當時與兩名年齡較他略長一些的陌生人守在道廳對街的全國漁業協會大樓三樓。像林英相一樣，尹英哲也一槍未發，躲在大樓地下室餐廳裡，直到上午十一時才在離開大樓回家途中，在忠壯路警派出所外檢查站被戒嚴軍逮捕。[77]

● 全日大樓與基督教女青年會

第十一旅六十一營四連的三十七名官兵奉派進擊全日大樓。防守全日大樓的，是在基督教女青年會自動請纓的十三名市民軍成員，其中包括黃義洙（二十八歲，準備就職）。[78]由於大多數市民軍成員都很年輕，也沒有槍械使用經驗，年齡相對較長、曾經當過兵的黃義洙就成為奉命駐守全日大樓的第一小隊隊長。當警報聲響起時，黃義洙等一行人都先在道廳領取裝備，然後前往全日大樓。由於面向街道的鐵捲門關得很嚴，黃義洙等人只得穿過西側走道、經過一條漆黑的樓梯，爬上三樓。黃義洙

要手下留在三樓待命，帶著高中生金承烈下樓，評估周邊情勢。但他們剛剛走出大樓，就見到眼前一堆人影，一個低沉但堅定的聲音說道，「手舉起來！」六名頭盔上纏了白布條的戒嚴軍士兵發現了他們。士兵們將黃義洙與金承烈踢翻在地，雙手反綁著拖到道廳前。直到這時，黃義洙與金承烈不知道留在全日大樓三樓那十一名隊員的命運。

一名崔姓上尉進了全日大樓，發現與之前獲得的情報不符的是，整座樓區只有象徵性兵力把守。他毫不費事，不發一槍一彈俘虜了守在裡面的市民軍。基督教青年會與光州觀光飯店的事情進展也如出一轍。戒嚴軍發現這些建築物幾乎已經撤空，不費吹灰、輕鬆佔領。就這樣，第十一旅於上午四時十分將全日大樓與光州觀光飯店等兩個首要目標盡皆奪下。[79]

在比預期輕鬆許多就完成目標任務之後，第十一旅奉無線電傳達的命令，支援第三旅。第三旅奉命攻佔道廳，而任務仍在進行中。第十一旅特戰隊於是在全日大樓與光州觀光飯店各留下一連兵力，其餘兵力往道廳進發。

上午五時十五分，已經完成任務的第十一旅，在全日大樓左轉，穿過一條與基督教女青年會相連的小巷往道廳進兵。[80] 在基督教女青年會一樓守在一張桌子後面的尹善浩和羅明冠，見到傘兵幾乎就在他們眼前擦身而過。羅明冠向尹善浩叫了一聲「軍人！」傘兵距離兩人躲藏的那扇窗不到一公尺，而羅明冠為了害怕曝露自己的位置，一直不敢發聲。[81] 兩人這時聽到大樓二樓傳來槍聲。金吉植（十九歲，信用合作社員工）發現戒嚴軍走在街頭，不假思索地用卡賓槍開火。他從來沒有用過槍，在開槍後嚇得全身發抖。旁邊一名市民軍說，「你真沒用。快點逃吧！」

第十一旅沒有想到會在基督教女青年會大樓碰上抵抗，他們立即反擊，許多市民軍成員也開火。兩名士兵受傷，一人肩被打穿，一人腿被打穿。由於進入基督教女青年會的車道很窄，大樓周邊都圍著柵欄，戒嚴軍發動的攻擊很難有效。他們用榴彈發射器將榴彈射入二樓，還用兩個也佔大隊迂迴到大樓左側，

用鉤子攀上二樓。

在初步交火後，金吉植矮著身形來到樓下，見到朴勇準躲在二樓一角，正舉槍瞄準在光州警署前發號施令的三、四名軍人。金吉植叫道，「勇俊，小心。不要開槍打他們——我們得跑才行。」朴勇準是孤兒，靠擦鞋維生，一直獻身弱勢邊緣團體待遇改善運動。聽到金吉植這話，特別關愛金吉植的朴勇準回頭看了金吉植一眼，充滿自信地笑了笑，槍口仍然對著窗外。突然一聲槍響，朴勇準身軀癱軟，慢慢倒在前面窗戶上，沒有再站起來。金吉植叫著他的名字，俯在他身邊。朴勇準滿臉血汗，睜著兩眼，一眨不眨。他的血在良書組合辦公室地上積成一攤，辦公室書架上的書被槍彈打成碎片，四散紛飛。金吉植嚇僵了。槍聲與嘶喊聲響徹大樓各處，情勢一片混亂。他來到樓上尋找藏身地，踢開位於四樓的護理助理訓練教室的門，爬上一個兩公尺高的架子，躺在架子頂端。[82]

戒嚴軍沒隔多久就衝上二樓。他們把朴勇準的屍體拖到一樓，讓他的血染紅基督教女青年會的樓梯。[83]

李德俊與一名大學生在一樓會議室。當戒嚴軍從全日大樓朝基督教女青年會開火時，他躲進廚房。見到兩名傘兵藏在全日大樓樓頂，朝基督教女青年會開火。窗戶粉碎，槍彈打進牆壁上，發出恐怖、刺耳的金屬穿透聲。金潤熙（十九歲，全南大學學生）就在這時胸部中彈，叫著倒地。 她劇晃動著兩肩求助。她的同伴李南善（三十一歲）與姜林雅（二十二歲）向士兵們喊道，「我們的朋友已經中槍！不要再打了！」他們舉起雙手，走出大樓，隨即被捕。士兵們見到金潤熙，罵道，「女人不在自己家裡，在外面亂搞什麼？妳死了活該」然後把她拖走。她們三人上午四時三十分時原本躲藏在隔壁樓，槍聲響起前又跑回基督教女青年會。金潤熙在中槍時正準備為市民軍煮一鍋飯。[84]

所有留在基督教女青年會的人全數被捕。第十一旅掃蕩基督教女青年會的行動於五時十五分展開，於一個多小時後的六時二十分結束。[85]

● 光州公園

　　第七旅特戰隊有二十名軍官與一百八十一名士兵，他們都來自第三十三營第八與第九野戰大隊的六個連。他們於上午五時零六分控制了光州公園。整個公園已經完全清空，但第七旅在前往目標途中，曾在月山洞打了一場槍戰。[86]

　　第七旅乘軍用卡車從光州機場出發，在花亭洞國軍綜合醫院附近下車，在來自西光州警署、熟悉當地地形地貌警員前導下，徒步走到光州公園。他們在月山洞三岔路口撞見兩名市民軍，但在準備上前逮捕時聽到槍響。他們遇上的是約十五名市民軍。由於很難判斷子彈來自何方，他們無法輕易還擊。約十分鐘過後，槍聲逐漸平息。

　　機動攻擊隊第七小隊的金正男（十九歲），由於是熟悉附近地區的在地人士，奉道廳領導人之命，那天夜裡一直在月山洞巡邏。[87] 他的小隊還有另七名市民軍。凌晨二時，他坐在月山洞天主堂前方一處社區保安警亭，警亭距離「光州武珍中學」校門約兩百公尺。他聽到從「良洞市場」所在的德林山，與武珍中學對面「天線山」方向傳來槍聲。槍彈打在學校大門上，激起陣陣火花。這樣的陣勢把金正男等人嚇得翻越柵欄，躲進住宅區。金正男躲進主街一棟房屋院落的戶外廁所。約三十分鐘後，槍聲平息，整個地區重歸寧靜。金正男將他的槍與隨身物品丟在戶外廁所裡，只帶著一張宵禁特許通行證走到外面。但在凌晨二時三十分到三時之間，就在他踏進一條巷子時，一名士兵抓住他的頭髮，拖行約五十公尺，把他拖到一個地方與另四名市民軍一起，將他們都綁起來。

　　在月山洞這場槍戰中，第七旅的一名少尉死亡，一名野戰大隊隊長腿部為彈片擊中，四到五名士兵受傷。根據第七旅戰鬥記錄，一名市民軍被殺，一名被俘。[88]

　　上午五時四十二分，第七旅將蒐集武器與公共綏靖的任務移交第二十師六十一團第一營。他們於上午七時二十五分回到第

一個會合點──K-57 機場。

● 雞林小學

就在傘兵對光州三處關鍵要地實施協同攻擊的同時，第二十師（包括兩百八十四名軍官，四千四百八十二名士兵）也在光州撒下大網，從周邊地區往市中心區步步進逼。他們於凌晨二時展開屬於他們那一部分的忠貞作戰。[89] 第六十二團第二營的第六與第八連，在警員前導下於三時二十分從光州監獄出發。他們於上午四時三十分抵達雞林小學地區。守在雞林小學前方人行橋的二十幾名市民軍，面朝「斗岩洞」方向向這支戒嚴軍發動伏擊。戒嚴軍進路受阻，於是繞道雞林洞，從背後攻擊市民軍。由於戒嚴軍人數眾多，又擁有懸殊的火力優勢，這場戰鬥只持續不到十分鐘。市民軍逃往光州高中與附近住宅區。逃進光州高中的市民軍，與已經躲在那裡的約五名市民軍會合，上了二樓繼續戰鬥。第二營營長令第八連繼續在正面進攻，另令第六連利用圍繞小學的石牆為障礙物，發動側翼攻擊。市民軍逃進住宅區躲了起來。戒嚴軍在住宅區挨家挨戶徹底搜索，總共逮捕十五名躲著的市民軍。[90] 在過程中，光州高中保安楊東善（四十五歲）在校舍屋頂被槍殺。

雞林小學市民軍的領導人是後備役軍官宋金光。[91] 他在聽說戒嚴軍即將進犯時，於五月二十六日晚來到基督教青年會，教導志願者使用槍械，並向朴南宣建議集結四十九名知道如何使用武器的後備役，分成四組進駐道廳。[92] 當警報響起時，宋金光正在一樓會議室待命。凌晨三時，他派出兩組人分別前往「南光市場」（全南大學醫學院附近）與山水洞，然後驅車帶領其餘二十人前往雞林小學。他在雞林小學大門前方天橋上設立防線，在橋兩端與上方佈哨，還派了幾個人進入雞林小學，以切斷戒嚴軍可望採取的進路。宋金光下令部下必須等到特定命令才能開火。

當他部署完成時，時間已是上午四時。道廳方面槍聲大作。到了上午四時三十分左右，戒嚴軍在宋金光這支市民軍後方出現。宋金光原以為戒嚴軍將從西方來襲，但二十師已經發現行人橋上設有埋伏，於是迂迴從市民軍後方發動攻擊。[93]

　　宋金光右股骨中彈，拖著負傷的身軀爬上附近一條小巷邊的房子屋頂。但屋頂垮了，宋金光跌落屋內。住在裡面的一對老夫婦嚇了一大跳，但老夫婦很快不動聲色地將宋金光藏在閣樓裡。宋金光猜想軍隊很快就會上門搜索，於是從後門離開，爬上街邊第二棟房子，再爬上第三棟。宋金光前腳剛剛離開，戒嚴軍就衝進這對老夫婦的家，對著屋頂一陣亂槍掃射。宋金光長褲染滿鮮血，但終於跛著腿逃離現場。[94]

　　李忠英（二十歲，慶熙大學韓醫學系學生，李鍾基律師之子）在聽到槍響時，正守在雞林洞天橋上。他轉過頭來，發現三名士兵正屈著身形持槍逼近。李忠英隨即與同伴曹在萬一起爬出行人橋，朝雞林小學方向逃逸。另兩名跟在他們身旁的市

五月二十七日凌晨，不允許記者接近的時候，在道廳大樓前空地，屍體和被逮捕的市民軍交錯躺在地上。（攝影者不詳）

民軍中槍。李忠英等人躲在路邊排水溝裡。約一個小時後，他們聽到戰車與裝甲車駛過，還聽到一段對話：「你認為叛徒會躲在排水溝裡嗎？」「我們丟一個手榴彈看看會怎樣。」李忠英與他的同伴聽到這裡，立即大喊「我們投降」，高舉雙手走了出來。五、六名士兵在大腿中槍的申光錫（二十歲，無業）的臉上亂踩，直到他昏迷為止。申光錫後來因此失明，成了盲人。

上午五時二十分，第二十師嘗試在道廳聯繫第三空降特戰旅。但道廳當時還沒有淪陷。第二十師繞過大門，從側翼翻越柵欄，以與第三旅會師，追捕逃入道廳大樓的市民軍成員。拒捕的市民軍格殺勿論，到上午六時三十分，道廳已經由軍方全面管控。[95]

● 人肉屠宰場

五月二十七日上午五時，全羅道戒嚴司令部透過韓國放送公社做出宣佈：「我們在此下令叛徒投降。道廳與光州公園已經由軍隊接管。你們已經被包圍。放下武器投降，你們還能保命。」

一小時後，在上午六時，戰車與裝甲車隆隆沿錦南路而下。幾十架直升機盤旋半空，架著擴音器向民眾發出警告：

> 「今天清晨，戒嚴軍向困守在全羅南道廳頑抗的叛徒展開行動，已經將叛徒鎮壓。市民們，留在你們家裡，直到危險過去。兩名叛徒已經當場被殺，兩百零七人被俘。儘管大多數叛徒都已被捕，少數殘餘勢力仍在企圖滲透住宅區。叛徒，想保命的話就放下武器投降。不這麼做只有死路一條。」[96]

直升機廣播還用《凱旋士兵》（*The Returning Soldier*）與《桂河大橋》（*Bridge on the River Kwai*）等慶祝勝利的軍歌做為背景音樂。但除了這些擴音器發出的喧囂聲，戰火平息之後的光州

壟罩在一片令人屏息的死寂中。白色的傳單像雪花一樣從直升機上灑落。士兵站在猶有餘溫的屍體旁，高唱勝利軍歌，特戰隊也圍在噴水池列隊，不干示弱開始唱起來。

他們扛著火藥味仍然刺鼻的槍，開始大唱「特種部隊必須化不可能為事實」（Special forces must make the impossible a reality）。就這樣，這些殺害自己同胞的兇手搖身一變，成了戒嚴軍勝利者。[97] 韓國放送公社也開始播出訊息，鼓勵公務員恢復上班。

「光州市民們，不用擔心，叛徒已經剷除盡淨。警察與公務員現在可以回到工作崗位了。上午九時以前回到你們的任所。」

另一方面，包括千英鎮等，被俘的市民軍成員都被綁在基督教女青年會大樓前，趴在地上。千英鎮聽到剛結束對面一棟樓房搜索任務返回的傘兵的對話：

「金上士！過來這邊喝一杯。」提出這項邀約的士兵一手喝著啤酒，用另一手開著槍，他身邊還擺著一箱啤酒。另一士兵答道，「我已經喝了很多。」

「在哪裡喝的？」
「我在觀光飯店地下室找到一大堆酒。」

千英鎮一面聽著兩人對話，同時他與其他被捕的人被拖進道廳外廣場。[98] 士兵扯下犯人的襯衫，在他們的內衣上用紅色永久性馬克筆寫上「極端分子」、「持有武器者」、與「車輛乘員」等字樣。犯人都被綁在一起，只要稍有抗拒不從，就會立遭士兵對準頭部一陣拳腳交加。犯人甚至就連因受傷呻吟都會被揍。

上午六時左右，隨著行動進入尾聲，五〇五保安部隊搜查官許壯煥溜進道廳大樓，在負責二十師的保安軍人員同意下，在

五月二十七日早晨「大掃除行動」結束後，戒嚴軍在市內展開武力示威的戰車和裝甲車。（羅庚澤攝）

道廳各辦公室遊走，在道廳大樓還沒有對媒體開放以前，蒐集市民軍留下來的所有的文件。[99] 在即將展開的調查中，這些文件都將是必要證物。在許壯煥與他的隨從離開後，第二十師接管了道廳大樓。

當太陽又一次在光州升起，道廳已經恍若一處人肉屠宰場。躲在距離道廳南牆僅十公尺的大島飯店，看著這場行動的泰瑞・安德森、諾曼・索普等外國記者，這時也離開飯店走上街頭。上午六時，頭盔上纏了白布條的士兵有些藏在電線桿後方，惶惑四顧，有些躲在屋頂上，用槍對準街頭。

安德森與索普提心吊膽地來到噴水池廣場。眼前淨是來去匆匆的士兵，見不到一個平民。一名上校坐在一輛吉普車上，在他們身邊停下來。安德森問他有多少人死亡。

「兩名暴亂分子與一名士兵，」這名上校說。

安德森很快就發現這上校說謊。在上午七時三十分，外國記者獲許進入周邊後，經安德森親眼確認的屍體就有十七具之多。[100] 諾曼・索普也不放過任何可以拍照的機會。[101] 眼前一切見證了夜裡在一片漆黑中發生的事。當他進入道廳二樓副知事辦公室時，時鐘指著七時五十分。索普為倒在二樓的三具市民軍成員的屍體拍了照。其中兩具屍體架在一張乒乓球球桌上，由五、六名士兵順著中央大梯抬到一樓。這些屍體都穿著學校發的迷彩服，說明他們都是學生。第三具屍體彎身倒在一張摺疊椅上，出現在一間擺滿桌椅的辦公室。一樓與二樓樓梯沾滿血跡，彷彿上了一道紅漆——說明那些中彈受傷的市民軍成員都是被拖著、倒在地上下樓的。一處大盆栽盡頭一棵杜松上，掛著一具穿著中學迷彩校服、臉孔朝下的青年人屍體。在連接民政大樓與警察局大樓的道廳大樓樓梯一角，橫七豎八堆著七、八具屍體。由於屍體都還沒入棺，很可能這些都是當天清晨才喪生的人的遺體。

儘管「尚武忠貞作戰」指導原則第四號明文規定，傘兵「在與敵對暴亂分子遭遇時應該瞄準下腹部」，[102] 戒嚴軍並沒有遵

命行事。[103]

「我們剛進入道廳時，只要看到人就開火。當時在那裡的人就算想投降也不可能。我們沒辦法警告那些高舉雙手走出來的人、要他們不要動。」[104]

《韓國日報》記者趙聖鎬，對市民軍成員、大學生朴秉圭之死有以下一段描述：

「一九八○年五月二十七日晨，在全羅南道警察本部道廳戰情室的後方，一名年輕男子面孔朝天、腹部染滿鮮血、倒在一座花已落的盆栽邊。他穿著一件軍裝式外套，褐色長褲，後方褲袋裡插了一本小筆記本。一雙白色跑鞋與幾個彈殼散落在他腳邊，他的頭的前方擺著一頂鋼盔，與一個被槍彈打穿了的圓盤。這名青年經指認是朴秉圭（二十歲），東國大學電腦科學研究所一年級生，他一定是聽到槍聲，急忙舉著一個盛水果的盤子做掩護跑到外面來。這學生為了什麼歷經漫漫長路、這樣赴死？」[105]

在韓國陸軍參謀次長黃永時與聯合參謀首長情報長的陪伴下，國防部長官周永福搭直升機來到道廳外廣場，五十幾名全羅南道警察局與道廳主管在場列隊迎接。沒隔多久，全羅南道警察局長安炳夏就在眾目睽睽下被捕，押上一輛憲兵吉普車帶走。[106] 當天首都報紙紛紛以「全羅南道警察局長安炳夏因棄職逃逸被捕」、「全羅南道警察局長安炳夏因怠忽職守被捕」為題，大幅報導這件事。[107]

保安司令部派遣聯合搜查團團長李鶴捧前往光州，李鶴捧在光州聽取有關情勢的簡報，討論了未來措施。李鶴捧還奉命向崔慶祖上校提出未來措施指導原則。洪成烈上校則於六月八日結束在光州的秘密任務，返回保安司令部，向全斗煥提出光州事件報告與分析。[108]

五月二十七日凌晨，市民軍倖存者被分類為「極端分子」、「持有武器者」與「車輛乘員」，被帶到部隊。（羅庚澤攝）

　　傘兵於上午六時二十分佔領基督教女青年會大樓，完成行動任務，於上午七時二十分將道廳地區指揮權交給第二十師第六十一團，回到光州機場。傘兵撤離後，從上午七時三十分到上午九時三十分，十四輛裝甲兵學校的戰車與裝甲車在錦南路、道廳、鶴洞、與市民會館之間穿梭，展示武力。[109] 在攻擊道廳期間切斷的地方電話服務也於此時恢復。

　　在五月二十七日中午以前，士兵在住宅區進行搜索，拘捕任何不能確認身分或行跡可疑人士。戒嚴軍先在光州市周邊建立嚴密封鎖圈，以集中搜索方式往市中心區進逼，然後將搜索面擴及後街小巷與住宅區，對全城進行徹底搜索。數以百計年輕人被拖上街頭。任何膽敢表示不服的人會遭到一頓毒打或被帶走。就連老人也難以倖免。李金宰（二十九歲）是一家傳統韓醫診所的員工，結婚三年，妻子已經懷孕。在聽到早上「市民現在可以走出來，重拾日常活動」的廣播之後，他走出他在全南女子高中附近的住處，遭戒嚴軍射中腰部喪生。[110] 上午七時四十分，光州瑞光女子中學三年級學生、住在全南大學附近的金明淑（十五歲），到附近友人家借宿。她在全南大學附近被一名士

兵用 M16 射殺，死於「左骨盆的穿透性槍傷」。[111] 五月二十八日，第二十師擔心市民軍成員可能逃入山區避難，以便東山再起，而在芝山洞的無等山山麓大舉搜索，結果沒有任何斬獲。

第 14 章｜餘波盪漾

● 無名塚與屍體回收

當光州抗爭於五月二十七日結束時，道廳裡的屍體也移往尚武體育館。當時尚武體育館裡早已擺了約六十具屍體。至於那天下午在道廳後院找到的三十具屍體，其中十四具是五月二十六日或更早以前已經死亡、但未經認領的屍體，另外十六具是那天早上死亡人士的遺體。[1] 不過，在國軍綜合醫院外、在發生小巴士槍戰的池元洞、在朱南村前方道路、在光州監獄附近、以及在孝泉站附近死者的屍體未經全面清點。有些屍體為市民軍者找到，送往尚武體育館，但遺留在軍隊佔領區的屍體，或是棄置路邊、任由腐爛，或葬在無名塚或臨時墓地。[2] 送進國軍綜合醫院的屍體葬在尚武台百日靶場。對於在道廳周邊以外的其他地區尋找、蒐集屍體的事，戒嚴司令部、中央政府、甚至光州市政府都表現得毫不關心。儘管這類事件一般而言，得由市政廳成立特別團隊進行處理，但光州市政府只是將工作交由既有的福利部處理。

光州市政廳民政部員工曹成甲，自告奮勇協助收屍。從五月二十七日直到六月底，他搜遍全城，找到四十一具屍體。一開始，他根據社區辦公室與地方人士提供的線索與情報進行搜索，但之後他主動打聽有關無名塚、亂葬崗的消息。

單在五月二十七日一天，曹成甲就找到五具屍體，包括在光州監獄運動場裡一具裹在軍用雨衣裡的屍體，在光州高中警亭內一具白布覆蓋的屍體、[3] 在光州高中體育館東邊窗下的一具有

多處槍傷的屍體，在基督教女青年會大樓的一具屍體，以及在全南女子高中柵欄後方河邊發現的一具男屍。他把這五具屍體送到全南大學醫院的太平間。到五月二十九日，處理屍體的工作仍在繼續。他在巴士總站的一個浴缸裡，發現一名年約二十、被射殺的男屍。在光州監獄，他發現一棵似乎是在匆忙間種植的小樹，把土挖開後，發現裡面兩具兩具用麻布袋裹在一起、藏了八具屍體。監獄大門前方的小丘也挖出兩具男屍，送到朝鮮大學醫院。就在這一天，他在由池元洞往和順那條路路邊溝裡找到七具屍體，包括一具女屍，在尚武台百日靶場找到十一具男屍。曹成甲在朱南村附近發現一根腕骨伸出碎石路面，他挖開路面，找到兩具嚴重腐爛的男屍。在光州仁星高中前方山丘，他發現一具看起來約七歲的男童屍體。在孝德洞一處住宅區邊的稻田，他發現一具年約二十歲、多處槍傷的男屍。在三十一師師部附近「天一」巴士終點站旁邊，他發現裹在軍用雨衣裡的屍體（金相泰）。在「日谷村」附近山區，他發現一具多處槍傷的男屍。在貓頭鷹山山頂一處無名塚，他找到朝鮮大學附屬中學學生金富烈的屍體。曹成甲搜尋了其他許多據說藏有屍體的地方，例如松岩洞糞便處理池、朱南村後山傘兵紮營區、朝鮮大學後山、以及光州龍田洞「生龍水庫」，不過沒有找到屍體。其他經他搜索的地區還包括光州機場警亭、「黃龍江」兩岸、與花亭洞的「峙嶝」附近。[4]

有些家屬也自行出動，尋找自己的親人。在五月二十二日這天，徐萬五（二十五歲，物流業）搭乘示威者車輛前往潭陽的昌平，尋找他一名失聰了的弟弟，結果在光州監獄前被射殺。徐萬五的家屬在五月二十四日接獲「文化洞社區辦公室」來電，說一名老婦持有徐萬五的身分證。這名在通往文化洞潭陽的道路路邊經營一家小食鋪的老婦，向徐萬五的家屬說明事件經過情形。五月二十二日下午三時到四時間，三輛前往潭陽的卡車遭到埋伏在路邊的戒嚴軍伏擊。一名全身血汗的男子爬到老婦身邊，舉著他的身分證，懇求老婦聯絡他的家人。士兵很快就衝進小

表 3　曹成甲（光州市政廳民政部）找回的屍體記錄

處理狀況	日期	尋獲地點	屍體數	身分（姓名）	附註
已收屍	5 月 27 日	光州監獄	1	不明，男，25 歲	
已收屍	5 月 27 日	光州高中	2	楊東善，1935 年生，光州高中警衛 一名無名男屍，約 30 歲	
已收屍	5 月 27 日	基督教女青年會	1	朴勇準，1956 年生	
已收屍	5 月 27 日	全南女子高中隔壁	1	李金宰，1951 年生	
已收屍	5 月 29 日	區間巴士站浴缸	1	身分不明，約 20 歲	多處槍傷
已掩埋，挖掘出的	5 月 29 日	光州監獄路邊溝	8	安杜煥（1935 年生） 張方煥（1922 年生） 林恩澤（1945 年生） 高貴錫（1960 年生） 閔秉烈（1949 年生） 三具屍體，身分未經記錄	鈍器擊傷， 鈍器擊傷 多處槍傷 多處槍傷 刺傷
已掩埋，挖掘出的	5 月 29 日	光州監獄前方山丘	2	崔烈洛（1953 年生） 一具身分不明	多處槍傷
據報，已收屍	5 月 29 日	池元洞路邊溝	7	七具身分不明	
已收屍，挖掘出的	5 月 29 日	尚武台百日靶場挖出 （有清潔劑味） 埋了十四具屍體，不過 有三具或為家屬收屍， 或仍未尋獲	11	金在平（1951 年生，5 月 20 日收屍） 曹圭英（1942 年生，5 月 22 日收屍） 咸光洙（1963 年生，5 月 22 日收屍） 林正植（1962 年生，5 月 26 日收屍） 朴鍾基（1956 年生，5 月 26 日收屍） 楊會南（1950 年生，5 月 26 日收屍） 金平庸（1963 年生，5 月 26 日收屍） 宋正教（1929 年生，5 月 26 日收屍） 金亨烈（警察，5 月 26 日收屍） 全宰熙（1954 年生，5 月 26 日收屍） 一具身分不明	警分局 警分局 警分局 國軍綜合醫院 國軍綜合醫院 國軍綜合醫院 國軍綜合醫院 國軍綜合醫院 國軍綜合醫院
據報，挖掘出的	6 月 3 日	朱南村後山	2	蔡秀吉（1959 年生） 楊民錫（1960 年生）	身分透過 DNA 分析證實 （2002 年）
據報，挖掘出的	不明	光州仁星高中前方山丘	1	全在洙（男，1969 年生）	多處槍傷
據報，挖掘出的	不明	孝德洞稻田	1	男，20 歲	多處槍傷
據報，挖掘出的	不明	天一巴士總站	1	金相泰（1950 年生）	
據報，挖掘出的	不明	日谷村山區	1	不明（男，40 歲，精神失常）	精神失常？
據報，挖掘出的	不明	朱南村後山（五月 二十四日，貓頭鷹山）	1	金富烈（1963 年生，朝鮮大學附屬中 學三年級生	六月七日解剖

註：由於沒有任何有關收屍的書面記錄，這張表完全根據曹成甲的記憶繪製，可能有誤。

食鋪，把這名男子拖進一輛車送監。徐萬五的家屬雇了十個人在附近山區搜索。他們終於在接近稻田的一處山坡的亂葬堆裡，找到徐萬五與另外六人的屍體。徐萬五因一次之前的意外斷了右手食指前半截，所以屍體容易辨認。他的屍體送往朝鮮大學醫院，根據驗屍報告，徐萬五下腹部有五處槍傷。[5]

當光州事件結束時，戒嚴當局將屍體送進醫院停屍間，確認他們的身分，通知家屬，進行解剖，採取喪葬程序。大多數屍體因曝露在初夏驕陽已久，或由於亂葬而嚴重受損，都已難以辨認。經過指紋、隨身物品、生理特徵與失蹤名單比對，有些屍體的身分得以確認，但仍有許多無法辨認。十一具身分不明的屍體葬在望月洞一處公墓。

二〇〇一年，「光州抗爭失蹤者真相調查委員會」成立，將十一具身分不明的屍體挖出來進行檢驗。經過與九十三名失蹤者家屬的DNA比對，找出其中六具屍體的身分。翌年，被第十一空降特戰旅在五月二十三日從朱南村拖走、處決、埋葬的兩名男子身分終於確認，分別是楊民錫（二十歲，工人）與蔡秀吉（二十一歲，餐館員工）。

在光州事件期間與事件結束後登記的失蹤人口有三百餘人，但經過嚴格審核，只有八十一名列入失蹤的人與事件直接有關。在這八十一人裡面，經DNA分析驗明身分的人有六人，其餘

表 4　DNA 檢驗（2002 年）確認的屍體

號碼	姓名	出生年	職業	死亡日期	死亡地點	死亡原因	解剖日期	相關事件
1	全浩英	1963	大學重考生	不明	不明	多處槍傷	5 月 28 日	
2	金吉恩	1962	松源高中（二年級）	5 月 21 日	不明	多處槍傷	5 月 28 日	
3	金男石	1959	待業	5 月 23 日	池元洞	多處槍傷	5 月 29 日	池元洞小巴士槍擊事件
4	金俊東	1963	木匠	不明	不明	多處槍傷	5 月 28 日	
5	楊民錫	1960	工人	5 月 23 日	朱南村	多處槍傷	6 月 3 日	朱南村小巴士槍擊事件
6	蔡秀吉	1959	餐館員工	5 月 23 日	朱南村	多處槍傷	6 月 3 日	

七十五人下落仍然不明。這七十五人裡面，有五人埋在無名塚，其餘七十人的遺骸還沒有找到。

目前為止，據報可能藏有無名塚的地點有四十七處。在黃龍河堤岸邊、素村洞、三島洞、與另兩處地點進行的深入探查沒有找到屍體。由於得不到當時親自動手埋葬的士兵的合作，失蹤者的辨識與遺體搜尋工作仍將極其艱難。

● 驗屍與對驗屍結果的操弄

死亡百姓的驗屍報告在遺體發現後發表。這些報告都蒐集在保安司令部的「光州暴動有關驗屍結果」與光州地方法院檢察官辦公室的「五一八相關死亡者驗屍報告」。保安司令部成立「驗屍委員會」，六月初，一名驗屍官、一名牧師、記者、市民代表、一名軍法官、一名警官、與一名國安軍官聚在五○五保安部隊基地，根據「保安司令部」發表的檢驗報告對死者進行分類。死者根據情況與有關屍體的資訊分為兩類，一為「暴亂分子」，一為「非暴亂分子」。這項標準詳見下表。

死者根據造成他們死亡的武器 —— 是 M16 步槍還是卡賓

表 5　評判標準（評量項目）

守法民眾（每人四百萬韓元）	暴亂分子（不賠償）
·未滿 14 歲者 ·超過 50 歲者 ·公務員 ·婦女 ·在沒有衝突的地區死於交通事故者 ·因遭鈍器重擊致死者	·在 5 月 27 日軍方攻佔道廳的行動中，因反抗致死者 ·在與光州監獄衛成部隊對抗中致死者 ·在第七與第十一空降特戰旅控制的光州池元洞因進行反抗致死者（5 月 22 日上午 8 時 30 分到 5 月 24 日 12 時） ·在第十一空降特戰旅從朱南村徹往基地時因進行反抗致死者 ·其他地區（漢城、木浦等）參與光州暴亂的居民

資料來源：國防部真相調查委員會，《雙十二政變、五一七軍變與光州抗爭調查報告》（2007），126。所有用語直接引自保安司令部。

槍——進行分類。在遺骸內沒有子彈的情況下，做這種分辨很
難。M16步槍與卡賓槍的殺傷力大不相同，一般而言，這兩種
武器造成的槍傷可以用肉眼分辨。但除了那些負傷後立即送醫
的之外，大多數屍體都因曝露在路邊或埋進土裡而加速腐爛，
他們的傷口也因此難以辨認。

由於被納入「暴亂分子」類的死難者家屬不能得到賠償，
參與驗屍的兩名醫生與牧師盡可能將死難者納入「守法民眾」
類。[6]根據保安司令部的政策，被M16步槍打死的，一定是企圖
抗拒軍方的暴亂分子。由於這項政策使然，總共只有二十人被
歸納為「暴亂分子」。保安司令部於是提出抗議，認為應該有
更多人列為「暴亂分子」。[7]但戒嚴當局由於即將接管政府，認
為將死亡數字減至最低能緩和政治「爆燃」，因此並不積極反
對非軍方這種盡可能將死難者納入「守法民眾」類的企圖。[8]

最後死亡總數反映軍、民兩方的讓步與妥協：三十八人歸納
為「暴亂分子」，其餘都屬「守法民眾」類。正是由於這項程序，
記錄中所說M1步槍與卡賓槍造成的死亡人數，比M16造成的
死亡人數多得多。表六詳列死亡原因與它們造成的死亡人數。[9]

凡是死亡原因不能確定為M16造成者，自動推斷死於M1
步槍、卡賓槍、或其他槍械。為解釋何以有九十四人屬於「卡
賓槍致死」類型，驗屍報告於是編了一個故事說，「暴亂分子
中的主戰派與主和派的兩派人起衝突，導致槍戰」。遭流彈、
機槍彈、手榴彈、與其他武器致死者，也不屬於「死於M16」類，
而屬於「缺乏經驗造成的誤殺」。被棍棒打死，與可能死於刺
刀下的死者，死因也成為偷竊來的車輛造成的交通事件，與「遭
暴亂分子殺害」。

幾十年來，死難者死因記錄改變了幾次，每一次改變都降低
了M1步槍與卡賓槍造成的死亡數，增加了M16步槍造成的死
亡數。根據總理於一九八五年十月十六日向國會提出的文件，民
眾死亡總數為一百六十六人（二十九人死於M16步槍，三十七
人死於卡賓槍，六十七人死於其他槍械或炸藥，十五人死於鈍

表 6　致死原因

致死原因	人數
M1 步槍與卡賓槍（鷹派與鴿派暴亂分子間的衝突，誤殺）	94
M16 步槍（與戒嚴軍戰鬥時被殺）	24
其他槍械（暴亂分子彼此因缺乏經驗與失誤而造成的誤殺	14
鈍器創傷（偷竊來的車輛造成的交通事件）	12
刺傷（暴亂分子造成）	9
機動車輛	5
額外發現的死亡	6
總計	164

資料來源：保安司令部，《傷亡報告》（1980 年），引用自國防部真相調查委員會，《雙十二政變調查報告》（2007），127。

器創傷，八人死於交通事故，八人死於刺傷，二人死因不明），已經與較早先的數字有異。[10] 與一九八〇年保安司令部提出的驗屍報告相比，死於 M1 步槍與卡賓槍的人數已經少了五十七人，剩下三十七人。死於其他槍械的人數增加了五十三人，變成六十七人。死於 M16 步槍的人數增加到二十九人，比原本多了五人。隨著真相調查的腳步更加緊密，更多事件期間的醫院檢驗記錄與其他文件曝光。證人也逐一挺身而出，提出詳盡證詞，澄清許多死因。在經過又兩輪驗屍與檢察官辦公室的一九九五年調查之後，死因記錄再次改變：M16 步槍或其他槍械造成的死亡人數超過一百，死於鈍器創傷、交通事故、刺傷、或其他傷害者有三十多人。不過仍有二十七人列為 M1 步槍與卡賓槍受害者。儘管市民軍成員因槍枝走火彼此誤傷的事件確有發生可能，但與戒嚴當局當時提出的說法──市民軍成員因派系衝突相互交火──仍然大不相同。無論怎麼說，官方提出的受害者死因仍然不準確。

● 兩萬名軍隊進駐光州

從五月十八到二十七日，戒嚴當局部署了約兩萬名訓練精

良的軍隊進駐光州，鎮壓示威。光州當時的人口約為將近八十萬，換言之，每四十名市民就部署一名軍人。進駐光州的部隊如下：三個空降特戰旅，兵力共十個營（三千一百二十一名官兵；四百九十六名軍官；兩千六百二十五名士兵），第二十師的九個營（四千七百九十一名官兵；兩百七十六名軍官；四千五百一十五名士兵），外加戰鬥兵科教育司令部的二十八個營（一萬一千九百九十八名官兵；三千九百七十六名軍官；八千零二十二名士兵），總計有來自四十七個營的一萬九千九百一十名官兵（四千七百四十八名軍官；一萬五千一百六十二名士兵）。[11]

光州事件中共有二十三名軍人喪生；其中八人死於光州民眾槍下或其他敵意行動（有三次交通事故，五月二十二日造成二死，五月二十三日造成一死，五月二十七日造成二死），其他十五人因身分誤判（十四人）遭友軍誤殺與槍枝走火（一人）。[12]

戒嚴軍因身分誤判發生三次友軍交火事件，每次都造成傷亡。第一次事件發生在五月二十四日上午九時五十五分，當時三十一師九十六團第三營的三十一名官兵（兩名軍官，二十九名士兵）在返回靈光途中，來到湖南高速公路光州交流道。戰鬥兵科教育司令部裝甲兵學校的一百二十名官兵（三名軍官，一百一十七名士兵）已經在當地設下埋伏，向第三營開火，打死三名士兵，傷了兩名百姓與十名官兵。[13]第二次類似事件發生在同一天下午二時，衝突雙方分別是從松岩洞前往光州機場的第十一空降特戰旅，與在當地設伏的步兵學校後備役訓練單位。這場衝突造成九名傘兵與一名後備役官兵死亡。第三次事件發生在五月二十七日晨，當時第七空降特戰旅在前往光州公園途中，誤與友軍交火，造成一名軍人死亡。除了一名軍人因槍枝走火死亡外，共有十五名官兵遭友軍誤殺——幾乎高達他們與示威者、與市民軍交戰中死亡人數的兩倍。[14]

● 尚武台拘留室

　　道廳雖已陷落，事件距離落幕還很遙遠。對繼續反抗的人而言，難以想像的苦難才剛揭開序幕。在現場被捕的市民軍成員被迫臉朝下趴在地上，任由士兵在他們身上踐踏。在道廳二樓或三樓被捕的人雙手反綁在背後，被迫用肚皮爬下樓梯。衣袋中露出槍彈的囚犯，可能立即招來殺身之禍。不小心抬起頭的囚犯，會被士兵用鶴嘴鋤手柄打頭。對囚犯來說，幾乎與被打一樣痛苦的，是綁在手腕上的繩索。所謂繩索是士兵在現場找到的任何類似繩索的東西，如電話線、鞋帶、腰帶等等。士兵用它們緊緊捆住囚犯的手腕，緊到血液流通為之受阻。囚犯的手因此發青，腫脹，甚至在這些所謂繩索去除三個月之後，傷疤與疼痛仍然揮之不去。在拖著囚犯上巴士時，士兵們對待囚犯就像在屠宰場拎著一塊塊肉一樣。五月二十七日上午，在道廳、基督教女青年會、全日大樓、光州高中、與其他衝突現場被捕的人被綁成一串帶走。任何膽敢抬頭看一眼的囚犯都會遭到棒打，因此囚犯都不知道他們被帶到哪裡。在抵達目的地之後，囚犯被迫用頭拄在地上往前走。在被捕當天，囚犯一整天得不到食物。很長一段時間，囚犯不知道自己置身何處。直到遇見在五月十七日預防性拘捕行動中被抓的人，他們才知道自己被關在尚武台拘留室。

　　尚武台拘留室是一處半圓形大型空間，圍著一個中心區分隔成六間囚室，每一間囚室只有最小的一面開放——不過都有鐵欄隔離。這種隔間設計使得佈置在中心區的憲兵，不必轉身也能監控所有六間囚室裡的犯人。每一間囚室都設有墊高了的木質地板，可以勉強容納三十人，但由於之前已經關了超過三百人，五月二十七日以後又關進來五百九十人，現在每一間囚室都擠了約一百五十名囚犯。幾天前在預防性拘捕行動中被關進這裡的金相允，從窗口驚見妻子鄭賢愛、小姨、與弟弟金相集都在窗外地上站著。自從被關進這裡以來，金相允對外面世界發生的

一切一無所知。囚犯們終於發現「毒針事件」後失蹤的張桂範。他用墨鏡與一條手帕遮住自己臉孔，但金俊奉與尹錫樓一眼就認出他來。張桂範親自向憲兵指認「抗爭領導部」每一名領導人。憲兵在金宗倍、朴南宣、鄭祥容、尹江鈺、尹錫樓、鄭海稷、金俊奉等人每人胸前貼上一張紙，紙上註明他們在領導團隊的頭銜，並在將他們拍照後，立即用車送往保安司令部。

抗爭領導部領導人在進入保安司令部辦公室時，受到一群彷彿摔跤選手也似、體型壯碩非常的軍人「歡迎」，這些軍人拍著他們的背，說著「歡迎，來自全羅南共和國的同志」之類的風涼話。軍人站在辦公室中央，圍成一個圈，把人犯一一點名、召到圈子裡毒打——先打耳光，接著朝心窩猛擊，然後將人犯拖翻在地，一陣拳打腳踢。這樣的折磨持續了五天四夜。

● 大規模逮捕潮

在五月十七日與七月底之間，總計有兩千六百九十九人因牽涉光州事件而被捕。在攻擊道廳之後，單在五月二十七日一天就有五百九十人被捕，從二十七日到月底，又有一百人被抓。到五月三十一日，總計有一千零三十九人——包括事件期間被捕的人——被拘留接受調查。

保安司令部發動一場大整肅，所有光州暴動期間擁有武器的人、收拾委員會成員、以及大專院校學生會領導人盡皆被捕。當特戰隊於五月二十七日朝道廳挺進時，戒嚴軍其他兵力包圍了光州市周邊，抓捕一切可能意圖逃離光州的嫌犯。警察每繳獲一件槍械可以獲得一百萬韓元獎金與一級晉升。前區域防衛隊隊員也不能倖免。曾於五月二十一日到二十三日間，在文章宇指揮下，協助防禦飢餓橋的台封村和蘇實村村民都被捕。由於找不到槍械，警方抓走村裡年輕人、老人、與曾經為示威者烹食的婦女，將他們毒打洩憤。警方徹底搜查每一間房屋，甚至將衣櫃門也砸爛。在這段期間，蘇實村有七十到八十名村民

被捕，遭到酷刑。[15]

● 酷刑折磨

　　市民軍戰情室長朴南宣被貼上「叛亂頭目」標籤，獨自一人關在地下室一間白色房間裡。他在前後三天，每天都被全身脫光毒打。他頭部、肩膀、與全身都被打，臼齒與門牙都被打斷，多次被打到不省人事。保安司令部搜查官用尖細的針插進朴南宣的指甲約五公分，要他招供自己是北韓間諜。幾天後，經過多天毒打與酷刑拷問、早已憔悴不堪的「鬥爭委員會」成員，移送尚武台囚牢，而尚武台的搜查官早已為他們的調查備妥一套劇本。

　　五月二十八日凌晨四時，抗爭領導部企劃室長金永哲走進拘留室後方的廁所，打算自殺。先在道廳會議室見到同事尹祥源死在自己眼前，又在基督教女青年會聽到好友朴勇準死亡的消息，令他無法忍受。繼之而來的逮捕、折磨、酷刑、與屈辱使他決心一死。他用一個尖物劃開自己左腕動脈，用自己的頭朝廁所水泥牆牆角不斷猛撞。憲兵聽到這些吵雜之音衝了進來，把他拖出廁所，用鶴嘴鋤手柄打他，在他身上猛踹，然後送他到國軍綜合醫院。兩個月後，金永哲開始出現精神失常症狀。獄友要求當局讓金永哲接受一次徹底的心理檢查，但遭當局拒絕。金永哲的病況一天天惡化，甚至在一九八一年十二月獲判緩刑出獄後，情況仍無起色。他在全南大學醫院動了一次手術，之後又在國立羅州醫院等多家醫療機構看診。他於一九八八年八月去世。

　　由於受不了毆打與折磨，機動攻擊隊隊員羅日成將每週從軍醫那裡取得的止痛藥、退燒藥、與止瀉藥藏在一起，一次吞下以求一死，但沒能如願。這次自殺企圖造成他的消化系統重創，直到今天仍令他痛苦。[16]

　　對所有被貼上「暴亂分子」標籤的人來說，所謂「人權」根

本就不存在。囚犯遭到各式各樣光怪陸離的酷刑，但當局還要他們為保住性命而感恩。許多遭到酷刑、毆打的囚犯即使在獲釋後也病痛纏身，一輩子過不了正常生活。很大一部分犯人因精神失常而死。甚至在終於獲釋後，他們仍然擔驚受怕，始終活在恐怖陰影中。[17]

● 牡丹特工

在街頭示威加劇的五月二十與二十一日領導街頭廣播的全玉珠與車明淑，於五月二十二日下午四時，遭花亭洞群眾中竄出的一群人逮捕。戒嚴司令部當時派了一組便衣人員在光州活動，破壞示威。兩人被這群便衣以「北韓特工」的罪名拖進保安司令部基地。全玉珠後來作證指出，逮捕她的是一名三十來歲的男子，那名男子頭髮剪得很短，穿一件深藍色外套，看起來不像普通百姓，而更像一名情報人員。當全玉珠踏進基地辦公室時，五十幾名男子朝著她叫起來，「特工來了！」全玉珠與車明淑被分開，個別接受調查。她們遭到性侵、凌辱、與酷刑，調查人員還用槍比著她們，要她們寫自白書，承認自己是北韓特工。調查人員找來記者為全玉珠與車明淑拍照，還在現場告訴記者，說兩人是為北韓工作的特工。當全玉柱遮著自己的臉，否認這項指控時，她的後腦遭到步槍槍托重擊。保安司令部宣布全玉珠是「牡丹特工」，曾在北韓「牡丹峰」受過兩年諜報訓練。韓國國內媒體隨即報導，「全玉柱與另兩名被示威民眾逮到、交給軍方的婦女經確認是間諜」。[18] 後來，由於查出她的父親是警察，所誣陷她是與間諜的說法破綻百出，軍方改變口徑，誣陷她焚燒文化放送大樓——在這項嘗試也失敗之後，軍方又指控她與金大中共謀發動叛變。[19]

六月初，調查人員根據車明淑的學生證上登記的地址進行調查，發現這是另一學生的地址，證明車明淑並不是全南大學學生。原來車明淑在示威過程中撿到這張學生證，於是自稱是大

學生。當這項有關假身分的新聞曝光時，調查人員額手稱慶，因為終於「抓到一名北韓間諜」。經過一再酷刑拷問，他們查出車明淑的真名實姓與家鄉。車明淑一家來自潭陽的昌平，在走訪昌平後發現，她仍有親戚住在昌平，但她一家人為了追求較好的生活，已經搬到漢城。不過調查人員一味只是要車明淑招供她來自北韓哪一個地方。車明淑不承認自己是北韓間諜，因此慘遭折磨。那一年九月十九日，戒嚴當局正式指控全玉柱與車明淑，罪名不是替北韓做間諜，而是違反戒嚴令與陰謀煽動叛亂。全玉柱被判處十年徒刑，車明淑則被判七到十年。全玉柱於一九八一年四月三日獲釋，車明淑在一九八一年十二月獲聖誕節赦免出獄。

● 用捏造的金大中陰謀操控

在展開光州暴動事件調查時，聯合調查組捏造了一整齣陰謀叛變的劇本，作為抓捕根據。根據這齣劇本，金大中是叛變領導人，洪南淳是光州地區在野集團頭目。根據這齣劇本，鄭東年是大學生頭目，金宗倍是暴亂分子頭目，而朴南宣與尹錫樓都是行事極端的流氓。

在五月十七日預防性拘捕中被捕的鄭東年、金相允、金雲起、柳在道等人，認為自己沒有參與暴亂，應該很快獲釋。但在五月二十七日午夜，分別是全南與朝鮮大學學生、過去曾經被捕、之後獲釋的鄭東年與金雲起被招進憲兵調查處，他們及早獲釋的指望也化為泡影。鄭東年一進入調查處，就被十幾個手持棍棒與鞭子的人團團圍住。他們迫使他跪在地上，將他一頓毒打。隨後，他們拿出金大中在東橋洞住處的訪客登記簿的一頁影本，上面有「鄭東年，全南大學」的簽名字樣。搜查官問他，「你去了他家，是不是？」鄭東年承認確實去找過金大中。不過，這還不是這次調查的目的。天快亮時，搜查官又把鄭東年打了一頓，並且指控他收了金大中的錢。鄭東年經不住反覆毒打、

拷問，只得供稱收了金大中五百萬韓元。事實上，儘管鄭東年確實在那一年四月間找過金大中，但他連金大中的面都沒見到，更別說接受金大中的錢了。

在回到尚武台囚房後，由於忍不住被酷刑逼供的怒氣，鄭東年拿了一把磨尖了的湯匙走進廁所，想自己為自己開膛破肚，但一名獄友正好也在這時走進廁所，見狀向憲兵示警，憲兵立即進來將鄭東年拖走。在送醫急救後，鄭東年又一次被送進保安司令部，追問他從金大中拿的那五百萬韓元的下落。鄭東年供稱，分別將三百萬與兩百萬給了當時都還沒有被捕的前全南大學學生會會長朴寬賢和尹漢琫。調查結束後，鄭東年在國軍綜合醫院治療了一個月，然後又送回尚武台拘留室。在這段期間，鄭東年在口供中所說「將兩百萬韓元交給尹漢琫」的證詞，被改成「將兩百萬韓元交給（朝鮮大學學生）金雲起」。調查結束後，官方的故事如下：鄭東年在金大中的東橋洞住處收了金大中五百萬韓元，其中三百萬給了朴寬賢，另外兩百萬韓元經由尹漢琫轉手，交給朝鮮大學學生金雲起，作為全南與朝鮮大學領導的學生示威的經費。

一九八八年，就在國會的光州事件聽證會即將舉行前，前五〇五保安部隊搜查官許壯煥召開記者會，說明有關光州事件調查過程的幕後操控。他說，「為了讓金大中與犯罪行動掛勾，搜查官迫使犯人做不實口供，說他們收了金大中的賄款。在這段過程中，犯人遭到難以言喻、屈辱與不人道的暴力——不僅遭到酷刑折磨，甚至被迫毆打關在一起的獄友。」[20]

許壯煥在記者會中說明典型的調查操控案例。在一個案例中，搜查官將莞島一家旅館的旅客名單用碎紙機絞碎，以銷毀鄭東年留在旅館裡的不在場證明。在另一個案例中，律師洪南淳在接受檢察官訊問前遭到搜查官酷刑，被迫同意在口供上合作，但在接受訊問時翻供，軍事檢察官於是通知搜查官，說他們對洪南淳的控罪難以成立。洪南淳因此被送回保安司令部，最後熬不過酷刑，只得遵照搜查官寫的稿子抄了一份供詞，讓軍事檢

察官憑這份供詞起訴他自己。第三個例子涉及全玉珠。全玉珠於五月二十二日下午四時三十分在光州國軍綜合醫院附近被捕，被控擔任北韓特工。徐義男中校迫令許壯煥，要許壯煥盡可能將全玉珠與金大中扯上關係。還有一個案例與張桂範——就是道廳「毒針事件」那個罪魁禍首——有關。在抗爭事件落幕後，保安司令部將他納入保護，徐義男中校下令許壯煥保證張桂範的安全。第五個案例，許壯煥說，早在軍事法庭開庭以前，五〇五保安部隊、戰鬥兵科教育司令部、軍事檢察官、與軍事法庭早已訂定犯人的判決，而且在軍事法庭開庭當天，所有搜查官都在法庭周遭待命，採取一切必要措施，務使被告俯首認罪。最後，調查組專挑全南大學教授下手，誣告他們間接協助金大中的叛變陰謀，迫使校長閔俊植，與金東源、李邦基、以及明魯勤等數十名教職人員辭職。[21]

　　七月十五日，戒嚴司令部增派兩名檢察官與兩名韓國中央情報部搜查官前往光州，檢驗調查進展，調整判決量刑輕重，為日後的措施定調。在經過討論後，全羅南道聯合調查組達成結論，「是否適用暴動或叛亂罪是政策問題；只有將金大中塑造成叛亂頭子，光州市民才會接受這個故事」。聯合調查組於是建議，對大約五百人進行懲處，對其中三十到四十名首犯處以重刑。根據這些指導原則，就連預防性拘捕期間被抓的犯人也被迫改寫證詞，以呼應煽動叛亂罪名。

　　七月三十一日，漢城聯合調查組下令全羅南道聯合調查組，將以下納入鄭東年的嫌犯調查：一、全南大學學生運動的目標為煽動一場大規模暴力事件，與一場全國性群眾抗議，以推翻現政府，幫助金大中掌權以建立新的政治秩序；二、鄭東年在一九八〇年五月五日造訪金大中住處時，曾向金大中解釋以上計畫；三、鄭東年從金大中處收受五百萬韓元，下令朴寬賢在全南大學發動示威。[22] 根據這項命令，當局將光州事件正式包裝成金大中煽動叛亂陰謀的關鍵證據。就這樣，鄭東年、洪南淳、曹亞羅、明魯勤、宋基淑等民主運動人士，在尚武台審問室與

地下室，在保安司令部基地受盡折磨，直到他們在搜查官寫下的證詞上簽字為止。

● 軍法審判

　　總計兩千五百二十二人因涉及光州事件而被捕。其中一千九百零六人經警告後飭回，其餘六百一十六人送往軍事法庭。其中兩百一十二人不起訴，剩下的四百零四人遭到軍法審判。[23] 軍法審判過程進展順利。被告就連徵詢法律顧問的權利都沒有。律師洪南淳與李基洪，獲得來自光州律師協會的律師提供辯護，是少數例外。此外，應總主教尹恭熙之請，金成鏞與曹喆鉉神父，以及一名教授也獲得律師辯護。家屬與宗教領導人也要求為鄭東年——被控是煽動叛亂團夥頭目——與抗爭領導部的金宗倍與朴南宣、以及其他可能遭重刑的被告提供律師服務。但律師們不能妥為接近他們的客戶，甚至不能審閱被告的供詞記錄。

　　這項荒唐的審判在尚武台戒嚴部隊司令部軍事法庭舉行。由於既有法庭容不下所有相關人員，當局又加蓋了一棟樓進行審判。二十到三十名戴著手銬的被告，同時擠進一處比教室略寬的空間，他們的家屬站在空間另一頭，中間隔著一群負責警衛的武裝憲兵。在軍事法庭開庭期間，人們發現，當鄭東年所謂從金大中處收受五百萬韓元時，他其實一直在一家私校教書。當法庭接著審到五百萬韓元，以及這筆錢如何從尹漢琫轉到朝鮮大學的金雲起的手中時，金雲起（為了他的學校的榮譽）要求庭上將他的資金登錄為直接來自金大中。但那名主事的搜查官答說，他們不能做這樣的改變，因為漢城交下來的開庭記錄沒有這一節，這話逗得整個法庭一陣大笑。當軍事檢察官說，曹喆鉉神父所以想從民間回收槍械，為的是充實光州武器庫存、以利反擊戒嚴軍時，曹喆鉉的律師找來全羅南道副知事丁時采為證人。丁時采之前曾向當局表示，曹喆鉉在事件期間盡心盡

五一八民主化運動軍事審判場景。（《光州日報》資料室藏）

力收回武器，值得官方表揚。但在法庭上他支吾不肯直接做答，說他不記得曾經說過應表揚曹喆鉉的話。[24]

鄭東年的最後證詞持續約一個小時。他從被告席走出來，直視著審判席說，「今天你可以走上光州街頭，隨便找一個人問，我們的行動背後是否真有什麼『團夥頭目』。沒有人會告訴你，光州事件是精心策畫的結果。」鄭東年轉身對旁聽席的人說，「今天，我們的身體被鎖在這些暗無天日、沒有希望的牢籠裡。但有一天，自由的鐘聲會在一個民主社會敲響。我們會成為勝利者。真理與正義會獲勝。朋友們，讓我們堅持信仰，一起克服這場艱難！」審判席上傳來飲泣聲，一名法官還悄悄拭淚。酷刑拷問儘管讓鄭東年憔悴不堪，但他的意志仍然強悍。[25]

光州抗爭事件第一次公審於一九八〇年十月二十四日上午十時結束。四百零四人中有一百四十九人獲緩刑釋放，兩百五十五人被判有罪。[26] 在同年十二月二十九日高等軍事法院舉行的第二輪審判中，一百六十三名原先判決有罪的人犯中有八十人獲判緩刑或免刑而獲釋。一九八一年三月三十一日，最高法院駁回被告上訴，維持高等軍事法院有關八十三名被告的判決——這些被告的罪名包括違反戒嚴令、在煽動叛亂的陰謀中扮演領

導角色、以及謀殺等。至此，光州暴亂審判已經遵照劇本圓滿走完。

　　四月三日，就在最高法院維持被告原判三天之後，所有八十三名被告都獲得減刑或特赦，或恢復原職。被判死刑的三個人（包括鄭東年）刑期減為終生監禁；七名原本被判終生監禁的人（包括朴南宣）獲減為二十年；十三名原判處十五年以下徒刑的人（包括洪南淳）獲得刑期減半。就這樣，其餘刑期不滿五年的五十八人（包括全玉珠）獲得赦免或因判決無效，而當庭獲釋。一九八一年十二月二十四日，鄭東年與其餘十一名獲得緩刑的人得到聖誕節特赦。所有因光州抗爭事件下獄的人至此全部獲釋。

第 15 章 │ 未竟之功

軍隊於五月二十七日清晨佔領全羅南道廳,為光州抗爭運動畫下句點。透過雙十二政變控制軍隊,並在五月十七日發動內亂與光州屠殺之後掌控政權的全斗煥,於同年八月二十七日經「統一主體國民會議」任命為韓國總統。為了反制,光州事件死難者與被拘禁者的家屬、以及劫後餘生的傷者於是團結起來,合力抗拒。

● 死難者遺族會

一九八〇年五月二十九日,清理卡車載著原本擺在尚武體育館的一百二十九具屍體,來到望月洞市立公墓第三區。當局為光州事件死難者舉行了一次聯合喪禮,一百多名死難者家屬在五月三十一日的追悼式上首次聚會。「光州義舉遺族會」就在這時成立。翌年,這個團體正式組織,改名為「五一八光州民眾抗爭遺族會」。

一九八一年,迫於當局壓力,遺族會朴姓會長沒能舉辦紀念事件一周年追思活動。憤憤不平的家屬於是辦了一場較小型的簡陋儀式。但情報人員找碴,硬說遺族會總務經理鄭水萬在追悼會的悼文有反美情緒,並根據國家安全法將鄭水萬逮捕。在光州抗爭事件二周年那天,「全羅南道開發協會」強徵無數民眾前往光州公共體育館,參加「市民團結大會」,以阻止他們出席追悼活動。到光州抗爭事件三周年那天,情報人員與警方

五月二十九日，一百二十九具罹難者的屍體被清掃車載運至望月洞第三墓地埋葬。（羅庚澤攝）

乾脆將死難者家屬軟禁，還切斷了通往悼念儀式舉行地點的道路。甚至在抗爭事件結束後，受難者與他們的家屬仍然受盡折磨、苦難，五十餘人因抗爭期間負的傷與後遺症而死。無論痛失親人的家屬如何言之鑿鑿，說官方死亡數字如何縮水，如何遭到操控，政府始終聽之渺渺，不肯對這次事件進行妥善調查，還不斷指控家屬宣傳假訊息。

許多人因為在望月洞舉行悼念儀式，公然挑戰全斗煥政權而被捕、下獄。情報機構繼續不斷調查、軟禁、跟蹤、拘捕、隔離死難者家屬，直到一九八〇年代中期。為爭取在國會聽證作證的權利，死難者家屬繼續抗爭，在望月洞天主堂發動抗議，要求通過「五一八民主化運動特別法」。

● 負傷者同志會

在光州抗爭事件過程中受傷的人由於散落各地醫院接受治

療，也由於行動不便，組成受難者團體的時間比死難者家屬晚。讓事情雪上加霜的是，組建協會為受傷者請命的嘗試，在光州抗爭事件落幕後不久就遭到當局破壞。隨著受傷者治療與生計問題越來越引起關注，十八名受傷者在獲悉光州事件死難者與被拘禁者家屬已經組成受難者團體之後，於一九八二年八月一日聚在一起，在未經警方察覺的情況下組成「五一八傷者同志會」。這個組織於一九九五年重組，改名「五一八光州民眾抗爭負傷者會」，之後再於一九九八年五月改組為「社團法人五一八光州民主化運動負傷者會」。

　　許多傷患因傷勢影響，就連日常生活都成為持續不斷的生存掙扎。但傷勢痊癒後，他們變得更加堅強悍勇、更加不屈不撓。他們領銜發動在青瓦台前的抗議、每逢週六的「五一八民主化運動特別法立法」抗議、以及在望月洞天主堂的抗議，還在各地參加群眾大會。

● 拘束者家族會

　　光州抗爭事件剛剛結束後，被捕者家屬由於關心被捕的親人，也為了想辦法在即將到來的審判中為親人提供援助而聚在一起。他們交換資訊，相互支援，隨於一九八〇年九月二十日第一輪審判期間成立「光州事態拘束者家族會」。由於這個協會的成立，那些為下獄的丈夫與孩子奔走的家屬可以互通聲息，團結在一起。它不僅為爭取親人家屬的獲釋而奮鬥，對判決提出抗議，還提出血書請願，抗議全斗煥預定的光州之行，在望月洞天主堂進行抗議。

　　在最後一名人犯於一九八二年十二月獲釋後，幾個被捕者家屬團體商議合併，終於在一九八四年成立「光州拘束者協議會」。甚至在獲釋後，被捕者由於曾遭酷刑折磨，始終活在揮之不去的陰影中，又因為全斗煥政權為他們加上的「暴徒」標籤，不僅無法追求職涯，生計也成問題。他們還成為當局不斷監視

與壓迫的目標。

　　一九九〇年，「光州民主化運動關係人賠償法」通過立法，第六輪賠償也於二〇〇六年完成。共有四千六百三十四人獲得賠償：包括一百五十五名死者，八十一名失蹤者，一百一十名因傷重致死者，與四千兩百八十八名傷者或被刑拘者。這項立法於二〇一四年十二月三十日修正，第七輪賠償於二〇一七年完成。

● 從光州抗爭到六月抗爭 [1]

　　一九八〇年五月二十八日，「國民聯合」發表一篇有關光州事件的聲明。五月二十九日，高麗大學與梨花女子大學的學生，因散發宣揚光州事件的傳單而被捕。五月三十日，西江大學學生金義氣留下譴責政府、要求揭發光州事件真相的遺書，然後從漢城「鐘路五街」韓國「全國教會理事會」六樓跳樓。與光州抗爭事件有關傳單的散發活動持續到六月，散發活動相關人等也不斷被捕。六月九日，「三津特殊鋼鐵」的工人金鍾泰留下一紙名為「緬懷光州死難者」的宣言，然後自盡。直到進入七月與八月，仍然有人不斷宣揚有關光州事件的事，並因此被捕、下獄。當暑假結束，大學生於九月間重返校園時，學生從事運動的力道大幅加強。延世大學首先出現傳單，傳單隨即傳遍韓國神學院等十餘所院校，幾所大學校園發生示威。一九八〇年十二月九日，天主教農民協會會員以及全南大學學生在光州美國文化院大樓縱火，要求揭發光州事件真相。幾乎就在全斗煥採取鎮壓手段之後，韓國民眾也立即行動，要求伸張正義。

　　一九八一年，全斗煥政權派遣無數便衣探員進入韓國各地大學校園，還指派學術顧問，意圖監控學生。儘管他如此處心積慮，大學生仍在一九八一年五月挺身而出，紀念光州抗爭一周年，抗議全斗煥法西斯政府。五月二十七日，漢城國立大學經濟系四年級學生金泰勳大叫「趕走全斗煥」，從學校圖書館六

樓縱身而下。

一九八二年三月，大學生文富軾和金恩淑因被控縱火，造成釜山美國文化院大樓受損而被捕。因涉嫌身為光州暴動團夥頭目、一直遭通緝的金鉉獎也被捕。同時被捕的還有為金鉉獎提供庇護的牧師崔基植。同年十月，前全南大學學生會會長朴寬賢在光州監獄發動絕食抗議時死難。全南以及全國各地二十幾所大專院校發起活動，悼念朴寬賢，譴責政府。

一九八三年五月，學生抗爭運動加劇；高麗大學等十餘所學校發生三十幾起示威。超過六十五人因此被捕，十三人被強制入伍。當學年下學期於那年秋天展開時，學生示威已經擴及全國，江原大學、釜山大學、與仁川大學都加入示威陣營。

那年十二月二十一日，政府終於向學生讓步，解散了大學建制長設半軍事組織「學徒護國團」。由於參加民主化運動而被開除的學生得以重返校園，一百七十二名人犯獲釋，一百四十二人獲許恢復原職。便衣探員撤出校園，學生會重新成立。三年鎮壓成為過去，學生運動重見天日。

進入一九八四年後，反抗運動的火焰繼續延燒，五十五所大專院校學生奮力抗爭，要求大學自主——政府不得插手大學，在野運動圈人士與政界人士也共襄盛舉。最後到了一九八四年五月，警方在望月洞公墓設置的路障拆除。大學生與在野民主化人士湧入公墓向死難者致敬，望月洞公墓訪客人數隨即暴增，成為韓國民主化運動象徵。悼念追思活動成長茁壯，成為新一波的民主化運動，要求徹底揭發光州事件真相的呼聲越來越響。光州事件的星星之火終於燎原，讓民主火炬燒遍韓國全境。

一九八五年五月的追悼儀式有五百多人與會，其中包括死難者家屬、大學生、國會議員、與在野人士。儀式在望月洞舉行，以前往道廳的一場遊行落幕。來自全國各地十二所學校的大約兩千五百名大學生參加了徹夜靜坐示威，還用石塊攻擊了警察派出所。

之後幾年，民主運動更加蓬勃發展。尤其是一九八七年五千

多人參與的紀念儀式。當時全斗煥的總統任期即將結束，在野民主運動人士朴鍾哲酷刑致死事件、憲法修正案、以及主張保持現行憲法的總統「四一三護憲聲明」等議題，讓整個韓國情勢緊張，劍拔弩張。修憲必要性的議題在望月洞悼念儀式中正式提出，主事者隨即成立「全羅南道民主與憲法改革辦公室」。修憲辦公室之後擴及全國，一九八七年這場所謂「六月抗爭」大潮也在萬眾一心協力聲中襲捲全韓。

● 國會的光州聽證會

一九八七年的「六月抗爭」使民眾能夠向國會——韓國立法機構——提出調查光州事件的要求。全斗煥的接班人、同樣是新軍部成員的盧泰愚，於一九八八年一月十六日展開一項似乎意在討回公道的行動，成立所謂「民主化推進委員會」。但盧泰愚提出的和解措施，與徹底調查、揭發真相的主題完全扯不上關係。

在翌年四月舉行的第十三屆國會議員選舉中，反對黨獲勝，取得國會多數席位。國會因此可以採取史無前例的行動，舉行光州事件聽證會。根據《國家行政監督與調查法》（四〇一一號法案），國會第一百四十二屆臨時會第九次大會於一九八八年六月二十七日通過議案，成立「光州民主化運動真相調查特別委員會」。這是國會就光州事件舉行聽證會的開端，同時「第五共和國聽證會」也成立了。韓國人民終於能透過這些聽證獲悉（儘管仍然有限）光州事件真相。聽證會中公開的證據與證詞立即讓全國譁然。為應付民眾憤怒，一九九〇年二月，盧泰愚政府與其他保守派政黨合組三黨同盟，重新取得國會多數，使國會無法進一步深入調查，追究例如誰在光州事件中下令開火等罪責。

國會光州聽證會從一九八八年持續到一九八九年，但受阻於政治環境，無法完成對光州事件的徹底檢驗。國會聽證會最後

確認，新軍部於一九七九年十二月十二日領導政變，鎮暴訓練於一九八〇年年初展開，戒嚴令於一九八〇年五月十七日擴及全國，以及政治權力落入全斗煥與他的軍事親信手中。但對於光州事件幕後真相、戒嚴軍採用鎮壓戰術以及因而導致的暴行、戒嚴軍的無差別掃射以及對平民的屠殺、以及這場暴亂與美國之間的糾葛等等，聽證會只做了討論，卻沒有進行調查。政界人士同意結束國會光州聽證會，條件是光州大屠殺幕後主腦全斗煥應該親上國會作證。

● 鬥爭走上法庭

一九八八年十月，由於對聽證會結果不滿，「光州抗爭同盟」正式控告全斗煥、盧泰愚、與另七名高階軍方官員犯下在光州的暴行。但一九九二年時，檢察官甚至沒有傳喚被告、進行調查，就以無犯罪嫌疑為由結案。

直到金泳三政府於一九九三年二月上台，這場步履蹣跚的尋求公義之爭才又一次站穩腳步。受難者組織與公民團體在全國各地展開運動，要求調查事件真相，指控軍方犯行。一九九三年七月十九日，以戒嚴司令官鄭昇和為首的雙十二政變當時的軍人受害者也控告了軍事叛亂勢力。一九九四年五月十三日，全國各地公民團體團結在一起，組成「五一八真相調查與傳承光州抗爭精神國民委員會」，在漢城中區檢察廳控告三十五人（包括前總統全斗煥與盧泰愚）。同時，由三百二十二名受難者與受難者家屬也聯合署名對犯行者提出書面控狀。從一九九四年五月十三日到一九九五年四月三日，包括前總統全斗煥與盧泰愚在內的五十八人總共被告訴和告發七十起案件。

這些控罪的被告，都是在光州事件期間擔任營長或更高階的軍事指揮官，他們的姓名與事發時的職位如表七所述。

但檢察官卻說，「已經成功的政變，不能懲罰」，並於一九九五年七月十八日以無公訴權為由，將全案不起訴處分。理由

表7　被控軍事指揮官

姓名	指揮單位	姓名	指揮單位
全斗煥	保安司令部	林秀寰	第三空降特戰旅第十一營
盧泰愚	首都警備司令部	金完培	第三空降特戰旅第十二營
鄭鎬溶	特戰司令部	邊吉男	第三空降特戰旅第十三營
李熺性	戒嚴司令部	朴鐘圭	第三空降特戰旅第十五營
陳鍾琛	陸軍第二軍團	金吉洙	第三空降特戰旅第十六營
蘇俊烈	戰鬥兵科教育司令部	李秉宇	第二十師第六十團第一營
朴俊炳	第二十師	尹在萬	第二十師第六十團第二營
申佑湜	第七空降特戰旅	吉英哲	第二十師第六十團第三營
崔雄	第十一空降特戰旅	車達叔	第二十師第六十團第四營
崔世昌	第三空降特戰旅	鄭英鎮	第二十師第六十一團第一營
鄭秀華	第二十師第六十團	金亨坤	第二十師第六十一團第二營
金東鎮	第二十師第六十一團	朴載哲	第二十師第六十一團第三營
李秉年	第二十師第六十二團	姜英旭	第二十師第六十一團第四營
權承萬	第七空降特戰旅第三十三營	吳成潤	第二十師第六十二團第一營
金一玉	第七空降特戰旅第三十五營	李鍾奎	第二十師第六十二團第二營
安富雄	第十一空降特戰旅第六十一營	柳孝一	第二十師第六十二團第三營
李濟元	第十一空降特戰旅第六十二營	金仁煥	第二十師第六十二團第四營
曹昌九	第十一空降特戰旅第六十三營		

是，軍變已經導致一個新憲法秩序，使司法當局不能針對有關軍變的事項對犯行者進行檢視。

檢察廳的這項決定激怒了人民。在檢方這項處分發表當天，由來自光州與全羅南道、一百三十六個組織組成的「起訴光州大屠殺犯行者聯合委員會」召開緊急會議，在明洞天主堂發動抗議。高麗大學一百三十一名教職人員於七月三十一日發表聲明，譴責檢察廳這項決定。不出幾天，又有來自全國各地五十四所大專院校的六千九百六十三名教職人員也加入譴責這項決定的聯署。八月二十五日，來自七十八所大專院校的三千五百六十名教職人員請願，要求通過光州事件特別法。韓國律師協會發動請願，要求通過特別法立法，懲處光州屠殺兇手，「促進民主律師協會」（Minbyun）也在街道遊行示威。「光州真相調查與傳承光州抗爭精神公民委員會」與「人民團結參與民主協會」，

也向國會請願，要求通過光州事件特別法以及獨立檢察官任命法。要求懲兇的呼聲響遍全國，掀起難以抵禦的滔天巨浪，衝擊國會院牆。

為呼應眾怒，反對黨——新政治國民會議——於九月二十二日在國會提出三項有關光州事件的法案：「五一八民主化運動真相調查特別法」、「獨立檢察官任命法」、與「違憲訴訟時效法」。民主黨也提了「雙十二政變與五一八民主化運動處置特別法」法案。

● 五一八民主化運動特別法的立法

隨著光州事件特別法立法之爭逐漸白熱化，「起訴光州屠殺犯行者聯合委員會」也於一九九五年七月十四日成立。這個委員會與設在漢城的「解決五一八問題、實現正義和希望的清算過去國民委員會」聯手，設法以法律與實體方式扳倒檢察廳的不起訴處分。光州事件生還者頂著三伏天的炙熱夏陽，在漢城市中心區的明洞天主堂抗議了一百八十多天。大專院校教職人員不斷發表譴責聲明，律師在城裡四處遊行，知識分子紛紛投入示威行列，大大小小社團組織也不斷發動集會與示威，聲援光州受難者，造訪青瓦台與檢察廳以示抗議。

最後，總統金泳三下令制定「光州特別法」。當局成立「特別調查本部」對雙十二政變與光州事件進行調查。兩天後，前總統全斗煥與盧泰愚正式被捕。「關於破壞憲政秩序犯罪之公訴時效等之特別法」，以及「五一八民主化運動特別法」就是這樣立法的。

● 犯行者的懲罰

參與雙十二政變與光州屠殺、當時仍逍遙法外的每一名犯行者，皆因特別法的立法而被起訴。一九九七年四月十八日，在

表 8　雙十二政變與光州事件被告刑期

姓名	當時職位	確定量刑	宣判量刑	
			一審	二審
全斗煥	保安司令部司令	終身監禁，沒收 2205 億韓元	死刑，沒收 2259 億韓元	終身監禁，沒收 2205 億韓元
盧泰愚	第九師師長	十七年徒刑，沒收 2628 億韓元	二十二年六個月徒刑，沒收 2838 億韓元	十七年徒刑，沒收 2628 億韓元
黃永時	第一軍軍長	八年徒刑	十年徒刑	八年徒刑
鄭鎬溶	特戰司令官	七年徒刑	十年徒刑	七年徒刑
許和平	保安司令部秘書長	八年徒刑	十年徒刑	八年徒刑
李鶴捧	保安司令部搜查長	八年徒刑	十年徒刑	八年徒刑
許三守	保安司令部人事長	六年徒刑	八年徒刑	六年徒刑
李熺性	戒嚴司令官	七年徒刑	八年徒刑	七年徒刑
俞學聖	國防部助理後勤部長	不起訴	八年徒刑	六年徒刑
崔世昌	第三空降特戰旅旅長	七年徒刑	八年徒刑	五年徒刑
周永福	國防部長官	七年徒刑	七年徒刑	七年徒刑
車圭憲	首都警備軍長	三年六個月徒刑	七年徒刑	三年六個月徒刑
張世東	第三十衛戍隊隊長	三年六個月徒刑	七年徒刑	三年六個月徒刑
申允熙	首都警備司令部憲兵隊隊長	三年六個月徒刑	四年徒刑	三年六個月徒刑
朴鐘圭	第三空降特戰旅第十五營營長	三年六個月徒刑	四年徒刑	三年六個月徒刑
朴俊炳	第二十師師長	無罪	無罪	無罪

附註：《中央日報》，一九九七年四月十八日。最高法院終審判決維持上訴法院判決（俞學聖因死亡，獲判不起訴，是唯一例外）。

經過一場冗長的論戰之後，最高法院判定這些犯行者要因罪行受審。

　　最高法院判決，雙十二政變就法律角度而言是一場軍事叛變，光州抗爭是一場民主化運動，新軍部對這場運動的暴力鎮壓是一種叛亂行為。最高法院並且宣布，「根據〔韓國〕憲法，無論在任何情況下，都不容以不具民主根據的暴力行為阻止憲法體制執行功能，不容以不具民主根據的暴力行為接管國家治理權力。」最高法院檢驗保安司令部顧問們奉全斗煥之命犯下的罪行，發現「時局收拾方案」涉入「陰謀煽動叛亂罪」，根據這項「反制措施」實施的一連串行動——包括在五月十七日將戒嚴令擴及全國、逮捕政界人士、以及封鎖國會等——都是

重大叛國罪行。作為本案關鍵性辯論焦點的訴訟時效起始日期，經判定為一九八一年一月二十四日。最後判決詳見表八。

這場打了十七年、在全國各地引起激烈爭執、辯論的法律正義之戰終於落幕。韓國現代史上一個幾乎成為懸案的最重要的議題，終於畫上一條明確的法律線。光州事件大審也因為使民主、人權、與正義價值終獲彰顯而成為世人矚目焦點。

不過這場審判有其不足之憾，因為理應為光州殺戮負個人責任的現場指揮官沒有受懲。只有少數對屠殺負有政治責任的人受到懲罰，較低階軍官儘管在法庭上做了許多偽證，卻完全不受懲處。

在審判過後，前總統全斗煥與盧泰愚成為普通囚犯。根據「前總統禮遇法」，兩人由於犯行重大，被剝奪一切因身為前總統而享有的榮耀與特權。赦免與恢復原特權的議題立即浮現。

一九九七年四月十七日，主導「雙十二政變」和「五一七內亂」的全斗煥和盧泰愚終於被定罪。（《光州日報》資料室藏）

在傳統上會宣布赦免人犯的「光復節」（八月十五日），這兩名前總統成為激烈政治辯論的主題。競逐總統大位多年的「新政治國民會議」領導人金大中強調，「想解決韓國東南與西南部、嶺南與湖南地區之間久已潰爛的地域仇恨，最快的辦法，就是赦免全斗煥與盧泰愚，決定性地結束光州事件議題。」

光州抗爭組織與公民團體聯名反對金大中這種說法，強調「必須是真正悔改與懺悔的人才能獲得赦免」，他們會「反對將受難者觀點置若罔聞而給予的赦免」。百分之八十的韓國民眾反對無條件赦免全斗煥與盧泰愚。但民意的反對沒能阻止金大中。一九九七年十二月二十二日，金大中在當選成為韓國總統後，立即特赦了全斗煥與盧泰愚。這兩名前總統在獲釋時沒有展現絲毫悔意。

● 重啟調查的必要

未能徹底將所有犯行者繩之以法的事實，終於導致光州抗爭真相又一次蒙塵。一些極右派煽動者宣稱，一九八〇年的軍法審判應取代一九九七年的最高法院判決，還說戒嚴軍在一九八〇年五月二十七日掃蕩光州市區的過程中，沒有殺害任何一名市民軍成員，所有死在道廳的人都是市民軍成員彼此交火、誤殺的。

但這些說法都與韓國憲法體制的正式立場相左。根據最高法院的判決，一九八〇年五月二十七日實施的「尚武忠貞作戰」不是一項「叛亂行動」，而是「意圖煽動叛亂的謀殺」。[2] 後者是一種以直接手段破壞國家憲政，從而犯下的殺人罪行。這與前者以叛亂作為破壞憲政手段的罪行不一樣。[3]

在有關五月二十七日攻擊道廳的部分，最高法院的判決是，「下令展開一項必然導致軍隊與反抗示威者衝突、造成死亡的行動，等同直接或不言明地下令殺人」。最高法院並且明白指出，開火令已經明明白白納入尚武忠貞作戰計畫中。殺了抵抗全斗

煥戒嚴軍接管的光州人民，能使戒嚴軍迅速鎮壓示威，從而防止示威進一步擴散——也因此，軍隊在五月二十七日清晨尚武忠貞作戰中造成的死亡，是「意圖煽動叛亂的謀殺」，因為全斗煥的叛亂要想成功，就必須進行這項行動。

儘管戒嚴當局在一九八〇年判決，說光州市民軍是一種破壞憲政的叛亂，但一九九七年最高法院推翻這項判決，說光州人的示威是保衛憲政秩序的正當作為。最高法院認定，當總統與內閣這類憲法體制陷於險境，不能採取行動時，普通百姓的集體抵抗就成為保衛憲法的最後防線。

無論如何，最高法院判決，前保安司令官全斗煥、前韓國陸軍參謀次長黃永時、前特戰司令鄭鎬溶、前國防部長官周永福、與前戒嚴司令李熺性僅犯有「意圖煽動叛亂的謀殺罪」。一九八〇年五月在光州親自執行殺人令的指揮官不必為他們的行動負責。這是因為他們奉有殺人的正式命令。基於軍隊結構與特性，軍令是絕對的，沒有不服從的餘地。但有些法律學者認為，當時所有在光州的指揮官都沒被問責，是不能接受的。[4] 儘管光州人民在萬般無奈的情況下自我武裝，但就人數、訓練、與火力而言，他們根本不是進光州掃蕩的軍隊的對手。這些軍隊對民眾的殺戮之狠，以及他們在道廳前高唱軍歌、慶祝勝利的事實，都說明他們毫無罪惡感，對民眾下毒手決不遲疑。

提交「聯合國人權委員會」（United Nations Commission on Human Rights）第四十八次會期的一份報告明白指出，在嚴重違反人權的案例中，奉政府或高階主管之命而做出的犯行，既不能讓犯行者免於刑責，也不構成減刑的事由，只能作為斟酌量刑的一個因素。[5] 一九九四年，德國聯邦法院（Federal Court of Justice）將翻越柏林圍牆的一名男子射殺的士兵視為聽令行事的「間接正犯」定罪，就是類似案例。[6]

由於極右派煽動分子繼續堅持，說戒嚴軍在攻擊道廳的過程中沒有殺害任何人，徹底重啟調查也因此無可避免。更嚴密地檢驗光州事件以及留下來的證據，不僅能揭發發生在光州的這

場反人類罪行的真相，還能保護受難者家屬，讓他們免於煽動分子的進一步騷擾與欺凌。

● 聯合國教科文組織「世界記錄遺產」

記錄與分析是歷史教訓藉以傳世的手段。一九九四年，光州廣域市成立「五一八民主化運動檔案室」，蒐集有關光州事件的記錄與物件。一九九七年，五一八檔案開始發行《五一八光州抗爭檔案集》。

二〇〇〇年九月，「韓國記錄學會」宣布，有關光州抗爭的這些記錄非常珍貴，值得登入聯合國教科文組織「世界記錄遺產」（UNESCO Memory of the World Register）。有關討論於二〇〇九年六月展開，全南大學、光州廣域市、全羅南道、與五一八紀念財團成立一個公一民夥伴組織，推動這件事。

翌年一月，「五一八記錄納入聯合國教科文組織世界記錄遺產推動委員會」正式成立。[7] 提名文件於三月間提出，在二〇一一年五月二十日，總理正式告知韓國駐聯合國教科文組織大使說，光州抗爭是韓國政府正式認定的一場民主化運動。三天後的五月二十三日，在英國曼徹斯特（Manchester）舉行的「國際世界記憶計畫顧問委員會」（International Advisory Committee of the Memory of the World Programme）第十屆會議中，聯合國教科文組織主席艾琳娜·波柯瓦（Irina Bokova）簽署文件，將光州抗爭文件納入「世界記錄遺產」。

聯合國教科文組織登錄的「五一八民主運動」（May 18th Democratic Uprising）記錄，內容包括由韓國政府、國會、個別民眾、組織、與美國政府所提，有關光州抗爭起始、鎮壓、以及後續調查與賠償過程的大量文件。光州抗爭不僅對韓國民主化造成巨大衝擊，對菲律賓、泰國、越南、與其他亞洲國家的民主化運動也產生重大影響。事件過後的調查與賠償、匡正措施，也為其他國家豎立正向的先例。全球各地學者都將光州抗爭的

後續平反視為一項「轉型正義」（transitional justice），一項為過往罪行贖罪的範例。相較於南美或南非等地對過去發生的國家暴力和反人類犯罪行為的清算工作只進行了一部分，五一八光州民主化運動則貫徹了「查明真相、處罰責任者、恢復名譽、損失補償、紀念事業」等解決問題的「五大原則」，而得到了高度評價。

　　光州抗爭記錄現在與英國的《大憲章》（*Magna Carta*）[8]、法國的《人權與公民權利宣言》（*Declaration of the Rights of Man and of the Citizen*）[9]並駕齊驅，成為世界史上不容遺忘的重大事件。[10]

附　錄

【編輯語】

本書附有 2017 年韓文修訂版「出版委員名單」、「參考文獻」。請掃描左側 QR-code，可連上二十張出版的雲端空間瀏覽相關資料。

附錄 A：戒嚴軍進駐光州

		單位	人數（軍官／士兵）	時間與部署日期
第七特戰旅		33 營	45/321	22:37，17 日
		35 營	39/283	
第十一特戰旅		本部	45/213	16:30，18 日
		61、62、63 團	102/596	19:00，18 日
第三特戰旅		第 11、12、15、16 營	第一波：131/589	01:00，20 日
			第二波：134/623	01:10，20 日
步兵第二十師	61 團	師部	18/145 第 2 營：21/377	22:40，20 日
		第 1、2、3 營	第 1 營 24/511，第 3 營 19/380	22:50，20 日
	62 團	第 3 營，歸團指揮部	53/738	02:30：21 日
		第 1、2 營，歸師指揮部	54/802	02:40：21 日
	60 團	69 砲兵營 團部	87/1562	17:40：21 日
戰鬥兵科教育司令部		第三十一師三個營	87/1367	
		步兵學校	1923/864	
		炮兵學校	357/1775	
		裝甲兵學校	1165/1700	
		化學兵學校	75/253	
		師部直屬	369/2063	
總計			47 個營，4724/15590	

註：由於使用的文件不同，數字或有出入。消息來源：朴萬奎，〈新軍部鎮壓光州起義與美國問題〉，《民主與人權雜誌》3 卷 1 期。

抵達光州	駐紮位置	原先駐地	附注
01:10，18 日	全南大學，光州教育大學	金馬	18 日 01:00，富平第九特戰旅的 119/873 名官兵部署在漢城國立大學、崇田大學、與中央大學
	全南大學，朝鮮大學	金馬	
17:50，18 日	朝鮮大學，18:30	東國大學	16:00-1630，駐在高麗大學的第五特戰旅 22 營的 42/195 名官兵進駐東國大學
00:50，19 日	朝鮮大學，07:50		
06:50，20 日	全南大學，07:03	國家公墓	19 日，20:40，奉命返回基地。23:15，第二野戰砲兵團 C 連（63 炮兵營）控制國家公墓
07:00，20 日	全南大學，07:35		
04:40，21 日		西江大學、檀國大學、弘益大學	陸軍指揮部禁止開火，管制彈藥發放。20 日 23:00：第一特戰旅前鋒部署西江大學與弘益大學。21 日 09:00：三十師 90 團部署在檀國大學、產業大學、漢陽大學、建國大學（91/1181）。二十師其餘兵力部署在東國大學。21 日 01:00：解除配屬首都警備令部
04:50，21 日			
08:30：21 日（松汀里車站）	尚武台，10:00	漢陽大學、產業大學、東國大學、檀國大學、建國大學	
08:58：21 日（松汀里車站）			
21:00：22 日	戰鬥兵科教育司令部，04:55	國民大學、韓國外語大學、慶熙大學	21 日，21:00：奉命部署。戰鬥兵科教育司令部准許開火。16:30：撤出全羅南道廳 22 日，05:40；二十六師 75 團 102/1454 名官兵移動至左欄大學

附錄 B：事件流程：
前後十天的 5·18 光州民主化運動

（一九八〇年五月十七日～二十七日）

一、間歇性與被動反抗

5 月 17 日（週六，晴）：戒嚴令擴及全國
11:00– 全軍指揮官會議；協議將戒嚴令擴及全國。
20:25– 戒嚴司令部下令展開「忠貞作戰」。
21:42– 政府發言人李揆現宣布從 24:00 時起全國戒嚴。

5 月 18 日（週日，晴）：傘兵進駐錦南路
01:00– 第十號戒嚴宣言宣布（戒嚴司令部）。
01:00– 第七特戰旅第三十三與三十五營的 688 名官兵（84 名軍官，604 名士兵）進駐全南大學、朝鮮大學、光州國立教育大學；第三十一師九十六團的 1146 名官兵（14 名軍官，1132 名士兵）進駐全羅南道各地十六所大專院校與關鍵要地；十二人遭預防性拘捕。
10:00– 兩百多名學生聚在全南大學大門，與第七空降特戰旅發生衝突。
11:00– 五百多名大專學生在錦南路天主教中心外抗議。
14:00– 韓國陸軍指揮部證實調遣第十一空降特戰旅前往光州。
15:40– 第七空降特戰旅三十三營的 64 名軍官與 490 名士兵進駐柳洞與忠壯路三岔路口；暴力鎮壓展開。
16:30– 總統崔圭夏發表特別聲明（說明擴大戒嚴必要性）。
19:00– 第七旅在錦南路的鎮壓行動結束（173 人被捕）。
21:00– 光州地區實施宵禁；光州境內後備部隊武器移交軍事單位（第一波：4717 枝槍械，116 萬發槍彈）。

二、轉為積極攻勢

5 月 19 日（週一，晴轉雨）：民眾參與以及反抗
03:00– 金敬喆死亡（第一名死難的民眾）。
04:00– 第十一空降特戰旅進駐光州各重要據點（六十一營：長途巴士總站；六十二營：壯洞；六十三營：雞林洞；第七空降特戰旅：高速巴士總站）。
10:00– 民眾聚集在錦南路；軍、警用直升機宣傳，要求民眾解散；光州大東高中與錦湖中央女子高中校園示威；四所小學停課（5 月 22 日起全面停課）。
10:50– 四輛裝甲車在錦南路上道廳附近包圍三千多名示威者。

11:00– 兩百多名示威學生在天主教中心前被捕；到 13:00 時又有
　　　一百零八人被捕。
14:00– 五千多名民眾聚集在天主教中心外面，放火燒了五輛車；傘
　　　兵聚在錦南路進行鎮壓；示威者主體從學生轉為社會民眾；
　　　石塊與土製汽油彈開始在街頭飛舞；戒嚴軍出動直升機要民
　　　眾解散。
15:00– 戰鬥兵科教育司令部召開領導人會議；光州各機關首長抗議
　　　軍警無差別毆打民眾。
16:00– 保安司令部派遣崔禮燮准將前往光州。
16:50– 開了第一槍，朝鮮大學附設高中三年級學生金英燦受傷；示
　　　威者在雞林洞攻擊裝甲車。
22:00– 憤怒的示威者攻擊北區區廳、良洞與林洞的警察派出所、光
　　　州車站，控制韓國放送公社廣播設施。
23:00– 第三十一師師長鄭雄下令傘兵指揮官使用非暴力鎮壓。
23:08– 當局決定增調第三空降特戰旅進駐光州。
23:40– 陸軍二軍團司令部下令以暴力鎮壓手段執行「忠貞作戰」
　　　　（對都市游擊隊的鎮壓、以棋盤式戰術逐一封鎖、控制城
　　　市、主動攻擊、保護槍械供應、便衣官兵的部署）。

三、全面民眾抗議

5 月 20 日（週二，雨轉晴）：反抗之火擴散，光州車站發生亂槍
**　　　濫射**

04:00– 全民抗爭的呼聲傳遍光州。
06:00– 第七與第十一旅調動（轉入錦南路、忠壯路、雞林洞地區）。
07:30– 第三空降特戰旅（255 名軍官，1137 名士兵）抵達光州車站，
　　　前往全南大學紮營。
08:00– 保安司令部的洪成烈上校抵達光州，展開特別秘密任務。
09:00– 第三十一師從城裡蒐集槍械與彈藥（第二波：6508 枝槍械，
　　　42 萬發彈藥）。
10:00– 戰鬥兵科教育司令部舉行各機關首長會議（各機關首長要求
　　　傘兵撤出，或換上正規軍制服）；由於下雨，示威行動沉寂
　　　下來。
10:20– 戒嚴軍在天主教中心前方，將三十幾名被俘的男、女脫到只
　　　剩內衣褲，迫使他們接受軍操，還將他們毒打。
12:00– 特戰司令鄭鎬溶會晤戰鬥兵科教育司令部司令官，要後者暴
　　　力鎮壓，然後返回漢城。
12:30– 第三空降特戰旅進駐光州市（第十一營：黃金洞；第十二營：
　　　市政廳；第十三營：長途巴士總站：第十五營：良洞三岔路口；
　　　第十六營：全南大學）。
12:55– 總理申鉉碻與內閣集體辭職。
15:00– 五千多名示威者在錦南路岔路口抗議。
18:00– 在一百多輛計程車開路的情況下，兩千名威者從無等體育場
　　　遊行到錦南路；韓國第二軍團下達作戰指導原則（包括謠言

分析，防止武器盜竊，俘虜處理等等）；戰鬥兵科教育司令部司令官宣布換人（由蘇俊烈少將取代尹興禎中將）。

19:00– 示威車隊在錦南路與第十一旅衝突。

19:30– 超過一萬名示威者在長途巴士總站與錦南路示威者會合。

20:00– 示威者佔領市政廳、良洞、光州車站、鶴洞警察派出所。

21:05– 四名警員在勞動廳前方被示威者巴士撞死。

21:25– 當局決定增調第二十師進駐光州。

21:30– 示威者在光州車站包圍第三旅；三輛巴士在勞動廳前方焚毀。

21:45– 光州文化放送大樓遭縱火。

22:00– 第三旅傘兵在新安路口遭示威者車輛輾死；第三旅第十二與第十五營在光州車站用手槍對示威者車輛輪胎開火。

22:30– 第三旅旅長崔世昌下令分發警告用實彈（向第十六營發了一百多發槍彈）；經戒嚴司令官李熺性批准，戰鬥兵科教育司令部司令官尹興禎要求撤換傘兵。

23:00– 第三旅第十一營在光州車站前無差別開火，殺害五名民眾；超過十萬名示威者在錦南路與光州車站奮戰；五十幾輛車在錦南路上焚毀。

23:20– 韓國第二軍團下達更多作戰指導原則（禁止開槍，停止彈藥分發，準備用第二十師換下傘兵）；下令封鎖出光州的路（防止示威擴散）。

24:00– 第十一旅第六十一與六十二營在道廳前發給每一名連長十五發實彈。

四、武裝抗爭與勝利

5月21日（週三，晴）：道廳的無差別濫射，戒嚴軍撤離

00:35– 兩萬多名示威者與戒嚴軍在勞動廳衝突；朝鮮大學大門前的衝突涉及三輛巴士與三千多名示威者（衝突於04:40時結束）。

01:30– 韓國放送公社大樓、光州稅務局遭人縱火，報紙停止發行。

02:00– 第三旅撤離光州車站，返回全南大學；連接光州的電話服務切斷。

04:00– 示威者推著一輛載了兩具屍體的手推車，從光州車站廣場遊行到錦南路。

04:30– 戒嚴司令部舉行緊急會議，考慮援用自衛權。

08:00– 示威者在光州工業區入口奪了十四輛屬於第二十師的指揮車。

09:00– 第二十師（284名軍官，4482名士兵）抵達尚武台的戰鬥兵科教育司令部；示威者在亞洲汽車廠奪了4輛裝甲車與56輛其他車輛（第一波）。

09:50– 民眾代表（全玉珠、金範泰等）嘗試與知事張炯泰談判（傘兵撤軍）。

10:00– 四萬多名示威者聚集在全南大學大門外。

10:30– 戒嚴司令官李熺性發表聲明。

11:00– 第十一旅六十三團在道廳外散發實彈。

12:00– 第三旅十三營在新安洞地下道向示威者開火。

13:00– 戒嚴軍在道廳外向群眾無差別開火（當時道廳外正奏起韓國國歌；直到 17:00 時，針對性的開火才停下來）；許多示威者與旁觀者中槍倒地。

13:20– 示威者在羅州的多侍第一次取得槍械（14:00 時以後，示威者先後又在羅州、飛鴉、靈光、靈山浦、務安、靈巖、和順、長城等地取得槍械）。

14:00– 全斗煥、鄭鎬溶、黃永時、李熺性、周永福等領導人同意在光州周邊駐紮戒嚴軍，行使自衛權。

14:15– 全羅南道知事搭乘警用直升機喊話，勸示威民眾解散。

14:40– 示威者從池元洞軍械庫取得炸藥；從和順採礦站取得 1108 枝卡賓槍與 17760 發子彈。

15:15– 戒嚴司令官下令（防止示威擴散，加強指揮系統，將民眾與暴徒隔離，防衛光州監獄）。

15:30– 示威者將取自羅州、和順、與其他地區的武器運往光州，準備進行巷戰。

16:00– 傘兵奉命撤出道廳，作戰控制權移交（三十一師交給戰鬥兵科教育司令部）。

16:35– 國防部長官召開會議，同意將戒嚴軍撤至城郊，以及行使自衛權。

17:00– 第七與第十一旅撤出道廳，到朝鮮大學；第三旅撤入光州監獄。

19:00– 光州出城的道路完成封鎖（第三十一師在梧峙；第三旅在光州監獄；第七與第十一旅在朱南村；第二十師在極樂橋、白雲洞、光州收費站與國軍綜合醫院）。

19:30– 戒嚴司令官廣播聲明，確認軍方得以援用自衛權（如果對方逼近，可以朝對方下腹部開火）。

20:00– 示威者佔領全羅南道廳。

22:10– 戒嚴軍在孝泉站附近與武裝示威者衝突（到 04:00 時，發生兩起以上衝突，據估計死了十餘人）。

五、解放

5 月 22 日（週四，晴）：光州封鎖，收拾委員會成立

00:05– 示威擴散到全羅南道西南部（羅州、木浦、靈巖、康津、莞島、咸平、靈光、務安）；從 5 月 22 到 27 日，木浦車站每天都有群眾集結。

04:40– 示威者與戒嚴軍在光州監獄附近發生槍戰。

08:00– 全羅南道副知事丁時采與其他道廳權威人士討論設立收拾委員會。

10:20– 新任代總理朴忠勳視察戰鬥兵科教育司令部。

10:30– 戒嚴司令官透過直升機在光州散發（對「暴民」的）喊話。

11:00– 從光州通往外界的道路全面封鎖；海岸保安工作加強；高速公路封鎖。
11:25– 紅十字會捐血車在光州各地遊行，要求捐血。
12:00– 道廳樓頂降半旗，懸黑絲帶致哀。
13:30– 市民收拾委員會（共 15 名成員）8 名代表訪問尚武台全羅南道戒嚴司令部，提出七項談判條件。
17:00– 道廳外舉行市民大會；收拾委員會代表宣讀尚武台談判結果（市民憤怒，找回 56 具屍體）；第二十師六十二團二營執行奪取國軍綜合醫院的行動（8 名百姓喪生，10 人受傷，25 人被捕）；848 名被拘禁的學生獲釋。
18:00– 學生收拾委員會成立（以維護秩序，回收武器，鼓勵捐血）。
21:30– 總理朴忠勳聲明：「光州陷於無法治狀態，壞分子對軍人開火」。

5 月 23 日（週五，晴時多雲）：屠殺民眾，蒐集武器，保衛民主市民大會
08:00– 學生志願者挺身而出，清理錦南路等地區；商鋪重開營業。
09:00– 戒嚴司令官考慮實施尚武忠貞作戰。
10:00– 五萬多名民眾聚集道廳廣場；守在朱南村的第十一旅向廂型車開火（第一次攻擊），11 名無辜民眾死難；學生收拾委員會開始回收武器。
11:48– 封鎖防禦指導原則下達第二十師（絕對防止武裝暴徒逃逸，對市民軍使用致命武力）。
13:00– 駐在朱南村的傘兵對小型巴士開火（第二次攻擊），車上 18 名乘員有 15 人遇害，兩人重傷，一人存活；傘兵之後在朱南村後山殺了這兩名傷者，埋在無名塚內。
15:00– 第一次保衛民主市民大會召開（超過十五萬人與會）；戒嚴司令部在光州各地散發警訊。
16:00– 戒嚴軍輪調（封鎖道路，待命）。
19:00– 駐在光州監獄的第三旅對接近監獄的市民軍成員開火（五次以上）。

5 月 24 日（週六，晴轉雨）：與戒嚴司令部的談判陷入僵局
09:00– 戒嚴軍重整單位駐地（傘兵進駐光州機場，準備實施「尚武忠貞作戰」）。
09:20– 全羅南道戒嚴司令官廣播，令民眾「將武器交還國軍綜合醫院或附近警察署」。
09:55– 身分誤判，導致第三十一師（九十六團三營）與戰鬥兵科教育司令部裝甲兵學校的部隊在雲岩洞和斗岩洞之間高速公路上交火（3 人死亡）。
13:30– 第十一旅在元堤村旁的水庫無差別開火（造成兩死，包括初中一年級學生方光汎）。
13:55– 身分誤判，導致前往光州機場的第十一旅，與戰鬥兵科教

育司令部後備訓練單位在孝泉站附近發生衝突（9名傘兵死亡，33人重傷，包括裝甲車在內的五輛車損毀）；松岩村居民遭傘兵報復性殺害（4死，5人重傷）。

14:50– 第二次保衛民主市民大會（道廳廣場召開）。

16:00– 韓國第二軍團下放指揮權（相互合作與部隊調動前的照會，防止夜間調動）。

20:30– 炸藥專家拆除道廳地下室炸藥雷管（5月24日20:00～5月25日13:00）。

5月25日（週日，雨天）：抗爭領導部建立

04:00– 戒嚴司令官下令準備展開「尚武忠貞作戰」（重新進兵光州的計畫）。

08:00– 道廳發生「毒針事件」；戒嚴當局派遣的特工試圖從內部破壞市民軍。

11:00– 漢城樞機主教金壽煥發出聲明：一千萬韓元救災款送到光州。

12:15– 全斗煥與新軍部決定尚武忠貞作戰時機（5月27日00:01之後由現場指揮官決定）。

15:00– 韓國陸軍參謀次長黃永時親臨戰鬥兵科教育司令部，下達尚武忠貞作戰令；第三次保衛民主市民大會召開（五萬多人與會）。

17:00– 青年與學生市民軍成員第一回合徵人（七十多人應徵）。

18:10– 總統崔圭夏視察尚武台，發表特別聲明。

22:00– 抗爭領導部成立「民主鬥爭委員會」（主席：金宗倍；發言人：尹祥源；戰情室長：朴南宣；主管對外事務副主席：鄭祥容；主管內務副主席：許圭晶）。

5月26日（週一，雨轉晴）：最後通牒與尚武忠貞作戰展開

04:00– 戰車進駐光州周邊與鄉村開發中心，對市民軍施壓。

08:00– 死亡行進（17名收拾委員會成員從道廳走到花亭洞，希望能阻止戒嚴軍進城）。

09:00– 市民代表與戒嚴軍的第四回合、也是最後一回合談判以失敗收場（談了四個半小時，與會者有金成鏞神父與另外10人）。

10:00– 第四次保衛民主市民大會（三萬多人與會，通過題為「八十萬爭民主公民的承諾」的聲明）。

10:30– 討論掃蕩光州行動的最後一次會議在戰鬥兵科教育司令部舉行（與會者包括第二十、第三十一師師長；第三、第七、第十一空降特戰旅旅長、以及戰鬥兵科教育司令部轄下步兵學校校長）。

12:00– 尹恭熙總主教訪問戒嚴司令部全羅道分部，要求釋放所有被捕人犯。

14:00– 機動攻擊隊成立（隊長尹錫樓，隊員七十多人）。

15:00– 第五次保衛民主市民大會（發表市民行動指導原則，公開譴責戒嚴軍）；青年與學生市民軍成員第二回合徵人（一百五十多人應徵）。
16:00– 戰鬥兵科教育司令部司令官蘇俊烈向光州機場的傘兵特戰隊發布正式行動展開時間。
17:00– 民主鬥爭委員會發言人尹祥源向外籍記者簡報光州情勢（要求與美國駐韓國大使會面）。
18:00– 抗爭領導部召開最後會議（道廳）。
19:00– 抗爭領導部宣布戒嚴軍即將進犯（要婦女與未成年人回家）。
19:00– 旅居光州的 270 名外國人集結在光州機場，飛往漢城。
21:00– 傘兵部署便衣軍人進入光州執行偵察任務。
24:00– 民主鬥爭委員會打電話到漢城（揚言如果戒嚴軍進兵道廳，將引爆炸藥、同歸於盡）；在這通電話結束後，光州電話服務直接切斷。

六、最後戰役

5 月 27 日（週二，天氣晴）：道廳陷落

01:30– 傘兵特戰隊部署（第三旅：道廳；第十一旅：全日大樓與基督教女青年會；第七旅：光州公園）。
02:00– 第二十師部署（102 名軍官，3030 名士兵）。
03:50– 朴英順透過道廳擴音器做最後廣播：「光州市民同胞們，戒嚴軍就要進城了……請記得我們。我們會戰到最後。」
04:00– 第三旅特戰隊（13 名軍官，66 名士兵；營長林秀寰中校，特戰隊長片上尉）包圍道廳週邊，無差別開火。
05:00– 全羅道戒嚴司令官透過韓國放送公社宣布：「在此下令暴民投降。道廳與光州公園已經納入軍管。你們已經被包圍。放下你們的武器投降，才可以保命。」
05:10– 第三旅完全佔領道廳（武裝直升機在道廳上空盤旋，展示武力）。
06:00– 當局廣播，警告民眾留在室內。
07:00– 第三、第七、第十一旅將道廳控制權移交第二十師，然後撤往光州機場。
07:30– 戰鬥兵科教育司令部裝甲兵學校的 14 輛戰車與裝甲車穿越街頭，展示武力。
08:50– 電話服務在光州恢復。
09:00– 透過韓國放送公社廣播，警察與公務員奉命返回任所。
09:30– 五百多名公務員返回全羅南道廳工作。
10:00– 國防部長官周永福與韓國陸軍參謀次長黃永時視察道廳。

*5 月 27 日的傷亡狀況：27 名市民軍死亡，295 名民眾被捕，2 名軍人死亡，12 名軍人受傷。

附錄 C：發行修訂版：
記錄這場抗爭的歷史

　　一九八五年五月首次發行的《穿越死亡，穿越時代的黑暗》，是第一本也是最著名的一本記錄光州抗爭過程的著作。本書的發行過程歷經波折，曾多次險些停止發行計畫。但由於參與這項工作的人的付出與犧牲，《穿越死亡，穿越時代的黑暗》終於以書冊的形式首次出版。

● 光州白皮書：關於光州抗爭的第一本地下手冊

　　早在光州抗爭事件餘波未熄以前，揭露這場反抗事件真相的工作已於一九八〇年年底展開。領導這波行動的人中，有一位是因捲入「民主教育指標事件」而入獄的前光州市議員趙俸勳。在一九八〇年十一月獲釋後，他立即返回光州，開始蒐集有關文件，記錄抗爭事實。十二月，趙俸勳找上他在漢城「城東監獄」服刑期間的獄友蘇俊燮——蘇俊燮為國際關係博士，一九七八年畢業於韓國外語大學——要求蘇俊燮與他一起調查光州事件。當時，趙俸勳所以找上蘇俊燮，是因為蘇俊燮參加過一九八〇年這場人稱「漢城之春」的學生抗爭運動。

　　五月十八日之後，在如履薄冰的情況下，趙俸勳與蘇俊燮就在趙俸勳在光州新安洞的公寓裡秘密展開工作。從一九八〇年十一月到一九八一年五月頭七個月間，兩人進行廣泛研究，訪問教士、上教堂的信眾、以及被捕者家屬尋找見證，盡可能蒐集資料。一九八一年三月，戒嚴令緊急狀態解除，眾多因參與暴動而

被捕的人於四月初獲得特赦，兩人的查證工作也因此大有進展。對趙俸勳與蘇俊燮來說，曾參與第一線抗爭的人的口述證詞無比珍貴。在趙俸勳的協助下，申英日、盧俊鉉、金相集、朴夢九、李賢哲、與田龍浩等十幾名抗爭運動參與人，向蘇俊燮提供了目擊證詞與第一手記述。蘇俊燮儘管在事件爆發時不在光州現場，但他用蒐集到的這許多證詞做基礎，化零為整，拼湊出光州事件全貌。他並且援引法庭記錄與新聞報導，建立事件時間流程表，排除過於誇大或與事實不符的證詞。

　　光州白皮書於一九八一年五月初完成。初稿近五百頁，每頁兩百字。目錄如下：

第一章：開端（五月十八日：學生示威）
第二章：轉變為群眾暴亂（五月十九日：民眾參與）
第三章：轉變為武裝暴亂（五月二十一日）
第四章：抗爭運動擴散至全道（五月二十一日：全道性的擴展）
第五章：城市接管與獨立組織（五月二十二到二十六日）
第六章：戒嚴軍武力掃蕩（五月二十七日）

　　白皮書還附上「撕裂的國旗」一文的摘要做為書尾附錄。這是因為蘇俊燮認為，「撕裂的國旗」對光州事件的描述非常生動，但文字過於誇張，不宜納入主文。在完成匯編工作後，蘇俊燮帶著光州事件時間流程表，與最關鍵性文件的影本前往漢城。

　　一九八一年七月初，由於發生「兒子社」（모임 아들，一個高中文學社團發展出來的激進組織）事件，資料蒐集工作一度叫停。「兒子社」社長鄭哲（鄭義行）自一九八〇年十月以來製作名為「言論自由」等傳單，要求民主化與公布光州事件真相。一九八一年五月十日，他製作了幾萬份題為「光州事件背後真相」的傳單，與社友們在光州各地住宅區散發，希望發起一次群眾大會，紀念光州抗爭一週年。情報機構逮捕十名兒子社成員下獄，其中一人是趙俸勳。

一九八一年年底，蘇俊爕與他在漢城的友人準備將光州白皮書出版，發行全國。一九八二年一月，他與朴祐爕（後來擔任仁川南區區長）租了一間公寓，與閔鍾德（後來擔任全泰壹紀念事業會理事）和李範永（後來擔任全國民主聯盟主席）等人一起工作，打出四十二頁文稿。他們用一部油印機，使用漢城中區一家紙張公司的紙，印了約一百二十份「光州白皮書」。為了製造小冊子在光州印行的假象，蘇俊爕把一些印好的小冊子帶到光州，使用假名，以掛號郵件方式寄給二十幾名收件人（包括住在原州、後來擔任國會議員的李昌馥）。其他小冊子則留在當局不大可能發現、卻可能流入民眾手中的地點（如韓國全國教會協會、漢城的其他民主化組織、以及漢城國立大學人文學院研究室）。蘇俊爕隨後燒了他的光州白皮書手稿，除去他參與這件事的證據。

　　這本手冊是第一個有完整結構的光州抗爭事件記錄。就在事件真相遭到扭曲，參與者對事實真相的論述遭到許多民眾質疑之際，光州白皮書問世了。也因此，它在韓國輿論造成軒然大波，在一九八〇年代韓國全境的民主化運動中扮演重要角色。這本手冊也因為舉證歷歷，說明美國在光州屠殺中參了一角，為韓國境內的反美運動提供了基礎。

● 查明光州抗爭真相的資料蒐集

　　就在趙倖勳與蘇俊爕進行調查的同時，鄭龍和（後來擔任光州民主化運動紀念事業會會長）也在蒐集有關光州抗爭的情資。鄭龍和因捲入全南大學「民主教育指標事件」、違反「緊急處分第九條」而於一九七八年被捕。之後他因為涉嫌介入光州事件再次被捕，一九八〇年十月三十一日獲得保釋。出獄後的他，立即投入抗爭調查的情資蒐集工作。在五月以前，他原是「現代文化研究中心」（尹漢琫創辦）主任，還是「民主青年協會全羅南道分會」會長。現代文化研究中心是當地青年、大學生、

藍領工人、與在野政治運動圈的活動大本營。

　　金相允的「綠豆書店」也是類似活動中樞。光州事件期間，金相集在加入市民軍、在基督教女青年會戰鬥以前，每天都在這家書店製作事件記錄。金相集原本計畫根據自己的觀察發表一本記錄集，但在獲釋後發現趙俸勳與鄭龍和已經展開類似工作，於是決定加入曹與鄭的陣營。

　　鄭龍和蒐集的文件包括親筆證詞、日誌、備忘錄、公開聲明、醫療記錄、傳訊、判決、法庭記錄、與照片。他匯整的資料大約可以裝滿六個裝蘋果的板條箱。裡面有死者與被捕者部分名單，有金鉉獎寫的「全斗煥的大屠殺行動」，以及金建南（筆名金文）寫的「撕裂的國旗」。金建南於一九四六年生在全羅南道的務安，是著名作家。在這本南風出版社於一九八九年四月出版的書中，他以第一手報導的方式，用充滿情緒的筆觸記述了光州事件的血腥殘酷，他於六月三日在漢城明洞天主堂試讀了這本書的書稿，但修女們轉發的二手錄音檔被當局發現。這次事件於六月十三日在韓國各地引起轟動。

　　許多人在這項情資蒐集作業中扮演重要角色。其中包括姜信錫、鄭登龍、羅相基（基督教農民協會）、與崔哲（基督教青年會）等牧師與神職人員。鄭弘俊（內科醫生）與尹壯鉉（眼科醫師，後來擔任光州市長）等醫療專業人員提供傷亡相關資訊，金良來（天主教公義與和平會）蒐集有關天主教會的資訊，李承勇（事件發生時擔任全南學生會副會長）蒐集有關學生會的資訊，黃一奉（後來擔任光州南區區長）蒐集有關良書組合讀書會會員的資訊。金成燮（藍領工人）、尹善浩、全素妍、與吳慶民蒐集有關野火夜校師生（在抗爭期間出版「鬥士會報」）的資訊。為被拘捕者提供支援的松柏婦女會會員也參與了相關作業。趙俸勳運用個人人脈與宗教社團為民主運動的影印、印刷、與文件記錄工作募款。曹的友人文國柱就曾為曹提供有關影印與印刷的資助。文國柱是光州人，在漢城的天主教公義與和平會工作。

● 《穿越死亡，穿越時代的黑暗》工作的展開

　　鄭龍和在一九八二年十二月獲釋，《穿越死亡，穿越時代的黑暗》的匯編工作也隨即恢復。一九八一年七月，當「兒子社」事件遭當局查獲時，他把他蒐集的所有六箱文件都藏在朴英圭（當時在光州國稅局工作）家裡。朴英圭是鄭祥容的同學，而鄭祥容是鄭龍和在高中學生社團的學長。鄭龍和的捲入「兒子社」事件，以及尹漢琫逃亡美國（他因而被稱為「五一八最後的通緝犯」），使得朴英圭也遭到通緝。朴英圭躲藏了一年半，最後於一九八二年十二月底向當局自首，並由於起訴事項已經結束而當即獲釋。鄭龍和立即聯繫朴英圭，在發現藏在朴英圭家裡的六箱資料安然無恙之後，展開出版進程。在這一刻，鄭祥容與其他所有因介入光州事件而被捕的人都已獲釋。

　　「全南民主青年運動協會」於一九八四年十一月十八日成立。鄭祥容擔任主席，鄭龍和擔任副主席。這個新協會的優先要務就是公開光州事件真相，用鄭龍和收藏的那些文件秘密匯編一本書，記錄一九八〇年五月發生的那場流血事件。一九八四年十月初，鄭祥容找上李在儀（後來擔任產業資源部長官政策輔佐官），要李在儀主持將這六箱資料整理成文字的工作。李在儀是全南大學經濟系三年級復學生。鄭祥容所以選擇李在儀有三個原因。首先，李在儀在光州事件結束後被捕、關了十個月之後，沒有參與任何政治事件。其次，李在儀在光州事件期間一直身在光州市區，親睹戒嚴軍的屠殺暴行。不僅如此，李在儀在軍隊於五月二十一日撤出光州後立即進入道廳，這表示相對而言，他比其他人更清楚道廳在事件期間的運作。第三，李在儀在光州監獄服刑期間，認識一些光州事件受刑人，由他來進行聯繫更為方便。早先「兒子社」事件的失敗，讓鄭祥容、鄭龍和、與李在儀學得教訓，要在極度隱密情況下展開這項出版工作。

　　李在儀同意親自主持所有有關寫作的事項。他成立一個寫作小組，決定這本書的內容與方向。研究經費、業務旅行、印刷

與影印材料、以及其他出版所需成本費用都由鄭龍和包辦。一旦寫作過程完成，李在儀、鄭龍和、與鄭祥容將集會討論出版事宜。他們希望能在一九八五年五月光州事件五週年時發表這本書。書稿必須在三月底前完成，他們的時間非常緊迫。

為尋找寫手，李在儀找上高中同學、後來擔任「我們植物研究中心」（Uri Plant Research Center）負責人的好友趙良勳。趙良勳與李在儀一樣，都因光州事件獲罪入獄。兩人同是全南大學 RUSA 讀書會會員，而且都有召集年輕會員幫忙的人脈。鄭龍和把藏在朴英圭家裡的一切文件全部交給李在儀。

● 秘密研究

李在儀與趙良勳用了幾天時間將這些文件整理、分類，展開研究進程。在所有有關這場抗爭事件的記錄中，結構性最完整的「光州白皮書」於是成為他們的研究發起點。自「白皮書」寫成的一九八一年以來，環境已有變化。到一九八四年年底，所有因捲入這次事件而下獄的人都已經獲釋，想勾畫出事件全貌已經輕鬆得多。李在儀與趙良勳根據個別事件分類，找出、造訪了四十幾名重要當事人。兩人還根據活動地點（例如木浦、海南等）挑選住在當地的關鍵人物，進行秘密訪問。

為取得有關抗爭領導部的資料，了解抗爭運動道廳最後頑抗的情形，他們訪問了抗爭領導部主席金宗倍（朝鮮大學學生）、副主席鄭祥容（上班族）、許圭晶（朝鮮大學學生）、企劃委員李樣賢（勞工運動人士）、尹江鈺（全南大學學生）、民政總長鄭海稷（教師）、安吉正（全南大學學生）。他們訪問鄭東年（全南大學學生）與金相允（綠豆書店），了解兩人的介入，了解所謂金大中陰謀論，以及戒嚴當局如何扭曲事實將暴動與陰謀論連接在一起。他們訪問朴曉善（教師）與擔任廣場群眾大會司儀的全南大學學生金泰鍾和金善哲，以了解群眾大會狀況。他們訪問田龍浩（全南大學學生）、金成燮（藍領工人），

以取得有關「鬥士會報」的資訊。他們訪問抗爭領導部戰情室長朴南宣、機動攻擊隊隊長尹錫樓（駕駛）機動攻擊隊隊員金泰贊、金源甲（重考大學的學生，負責車輛調度）、魏聖三（朝鮮大學學生）、羅明冠（藍領工人）、與金尚吉（全南大學學生），以了解市民軍鬥士。李在儀與趙良勳還根據地點，將每一場衝突分類。包括花亭洞、德岩洞的光州監獄、池元洞、雲岩洞、與白雲洞等光州境內地區，以及朝咸平、潭陽、和順、長城、羅州方向出城的光州郊區。由於書中有關戒嚴軍早先鎮壓戰術以及道廳情勢的內容，幾乎完全來自李在儀個人敘述，也因為大多數客觀事實已經條理分明、記錄在白皮書中，這些訪問大體而言，為的只是對已知資訊進行確認而已。他們在不同地區，訪問不同的人：木浦（高安哲、崔文、楊智文、明在勇），麗水與順天（金英宇、金周光），羅州（楊天澤、金奎植、崔光烈），和順（張斗錫、鄭奎哲、李宣、申滿植），寶城（梁海秀），務安（尹金石、李範南），靈巖（金俊泰、柳智光），海南（金德洙、閔正基、金成鍾、朴幸三、曹桂石），莞島（朴正烈、金銀基），全州（李相浩、盧東吉、金鍾勳），漢城（金英模、金盤錦、金洪明、林相澤）與朝鮮大學（金秀男、權光植、林永天）。他們也訪問女性：鄭賢愛（綠豆書店、教師）、林英熙（松柏婦女會）、金正熙（光大劇團）、鄭香子、與尹清子（基督教青年工作者）。他們還與其他一些相關人士交談，包括事件中受傷者、死者家屬、與神職人員。

　　由於政府跟監，找尋這些人的過程經常一波三折。在李在儀與趙良勳幾經波折，終於找到這些人後，許多人在受訪半途情緒失控，泣不成聲。儘管保密始終是一項顧慮，但對於接受訪問的人來說，這根本不是議題。訪問人與受訪人都渴望向全世界揭發事件真相。一九八五年一月，在前後兩個月的訪問結束後，李在儀與趙良勳開始撰稿。都是新婚的兩人在極度保密的情況下，輪班提供自己的家進行寫稿。兩人白天睡覺，夜晚寫稿，還用毯子遮掩窗戶，以防夜間燈光外洩引人質疑。李在儀用鉛

筆將書稿寫在筆記本上，趙良勳則以日期區分，繪製民眾與軍方衝突地圖，並製作一份記錄，記述光州抗爭相關組織，以及它們在一九八〇年五月之後的活動。李在儀將完成的手稿交給崔東雪和孫賢，由崔、孫兩人打字。崔、孫兩人還負責整理散見於檔案各角落的死亡與失蹤者名單，將名單納入附錄。RUSA讀書會的十名青少年會員也經常到訪工作地點，處理一些雜務，做一些簡短訪談，幫忙稿件打字。崔相東負責更正，負責在文件內容與相關訪談內容不符時進行查核比對。內容誇張的「撕裂的國旗」一文就在經查核後，從書稿中全數刪除。

三月底，當初稿接近完成時，十幾位抗爭運動領導人——包括鄭祥容、鄭龍和、李樣賢、鄭海稷、尹江鈺——秘密聚在一間旅館，對初稿進行查核與更正。書稿於四月初完成，勉強追上五週年發行的時間表。

鄭龍和的資料蒐集工作經費，部分來自光州武珍教會牧師姜信錫的資助。幾位資深在野人士也為這本書提供財務支援。林相澤（漢城國立大學商學院，基督教社會問題研究所）捐贈他的書的版權費半數，支援出版團隊。

● 發行人與作者的選定

書稿完成後，出版團隊開始找人充當這本書的名義「作者」與發行人——大家都很清楚，這名作者與出版這本書的公司發行人很可能被捕。出版團隊找上幾名著名人士求助，但都遭到婉拒。最後，「五一八光州民眾抗爭遺族會」主席田桂良自告奮勇，負起編撰這本書的名義責任。田桂良是「全南社會運動協議會」會長。這個協會由全羅南道境內十幾個在野團體組成，其中包括「全南民主青年運動協會」、「五一八光州民眾抗爭遺族會」、「五一八民主化運動負傷者會」、「天主教勞動青年協會」、「天主教農民協會」、「基督教農民協會」、「機張青年會全南聯合會」、「光州基督教青年協會（EYC）」、「光州基督教勞動者

聯盟」、與「民眾文化研究會」等。這本書將由羅炳植領導的普爾比出版社發行。羅炳植是光州第一高中畢業生,一九七四年在漢城國立大學唸書時,因捲入「全國民主青年學生總聯盟」事件而被判死刑。

最後,出版團隊得找一位作者為這本書負責。民主運動人士多次在漢城與光州集會,討論這個議題。在漢城出席會議的人士包括鄭祥容、文國柱、羅炳植,鄭龍和、李在儀、與田龍浩則出席了在光州的會議。與會人士建議由小說家黃晳暎扮演本書作者角色。黃晳暎的名字出現在封面上能帶來許多正面效應:首先,黃晳暎是著名作家,能憑藉名氣吸引許多讀者,讓光州事件真相因此廣為流傳。其次,黃晳暎國際知名,韓國當局縱想抓拿他也不得不有所顧忌。第三,黃晳暎能參與這本書的編務,讓書稿更加精進。

最後一次會議在四月中舉行。與會者包括金槿泰(民主化運動青年聯合議長,後來擔任保健福祉部長官)、申東洙(民眾文化運動聯合,後來成為「圃美多」〔Pulmuone〕創始委會),蔡光錫(民主統一民眾運動聯盟、文學評論家)、羅炳植(普爾比出版社長)、鄭祥容(全南民主青年運動協會主席),與黃晳暎。在這次會議中,黃晳暎同意成為這本書的名義責任人,與羅炳植成為《穿越死亡,穿越時代的黑暗》這本書的門面。

四月中旬,鄭龍和、田龍浩、李在儀、與趙良勳拿了一本打好字的初稿影本,來到黃晳暎在光州烏南洞的住家。李在儀與趙良勳請黃晳暎協助潤飾、修改稿件,但同時也要求盡可能保持稿件內容不變(因為這些內容已經根據證詞與文件,作過精密比對),並要求黃晳暎也在稿紙上親自抄錄一份書稿,以便一旦遭到當局調查,作者們可以說這本書是黃晳暎寫的。黃晳暎立即答應,將自己關在漢城普爾比辦公室隔壁一間小旅館,住了六週,完成他的工作。黃晳暎並且在這六週間,為這本書加上一篇前言與幫助閱讀的副標題。書名「穿越死亡,穿越時代的黑暗」取材自詩人文炳蘭的「重生之歌」詩句。最後,這

本書以手冊方式於一九八五年五月二十日出版。封面上著明「全南社會運動協議會編撰，作者為黃晳暎」。

● 沒收與逮捕

果不其然，韓國當局立即沒收了兩萬本《穿越死亡，穿越時代的黑暗》，還將黃晳暎與羅炳植逮捕。同一時間，這本書——由於發行得過於匆忙，封面都來不及設計——流入市場，成為讀者爭睹的對象。這本書儘管只在大專院校附近書店秘密販售，而且全憑口碑，卻立即成為暢銷書。在這段過程中，許多書店老闆被當局逮捕，臨檢時被逮到藏有這本書的人，會被帶進警署接受盤查。

羅炳植在被捕後受審，而黃晳暎則在接受調查後立即獲釋。韓國當局已經從早先詩人金芝河的類似案件中學了乖，知道讓黃晳暎受審只會使光州抗爭事件真相進一步曝光。黃晳暎立即獲釋，條件是他得離開韓國。黃晳暎隨即飛往柏林，出席一項第三世界作家的集會。之後他往訪歐洲、美國、與日本，會晤海外民主運動人士，討論光州抗爭。一九八九年，黃晳暎應一個藝文團體之邀訪問北韓，由於不能從北韓返回韓國，他以「柏林藝術學院」（Berlin Academy of Arts）訪問作者的身分搬到柏林。一九九三年四月，黃晳暎返回韓國，因訪問北韓、違反國家安全法而被判刑七年。他於一九九八年三月獲得特赦出獄。由於身為《穿越死亡，穿越時代的黑暗》一書作者，他成為保守派媒體許多扭曲事實、無中生有的誹謗對象。

● 翻譯成日文與英文

一九八五年十月，《穿越死亡，穿越時代的黑暗》翻譯成日文，以《光州５月民衆抗争の記録》書名發表，並以「穿越死亡，穿越時代的黑暗」的日文翻譯作為副題。日文版譯者為「紀念

光州烈士協會」，出版公司為設在東京的「日本天主教公義與和平協會」。英文版於一九九九年在美國發行，書名為「*Kwangju Diary: Beyond Death, Beyond the Darkness of the Age*」（光州日記：穿越死亡，穿越時代的黑暗）。譯者為薛甲秀與尼克·馬麥塔（Nick Mamatas），作者為李在儀。由於美國版權法規定，一本書只能用原始作者的名字發行，美國版在序言中，詳細解釋了這本書初版時的狀況。全球著名的韓國問題專家、芝加哥大學（University of Chicago）的康明思（Bruce Cumings），與取得美國介入光州解密文件、進行分析的記者提姆·肖洛克（Tim Shorrock），也為英文版發表文章。英文版的發行也深獲好評。

《穿越死亡，穿越時代的黑暗》在一九八五年的發行，只是一場動盪、漫長之旅的開端。在國會光州事件與雙十二政變聽證會，以及光州事件審判過程中，這本書都是強有力的參考旁證。在國防部光州事件真相調查委員會的報告中，這本書也是一項重要引用來源。

二〇〇八年大選選出一位保守派總統，造成情勢逆轉。在政府悶聲不響的保護下，極右派煽動者與極右派網站「最佳網文日報儲藏所」（Ilbe）開始扭曲、詆毀事件真相。他們說，北韓軍人曾在一九八〇年五月進入光州，還指控蒙面的市民軍成員為北韓特種部隊。就這樣，為紀念光州事件而譜的「獻給你的進行曲」成為官方儀式上的禁歌。煽動者說，《穿越死亡，穿越時代的黑暗》的內容不僅毫無根據，還是從北韓著作抄襲而來。他們甚至發動人身攻擊，指控本書作者為北韓特工。有人主持正義，對煽動者興訟，卻遭到法院冷處理。光州人民憤怒了。到二〇一三年年底，許多光州人要求發行新版《穿越死亡，穿越時代的黑暗》，向新一代人闡述光州事件真相，打擊保守派政府扭曲史實的作為。

● 出版委員會的成立

　　為響應這種呼聲，出版修訂版《穿越死亡，穿越時代的黑暗》，一個新的出版委員會於二〇一四年成立，成員大體來自參與初版發行的人員。我們以「光州民主化運動紀念事業會」理事長鄭龍和為首，另行成立一個執行委員會，處理出版實務工作。出版委員會於二〇一四年七月舉行記者會，既要讓韓國人更加認清煽動者扭曲史實的意圖，也為了展開全國募款活動，以支付出版成本。

　　修訂版由黃晳暎、李在儀、與田龍浩執筆。撰寫初版初稿的李在儀，在初版發行後進入新聞界。在光州抗爭期間，田龍浩曾與尹祥源一起，同是「鬥士會報」製作團隊成員。還有許多人也參與了修訂版發行工作。為初版製圖的趙良勳，附上原圖，還添加了一些新地圖，以便利讀者了解。主持「五一八光州抗爭檔案蒐集」與聯合國教科文組織相關計畫的安鍾澈博士，撰寫了修訂版「未竟之功」一節。身為「五一八紀念財團」前首席研究員的安吉正博士，針對書中煽動者攻擊火力最猛的爭議部分提供珍貴的建議與反饋。五一八民主化運動檔案館主任金泰鍾、朴秉基博士、鄭賢愛、《韓民族日報》記者鄭大河，也為修訂版的早期稿件提供反饋。最重要的是，若不是五一八紀念財團（理事長車明錫）、五一八光州民主化運動記錄館（館長羅看采）、全南大學五一八研究所（所長朴海光）、與前《全南日報》攝影記者羅庚澤的鼎力相助，這本修訂版不可能問世。

　　初版《穿越死亡，穿越時代的黑暗》的內容，完全以受害者——光州人民——的描述與記錄為根據，而修訂版則就這次事件的歷史與法律層面——包括戒嚴軍軍事動態與光州抗爭事件審判結果——作了澄清。新版還納入親睹事件經過的外國記者的第三方觀察。初版由於原始出版團隊觀察角度與可以運用的資訊有限，難免有無法全面兼顧之憾，新版則作了許多補強。另一項顯著的差異是，除了某些軍方證人——包括當年身為低

階指揮官（連長／上尉或上尉以下）或士兵——以外，新版的證人都有名有姓。在事件中罪責明確的營長，就算不負法律責任，姓名也記錄在新版中。為撰寫初版《穿越死亡，穿越時代的黑暗》而蒐集的大多數文件，都已捐贈全南大學五一八研究所。李在儀寫在筆記本上的《穿越死亡，穿越時代的黑暗》最初手稿，保存在五一八民主化運動紀念館。

重新發行三十二年前已經出版的《穿越死亡，穿越時代的黑暗》，代表本書作者群與光州人民將事件真相公諸於世的決心。任何、一切貶低光州人民死難與犧牲的企圖，都為我們出版委員會全心全意反對。這是一場集體努力，在這裡沒有個人榮耀容身之地。

二〇一七年五月
出版委員會編輯組
金相集、金昌正、朴詩英、李在儀、田龍浩、鄭祥容、
鄭龍和、鄭哲（鄭義行，已故）、趙俸勳、趙良勳、崔平志

附錄 D：光州的悲劇
是漢城與華府聯手導致

◎文：布魯斯‧康明思（Bruce Cumings）／芝加哥大學歷史系教授

　　光州民主化運動與一九八九年六月的中國天安門事件極其相似。光州事件是一九八〇年代人民為了反抗軍事獨裁政府，而爆發的大型抗爭，繼而推動了韓國在九〇年代實現民主化。韓國歷盡艱辛取得了民主，當時屠殺無辜人民的加害者，也被以內亂罪和暴動罪繩之以法，這不僅是向亞洲和世界各國獨裁者發出強力警告，同時，光州事件的餘波也在韓國掀起反美運動的浪潮。

　　本書是記錄光州事件的作品當中最詳盡的經典，且對韓國現代史貢獻良多。目前為止，圍繞著光州事件的韓國社會內部的政治關係，以及外部的國際局勢並沒有根本上的變化，如今本書的修訂版問世，讓讀者有機會回顧並深思局勢緊張的朝鮮半島和去年冬天的「燭光革命」（按：二〇一六年十月底韓國民眾發起彈劾時任總統朴槿惠的示威運動）之間的關聯。

　　這本書不僅韓國人要讀，對於關注韓國問題的美國人而言更是必讀之作，不只是因為光州事件在韓國現代史上的重要地位，而是因為光州事件的悲劇是韓國獨裁政權和美國華府共謀之作。我身為美國人，說出這種話我也感到很痛苦，但光州事件，是美國長年支持韓國軍事獨裁者的結果。

　　韓國的民主主義是從基層往上成長，犧牲了數百萬人的生命才能夠如此茁壯，雖然我無法斷言韓國的民主制度是完美的，但韓國人建立了一個令人讚嘆的民主公民社會，藉此向西方展現了，他們對亞洲人的文化和價值觀抱持的刻板印象是錯誤的。

一九四〇年代後期，美國在日本和韓國實施防堵蘇聯共產主義擴張的「圍堵政策」，讓這兩個國家在全球經濟中佔有一席之地，成為促進世界經濟增長的引擎。一九四八至一九四九年間，美國忙於圍剿全羅南道的游擊隊之餘，也打算在日本重建龐大的產業體系。美國認為，日本的經濟影響力容易滲透其過往的殖民地，因此韓國和台灣成為美國的主要目標。美國希望這些政治上獨立的國家能站在同一陣線，保障亞太區域和平。韓國雖然距離美國很遙遠，卻是戰略上非常重要的國家，因此，美國軍方直接掌控韓國軍隊的行動。身為世界第二大經濟體的日本，在軍事防禦上也長期仰賴美軍。

　　如今，派駐在日本和韓國的八萬多名美軍，仍受命遏制共產主義擴張，扮演串聯資本主義盟國的角色。作為利益交換，日本和韓國在二戰後被納入冷戰的美方陣營，因此獲得各種美援進行戰後重建，成為反共產主義陣營的成功案例。脫離西方模式的日本，經濟成長亮眼，成為了一九五〇年和一九六〇年代美國官方和學界主導現代化的典範，韓國也是在同樣的脈絡下，成為最早躋身亞洲四小龍的國家。在冷戰戰略下成為美國在東亞盟友的日本、韓國和台灣，從一九五〇年韓戰開始到一九八〇年代之間，即便立場長期分立，彼此卻也保持著微妙的平衡關係。

　　冷戰時期，日本和美國共享了軍事和政治的影響力，同時卻也變成台灣和韓國軍事獨裁政權的靠山。日本在美國的庇護下，經濟成長傲視全球。韓國和台灣的威權政權在搜刮民脂民膏以維持強大軍力的同時，也高度仰賴美國鉅額援助。雖然日本與韓國、台灣建立了亞太防禦陣線，但三個國家都過度依賴美國而喪失了自主性。簡而言之，韓國的軍隊數十年以來一直受到美國國防部掌控，花費數十億美元打造精良的韓國軍隊，但在美國的訓練下，反而淪為民主社會最墮落的軍隊。美國前第八軍團司令官理查·史迪威（Richard G. Stilwell）曾以「全世界最離譜的主權閹割」來形容美韓簽署的防禦條約，便是因為一九五

〇年韓戰爆發後，美國利用這份條約持續地控制韓國軍隊。

因為各方角力的結果，韓國從建國之初至一九九〇年代間，幾乎處在無民主狀態，人民也持續地發動抗爭，在一九九二年金泳三上任總統前，歷任的韓國政府不是始於大規模抗爭，就是終於軍事政變。其中，持續最久的政權是歷經第三和第四共和國的朴正熙政權（一九六一至一九七九年），當時的中央情報部長金載圭是朴正熙的心腹，兩人曾以日本軍人的身分參與二戰，一九四六年美軍接管南韓時，兩人又是就讀朝鮮警備士官學校第二期短期訓練班的同班同學；後來朴正熙以軍事政變開啟獨裁政府，卻遭金載圭暗殺而告終。持續第二久的政權則是李承晚政府（一九四八至一九六〇年），「四一九革命」推翻李承晚政權後，雖然一度建立了民主政府，但僅一年又被朴正熙發動軍事政變再續獨裁。而全斗煥的第五共和國（一九八〇至一九八七年）則始於鎮壓光州事件的軍事政變，並在民主化運動中覆滅。

簡而言之，朴正熙和全斗煥過度注重經濟發展，錯估了韓國公民社會的成長和其蘊含的韌性，而情報人員則把力氣放在擴張威權主義體制。當時韓國社會內部有龐大的行政官僚組織、不斷擴權的軍力、強大的警力、隨時隨地都在警戒反抗勢力的中央情報部特務，政府以經濟成長和產業發展的名義，杜絕非官方以外的一切意識形態等等，朴正熙之所以會用威權手段統治韓國，源自於他曾參與一九三〇年代日本帝國主義軍隊在中國滿州的戰役。

韓國的公民社會在如此艱辛的背景下仍持續成長，然而一九七九年釜馬事件爆發，將危機推向頂點，同年十月朴正熙被暗殺，兩個月後軍人全斗煥和盧泰愚發動政變掌權，一九八〇年的光州事件即是這一切發展的顛峰。

注釋

出版委員會序

1   Editor's note: In this book, *Beyond Death, Beyond the Darkness of the Age* refers to the original Korean edition (*Jugeumeul neomeo, sidaeui eodumeul neomeo*), abridged and published in 1985. It was translated into English as *Kwangju Diary: Beyond Death, Beyond the Darkness of the Age*, published by UCLA in 1999.

第 1 章 ｜ 從十月到五月

1   Seo Jung-seok, *Jibaejaui gukga, minjungui nara: hangukgeunhyeondaesa 100-nyeonui jaejomyeong* [The dictator's nation, the people's country: Re-examining 100 years of modern and contemporary Korean history] (Dolbege, 2010). The Yusin Constitution was a denial of democracy and democratic values, taking national sovereignty from the citizens and focusing power exclusively on the executive branch of the government. Under this constitution, the legislature (the National Assembly) and the judiciary were made largely subject to the presidential office.

2   Kim Jae-gyu, *1-shim beopjeong choehujinsul* [Final testimony of first trial] (Republic of Korea Army Headquarters State of Emergency Martial Law Court-Martial, December 19, 1979); Gwangju Metropolitan City Historical Record Compilation Committee, ed., *5·18 gwangjum injuhwaundongjaryochongseo* [Gwangju Uprising archival collection], vol. 1, 393.

3   Lee Yun-seop, *1980-nyeon daehanminguk* [The Republic of Korea in 1980] (ebookspub, 2012).

4   *Encyclopedia of Korean Culture*, s.v. "Kim Jae-gyu," https://terms.naver.com/entry.nhn?docId =553283&cid=46626&categoryId=46626. Kim Jae-gyu was tried by court-martial in 1980. Charged with "murder with intent to incite rebellion," he was executed on May 24, 1980, at the Seoul Detention Center.

5   *Gyeeompogoryeong je 3-ho* [Third declaration of martial law] (October 30, 1979). 6. AFP, *Tokyo Shimbun*, November 4, 1979; Korean Veterans Association, ed., *12·12. 5·18 sillok* [Annals of the December 12 military insurrection and the Gwangju Uprising] (1997), 23.

6   AFP, *Tokyo Shimbun*, November 4, 1979; Korean Veterans Association, ed., *12·12. 5·18 sillok* [Annals of the December 12 military insurrection and the Gwangju Uprising] (1997), 23.

7   Cho Dong-jun, "Migungmubu bimiloegyomunseo 1979–1980 cheoljeobunseok" [In-depth

analysis of US Department of State's 1979–1980 secret diplomacy documents], *Monthly Chosun Magazine* (August 1996). Even until the assassination of Park Chung-hee, US Ambassador to the Republic of Korea William Gleysteen judged that the Yusin regime still had the strength to sustain itself.

8   Korean Veterans Association, *12·12. 5·18 sillok* [Annals of the December 12 military insurrection], 22.

9   Pak Tongjin, in *Seoul-jibanggeomchalcheong jinsuljoseo* [Seoul Central District Prosecutors' Office record of statement] (1995). "Following President Park's Assassination, the US immediately deployed an aircraft carrier, positioned warning systems, and mobilized its forces. I don't believe it would have been possible for North Korea to invade the South at the time because the US had given eight to nine stern warnings to ensure North Korea wouldn't get any ideas. Another factor that would have deterred the North was the actions taken by the government in the immediate aftermath of the assassination, when the Joint Chiefs of Staff requested for the US to personally take necessary measures in Korea. US Ambassador to the Republic of Korea William Gleysteen visited President Choi Kyu-hah in the morning of the twenty-seventh, after all possibilities had been accounted for, in order to reassure him."

10 In 1979, the United States had been rocked by three shocking anti-American incidents: the Iranian Revolution, the Nicaraguan Revolution, and the USSR's invasion of Afghanistan. The rapid US response to the Park assassination was due to the country's justified fears of social unrest in South Korea. See Cho Dong-jun, "Migungmubu bimiloegyomunseo 1979–1980 cheoljeobunseok" [In-depth analysis], 340. According to a Carter-era State Department document recently released by WikiLeaks, the policymaking group was organized at the end of the Carter administration—before the Park assassination—to respond to potential three-party talks between South Korea, North Korea, and the United States. The sudden shift in the South Korean situation following the assassination led to the group being reassigned to the monitoring of the political situation in South Korea and the formulation of US responses to any changes in the former.

11 *Sisa Press* (March 7, 1996), 23. The name "Cherokee" originally refers to an indigenous people group in North America. The Cherokee Team exchanged confidential cables (Cherokee Files) labeled "NODIS" (no distribution outside of approved channels) with the US embassy in Seoul in real time and monitored the political and military situation in South Korea from the Park assassination to the start of the Chun Doo-hwan regime. The Cherokee Team consisted of ten key members of the US government: President Jimmy Carter, Secretary of State Cyrus Vance, Secretary of State Edmund Muskie (succeeding Vance in early May 1980), Deputy Secretary of State Warren Christopher, Assistant Secretary of State of East Asian and Pacific Affairs Richard Holbrooke, National Security Advisor Zbigniew Brzezinski, Secretary of Defense Harold Brown, Director of Central Intelligence Stansfield Turner, US National Security Council Asia Policy and Intelligence Matters Specialist Donald Gregg, and the US Ambassador to the Republic of Korea William Gleysteen. All policies related to South Korea were determined by this group and the information available to its members. Gleysteen gave detailed real-time reports on the South Korean situation as it unfolded, with the White House referencing his reports to share its assessment of the political circumstances in South Korea.

12 Korean Veterans Association, *12·12. 5·18 sillok* [Annals of the December 12 military insurrection], 29. Park Chung-hee understood full well the threat of a military coup d'état, having taken power through one himself. For his own protection, he formed a group of loyalists in the military called the Hanahoe—an informal organization akin to a private army—and lavished members with great privileges. New members were chosen from cadets in excellent academic standing at the Korea Military Academy who were from the Yeongnam (Gyeongsang Provinces) region in the southeast with a demonstrated record of duty and loyalty. Three to ten members were chosen from each graduating class. By the time the thirty-sixth class had graduated, the Hanahoe boasted nearly 240 members. Yun Pil-Yong, Cha Gyu-heon, and Yu Hak-seong, all Yeongnam natives from the eighth graduating class, as well as Hwang Young-si from the tenth graduating class, were among those named political advisors who served as the bridge between the executive and legislative branches of the government. Defense Security Commander Chun Doo-hwan was the de facto leader of this organization.

13 Ministry of National Defense Truth Commission, *12·12, 5·17, 5·18 sageon josagyeolgwabogoseo* [Investigation report on the December 12 military insurrection, the May 17 military insurrection, and the Gwangju Uprising] (2007), 5. Jeong intended to reassign Chun to the seat of East Coast Security Commander alongside a reshuffling of the cabinet on December 13. The information was leaked to Chun's cronies via Vice Minister of National Defense Kim Yong-hyu, leading Chun to plan his coup for the day before the planned reassignment—December 12.

14 Korean Veterans Association, *12·12. 5·18 sillok* [Annals of the December 12 military insurrection], 41. Chun's appointment to leadership at the Joint Investigation HQ on October 27 allowed him to seize political authority in the unexpected power vacuum.

15 Ministry of National Defense Truth Commission, *12·12, 5·17, 5·18 sageon josagyeolgwabogoseo* [Investigation report on the December 12 military insurrection], 19. Chun accused Jeong of implicitly inciting internal rebellion for his failure to take appropriate measures at the scene of Park's assassination and of taking illicit funds from Kim Jae-gyu.

16 Korean Veterans Association, *12·12. 5·18 sillok* [Annals of the December 12 military insurrection], 73.

17 Korean Veterans Association, 83.

18 *Kim Yeong-jin, Chungjeongjakjeongwa Gwangju-hangjaeng [Operation Loyalty and the Gwangju Uprising] (Donggwangsa, 1989), 1:93.* The deployment of the 9th Infantry Division, 30th Infantry Division, and the 2nd Armored Division during the December 12 military insurrection was not carried out with prior transfer of wartime operational control and was a violation of the Mutual Defense Treaty between the Republic of Korea and the United States.

19 *Banballanjoee daehan jeongui* [Definition of "insurrection"], Military Criminal Act Article 5. According to the Military Criminal Act, insurrectionists are defined as "persons who rise up and take up arms."

20 Korean Veterans Association, *12·12. 5·18 sillok* [Annals of the December 12 military insurrection], 222. The court ruled that those complicit in the coup d'état, because they knew they would be punished for their military insurrection if they did not take seize full

political control following their takeover of the military, intended from the start to take over the Blue House and that the December 12 military insurrection was the premeditated first step to the full coup d'état, which occurred on May 17 of the following year.

21 *Chosun Ilbo*, April 23, 1996. Operation K was hand-documented on eleven A4-sized papers (cover included). The "K" stood for "King," alluding to the plot to make Chun Doo-hwan president.

22 Korean Veterans Association, *12·12. 5·18 sillok* [Annals of the December 12 military insurrection], 222.

23 Cho Gab-je, "Gongsubudaeui Gwangju-satae" [The Airborne Special Forces Brigades' Gwangju Uprising], *Monthly Chosun Magazine* (July 1988), 179. From the testimony of former Special Warfare Commander Jeong Byeong-ju.

24 Kim Jae-myeong, in *Seoul-jibanggeomchalcheong jinsuljoseo* [Seoul Central District Prosecutors' Office record of statement] (1995).

25 Hwang Young-si, in *Seoul-jibanggeomchalcheong jinsuljoseo* [Seoul Central District Prosecutors' Office record of statement] (1996). Just before the Gwangju Uprising, Martial Law Command held a meeting where three sample batons were compared. One was chosen for mass production.

26 Associated Press, April 14, 1980.

27 *Hankyoreh*, February 12, 2015. The Sabuk Incident was a labor dispute that started on April 21, 1980, and lasted for four days. It began when 3,500 miners and 2,500 family members at the Sabuk Mining Station of the Dongwon consolidated coal mine in the town of Sabuk, Jeongseon County, Gangwon Province, demanded the resignation of the company-appointed labor union leader. The incident was treated as a riot for thirty-five years until courts declared the participants not guilty in a retrial, officially defining the incident as a democratization movement.

28 *Yukjangmyeong 10-80-ho* [ROK Army headquarters order 10-80], April 22, 1980. 1st ROK Army Commander Yun Seong-min reported the strategies and movements of one battalion under the 11th Airborne Special Forces Brigade, as well as their firearms training, to ROK-US Combined Forces Commander John Wickham.

29 Park Gwan-hyun studied social sciences at Nokdu Bookstore and taught laborers at Deulbul Night School in Gwangju's Gwangcheon-dong neighborhood alongside Park Gi-sun, Yoon Sang-won, and Kim Yeong-cheol.

30 The Chonnam Student Council's clandestine planning team kept a record of their activities in a note with "自由" (freedom) written on the cover. During the Chun regime's investigation of the Gwangju Uprising, the record was presented as evidence to argue that the uprising was a student-led coup.

31 Maeng Dae-hwan, "Yusinjeonggwon jeongmyeon bipanhan gyoyukjipyo sageoneun?" [What was the "Standards of Democratic Education" Incident that Directly Criticized the Yusin Regime?], *Joongang Ilbo*, February 5, 2013. On June 27, 1978, Professor Song Gisuk of the Department of Korean Literature at Chonnam National University was among eleven faculty members who publicly proclaimed the Standards of Democratic Education, a call for the democratization of education. Two days later on June 29, students rose up in a demonstration supporting the participating faculty.

32 Jeong Yong-hwa and Kim Sang-jip, in discussion with Lee Jae-eui, May 2015.

33 Ayatollah Khomeini led Iran's Islamic Revolution in 1979, toppling the US-backed absolutist regime of the Pahlavi dynasty. Anti-US sentiments spread like wildfire in Iran, leading to the Iran hostage crisis in November of the same year.

34 This perception of the United States was tested during the Gwangju Uprising by Gwangju representative Yoon Sang-won. On May 26, Yoon attempted to contact US Ambassador Gleysteen, hoping that the United States would clearly understand that the uprising was fighting not against the United States but the military dictatorship at the foreign press conference. He persistently attempted to reach US authorities, who were Gwangju's only hope in its blockaded state. However, the US responded with disinterest. Yoon did not get the chance to speak with Gleysteen and was killed at Province Hall by paratroopers, who were acting outside US operational control.

35 The National Union for Democracy and Unification was launched on March 1, 1979, by nongovernment political activists. Kim Dae-jung—who had been given a stay of execution and released—Yun Posun, and Ham Seok-heon served as co-chairs. The organization was a successor and improvement upon the National Union for Democracy, which had survived as part of the Citizens' Association for the Recovery of Democracy.

36 Supreme Court of South Korea, *12·12, 5·18-sanggosim seongo pangyeolmun* [Supreme Court ruling on the December 12 military insurrection and the Gwangju Uprising], April 17, 1997. South Korean courts ruled that the Singunbu's National Crisis Countermeasure was clear proof of the premeditated nature of the military's response to the Gwangju crisis, which was ruled a rebellion conducted by the Singunbu.

37 Ministry of National Defense Truth Commission, *12·12, 5·17, 5·18 sageon josagyeolgwabogoseo* [Investigation report on the December 12 military insurrection], 19. The original document detailing the National Crisis Countermeasure, composed by Kwon Jung-dal and the Defense Security Command advisors, has not been found.

38 Kwon Jung-dal, in *Seoul-jibanggeomchalcheong jinsuljoseo* [Seoul Central District Prosecutors' Office record of statement] (1996).

39 Martial Law Command, "May 8, 1980," *Gyeeomilji* [Martial law records]; Ministry of National Defense Truth Commission, *12·12, 5·17, 5·18 sageon josagyeolgwabogoseo* [Investigation report on the December 12 military insurrection], 42.

40 Ministry of National Defense Truth Commission, *12·12, 5·17, 5·18 sageon josagyeolgwabogoseo* [Investigation report on the December 12 military insurrection], 43.

41 Tim Shorrock, "Migugui 'Chun Doo-hwan gwollyeok chantal' hyeopjo jeonmo 1" [The truth behind US cooperation in Chun's insurrection], *Sisa Journal* (March 7, 1996).

42 Cho Dong-jun, "Migukmubu bimiloegyomunseo 1979–1980 cheoljeobunseok" [In-depth analysis], 373.

43 According to ROK-US Combined Forces Command's chain of command, any movement of South Korean troops required prior approval or notification of approval from the ROK-US Combined Forces Commander. However, the Singunbu rallied soldiers without approval for the December 12 military insurrection, angering Commander John Wickham. Wickham later sent an official notice to the ROK Army outlining the latter's violations of the Mutual Defense Treaty Between the United States and the Republic of Korea. After the incident, the

Singunbu made sure to notify US forces of all South Korean military deployment plans in advance.

44   "Gwangju-satae dangsi juhanmigukdaesa 'William Gleysteen'-ui jeungeon" [The testimony of William Gleysteen, US ambassador to South Korea during the Gwangju Uprising], *Shindonga* (July 1985), 318–22.

45   Tim Shorrock, "Kwangju Diary: The View from Washington," in Lee Jae-eui, *Kwangju Diary* (UCLA, 1999), 160.

46   Shorrock, "Kwangju Diary," 160–3.

47   "Article 26, United States Government Statement on the Events in Kwangju, Republic of Korea, in May 1980," quoted in Hae-chan Lee, Rhyu Si-min, et al., *Gieokaneun jaui Gwangju* [The Gwangju of those who remember] (Dolbege, 2010), 185. This statement is the US administration's official response to the questions sent by the South Korean National Assembly's Special Truth Commission for the Gwangju Democratization Movement.

48   ROK Army Headquarters Intelligence Corps, "Bukgoenamchimseol bunseok" [Analysis of theory of North Korean invasion of South Korea] (May 10, 1980); *Monthly Chosun Magazine* supplement (January 1999), 339–42. If North Korea had intended to invade South Korea at the time, there would have been specificsigns of battle preparation—which were not observed in early May 1980. Signs of preparation include the placement of ground forces at key access points, the movement of strategic forces such as tanks and mechanized units to the front lines, an increase in logistical support activities and communications, the deployment of submarines and guided missile patrol boats, and the operation of emergency landing strips.

49   Central Intelligence Agency, "Growing Unrest in South Korea and Prospects for Takeover by Military Strongman Chon Doo Hwan" (May 9, 1980), cia.gov/library/readingroom/docs/CIA-RDP83B01027R000200020024-8.pdf. On January 18, 2017, the CIA released over 12 million pages' worth of declassified documents on its online reading room. The CIA judged at the time that it was the US Air Force and Navy that served as deterrents to North Korea rather than the US Army.

50   Seoul High Court, "12·12, 5·18-hangsosim seongo pangyeolmun" [Court ruling on December 12 military insurrection, Gwangju Uprising appeal case], December 16, 1996.

51   Ministry of National Defense, "Daeganjeon je 49-ho" [Counter–North Korean agent infiltration measure no. 46].

52   ROK Army Headquarters Strategy Education Corps, "Soyojinap gongjungjiwonbangbeopyeongu" [Research on riot suppression air support methods] (April 19, 1980); Ministry of National Defense Truth Commission, *12·12, 5·17, 5·18 sageon josagyeolgwabogoseo* [Investigation report on the December 12 military insurrection], 44.

53   Lee Sang-han (Special Warfare Command Assistant Chief of Staff and colonel at the time of Gwangju Uprising), YouTube video, June 21, 2013, https://youtube.com/watch?v=cDoOX83Ixs8.

54   The withdrawal at Seoul Station led to the complete isolation of Gwangju from other regions when martial law was expanded nationwide on May 17.

55   ROK Army Special Warfare Command, "May 15," *Chungjeongbyeongnyeok chuldong mit Gwangju-satae sanghwangilji* [Status record: Loyalty forces deployment and the Gwangju

situation]; Ministry of National Defense Truth Commission, *12·12, 5·17, 5·18 sageon josagyeolgwabogoseo* [Investigation report on the December 12 military insurrection], 61.

56   Lee Jae-eui, "5·18 dangsi balpo geobu jeonnamdogyeong gukjangui Gwangju-bimangnok" [The South Jeolla Province police commissioner who refused to open fire during the Gwangju Uprising: Memories of Gwangju], *Mal* (May 1994).

57   Defense Security Command, "Jeongun juyojihwigwan hoeuirok" [Meeting records of prominent military commanders]; Ministry of National Defense Truth Commission, *12·12, 5·17, 5·18 sageon josagyeolgwabogoseo* [Investigation report on the December 12 military insurrection], 52, 103. Of the participants, only Logistics Base Commander Ahn Jong-hun voiced concerns about military intervention in the government. As a result, he was forcibly discharged on August 20, 1980.

58   Korean Veterans Association, *12·12. 5·18 sillok* [Annals of the December 12 militaryinsurrection], 229.

59   Korean Veterans Association, *12·12. 5·18 sillok* 229–30.

60   Lee Hui-seong and Kim Jae-myeong, in *Seoul-jibanggeomchalcheong jinsuljoseo* [Seoul Central District Prosecutors' Office record of statement] (1995).

61   Supreme Court of South Korea, *12·12, 5·18-sanggosim seongo pangyeolmun* [Supreme Court ruling on the December 12 military insurrection]. The Supreme Court of South Korea ruled that the Singunbu's decision to expand martial law at the cabinet meeting on May 17 was an act of rioting, as "armed military personnel" were illegally mustered to drive "cabinet members, who are a constitutionally installed national body, into fear and coercion."

62   Heo Jang-hwan, "Naega Chung Ung jangguneul chepo·susahaetda—jeon Gwangju 505-boanbudae susagwanui pongno sugi" [I arrested and investigated General Chung Ung—Records of a former Gwangju 505th Security Unit investigator's disclosures], *Shindonga* (January 1989). While being questioned as a witness by prosecutors in 1995, Seo Ui-nam denied most of Heo's accusations. As the investigation at the time was focused on Chun and key members of the Singunbu, the investigation on those who carried out their orders, such as Seo, ended without being pursued further, leaving many unanswered questions.

63   Twelve people from Chonnam University, including Student Council President Park Gwan-hyun, and ten people from Chosun University, including Yu So-yeong, were targeted for preventative custody.

64   Defense Security Command, "Gwangju-satae hapdongsusa" [Joint investigation on the Gwangju Uprising] (1980), 546–55; Ministry of National Defense Truth Commission, *12·12, 5·17, 5·18 sageon josagyeolgwabogoseo* [Investigation report on the December 12 military insurrection], 61. Those taken into preventative custody were Jeong Dong-nyeon, Park Seon-jeong, Yun Mok-hyeon, Kim Sang-yun, Park Hyeong-seon, Moon Deok-hui, Ha Tae-su, Kim Un-gi, Yu So-yeong, Yu Jae-do, Lee Gwon-seop, and Yang Hui-seung.

65   Seoul High Court, "12·12, 5·18-hangsosim seongo pangyeolmun" [Court ruling on December 12 military insurrection], December 16, 1996.

66   Kim Yeong-jin, *Chungjeongjakjeongwa Gwangju-hangjaeng* [Operation Loyalty], 1:201.

67   Heo Jang-hwan, "505-boanbudae Gwangju-satae cheori teungmyeongban susagwanui jeungeon" [Testimony from 505th Security Unit Gwangju Uprising team's investigator], Hankyoreh Community, December 6, 1988, https://c.hani.co.kr/hantoma/1434931.

68 Lee Seung-ryong (male, born 1959), "Testimony 3004," in *Gwangju-owolminjunghangjaengsaryojeonjip* [Complete collection of historical records pertaining to the Gwangju Uprising], ed. Center for Contemporary Korean Historical Records Research (Pulbit, 1990).

69 Jin Ho-rim (male, born 1961), "Testimony 3017," in *Gwangju-owolminjunghangjaengsaryojeonjip* [Complete collection of historical].

70 *Chonbuk National University Press* (newspaper), September 7, 2013.

71 Shin Ae-deok (female, mother of Yu So-yeong), "Testimony 3111," in *Gwangju-owolminjunghangjaengsaryojeonjip* [Complete collection of historical records].

72 Following the Gwangju Uprising, Yoon Han-bong became a wanted man. He stowed away to the United States in April 1981 on a cargo ship and only returned to Gwangju twelve years later on May 19, 1993.

73 Following the Gwangju Uprising, Park Gwan-hyun was arrested while on the run and incarcerated at Gwangju Penitentiary. He went on a hunger strike demanding improved conditions for prisoners and died behind bars in October 1982.

第 2 章 │ 零星而被動的抵抗

1 Gwangju Medical Association Gwangju Uprising Medical White Paper Publication Committee, ed., *5·18 uiryohwaldong* [Medical activities during the Gwangju Uprising] (Gwangju Medical Association, 1996), 198.

2 Kwon Seung-man, in *Seoul-jibanggeomchalcheong jinsuljoseo* [Seoul Central District Prosecutors' Office record of statement] (1995), quoted in Cho Gab-je, *Cho Gab-Jae-eui Gwangju-satae* [Cho Gab-je's Gwangju Incident] (Chogabjedotcom, 2013), 280.

3 Ministry of National Defense Truth Commission, *12·12, 5·17, 5·18 sageon josagyeolgwabogoseo* [Investigation report on the December 12 military insurrection, the May 17 military insurrection, and the Gwangju Uprising] (2007), 62. According to ROK Army HQ's 1982 archive *Gyeeomsa* [History of martial law], the students involved in the first clash outside Chonnam University that sparked the Gwangju Uprising had "brought rocks in their bags." Combat Arms Command's 1981 document "Soyojinapgwa geu gyohun" [Riot suppression and lessons thereof] claims that the students "concealed rocks on their persons ahead of time and threw them at the soldiers." Lieutenant Kwon of the 33rd Battalion of the 7th Airborne Special Forces Brigade, who was stationed at Chonnam National University at the time, gave a similar testimony at the National Assembly's Gwangju Hearing in 1988. Until 1995–1996, martial law authorities continued to insist that students had prepared rocks ahead of time to use in a violent clash. However, the Ministry of National Defense Truth Commission's 2007 report clarified that no record of students bringing rocks ahead of time could be found in military reports from 1980, including operation records and situation reports. Military documents published after the Gwangju Uprising, including *Gyeeomsa* and "Soyojinapgwa geu gyohun," were altered or embellished after the fact by the Chun regime and the Singunbu to suit their purposes.

4 Kim Han-jung (male, born 1960), "Testimony 1041," in *Gwangju-owolminjunghangjaengsaryojeonjip* [Complete collection of historical records pertaining to the Gwangju Uprising], ed. Center

for Contemporary Korean Historical Records Research (Pulbit, 1990).

5   Beom Jin-yeom (male, born 1959), "Testimony 3035," in *Gwangju-owolminjunghangjaengsaryojeonjip* [Complete collection of historical records].

6   Jang Cheon-su (male, born 1956), "Testimony 7063," in *Gwangju-owolminjunghangjaengsaryojeonjip* [Complete collection of historical records].

7   Kwon Seung-man, in *Seoul-jibanggeomchalcheong jinsuljoseo* [Seoul Central District Prosecutors' Office record of statement] (1995); Cho Gab-je, *Cho Gab-Jae-eui Gwangju-satae* [Cho Gab-je's Gwangju Incident], 281.

8   Combat Arms Command, "Jeongyosa Jakjeonsanghwangilji" [Combat Arms Command operation records] (1980).

9   Im Nak-pyeong (male, born 1958), "Testimony 3028," in *Gwangju-owolminjunghangjaengsaryojeonjip* [Complete collection of historical records].

10 Song (commander, ROK Army 1st Aviation Brigade), *Seoul-jibanggeomchalcheong jinsuljoseo* [Seoul Central District Prosecutors' Office record of statement] (1995). According to the Ministry of National Defense's orders for fortification of counter–North Korean agent infiltration measures, Operation Loyalty—a riot suppression tactic—involved the deployment of aerial scouts who would report on the activities of rioters to ground forces, proactively neutralizing armed protesters for maximum efficiency.

11 Lee Gwang-ho (male, born 1959), "Testimony 1024," in *Gwangju-owolminjunghangjaengsaryojeonjip* [Complete collection of historical records].

12 Kim Yeong-taek, *5-wol 18-il Gwangju* [Gwangju, May 18] (Yeoksagonggan, 2010), 253.

13 Martial Law Command, "May 18, 1980," *Gyeeomilji* [Martial law records]; ROK Army HQ Second ROK Army Martial Law Command, "May 18, 1980," *Gyeeomsanghwangilji* [Martial law status records].

14 Kim Jun-bong (Second ROK Army Operations Officer), "Seoul-jibanggeomchalcheong jinsuljoseo" [Seoul Central District Prosecutors' Office record of statement] (1995).

15 Defense Security Command, "May 18, 1980," *Gwangju-soyosatae jinhaengsanghwang* [Gwangju riot situation report]; Ministry of National Defense Truth Commission, *12·12, 5·17, 5·18 sageon josagyeolgwabogoseo* [Investigation report on the December 12 military insurrection], 63.

16 Chung Ung, "Testimony," National Assembly of the Republic of Korea, *5·18 Gwangju-mi njuhwaundongjinsangjosateukbyeolwiwonhoe hoeuirok* [May 18 Gwangju democratization movement truth investigation commission meeting records], vol. 21 (December 21, 1988).

17 Kim Il-ok, *Seoul-jibanggeomchalcheong piuijasinmunjoseo* [Transcript of suspect examination at Seoul Central District Prosecutors' Office] (1995).

18 Defense Security Command, "May 18, 1980," *Gwangju-satae irilsokbocheol* [Gwangju situation daily news bulletin archive].

19 Kim Jeong-seop (male, born 1946), "Testimony 7061," in *Gwangju-owolminjunghangjaengsaryojeonjip*, [Complete collection of historical records], 199.

20 Kim Yeong-taek, "Testimony," National Assembly of the Republic of Korea, *5·18 Gwangju-minjuhwaundongjinsangjosateukbyeolwiwonhoe hoeuirok* [May 18 Gwangju democratization movement], vol. 25 (January 26, 1989).

21 Cho Ah-ra (female, born 1912), "Testimony 1003," in *Gwangju-owolminjunghangjaengsaryojeonjip*

[Complete collection of historical records].

22 Gwangju City Hall, "5·18-satae sanghwang mit jochisahang" [Gwangju Uprising situation and responses] (1980). See *Kyunghyang Shinmun*, May 18, 1988.

23 Kim Beom-dong (male, born 1947, cook), "Testimony 3004," in *Gwangju-owolminjunghangjaengsaryojeonjip* [Complete collection of historical records].

24 Lee Min-oh (male, born 1955), "Archive 1-326," in *5·18 pihaeja gusuljaryo josa* [Gwangju Uprising victims' oral testimony research], ed. May 18 Memorial Foundation (1999).

25 Kim Hu-sik (male, born 1941, cook), "Testimony 3065," in *Gwangju-owolminjunghangjaengsaryojeonjip* [Complete collection of historical records].

26 South Jeolla Province Police, "Jipdansatae balsaeng mit jochisanghwang" [Outbreak of and measures against large-scale unrest] (May 18, 1980); Ministry of National Defense Truth Commission, *12·12, 5·17, 5·18 sageon josagyeolgwabogoseo* [Investigation report on the December 12 military insurrection], 66.

27 Cho Hun-cheol (born 1960), "Testimony 7077," in *Gwangju-owolminjunghangjaengsaryojeonjip* [Complete collection of historical records].

28 Lee Geun-jae (born 1923), "Testimony 7087," in *Gwangju-owolminjunghangjaengsaryojeonjip* [Complete collection of historical records].

29 Yu Seung-gyu (born 1959), "Testimony 1035," in *Gwangju-owolminjunghangjaengsaryojeonjip* [Complete collection of historical records].

30 Hong Sun-hui (male, born 1960, postsecondary student), "Testimony 2008," in *Gwangju-owolminjunghangjaengsaryojeonjip* [Complete collection of historical records].

31 Jeon Gye-ryang (born 1935), "Testimony 3072," in *Gwangju-owolminjunghangjaengsaryojeonjip* [Complete collection of historical records]. Jeon Gye-ryang was the father of Jeon Yeong-jin (age 18), a third-year student at Gwangju Daedong High School. The younger Jeon was near the Labor Supervision Office on May 21 when martial law troops opened fire outside the South Jeolla Province Hall, where he was shot in the head with an M16 rifle and killed.

32 Defense Security Command 505th Security Unit, "Gwangju-satae samangja geomsigyeolgwa bogo" [Report on autopsy results of Gwangju incident fatalities] (1980); Ministry of National Defense Truth Commission, *12·12, 5·17, 5·18 sageon josagyeolgwabogoseo* [Investigation report on the December 12 military insurrection], 70.

33 Gwangju Metropolitan City Historical Record Compilation Committee, ed., "Gwangju-jigeom geomsijoseo" [Gwangju District Prosecutors' Office autopsy report], *5·18 Gwangjumi njuhwaundongjaryochongseo* [Gwangju Uprising archival collection], vol. 20 (1999), 492–3.

34 Lee Jang-ui (male, born 1950), "Testimony 7056," in *Gwangju-owolminjunghangjaengsaryojeonjip* [Complete collection of historical records].

35 Im Nak-pyeong (male, born 1958), "Testimony 3028," in *Gwangju-owolminjunghangjaengsaryojeonjip* [Complete collection of historical records].

36 Combat Arms Command, "May 19, 1980," *Jeongyosa Jakjeonsaryeongilji* [Combat Arms Command operation records]; Ministry of National Defense Truth Commission, *12·12, 5·17, 5·18 sageon josagyeolgwabogoseo* [Investigation report on the December 12 military insurrection], 78.

37 South Jeolla Province Joint Investigation Team, "May 18, 1980," *Gwangju-sataesi jeongyosa jeongbocheo ilji* [Combat Arms Command Bureau of Information operation records

concerning the Gwangju incident]; Ministry of National Defense Truth Commission, *12·12, 5·17, 5·18 sageon josagyeolgwabogoseo* [Investigation report on the December 12 military insurrection], 69.

38   Center for Contemporary Korean Historical Records Research, ed., "31-sadan jakjeonjisi-80-1" [31st Division Operation Order 80-1], *Gwangju-owolminjunghangjaengsaryojeonjip* [Complete collection of historical records], 28.

39   Korean Veterans Association, ed., *12·12. 5·18 sillok* [Annals of the December 12 military insurrection and the Gwangju Uprising] (1997), 505.

40   Ministry of National Defense Truth Commission, *12·12, 5·17, 5·18 sageon josagyeolgwabogoseo* [Investigation report on the December 12 military insurrection], 57–8.

41   Kim Yong-sam, "Gyeeomsaryeonggwan dongjeongilji" [Daily logs of the martial law commander], *Monthly Chosun Magazine* (September 1995), 629–31.

42   Cho Dong-jun, "Migungmubu bimiloegyomunseo 1979–1980 cheoljeobunseok" [In-depth analysis of US Department of State's 1979–1980 secret diplomacy documents], *Monthly Chosun Magazine*, 378.

43   Korean Veterans Association, *12·12. 5·18 sillok* [Annals of the December 12 military insurrection], 255.

44   Korean Veterans Association, 257–8.

45   Seoul District Court, *12·12, 5·18 1-sim seongo pangyeolmun* [Court ruling on the first trial of the December 12 military insurrection and the Gwangju Uprising], August 26, 1996.

46   Chung Ung, "Testimony," National Assembly of the Republic of Korea, *5·18 Gwangju-mi njuhwaundongjinsangjosateukbyeolwiwonhoe hoeuirok* [May 18 Gwangju democratization movement], vol. 21.

47   Chung Ung, vol. 21.

48   Lee Gyeong-nam (Private First Class, 9th Field Battalion, 63rd Battalion, 11th Airborne Special Forces Brigade), "Han teukjeonsa byeongsaga gyeokkeun Gwangju—20-nyeon manui gobaek" [One Special Forces soldier's experiences at Gwangju—a 20-year belated confession], *Dangdaebipyeong* [Criticism of the times], Winter 1999.

第 3 章 | 轉為積極進攻

1   Ahn Bu-ung, "Gukbangbugodeunggeomchalgwansil piuijasinmunjoseo (1-hoe)" [Transcript of suspect examination at Ministry of National Defense High Prosecutors Office (examination 1)] (1995), quoted in *Monthly Chosun Magazine* supplement (January 1999), 360.

2   Ahn Bu-ung, "Gukbangbugodeunggeomchalgwansil piuijasinmunjoseo (3-hoe)" [Transcript of suspect examination 3] (1995).

3   Combat Arms Command, "Soyojinapgwa geu gyohun" [Riot suppression and lessons thereof] (1981), 58, quoted in Lee Hae-chan et al., *Gieokaneun jaui Gwangju* [The Gwangju of those who remember] (Dolbege, 2010), 263.

4   Yun Heung-jeong, "Testimony," in National Assembly of the Republic of Korea, *5·18 Gwangju-minjuhwaundongjinsangjosateukbyeolwiwonhoe hoeuirok* [May 18 Gwangju democratization movement truth investigation commission meeting records], vol. 16 (December 7, 1988).

5   Kim Gyeol (male, born 1937, self-employed), "Testimony 4015," in *Gwangju-owolminjunghangjaengsaryojeonjip* [Complete collection of historical records pertaining to the Gwangju Uprising], ed. Center for Contemporary Korean Historical Records Research (Pulbit, 1990).

6   Ahn Bu-ung, "Gukbangbugodeunggeomchalgwansil piuijasinmunjoseo (4-hoe)" [Transcript of suspect examination 4] (1995), quoted in *Monthly Chosun Magazine* supplement (January 1999), 360.

7   The Recollections of Na (paratrooper, identified by family name only), "Naega bonaen 'hwaryeohan hyuga'" [My "fascinating vacations"], in *Jakjeonmyeongnyeong—hwaryeohan hyuga* [Operation: Fascinating vacations], ed. Yun Jae-gol (Silcheon, 1987), 35.

8   Youn Kong-hi, "Gyohoega apeumeul hamkkehaeseo tteusi itjyo" [There is meaning in the church when it shares in the suffering], in *Gusulsaengaesaro bon 5·18-ui gieokgwa yeoksa: cheonjugyo pyeon* [The memories of the Gwangju Uprising, through the lens of oral accounts: The Catholic church], vol. 5, ed. May 18 Memorial Foundation (2013), 48.

9   Jeong Bang-nam (male, born 1961), "Testimony 7104," in *Gwangju-owolminjunghangjaengsaryojeonjip* [Complete collection of historical records].

10 Kim Chung-geun, "Geumnam-ro Arirang" [The "Arirang" on Geumnam-ro], in Journalists Association of Korea, *Mudeung Ilbo*, and Citizens' Solidarity Association, eds., *5·18 taeukpawon report* [Gwangju Uprising special correspondent report] (Pulbit, 1997), 212.

11 Terry Anderson, "Naraoneun chongareul pihamyeo" [Ducking between flying bullets], in Journalists Association of Korea et al., eds., *5·18 taeukpawon report* [Gwangju Uprising special correspondent report], 24.

12 Supreme Court of South Korea, *12·12, 5·18-sanggosim seongo pangyeolmun* [Supreme Court ruling on the December 12 military insurrection and the Gwangju Uprising], April 17, 1997.

13 Kim Yeong-taek, *5-wol 18-il Gwangju* [Gwangju, May 18] (Yeoksagonggan, 2010), 302. This police commander was stripped of his duties two months later on July 19, 1980.

14 Hwang Gang-ju (male, born 1960), "Testimony 7153," in *Gwangju-owolminjunghangjaengsaryojeonjip* [Complete collection of historical records].

15 Kim Yeong-taek, *5-wol 18-il Gwangju* [Gwangju, May 18], 295.

16 Ahn Bu-ung, *Seoul-jibanggeomchalcheong piuijasinmunjoseo* (4-hoe) [Transcript of suspect examination 4].

17 Gwangju City Dong-gu District Office, "Sanghwangilji" [Situation record]. See 11th Airborne Special Forces Brigade, "Teukjeonsa jeontusangbo" [Special Forces combat report] (May 19, 1980).

18 Choi Chung-yong (male, born 1951), "Testimony 5040," in *Gwangju-owolminjunghangjaengsaryojeonjip* [Complete collection of historical records].

19 Kim Sang-jip (male, born 1956), "Testimony 4011," in *Gwangju-owolminjunghangjaengsaryojeonjip* [Complete collection of historical records].

20 Gwangju City Hall, "5·18-satae sanghwang mit jochisahang" [Gwangju Uprising situation and responses] (1980). See *Kyunghyang Shinmun*, May 18, 1988.

21 Kim In-yun (male, born 1960), "Peace Democratic Party Victim Statement no. 39," Lee Hae-chan et al., *Gieokaneun jaui Gwangju* [The Gwangju of those who remember], 250.

22 Ahn Bu-ung, "Gukbangbugodeunggeomchalgwansil piuijasinmunjoseo (1-hoe)" [Transcript of suspect examination 1], 360.

23 Jeong Yeong-dong (male, born 1954, driver), "Testimony 1022," in *Gwangju-owolminjunghangjaengsaryojeonjip* [Complete collection of historical records].

24 (Censored section,) *Dong-a Ilbo*, May 22, 1980.

25 Due to multiple extenuating circumstances that made it difficult to confirm all accounts, the first edition of *Beyond Death, Beyond the Darkness of the Age* (1985) erroneously reported that Kim Yeong-chan had died. According to *Gwangju-owolminjunghangjaengsaryojeonjip* [Complete collection of historical records], which compiled the eyewitness accounts of over 500 people who participated in the Gwangju Uprising, Kim was immediately taken to a hospital and survived the gunshot wound.

26 Ministry of National Defense Truth Commission, *12·12, 5·17, 5·18 sageon josagyeolgwabogoseo* [Investigation report on the December 12 military insurrection, the May 17 military insurrection, and the Gwangju Uprising] (2007), 79. Martial Law Command published a report titled "Gogyosaeng chongsangja hwagin gyeolgwa" [Results of investigation into gunfire wounds sustained by high school students], in *Chungjeongeommu iril juyosahang* [Daily points of note in loyalty operations], which described Kim Yeong-chan's injuries as "difficult to confirm as having been caused by firearms, as the exit wound is smaller than entry wound and a number of shrapnel fragments were found in Kim's body."

27 Ministry of National Defense Truth Commission, *12·12, 5·17, 5·18 sageon josagyeolgwabogoseo* [Investigation report on the December 12 military insurrection], 115. There are no records of gunfire on the May 19 records of the 11th Airborne Special Forces Brigade's combat reports or the operations records of the 31st Division and Combat Arms Command. It is conjectured that the 11th chose to cover up the incident rather than report it to authorities. According to the May 20, 1980, 1:00 p.m. report on the instigators of the Gwangju Uprising that was submitted to Defense Security Command by the 505th Security Unit (Defense Security Command, "May 20, 1980," *Gwangju-satae irilsokbocheol* [Gwangju situation daily news bulletin archive]), "Considering the complete absence of gunfire on May 19, the high school student in question was likely shot with a muffled handgun by certain rebellious elements among the rioters in an intelligent plot to incite the crowds into assuming that martial law troops had shot the student."

28 Cho Chang-gu, *Seoul-jibanggeomchalcheong piuijasinmunjoseo* [Transcript of suspect examination at Seoul Central District Prosecutors' Office] (1995).

29 According to "518 gwallyeon sageon susagyeolgwa bogo" (Seoul Central District Prosecutors' Office, Ministry of National Defense Prosecutors' Office, July 18, 1995), "Although the majority of military personnel deny the use of bayonets in counterdemonstration operations, it has been confirmed that paratroopers were equipped with bayonet-affixed rifles and, while putting on shows of force during transport via truck, they were attacked by demonstrators who hurled rocks at them, to which they responded by disembarking to pursue and arrest demonstrators. There is a possibility that some demonstrators were injured by the bayonets during the process. Ha Heon-nam, Choi Seung-gi, Kim In-yun, Lee In-seon, and Choi Mi-ja were confirmed to have suffered puncture wounds during the incident. Puncture wounds were also found on the bodies of those killed during the Gwangju Uprising, including Son

Ok-rye, Kwon Geun-rip, Yun Gye-won, Kim Pyeong-yong, Park Jong-gil, Min Byeong-ryeol, Heo Bong, and Kim Gyeong-hwan. Taking these facts into consideration, it can be acknowledged that regardless of the wishes of the commanders, paratroopers made use of bayonets during the process of putting down the demonstrations."

30 "Gwangju-demosatae datsaejjae" [The fifth day of the Gwangju protests], *Dong-a Ilbo*, May 22, 1980.

31 Kim Chung-rip (Special Warfare Command Security Bureau Chief), "Chung Ho-yong teukjeonsaryeonggwaneun jihwigwon haengsa motaetda" [Special Warfare Commander Chung Ho-yong could not exercise command], *Ohmynews*, May 17, 2010. Chung Ho-yong, who had at the time been the 50th Division Commander, heard about the December 12 military insurrection and rushed north to Seoul from Daegu on the morning of December 13. By then, the situation had already been resolved. Surprisingly, Chun Doo-hwan named him Special Warfare Commander that day. Because Chung was a close friend of both Chun and Roh Tae-woo, no one publicly voiced opposition. However, some members of the Singunbu who had risked their lives for the coup—especially Defense Security Command staff—viewed him as a freeloader. It is conjectured that Chung saw the incident in Gwangju as the perfect opportunity to regain his political foothold.

32 "12·12 mit 5·18 gwallyeon seohunja myeongdan" [List of persons awarded distinctions for involvement in the December 12 military insurrection and/or the Gwangju Uprising] (June 20, 1980), quoted in Korean Veterans Association, ed., *12·12. 5·18 sillok* [Annals of the December 12 military insurrection and the Gwangju Uprising] (1997), 543.

33 *Mal* (May 1988).

34 Yun Heung-jeong, "Testimony," National Assembly of the Republic of Korea, *5·18 Gwangju-minjuhwaundongjinsangjosateukbyeolwiwonhoe hoeuirok* [May 18 Gwangju democratization movement], vol. 16.

35 Combat Arms Commander Yun Heung-jeong was a member of the Papyeong Yun clan, making him a relative of Archbishop Youn (Yun). Both had come from what is now North Korea and had enjoyed a close friendship following Yun's assignment to Gwangju.

36 Jang Sa-bok (Combat Arms Command Chief of Staff), "Seoul-jibanggeomchalcheong jinsuljoseo" [Seoul Central District Prosecutors' Office record of statement] (1995).

37 Chung Ung, "Testimony," National Assembly of the Republic of Korea, *5·18 Gwangju-mi njuhwaundongjinsangjosateukbyeolwiwonhoe hoeuirok* [May 18 Gwangju democratization movement], vol. 21 (December 21, 1988).

38 Chung Ung, "Chung Ung-ui 'Gwangju-reul sson saramdeul'" [Chung Ung: The people who shot Gwangju] (transcript of the 16th main conference of the 142nd provisional session of the National Assembly), *Kyunghyang Monthly* (August 1988), 146–63.

39 Park Chan-hui, "Gwangju-sataewa Chung Ung sadanjang" [The Gwangju incident and Division Commander Chung Ung], *Monthly Chosun Magazine* (October 1987), 290–301.

40 Lee Hui-seong, *Seoul-jibanggeomchalcheong piuijasinmunjoseo* (7-hoe) [Transcript of suspect examination 7] (1996).

41 Park (ROK Army HQ Personnel Corps Deputy Director, identified by family name only), *Seoul-jibanggeomchalcheong piuijasinmunjoseo* [Transcript of suspect examination at Seoul Central District Prosecutors' Office] (1995).

42   Defense Security Command, "May 19, 1980," *Gwangju-satae irilsokbocheol* [Gwangju situation daily news bulletin archive], 11, quoted in Ministry of National Defense Truth Commission, *12·12, 5·17, 5·18 sageon josagyeolgwabogoseo* [Investigation report on the December 12 military insurrection], 65.

43   In piecemeal deployment, units are deployed in smaller groups, starting with those that are prepared for deployment first. Successive units are sent out as soon as they are ready.

44   Combat Arms Command, *Jeongyosa jakjeonsanghwangilji* [Combat Arms Command operation records].

45   Lee Jae-woo (South Jeolla Province 505th Security Unit Commander), *Seoul-jibanggeomchalcheong jinsuljoseo (2-hoe)* [Seoul Central District Prosecutors' Office record of statement (examination 2)] (1995).

46   Seoul District Prosecutors' Office, Ministry of National Defense Prosecutors' Office, "5·18 gwallyeon susagyeolgwa bogo" [Report on the results of the investigation into Gwangju Uprising–related incidents] (July 18, 1995).

47   Lee Jeong-yung (male, born 1944, MD at Korean Armed Forces Hospital), "Testimony," in *5·18-hangjaeng jeungeonjaryojip* [Gwangju Uprising Testimony Collection], vol. 4, ed. Chonnam University May 18 Institute (Chonnam University, 2005).

48   Cho Gab-je, *Cho Gab-Jae-eui Gwangju-satae* [Cho Gab-je's Gwangju Incident] (chogabjedotcom, 2013), 43–5.

49   Ministry of National Defense Bureau of Legal Affairs, "5·18-e bukangun teuksubudaega gaeipaetdaneun mo bangsongsaui bangsong naeyonggwa talbukja dance jujange daehan gunui ipjang" [The military's position on the assertion by a broadcaster's broadcast and North Korean defectors' group that North Korean Special Forces were involved in the Gwangju Uprising] (October 2013).

50   Ahn Jong-ik, "Hanbando yusasi migi jeukgak chuldong—Hughes saryeonggwan balkyeo" [Commander Hughes: In case of war on Korean Peninsula, US aircrafts to be deployed immediately], *Chosun Ilbo*, May 19, 1980.

51   Tim Shorrock, "Migugui 'Chun Doo-hwan gwollyeok chantal' hyeopjo jeonmo 3" [The truth behind US cooperation in Chun Doo-hwan's insurrection 3], *Sisa Journal*, March 21, 1996, 30.

52   Tim Shorrock, "Kwangju Diary: The View from Washington," in Lee Jae-eui, *Kwangju Diary* (UCLA, 1999), 151–72.

53   "Article 26, United States Government Statement on the Events in Kwangju, Republic of Korea, in May 1980," quoted in "10.26-buteo Chun-ssi chwiimkkaji" [From the assassination of Park Chung-hee to Chun's inauguration], *Yonhap News Agency*, February 28, 1996.

第 4 章 | 全面展開的民眾抗爭

1   Korean Veterans Association, ed., *12·12. 5·18 sillok* [Annals of the December 12 military insurrection and the Gwangju Uprising] (1997), 266.

2   ROK Army HQ, *Pokdongjinapjakjeon gyobeom* [Fundamentals of riot suppression], quoted in Kim Yeong-taek, *5-wol 18-il Gwangju* [Gwangju, May 18] (Yeoksagonggan, 2010), 319.

3   Chung Ung, "Testimony," National Assembly of the Republic of Korea, *5·18 Gwangju-mi njuhwaundongjinsangjosateukbyeolwiwonhoe hoeuirok* [May 18 Gwangju democratization movement truth investigation commission meeting records], vol. 21 (December 21, 1988).

4   Arnold A. Peterson, *5·18, Gwangju-satae*, tr. Jeong Dong-seop (Pulbit, 1995). Originally published in English as *5·18, the Kwangju Incident* (A. A. Peterson, 1990).

5   Kim Mal-ok (female, born 1958, wife of Kim An-bu), "Testimony 0040," in *Gwangju-owolminjunghangjaengsaryojeonjip* [Complete collection of historical records pertaining to the Gwangju Uprising], ed. Center for Contemporary Korean Historical Records Research (Pulbit, 1990).

6   Korean Veterans Association, *12·12. 5·18 sillok* [Annals of the December 12 military insurrection], 267.

7   Defense Security Command, "Gwangju-soyosatae sanghwangilji jeonmun" [Full text of Gwangju riot situation records], 152, quoted in Ministry of National Defense Truth Commission, *12·12, 5·17, 5·18 sageon josagyeolgwabogoseo* [Investigation report on the December 12 military Insurrection, the May 17 military insurrection, and the Gwangju Uprising] (2007), 78.

8   Kim Yeong-taek, *5-wol 18-il Gwangju* [Gwangju, May 18] (Yeoksagonggan, 2010), 311–12.

9   Cho Pius, *Sajeui jeungeon* [A priest's testimony] (Bitgoeul, 1994).

10   Seo Myeong-won (male, born 1939, Chonnam University Director of Student Affairs), "Testimony 3035," in *Gwangju-owolminjunghangjaengsaryojeonjip* [Complete collection of historical records].

11   Kim Sou-hwan, "Testimony," in *Gusulsaengaesaro bon 5·18-ui gieokgwa yeoksa: cheonjugyo pyeon* [The memories of the Gwangju Uprising, through the lens of oral accounts: The Catholic church], vol. 5, ed. May 18 Memorial Foundation (2013), 21.

12   Cho Sam-nam (father of the late Cho Gang-il), "Testimony 4018," in *Gwangju-owolminjunghangjaengsaryojeonjip* [Complete collection of historical records]; Im Ho-sang (male, born 1962, third-year student at Gwangju Soongil High School), "Testimony 4019," in *Gwangju-owolminjunghangjaengsaryojeonjip* [Complete collection of historical records]. Cho Gang-il produced and distributed the newsletters alongside Lee Hong-jae (third-year student at Gwangju Jeil High School), Park Gyu-sang (third-year student at Gwangju Technical High School), Im Ho-sang (third-year student at Gwangju Soongil High School), and four students from Kumho Jungang Girls' High School. Following the Gwangju Uprising, the military learned of the group's activities during a search for firearms and took four of the students into custody. Those detained were subjected to brutal torture. Cho, who was the student council president at Gwangju Jinheung High School, was branded as the ringleader and tortured severely. He died of the aftereffects in 1986.

13   Chung Ung, "Chung Ung-ui 'Gwangju-reul sson saramdeul'" [Chung Ung: The people who shot Gwangju] (transcript of the 16th main conference of the 142nd provisional session of the National Assembly), *Kyunghyang Monthly* (August 1988), 146–63.

14   Park Jong-gyu (Commander of 15th Battalion, 3rd Airborne Special Forces Brigade), *Seoul-jibanggeomchalcheong piuijasinmunjoseo (3-hoe)* [Transcript of suspect examination at Seoul Central District Prosecutors' Office (examination 3)] (1995).

15   Shin Woo-sik (Commander of 7th Airborne Special Forces Brigade), *Seoul-*

jibanggeomchalcheong piuijasinmunjoseo (3-hoe) [Transcript of suspect examination 3]. From the May 21 (8:45 a.m.) Martial Law Command record (Kim Yong-sam, "Gyeeomsaryeonggwan dongjeongilji" [Daily logs of the martial law commander], *Monthly Chosun Magazine* (September 1995)) and his attendance at the Ministry of National Defense meeting at 2:00 p.m. that day (2nd ROK Army, "Gwangju-gwon chungjeongjakjeongan gun jisi mit jochisahang" [Military orders and measures for Operation Loyalty in the Gwangju region]), Chung Ho-yong is surmised to have been at Seoul on May 21.

16 Combat Arms Commander Yun Heung-jeong, Vice-commander Kim Gi-seok, and Combat Development Corps Commander Kim Sun-hyeon testified to the same at the National Assembly's 1988 Gwangju hearing and at Prosecutors' Office investigations.

17 Testimony of Baek Nam-i (Combat Arms Command operations officer), "5·18 jinsangeul kaenda" [Unearthing the truths behind the Gwangju Uprising], *JoongAng Ilbo*, May 15, 1993.

18 Korean Veterans Association, *12·12. 5·18 sillok* [Annals of the December 12 military insurrection], 268.

19 Ahn Bu-ung (Commander of 61st Battalion, 11th Airborne Special Forces Brigade), "Testimony," in *Gwangju-satae cheeomsugi* [Firsthand accounts of the Gwangju Uprising], ROK Army Office of Military History Studies, ed. (1988).

20 Ahn Bu-ung, "Gukbangbugodeunggeomchalgwansil piuijasinmunjoseo (1-hoe)" [Transcript of suspect examination at Ministry of National Defense High Prosecutors Office (examination 1)] (1995), quoted in *Monthly Chosun Magazine* supplement (January 1999), 360, quoted in Gwangju Metropolitan City Historical Record Compilation Committee, ed., *5·18 Gwangju minjuhwaundongjaryochongseo* [Gwangju Uprising archival collection] vol. 18 (1999), 67–8.

21 Kim Yeong-nam (born 1957, cook), "Testimony 3055," in *Gwangju-owolminjunghangjaengsaryojeonjip* [Complete collection of historical records].

22 Im Jae-gu (born 1964, first-year student at Chosun University High School), "Testimony 3053," in *Gwangju-owolminjunghangjaengsaryojeonjip* [Complete collection of historical records].

23 Ahn Bu-ung, "Gukbangbugodeunggeomchalgwansil piuijasinmunjoseo (1-hoe)" [Transcript of suspect examination 1], quoted in *Monthly Chosun Magazine* supplement, 370. Ahn's testimony did not corroborate the events that took place on the evening of May 20. Four police officers were killed by a bus at Geumnam-ro, but at 9:20 p.m.—more than thirty to sixty minutes after the clash between the convoy and the paratroopers. Ahn may have not fully understood the circumstances, or he may have knowingly given such testimony in order to emphasize the desperation of the paratroopers.

24 Gwangju Metropolitan City Historical Record Compilation Committee, ed., *5·18 Gwangju minjuhwaundongjaryochongseo* [Gwangju Uprising archival collection], vol. 2 (1997), 25.

25 Park Dong-yeong and Lee Jeong-ae (parents of the late Park Gi-hyeon), "Testimony 7021," in *Gwangju-owolminjunghangjaengsaryojeonjip* [Complete collection of historical records].

26 Bae Yong-ju (born 1964, bus driver), "Testimony 3056," in *Gwangju-owolminjunghangjaengsaryojeonjip* [Complete collection of historical records].

27 Nam Dong-seong (South Jeolla Province Police 2nd Riot squad, second-year student at Daegu Kyungpook National University Department of Political Science and Diplomacy),

"Testimony," Cho Gab-je, *Cho Gab-Jae-eui Gwangju-satae* [Cho Gab-je's Gwangju Incident] (chogabjedotcom, 2013), 94.

28 The arsonist and the cause of the fire remain unknown to this day, with opinions sharply divided on whether it was caused by demonstrators or by martial law troops.

29 (Censored section,) *Dong-a Ilbo*, May 22, 1980.

30 Korean Veterans Association, *12·12. 5·18 sillok* [Annals of the December 12 military insurrection], 277.

31 The shots fired at Gwangju Station led to live rounds being distributed not only to the 3rd Brigade but also the 11th, which was stationed at Province Hall. The gunshots heard from the station led to "a wave of fear, out of which the company commanders of the 61st and 62nd Battalions requested the distribution of live rounds." Battalion commanders "independently made the decision" to acquiesce. The rounds distributed by the 11th Brigade were the catalysts of the shootout that would take place at 1 p.m. on May 21 outside Province Hall.

32 Ahn Bu-ung, *Seoul-jibanggeomchalcheong piuijasinmunjoseo (4-hoe)* [Transcript of suspect examination 4]; Cho Chang-gu (Commander of the 63rd Battalion, 11th Airborne Special Forces Brigade), *Seoul-jibanggeomchalcheong piuijasinmunjoseo (2-hoe)* [Transcript of suspect examination 2].

33 For testimonies regarding the gunfire near the Gwangju Tax Office on the night of May 20 and early morning of May 21, see the testimony of Lee Ji-hyeong (Testimony 3066, "Testimony 3066," in *Gwangju-owolminjunghangjaengsaryojeonjip* [Complete collection of historical records]); the testimony of Moon Jang-woo ("Testimony 2025," in *Gwangju-owolminjunghangjaengsaryojeonjip* [Complete collection of historical records]); and the July 1985 edition of *Monthly Chosun Magazine*.

34 Ahn Bu-ung, "Testimony," Gab-je Cho, *Cho Gab-Jae-eui Gwangju-satae* [Cho Gab-je's Gwangju Incident], 98–100.

35 Nam Dong-seong (South Jeolla Province Police 2nd Riot squad, second-year student at Daegu Kyungpook National University Department of Political Science and Diplomacy), "Testimony," Cho Gab-je, *Cho Gab-Jae-eui Gwangju-satae* [Cho Gab-je's Gwangju Incident], 94.

36 The Recollections of Na (paratrooper, identified by family name only), "Naega bonaen 'hwaryeohan hyuga'" [My "fascinating vacations"], in *Jakjeonmyeongnyeong—hwaryeohan hyuga* [Operation: Fascinating vacations], ed. Yun Jae-gol (Silcheon, 1987).

37 *Gwangju-owolminjunghangjaengsaryojeonjip* [Complete collection of historical records]. Jeon Ok-ju (age 31, real name: Jeon Chun-sim) was born in Boseong. Her father was a police officer and town councilman during the Korean War. During the demonstrations in Gwangju, she met Cha Myeong-suk (age 19) and Kim Beom-tae, with whom she led the street broadcasts. Cha was originally from Changpyeong, Damyang County, and had been attending Yangjae Academy in Gwangju at the time. Kim (age 26) was a civil servant at the Goseo Town Office in Damyang County and a night school student at Chosun University's College of Political Science and Law.

38 Gwangju Metropolitan City Historical Record Compilation Committee, ed., "Haengjeonggigwan sojangmunseo jung Gwangju-satae pihaehyeonhwang gwallyeon munseo" [Administrative

service documents pertaining to damage incurred during Gwangju Uprising], *5·18 gwangjuminjuhwaundongjaryochong seo* [Gwangju Uprising archival collection], vol. 11 (2000), 359. Official records state the following: "May 20, 21:30—1 amp, 2 microphones, 3 speakers stolen from Hagun-dong Neighborhood Center in Dong-gu, Gwangju."

39   Kim Yeong-jin, *Chungjeongjakjeongwa Gwangju-hangjaeng* [Operation Loyalty and the Gwangju Uprising] (Donggwangsa, 1989), 1:219.

40   When the 3rd Brigade was routed at the Battle of Gwangju Station on the night of May 20, Martial Law Command called an emergency countermeasure meeting for 4:40 a.m. on May 21. Leaders agreed to switch from a strategy that focused on violent and proactive suppression measures to one that involved the invocation of the right of self-defense and the reassignment of troops to the city outskirts, and after May 23, the start of an operation to put down the "rioters" in the city.

41   The scale and intensity of the battle at Gwangju Station remained relatively unknown for some time because it took place at night. In 1995, prosecutors investigating the December 12 military insurrection and the Gwangju Uprising discovered *Gwangju-satae cheeomsugi* [Firsthand Accounts of the Gwangju Uprising], an educational text published by the ROK Army Office of Military History Studies and written by commanders who served during the uprising. This text shed new light on the battle and allowed for a clearer look at the events that took place.

42   At 7:00 a.m. on May 20, the 3rd Brigade disembarked at Gwangju Station rather than Songjeongni Station, which was also in the city, from where they headed to their camp at Chonnam University.

43   Korean Veterans Association, ed., "Jawigwon baldong ijeonui balpohaengwi naeyong" [Records of gunfire prior to invocation of right of self-defense], in *12·12. 5·18 sillok* [Annals of the December 12 military insurrection], 291.

44   Korean Veterans Association, "Jawigwon baldong ijeonui balpohaengwi naeyong" [Records of gunfire], 277.

45   Kim Gil-su (Commander of 16th Battalion, 3rd Airborne Special Forces Brigade), "Testimony," in *Gwangju-satae cheeomsugi* [Firsthand accounts of the Gwangju Uprising].

46   Korean Veterans Association, "Jawigwon baldong ijeonui balpohaengwi naeyong" [Records of gunfire], 291.

47   Park Jong-gyu, "Testimony," in *Gwangju-satae cheeomsugi* [Firsthand accounts of the Gwangju Uprising].

48   Kim Wan-bae (Commander of 12th Battalion, 3rd Airborne Special Forces Brigade), "Testimony," in *Gwangju-satae cheeomsugi* [Firsthand accounts of the Gwangju Uprising].

49   Kim Yong-wan (born 1964, high school student), "Testimony 7062," in *Gwangju-owolminjunghangjaengsaryojeonjip* [Complete collection of historical records].

50   Cho Ho-yeon, "'Gwangju-haksal' hunjanggwa gongjeokseo" [Records of medals and distinctions from the Gwangju massacre], *Kyunghyang Monthly* (January 1989), 184. Sergeant First Class Jeong Gwan-cheol (age 26, 3rd Airborne Special Forces Brigade) was the first military casualty during the Gwangju Uprising. His cause of death was identified as trauma caused by femoral fracture.

51   *Gukmin Sinmun*, January 10, 1989. Immediately following the Gwangju Uprising, Lee

Geum-yeong's parents thought him dead and even put up a headstone with his name in a gravesite for the victims. However, Lee was later found to have survived.

52 Defense Security Command, "May 20, 1980, 22:27," *Gwangju-satae irilsokbocheol* [Gwangju situation daily news bulletin archive], quoted in Ministry of National Defense Truth Commission, *12·12, 5·17, 5·18 sageon josagyeolgwabogoseo* [Investigation report on the December 12 military insurrection], 80.

53 Private Lee (identified by family name only, stationed at 3rd Airborne Special Forces Brigade HQ), "Testimony," in Kim Yeong-jin, *Chungjeongjakjeongwa Gwangju-hangjaeng* [Operation Loyalty and the Gwangju Uprising], 1:222.

54 Private Lee, "Testimony," in Yeong-jin Kim, *Chungjeongjakjeongwa Gwangju-hangjaeng* [Operation Loyalty and the Gwangju Uprising], 1:222.

55 Seoul High Court, *12·12, 5·18-hangsosim seongo pangyeolmun* [Court ruling on December 12 military insurrection, Gwangju Uprising appeal case], December 16, 1996. Courts officially recognized that shots were fired at Gwangju Station on the night of May 20, stating, "On the night of May 20, officers from the 12th and 15th Battalions of the 3rd Airborne Special Forces Brigade responded to demonstrators' vehicle assaults by opening fire, injuring numerous Gwangju citizens."

56 Ministry of National Defense Truth Commission, *12·12, 5·17, 5·18 sageon josagyeolgwabogoseo* [Investigation report on the December 12 military insurrection], 81.

57 Tactical Report 444.

58 Kim Yeong-jin, "Jeongyosa jeontusangbo" [Combat Arms Command combat report], in *Chungjeongjakjeongwa Gwangju-hangjaeng* [Operation Loyalty and the Gwangju Uprising], 1:222.

59 Park Jong-gyu, "Testimony," in *Gwangju-satae cheeomsugi* [Firsthand accounts of the Gwangju Uprising].

60 Defense Security Command, *Gwangju-satae irilsokbocheol* [Gwangju situation daily news bulletin archive], 170; Ministry of National Defense Truth Commission, *12·12, 5·17, 5·18 sageon josagyeolgwabogoseo* [Investigation report on the December 12 military insurrection], 80.

61 Moon Jang-woo (born 1953), "Testimony 2025," in *Gwangju-owolminjunghangjaengsaryojeonjip* [Complete collection of historical records].

62 Ministry of National Defense Truth Commission, *12·12, 5·17, 5·18 sageon josagyeolgwabogoseo* [Investigation report on the December 12 military insurrection], 90.

第 5 章 | 武裝抗爭與勝利

1 "20-sadan chungjeongjakjeonsangbo" [The 20th Division's Operation Loyalty], *Shindonga* (December 1988), 717.

2 Defense Security Command 505th Security Unit, "Gwangju-satae geomsi chamyeo gyeolgwa bogo" [Participation report on autopsy of Gwangju incident fatalities] (1980), 452; Ministry of National Defense Truth Commission, *12·12, 5·17, 5·18 sageon josagyeolgwabogoseo* [Investigation report on the December 12 military insurrection, the May 17 military insurrection, and the Gwangju Uprising] (2007), 80. The victims discovered at Gwangju

Station are assumed to be Kim Jae-hwa and Heo Bong. The cause of death for Kim (age 26, barber) was recorded as "penetration of left and right thorax by rifle." KBS reporter Gu Yang-sul spotted someone bleed to death in front of Gwangju Station between 2:00–3:00 a.m. on May 21, who is conjectured to have been Heo. According to the autopsy observation report published by Defense Security Command's 505th Security Unit, Heo's cause of death was "laceration(s) to the right parietal bone with blunt weapon and puncture(s) to the left forehead with sharp object such as a bayonet."

3   Jeon Ok-ju (born 1949), "Testimony 4014," in *Gwangju-owolminjunghangjaengsaryojeonjip* [Complete collection of historical records pertaining to the Gwangju Uprising], ed. Center for Contemporary Korean Historical Records Research (Pulbit, 1990).

4   Kim Hyeong-gon (commander of 2nd Battalion, 61st Regiment, 20th Division), *Seoul-jibanggeomchalcheong piuijasinmunjoseo* [Transcript of suspect examination at Seoul Central District Prosecutors' Office] (1995).

5   Kim Il-ok, *Seoul-jibanggeomchalcheong piuijasinmunjoseo (4-hoe)* [Transcript of suspect examination at Seoul Central District Prosecutors' Office (examination 4)] (1995).

6   Han Yong-won, *Seoul-jibanggeomchalcheong jinsuljoseo* [Seoul Central District Prosecutors' Office record of statement] (1995).

7   Kim Jeong-gi (born 1961), "Testimony 2001," in *Gwangju-owolminjunghangjaengsaryojeonjip* [Complete collection of historical records].

8   Testimonies of Kim Tae-heon, Lee Yong-il, Jeong Won-hun, Kang Gu-yeong, Noh Dong-gyu, Heo Oh-je, and Kim Baek-cheon, "Testimony 2001," in *Gwangju-owolminjunghangjaengsaryojeonjip* [Complete collection of historical records].

9   Ahn Bu-ung, *Seoul-jibanggeomchalcheong piuijasinmunjoseo (4-hoe)* [Transcript of suspect examination 4].

10   Jeon Ok-ju (born 1949), "Testimony 4014," in *Gwangju-owolminjunghangjaengsaryojeonjip* [Complete collection of historical records].

11   Jang Hyeong-tae, *Seoul-jibanggeomchalcheong jinsuljoseo (3-hoe)* [Seoul Central District Prosecutors' Office record of statement (examination 3)] (1995). Governor Jang Hyeong-tae testified that although he had promised to convey the demonstrators' demands for the withdrawal of troops by noon to the military, the withdrawal itself was beyond his authority, for which reason he did not make the promise for withdrawal.

12   Kim Gyeong-ae (female, born 1929, homemaker), "Testimony 3117," in *Gwangju-owolminjunghangjaengsaryojeonjip* [Complete collection of historical records].

13   According to the "Gyeeomsaryeonggwan dongjeongilji" [Daily logs of the martial law commander], *Monthly Chosun Magazine* (September 1995), Lee is recorded to have visited Myeongdong Cathedral at 2:00 p.m. on May 22, departing fifty minutes later. Cardinal Kim, however, remembers the meeting as having taken place on the afternoon of May 21.

14   Kim Sou-hwan, "Testimony," in *Gusulsaengaesaro bon 5·18-ui gieokgwa yeoksa: cheonjugyo pyeon* [The memories of the Gwangju Uprising, through the lens of oral accounts: The Catholic church], vol. 5, ed. May 18 Memorial Foundation (2013), 22–4.

15   Cho Chang-gu (commander of 63rd Battalion, 11th Airborne Special Forces Brigade), *Seoul-jibanggeomchalcheong piuijasinmunjoseo (2-hoe)* [Transcript of suspect examination 2)].

16   Kim Yeong-taek, "Testimony," National Assembly of the Republic of Korea, *5·18 Gwangju-*

minjuhwaundongjinsangjosateukbyeolwiwonhoe hoeuirok [May 18 Gwangju democratization movement truth investigation commission meeting records], vol. 9 (January 26, 1989).

17 Kim Jae-myeong (Deputy Chief of Staff for Operations, ROK Army HQ), *Seouljibanggeomchalcheong jinsuljoseo* [Seoul Central District Prosecutors' Office record of statement] (1995).

18 Na Gyeong-taek (*Jeonnam Meil* reporter), "Testimony," *Journalists Association of Korea Magazine*, May 12, 2010. In March 2017, Na reconfirmed the situation in an interview with this writer at the May 18 Democratization Movement Archive.

19 Lee Gyeong-nam (Private First Class, 9th Field Battalion, 63rd Battalion, 11th Airborne Special Forces Brigade), "Han teukjeonsa byeongsaga gyeokkeun Gwangju—20-nyeon manui gobaek" [One Special Forces soldier's experiences at Gwangju—a 20-year belated confession], *Dangdaebipyeong* [Criticism of the times], Winter 1999. "The armored vehicle that crushed one of the paratroopers belonged to the military. Our battalion used it to open fire. I witnessed the scene clearly. When the people attempted to negotiate for the safety of their demonstration again and again only to be met with rejection, they charged on us with their vehicles. The armored vehicle was in such a rush to pull back that it ran over a fallen soldier and killed him on the spot. I still clearly remember how the soldier's lower body was crushed under the caterpillar tracks. His upper body sprang upward and blood spewed from his mouth. He was a new enlistee who had not been in the special forces for very long." Lee Hae-chan et al., *Gieokaneun jaui Gwangju* [The Gwangju of those who remember] (Dolbege, 2010), 288. Some military records and martial law authorities claimed that Private Kwon was crushed to death by a civilian-driven armored vehicle. According to the Ministry of National Defense Truth Commission's 2007 investigation, different sources have conflicting records of Kwon's time of death, ranging from 12:55 p.m. to 2:05 p.m. Where records by groups near the incident such as the city of Gwangju, the Dong-gu District Office, and the 7th Airborne Special Forces Brigade's 35th Battalion simply record Kwon's death with no cause given, records by the ROK Army and Special Warfare Command intentionally distorted the truth by recording the cause of death as "crushed by protester-driven armored vehicle" and "shot to death by rioter handgun." The armored vehicles brought from the Asia Motors factory by demonstrators were different from the models used by paratroopers. The former was intended mostly for personnel transport and had a pointed front bumper for use in the city with standard rubber tires similar to those used by civilian vehicles. This was the only model of armored vehicle produced at the factory at the time. The paratroopers' model, however, was built for battlefields and ran on caterpillar tracks wrapped with chains, similar to tractors.

20 Kim Yeong-taek, *5-wol 18-il Gwangju* [Gwangju, May 18] (Yeoksagonggan, 2010), 364.

21 Kim Yong-dae (male, born 1952, office worker), "Archive 1-248," in *5·18 pihaeja gusuljaryo josa* [Gwangju Uprising victims' oral testimony research], ed. May 18 Memorial Foundation (1999).

22 Yang spoke to the writers of this book on October 14, 2017, and delivered a detailed account of the events that unfolded that day. He was the first to give firsthand testimony of being in one of the armored vehicles. At 11:00 a.m. on May 21, Yang happened to board an armored vehicle parked outside Gwangju Station out of curiosity. His vehicle charged toward the

fountain outside the South Jeolla Province Hall three times that day. A total of nine people were aboard. The driver was a man in his early forties who personally put together armored vehicles at the Asia Motors factory. Because he was a veteran of the Vietnam War who knew the armored vehicle inside and out, and was an excellent driver, the other passengers followed his orders to the letter. Yang testified that his fellow passengers included a man from Busan who seemed to be in his late twenties, a second-year student at Chosun University's College of Physical Education, three high school students from Gwangju Daedong and Gwangju Seoksan High Schools, including himself, and three other young adults whom he did not remember clearly. The man with the strong Busan accent agreed to take the driver's seat in case the driver died in battle and was given the nickname of "Assistant Driver." During the second charge on Province Hall, they were equipped with a light machine gun and carbine rifles that had been given to them by demonstrators at the Yu-dong three-way intersection. The Chosun University student took up the machine gun, with the rest of the passengers arming themselves with the rifles. Although they were showered with gunfire and the vehicle took some damage, the passengers and driver remained unharmed until they went their separate ways that night.

23 Gwak Hyeong-ryeol (born 1959, riot police), "Testimony 3013," in *Gwangju-owolminjunghangjaengsaryojeonjip* [Complete collection of historical records].

24 Paratrooper commanders who attended the National Assembly's Gwangju Hearing in 1988 firmly denied that snipers shot to kill or injure civilians, but most went back on their testimonies and admitted as such during prosecutor investigations in 1995.

25 Kim Yeong-taek, *5-wol 18-il Gwangju* [Gwangju, May 18], 369.

26 Kim Yong-dae (male, born 1952, office worker), "Archive 1-248," in *5·18 pihaeja gusuljaryo josa* [Gwangju Uprising victims' oral testimony research].

27 Hwang Yeong-ju (male, born 1963, textile worker), "Archive 1-288," in *5·18 pihaeja gusuljaryo josa* [Gwangju Uprising victims' rral testimony research].

28 Jeong Seok-sim (female, mother of the late Lee Seong-ja), "Testimony 7024," in *Gwangju-owolminjunghangjaengsaryojeonjip* [Complete collection of historical records].

29 Lee Dae-seong, "Testimony," in *Gwangju-owolminjunghangjaengsaryojeonjip* [Complete collection of historical records], 63.

30 Han (Private, 62nd Battalion, 11th Airborne Special Forces Brigade, identified by family name only), "Testimony," Ministry of National Defense Truth Commission, *12·12, 5·17, 5·18 sageon josagyeolgwabogoseo* [Investigation report on the December 12 military insurrection], 89.

31 Special Warfare Command, *Teukjeonbudaesa* [Special warfare history] (1980), 343–63, quoted in Ministry of National Defense Truth Commission, *12·12, 5·17, 5·18 sageon josagyeolgwabogoseo* [Investigation report on the December 12 military insurrection], 89.

32 Gwak Hyeong-ryeol (born 1959, riot police), "Testimony 3013," in *Gwangju-owolminjunghangjaengsaryojeonjip* [Complete collection of historical records].

33 Son Nam-seung (born 1958), "Testimony 1046," in Gwangju-owolminjunghangjaengsaryojeonjip [Complete collection of historical records].

34 Kim Yeong-taek, *5-wol 18-il Gwangju* [Gwangju, May 18], 371.

35 Cha Yong-bong (born 1955, architect), "Testimony 2020," in *Gwangju-*

owolminjunghangjaengsaryojeonjip [Complete collection of historical records].

36 Jeong Hae-min (born 1958), "Testimony 1016," in *Gwangju-owolminjunghangjaengsaryojeonjip* [Complete collection of historical records].

37 Ahn Bu-ung, "Testimony," Cho Gab-je, *Cho Gab-Jae-eui Gwangju-satae* [Cho Gab-je's Gwangju incident] (Chogabjedotcom, 2013), 114. Following an investigation of officers from the 61st and 62nd Battalions in 1995, prosecutors learned that a significant number of officers had not witnessed demonstrators equipped with firearms. Lieutenant Colonel Ahn Bu-ung went back on his previous testimony and claimed that in the confusion of the situation, where guns went off and vehicles were charging at the paratroopers, he had assumed without a second thought that the demonstrators had opened fire, which was the reason for his earlier testimony. He acknowledged that his testimony may not line up with the facts.

38 Ahn Bu-ung, *Seoul-jibanggeomchalcheong piuijasinmunjoseo (3-hoe)* [Transcript of suspect examination 3].

39 Although the situation was clearly recorded by administrative institutions such as the Gwangju City Hall and the Dong-gu District Office, no such records can be found on the side of the military about who was responsible for opening fire. This absence raises doubts about the veracity of military records. The 3rd Airborne Special Forces Brigade had opened fire at Gwangju Station on the night of May 20 and the 11th Brigade had opened fire at 1:00 p.m. on the afternoon of May 21, killing dozens of Gwangju citizens and injuring many more. Yet there are practically no relevant records on the military side, showing the extent to which the Singunbu went to cover up the truth. During the 5th Republic of Korea (1981–1988), the Singunbu systematically erased and covered up all military records of paratroopers opening fire on civilians. Those who distort the truths of the Gwangju Uprising operate on the assumption that the tampered records are to be taken at face value.

40 Chung Ho-yong (Special Warfare commander), "Chung Ho-yong, Gwangju-satae chaegimeul balkida" [Chung Ho-yong discusses who is responsible for the Gwangju Incident], by Lee Tae-won, *Kyunghyang Monthly*, May 1989.

41 Kim Gi-seok, *Seoul-jibanggeomchalcheong jinsuljoseo* [Seoul Central District Prosecutors' Office record of statement]. When discussing the orders to fire at the National Assembly's Gwangju Hearing, Combat Arms Command Vice-commander Kim Gi-seok testified that "that commander" (referring to Chung Ho-yong) had come to Gwangju for the purpose of riot suppression and that authority to give orders to fire would naturally belong to the commander of the units that had been deployed, effectively pointing at Chung. Kim also testified that he "gave strict orders not to fire" and that this order remained in effect until the martial law commander invoked the right of self-defense at 23:30 on May 21.

42 Seoul High Court, *12·12, 5·18-hangsosim seongo pangyeolmun* [Court ruling on December 12 military insurrection, Gwangju Uprising appeal case], December 16, 1996. The verdict of the December 16, 1996, appeal outlines two offenses: 1. military insurrection and 2. rebellion. Specifically, on the crime of rebellion, the court ruled that in the use of force against constituent powers, "the act of deploying Airborne Special Forces Brigades to violently dissolve protests by the people of Gwangju—who demonstrated firmly against the nationwide expansion of martial law, the sealing off of the National Assembly, the prevention

of political activity, and the detention of popular politicians—constitutes a subversion of the Constitution of the Republic of Korea." The Supreme Court declared in its final verdict (*12·12, 5·18-sanggosim seongo pangyeolmun* [Supreme Court ruling on the December 12 military insurrection and the Gwangju Uprising], April 17, 1997) that "Although the actions taken by the people of Gwangju were, rather than subversive to the Constitution of the Republic of Korea, wholly justified in the interests of protecting the constitutional order against the defendants' nationwide expansion of martial law at 24:00, May 17, 1980, and the defendants' abuse of power against constitutionally instituted positions such as the president and members of the National Assembly, the defendants suppressed the people of Gwangju with violence and force, and if in the process the defendants terrorized the people of Gwangju by threatening even greater harm than to the president and members of the National Assembly, the suppression of the demonstrations in Gwangju as dealt with in this case is a subversion of the National Constitution of the Republic of Korea and a direct method by which the defendants sought to subvert the constitution."

43 *Gyeeomhullyeong je 11-ho* [Martial law directive 11] (May 22, 1980). The right of self-defense is defined as "the right to exercise force in a case where the use of force is absolutely necessary to the urgent elimination of threatening element(s) that threaten(s) national security or the lives and property of citizens."

44 Second ROK Army Operational Command "Gwangju-gwon chungjeongjakjeongan gun jisi mit jochisahang" [Military orders and measures for Operation Loyalty in the Gwangju region] (1980). According to testimony by Yun Heung-jeong, commanders on the ground including Choi Se-chang attempted to cover up the shots fired at Gwangju Station, claiming that they were blanks. For this reason, Yun did not know the truth of what happened on the scene or the scale of gunfire. The orders forbidding gunfire that night were not from Combat Arms Command but Second ROK Army Operational Command.

45 Seoul District Prosecutors' Office, Ministry of National Defense Prosecutors' Office, "5· 18 gwallyeon susagyeolgwa bogo" [Report on the results of the investigation into Gwangju Uprising–related incidents] (July 18, 1995), 36; "Jawigwon baldong boansa judo ⋯ '12·12' '5· 18' 7-cha gongpan" [Defense security command ordered invocation of right of self-defense ⋯ 7th trial of the December 12 military insurrection and the Gwangju Uprising], *Hankook Ilbo*, May 7, 1996. Meeting participants included ROK Army Chief of Staff Lee Hui-seong, ROK Army Vice Chief of Staff Hwang Yeong-si, Martial Law Command Vice Chief of Staff Na Dong-won, ROK Army Deputy Chief of Staff for Operations Kim Jae-myeong, and Martial Law Bureau Chief Kim Eul-gon (Ministry of National Defense Truth Commission, *12·12, 5·17, 5·18 sageon josagyeolgwabogoseo* [Investigation report on the December 12 military insurrection], 83). ROK Army Vice Chief of Staff Hwang Yeong-si brought up the right of self-defense at the meeting. Defense Security Commander Chun Doo-hwan had demanded Hwang invoke the right of self-defense at the meeting to justify the gunfire outside Gwangju Station after the fact and suppress the demonstrations urgently.

46 Combat Arms Command, "Soyojinapgwa geu gyohun" [Riot suppression and lessons thereof] (1981), 61–2, quoted in Kim Yeong-jin, *Chungjeongjakjeongwa Gwangju-hangjaeng* [Operation Loyalty and the Gwangju Uprising] (Donggwangsa, 1989), 1:224. At noon on May 21, the Martial Law Command countermeasures meeting came to an agreement on

four items: the relocation of martial law troops from downtown Gwangju to the outskirts of the city, the invocation of the right of self-defense, the deployment of an additional regiment, and the implementation of the operation to sweep the city and crush the rioters, the orders for which would be handed down after May 23.

47 Lee Hui-seong's response to prosecutorial examination during the 7th trial of the December 12 military insurrection and the Gwangju Uprising at Criminal Settlement Court 30 at the Seoul District Court, "Jawigwon baldong boansa judo⋯ '12·12' '5·18' 7-cha gongpan" [Defense security command ordered invocation]. When asked by prosecutors, "Is it true that following the decisions to relocate martial law troops from downtown Gwangju to the outskirts of the city, deploy an additional regiment to the area, and implement the counter-riot operation upon orders after May 23, and the invocation of the right of self-defense at the Martial Law Command countermeasures meeting at 9 a.m. on May 21 that you hosted, you, as the martial law commander, clarified at 10:49 a.m. that martial law troops indeed possessed the right of self-defense?" Lee replied, "Yes."

48 Second ROK Army Operational Command, "Gwangju-gwon chungjeongjakjeongan gun jisi mit jochisahang" [Military orders and measures], quoted in Ministry of National Defense Truth Commission, *12·12, 5·17, 5·18 sageon josagyeolgwabogoseo* [Investigation report on the December 12 military insurrection], 83. While Second ROK Army Commander Jin Jong-chae proposed the invocation of the right of self-defense, 31st Division Commander Chung Ung had proposed to Martial Law Command via Combat Arms Command that a political solution be employed, as the demonstrations were political in nature. Chung's proposal, however, was not accepted. (Seoul District Court, *12·12, 5·18 1-sim seongo pangyeolmun* [Court ruling on the first trial of the December 12 military insurrection and the Gwangju Uprising], August 26, 1996.)

49 Second ROK Army Operational Command "Gwangju-gwon chungjeongjakjeongan gun jisi mit jochisahang" [Military orders and measures]. (The entire record can be found in Defense Security Command. ed., *Je 5-gonghwaguk jeonsa* [History of the 5th Republic of Korea], (1982), 4:1653–54.) A handwritten note was added to this record: "His Excellency Chun: Emphasis on the invocation of the right of self-defense in accordance with Military Service Regulations, where it may be invoked by sentries facing displays of unrest." The meeting was attended by Minister of National Defense Choo Young-bock, ROK Army Chief of Staff Lee Hui-seong, Second ROK Army Commander Jin Jong-chae, Joint Investigation Chief Chun Doo-hwan, Capital Garrison Commander Roh Tae-woo, Special Warfare Commander Chung Ho-yong, and Korea Military Academy Superintendent Cha Gyu-heon. The meeting took place in the office of the Minister of National Defense. Although the specific time was not recorded, that the note was written next to "Additional operation instructions on May 20, 23:20" (Tactical Report 444) and before the records concerning the activities of Second ROK Army Commander Jin Jong-chae for May 21 seems to imply that it was written in the morning of May 21 (or earlier). This record does not state the time when Jin invoked the right of self-defense and makes it seem as though the decision was made after 2:30 p.m. that day at the office of the Minister of National Defense. The time may have been intentionally removed from the record in order to cover up the military's culpability for the shootings at Gwangju Station and the Province Hall or altered after the fact to seem as though the right

was invoked after 2:30 p.m. as a response to the demonstrators arming themselves. At the first trial for the Gwangju Uprising, the court judged that the agreement to invoke the right of self-defense at the 4:30 a.m. meeting on May 21 had been forced by Chun through his proxy Hwang Young-si ("Jawigwon baldong boansa judo ⋯ '12·12' '5·18' 7-cha gongpan" [Defense security command ordered invocation]). That the decision to invoke the right of self-defense was made in the morning is confirmed by the testimony of Lee Hui-seong.

50   Seoul District Court, *12·12, 5·18 1-sim seongo pangyeolmun* [Court ruling on the first trial]. For the 4:35 p.m. meeting, Defense Security Bureau Chief Jeong Do-yeong attended in place of Defense Security Commander Chun.

51   "Gyeeomsaryeonggwan gyeonggomun" [Martial law commander's warning], in Korean Veterans Association, ed., *12·12. 5·18 sillok* [Annals of the December 12 military insurrection and the Gwangju Uprising] (1997), 286.

52   Seoul District Court, *12·12, 5·18 1-sim seongo pangyeolmun* [Court ruling on the first trial].

53   Korean Veterans Association, ed., *12·12. 5·18 sillok* [Annals of the December 12 military insurrection], 289.

54   Testimony of Baek Nam-i (Combat Arms Command operations officer), "5·18 jinsangeul kaenda" [Unearthing the truths behind the Gwangju Uprising], *JoongAng Ilbo*, May 15, 1993.

55   Korean Veterans Association, *12·12. 5·18 sillok* [Annals of the December 12 military insurrection], 272–74.

56   Ministry of National Defense Truth Commission, *12·12, 5·17, 5·18 sageon josagyeolgwabogoseo* [Investigation report on the December 12 military insurrection], 101.

57   Kim Jong-bae (male, born 1954), "Testimony 1014," in *Gwangju-owolminjunghangjaengsaryojeonjip* [Complete collection of historical records]. Following the withdrawal of martial law troops, Kim Jong-bae went to the South Jeolla Province Hall and served as a representative of the democratization committee, becoming one of the faces of the resistance forces alongside Yoon Sang-won. Kim and Yoon did not know each other prior to the Gwangju Uprising. Kim remained in the Province Hall building until the final stand on May 27 and was arrested while resisting the martial law troops. He was court-martialed and sentenced to death.

58   Kim Jun-bong (male, born 1959), "Testimony 1020," in *Gwangju-owolminjunghangjaengsaryojeonjip* [Complete collection of historical records]. Following the withdrawal of martial law troops, Kim Jun-bong went to the South Jeolla Province Hall and served as head of the investigation department, becoming one of the resistance leaders alongside Kim Jong-bae. Kim Jun-bong, too, did not know any of the resistance leaders prior to the Gwangju Uprising. He remained at Province Hall on the morning of May 27 and was arrested during the final stand.

59   Lee Gwang-yeong (male, born 1953, Buddhist monk), "Testimony 5043," in *Gwangju-owolminjunghangjaengsaryojeonjip* [Complete collection of historical records].

60   Association of Families of Fallen Gwangju Uprising Democratization Activists, ed., "Yeol yeodeol sal kkotdaun Geum-hui-ui jugeum" [The untimely death of 18-year-old Geum-hui], *Geuhae owol naneun salgo sipeotda* [That May, I wanted to live], vol. 1 (2005), 147.

61   Cho Pius, "Jugeumui pineun heotdoeji aneul geosida" [The blood of the dead will not be for

naught], in *Gusulsaengaesaro bon 5·18-ui gieokgwa yeoksa: Cheonjugyo pyeon* [The memories of the Gwangju Uprising, through the lens of oral accounts: The Catholic church], vol. 5, ed. May 18 Memorial Foundation (2013), 105. At the 1988 National Assembly Gwangju Hearing, Cho Pius openly testified to witnessing the military helicopter open fire. Following his testimony, he received threats and attempts at intimidation. ROK Army HQ and the Democratic Justice Party (headed by Chun's successor Roh Tae-woo) accused him of perjury. Cho responded that his accusers refused to acknowledge the facts because the use of cutting-edge helicopter-mounted weaponry on unarmed civilians was a dishonorable act.

62   Arnold A. Peterson, *5·18, Gwangju-satae* [*5·18, the Kwangju Incident*], tr. Jeong Dong-seop (Pulbit, 1995). Reverend Peterson testified that of all the incidents he witnessed over the course of the ten-day uprising, nothing could match the cruelty of soldiers opening fire on civilians from the helicopter. Military experts claimed that the lights on the bottom on the helicopter in Peterson's picture was not the flash of gunfire, but rather the anti-collision lights installed in the same position.

63   Seoul District Prosecutors' Office, Ministry of National Defense Prosecutors' Office, "5·18 gwallyeon susagyeolgwa bogo" [Report on the results of the investigation]. In June 1995, the Catholic Archdiocese of Gwangju's Justice and Peace Council submitted to the Seoul District Prosecutors' Office the accounts of eleven people who testified to witnessing a helicopter open fire on civilians that day. Earlier public testimonies about the helicopter from four people, including Heo Chun-seop (age 23, witnessed on Geumnam-ro), who either saw the helicopter open fire or heard the sound of gunshots, can be found in *Gwangju-owolminjunghangjaengsaryojeonjip* [Complete collection of historical records].

64   *Kukmin Ilbo*, January 13, 2017. In 2016, traces of more than fifty gunshots were found in the walls, pillars, and floors of the 10th floor of the Jeonil Building, which stands in front of the former South Jeolla Province Hall. The National Forensic Service stated, "Over 180 gunshot marks were found in the outer walls and interior of the Jeonil Building on Geumnam-ro, strongly suggesting that a helicopter had opened fire on the building while hovering, only changing altitude" in an official report; Jeong Dae-ha, "5·18 jinapgun 'helgi gichongsosa chujeong tanpi' cheot balgyeon" [First discovery of casing potentially fired from helicopter used by the military during Gwangju Uprising], *Hankyoreh*, February 16, 2017. Three 20-milimeter casings estimated to be from an M61 Vulcan or an M197 cannon were found at Handujae, past Hyocheon Station and toward Naju on the outskirts of Gwangju. This discovery roused suspicions of helicopter strafing with a machine gun.

65   Association of Families of Fallen Gwangju Uprising Democratization Activists, ed., "Malgeun owol, pureun sipdaeui jugeum" [The death of a teenager on a clear May day], in *Geuhae owol naneun salgo sipeotda* [That May, I wanted to live]. Jeon's cause of death was officially identified as a gunshot wound to the right side of the head.

66   Lee Gwang-yeong (male, born 1953, Buddhist monk), "Testimony 5043," in *Gwangju-owolminjunghangjaengsaryojeonjip* [Complete collection of historical records]. The gunshot wound Lee received left him paraplegic and in constant pain that led to several suicide attempts.

67   Kim Gwang-yeong (male, born 1951, Dong-gu District Office caretaker), "Testimony 3083," in *Gwangju-owolminjunghangjaengsaryojeonjip* [Complete collection of historical

records].

68   Bosung Construction was the workplace of Jeong Sang-yong, who would become the Uprising Leadership Team's vice chief of external affairs.

69   Lee Yang-hyeon and Jeong Sang-yong stayed in hiding in Hampyeong until they received word the following day that the paratroopers had pulled out of Gwangju. They immediately snuck through the heavily guarded military blockade around the city and reunited with Yoon Sang-won and other activists, working to establish the uprising leadership council.

70   From that point forward, Jeong Hyeon-ae worked with the families of the detained, laborers who studied at Deulbul Night School and women's rights activists at the YWCA to prepare for a citizens' rally, publish newsletters, and provide catering to demonstrators, among other important supportive initiatives. She was taken into custody on the morning of May 27 at Nokdu Bookstore.

71   Moon Jang-woo (born 1953), "Testimony 2025," in *Gwangju-owolminjunghangjaengsaryojeonjip* [Complete collection of historical records].

72   Park Nam-seon, *Owol geunal* [That day in May] (Saemmul, 1988), 154.

73   More than fifty-four civilians were killed when the military opened fire indiscriminately in front of Province Hall at 1:00 p.m. on May 21. In contrast, not a single paratrooper was killed on Geumnam-ro by resistance gunfire.

74   Jeong Yeong-dong (male, born 1954, driver), "Testimony 1022," in *Gwangju-owolminjunghangjaengsaryojeonjip* [Complete collection of historical records].

75   Im Chun-sik (born 1952), "Testimony 3082," in *Gwangju-owolminjunghangjaengsaryojeonjip* [Complete collection of historical records].

76   Kim Tae-hon (born 1961), "Testimony 3035," in *Gwangju-owolminjunghangjaengsaryojeonjip* [Complete collection of historical records].

77   The first edition of *Beyond Death, Beyond the Darkness of the Age* (1985) states that after being installed on the twelfth-floor rooftop of Chonnam University Medical School by the resistance, the light machine guns were fired at Province Hall. However, following the publication of the book, *Dong-a Ilbo* reporter Kim Yeong-taek cast doubt on the record that the light machine guns were fired. Kim had been inside Province Hall from the morning of May 21 to cover the situation until the withdrawal of martial law troops and claims that "the Province Hall building was not assaulted by machine gun fire." He is supported by the testimonies of other journalists who were on the scene at the time, including Lee Sang-mun of the *Hankook Ilbo*, Hwang Yeong-cheol of the *JoongAng Ilbo*, and President Ma Sam-yeol of Jeonil Broadcasting, which claim that although the light machine guns were installed, they were not fired.

78   Jeong Yeong-jin, *Seoul-jibanggeomchalcheong piuijasinmunjoseo* [Transcript of suspect examination] (1995); Kim Sun-hyeon (combat development corps chief, Combat Arms Command), *Seoul-jibanggeomchalcheong jinsuljoseo* [Seoul Central District Prosecutors' Office record of statement]. A similar situation was described in testimonies given during the 1995 investigation of the Gwangju Uprising by the Prosecutors' Office. At 3:00 p.m., Combat Arms Command Headquarters had made plans to pull paratroopers out of the downtown core to the outskirts of the city, replacing them with the 1st Battalion of the 61st Regiment of the 61st Division. This was to pacify the citizens, who showed extreme hostility

to paratroopers. However, the crowds gathered around Province Hall made it impossible for the 61st Regiment to reach the building from Sangmudae by ground; a helicopter was sent out for reconnaissance in preparation for flying troops to the scene. When the reconnaissance helicopter—carrying the 61st Regiment commander, a colonel from Combat Arms Command, the commander of the 1st Battalion, a colonel from the ROK Army Air Force, and an operations chief—reached the plaza in front of Province Hall, demonstrators had been cleared off Geumnam-ro by gunfire. It was 3:30 p.m. The helicopter had circled low around Province Hall about five times when there was a burst of gunfire. The helicopter shot upward and rushed back to Sangmudae. The pilot claimed that the helicopter had been shot. When they landed, Lieutenant Colonel Jeong Yeong-jin, commander of the 61st Regiment's 1st Battalion, checked the helicopter and found five bullet marks in the hull. The reconnaissance flight was after 3:00 p.m., but those onboard—the commanders of the 20th Division's 61st Regiment—claimed to have no idea that soldiers opened fire indiscriminately at Province Hall at 1:00 p.m., implying that if they had known, they would not have flown so low. Plans to deploy the 20th Regiment to Province Hall by helicopter were subsequently scrapped.

79   Cho In-ho (born 1960), "Testimony 2002," in *Gwangju-owolminjunghangjaengsaryojeonjip* [Complete collection of historical records].

80   Kim Yeong-taek, *10-il ganui chwijaesucheop* [Observational notes from those 10 days] (Sakyejul, 1988). Journalist Kim Yeong-taek, who covered the situation from Province Hall on May 21, left the building with the police when paratroopers withdrew. He testified that even until that point, the resistance did not shoot machine guns at Province Hall.

81   Seoul District Prosecutors' Office, Ministry of National Defense Prosecutors' Office, "5·18 gwallyeon susagyeolgwa bogo" [Report on the results of the investigation], 96.

82   Choi Jeong-gu, Kim Hyeon-nyeo, "Testimony 7029," in *Gwangju-owolminjunghangjaengsaryojeonjip* [Complete collection of historical records].

83   Choi Byeong-ok (male, born 1959), "Testimony 2002," in *Gwangju-owolminjunghangjaengsaryojeonjip* [Complete collection of historical records].

84   Kim Yeon-tae (male, born 1947), "Testimony 3119," in *Gwangju-owolminjunghangjaengsaryojeonjip* [Complete collection of historical records].

85   Park Yeon-sun (wife of the late Jang Bang-hwan), "Archive 1-144," in *5·18 pihaeja gusuljaryo josa* [Gwangju uprising victims' oral testimony research].

86   Kim Ok-ja (wife of the late Ahn Du-hwan), "Testimony 7046," in *Gwangju-owolminjunghangjaengsaryojeonjip* [Complete collection of historical records].

87   One year later, on July 31, 1981, Brigadier General Lee Gu-ho was transferred to the reserve forces against his will.

88   Hwang Young-si, Kim Gi-seok, "Cross-Examination," *Seoul-jibanggeomchalcheong piuijasinmunjoseo* [Transcript of suspect examination] (1996).

89   Korean Veterans Association, *12·12. 5·18 sillok* [Annals of the December 12 military insurrection], 289, 290.

90   Chung Ung, "Chung Ung-ui 'Gwangju-reul sson saramdeul'" [Chung Ung: The people who shot Gwangju] (Transcript of the 16th main conference of the 142nd provisional session of the National Assembly), *Kyunghyang Monthly* (August 1988).

91 Hwang Young-si, *Seoul-jibanggeomchalcheong piuijasinmunjoseo* [Transcript of suspect examination] (1996).

92 Seoul High Court, *12·12, 5·18-hangsosim seongo pangyeolmun* [Court ruling on December 12 military insurrection].

93 Korean Veterans Association, ed., *12·12, 5·18 sillok* [Annals of the December 12 military insurrection], 287.

94 On the morning of May 27, Martial Law Command charged Commissioner Ahn with dereliction of duty and placed him under emergency arrest.

95 Logistical support units included those charged with cooking and the provision and management of arms and equipment.

96 The captured paratroopers were subjected to a cursory investigation and were sent back unharmed to Combat Arms Command following the start of negotiations between civilian representatives and Martial Law Command not long afterward.

97 Lee Jae-won, *Seoul-jibanggeomchalcheong piuijasinmunjoseo* [Transcript of suspect examination] (1995).

98 Wi Seong-sam (born 1954, student at Chosun University), "Testimony 1038," in *Gwangju-owolminjunghangjaengsaryojeonjip* [Complete collection of historical records].

99 The deceased soldier was Corporal Lee Gwan-hyeong, a driver from the 7th Airborne Special Forces Brigade Headquarters.

100 Song Seung-seok, "Peace Democratic Party Victim Statement no.93," Hae-chan Lee et al., *Gieokaneun jaui Gwangju* [The Gwangju of those who remember], 185.

101 Yun Sam-rye (wife of the late Im Su-cheon), "Testimony 7003," in *Gwangju-owolminjunghangjaengsaryojeonjip* [Complete collection of historical records].

102 Kang Gil-jo (born 1942), "Testimony 7134," in *Gwangju-owolminjunghangjaengsaryojeonjip* [Complete collection of historical records].

第 6 章 | 事件擴大

1 Combat Arms Command, *Jeongyosa jakjeonsanghwangilji* [Combat Arms Command operation records]. The military also noted the appearance of demonstrators at Jangseong: "May 21, 19:25: protesters armed with carbine rifles gathered at Nammyeon Junior High School," "May 22, 13:30: protesters appeared at the Hwanam three-way intersection in front of Singi Village in the town of Hwangryong," and "May 23, afternoon: martial law troops faced down approximately 300 protesters."

2 Defense Security Command, Bulletins 16, 20, and 21 of "May 21, 1980," *Gwangju-satae irilsokbocheol* [Gwangju situation daily news bulletin archive], 199. Sanam Tunnel was closed off by 68 members (6 officers, 62 enlisted) of Jeonju's 35th Division at 11:50 p.m. on May 21. At 12:40 p.m. on May 21, an additional 120 personnel (20 officers, 100 enlisted) from the same division, equipped with four rocket launchers, three armored personnel carriers, four 2.5-tonne trucks, and two 0.25-tonne trucks were deployed to the emergency airstrip at Jeongeup. An MD 500 helicopter provided air patrol support. At 7:00 p.m. on May 21, Second ROK Army HQ ordered the additional deployment of 100 soldiers from the 35th Division to Sanam Tunnel and also commanded that should protesters from South Jeolla

Province be confirmed as rioters, the soldiers should open fire immediately.

3   Defense Security Command, Bulletin 29 of "May 21, 1980," *Gwangju-satae irilsokbocheol* [Gwangju situation daily news bulletin archive], 214. Until 5:00 p.m. on May 21, Gwangju Prison was guarded not by paratroopers but by the 31st Division. At 11:30 a.m. on May 21, demonstrators went to Damyang via the Seobang intersection on one military vehicle, one small bus, one taxi, and one large bus. At 2:22 p.m., demonstrators on two express buses, one military truck, one sedan, and one Daehan Logistics truck were spotted by martial law troops heading to Damyang via the expressway entrance by Gwangju Prison. Some demonstrators also left the city at 2:30 p.m. and headed to the Changpyeong reserve forces training center to obtain weapons. Until that point, demonstrator vehicles were relatively free to travel onto and off the expressway. Following the 3rd Airborne Special Forces Brigade's withdrawal from Chonnam University and regrouping at Gwangju Prison, martial law troops began to open fire on civilians in the area with little warning or hesitation.

4   ROK Army HQ Second ROK Army Martial Law Command, *Gyeeomsanghwangilji* [Martial law status records]; Defense Security Command, Bulletin 14 of "May 21, 1980," *Gwangju-satae irilsokbocheol* [Gwangju situation daily news bulletin archive], 197. At 10:45 a.m., more than a hundred demonstrators gathered in front of the Naju Police Substation and smashed the windows of twenty buses, circled the town, and called for recruits. Another group of about forty demonstrators set off for Mokpo on a Gwangju Buslines vehicle. At 11:20 a.m., more than twenty demonstrators went between Naju and Yeongsanpo on a Titan truck to promote the resistance to the people there.

5   ROK Army Headquarters Joint Chiefs of Staff, *Sanghwangbogocheol* [Situation Report Archive] (1980); Choi Jeong-gi and Yu Gyeong-nam, *Minjujangjeong 100-nyeon, Gwangju·Jeonnam-jiyeok sahoeundong yeongu: 5·18 minjunghangjaeng* [The 100-year journey of democracy, research on social activism in Gwangju and South Jeolla Province: The Gwangju Uprising] (Gwangju Metropolitan City, South Jeolla Province, 2015), 369.

6   Moon Jang-woo (born 1953), "Testimony 2025," in *Gwangju-owolminjunghangjaengsaryojeonjip* [Complete collection of historical records pertaining to the Gwangju Uprising], ed. Center for Contemporary Korean Historical Records Research (Pulbit, 1990).

7   Choi In-yeong (born 1963), "Testimony 2025," in *Gwangju-owolminjunghangjaengsaryojeonjip* [Complete collection of historical records].

8   Kim Bong-su (born 1953), "Testimony 6043," in *Gwangju-owolminjunghangjaengsaryojeonjip* [Complete collection of historical records].

9   *Jeongyosagyeeombotonggunbeophoeui pangyeolmun* [Combat Arms Command martial law court-martial verdict] (for Park Yun-seon, Yu Jae-hong, Choi Jae-sik, etc.) (October 24, 1980); Gwangju Metropolitan City Historical Record Compilation Committee, ed., *5·18 Gwangjuminjuhwaundongjaryochongseo* [Gwangju Uprising archival collection], vol. 45 (2007), 182.

10   *Jeongyosagyeeombotonggunbeophoeui pangyeolmun* [Combat Arms Command martial law court-martial verdict] (for Kim Bong-su and three others); Gwangju Metropolitan City Historical Record Compilation Committee, *5·18 Gwangjuminjuhwaundongjaryochongseo* [Gwangju Uprising archival collection], 180.

11   ROK Army Headquarters Joint Chiefs of Staff, *Sanghwangbogocheol* [Situation report

archive] (1980). On May 21, demonstrators took 94 carbine rifles, 25 handguns, and 151 air guns from Naju Police Station and 780 carbine rifles, 235 M1 rifles, 46,400 rounds of ammunition, 12 .38-mm handguns, and 16 4.5-mm handguns from the Geumseong-dong Police Substation.

12 Choi Seong-mu (born 1958), "Testimony 6043," in *Gwangju-owolminjunghangjaengsaryojeonjip* [Complete collection of historical records].

13 Lee Jae-gwon (born 1959), "Testimony 6044," in *Gwangju-owolminjunghangjaengsaryojeonjip* [Complete collection of historical records]. A national defense reservist, Lee Jae-gwon participated in the defense of Gwangju as part of the resistance from May 21 to May 26. When news of martial law troops' planned sweep of Gwangju reached the city, Lee visited Province Hall to assess the situation and encountered his mother, who had come to find him; she convinced him to return to Naju with her.

14 The Kwangju Daily, *Jeongsa 5·18* [The real history of the Gwangju Uprising] (Sahoepyeongron, 1995), 360–2. Lee Jae-gwon, as well as a large number of young men from Naju—including Choi Seong-mu and Park Chung-ho—participated in the demonstrations at Gwangju. After May 27, martial law authorities identified fourteen of them and arrested them on charges of weapons theft.

15 When news of martial law troops' plan to seal off Gwangju and open fire on civilians spread, Naju demonstrators found it difficult to enter the city. They made their way to other counties and mostly blended into the population by May 23.

16 South Jeolla Province Police, *Sanghwangilji* [Situation records] (1990).

17 The May 18 Memorial Foundation places significant weight on the possibility that official records concerning the time of the demonstrators' procurement of arms may have been tampered. Records submitted by the Ministry of National Defense's 511 Committee and the Defense Security Command 511 Analysis Team for the 1988 National Assembly's Gwangju Hearing altered the time of the arming of the civilians to the morning of May 21 rather than the afternoon in order to argue that paratroopers only opened fire in response to civilians shooting first with carbine rifles obtained from police armories. However, these records are considered to be unreliable and tampered with after the fact.

18 South Jeolla Province Police, *Najugyeongchalseo gwannae chonggi mit tanyangnyu pital josabogo* [Investigation report on the theft of firearms and ammunition from offices under the jurisdiction of the Naju Police Station] (June 1980).

19 Kim Yong-gyun (born 1959), "Testimony 2021," in *Gwangju-owolminjunghangjaengsaryojeonjip* [Complete collection of historical records].

20 Shin Man-sik (born 1956), "Testimony 1044," in *Gwangju-owolminjunghangjaengsaryojeonjip* [Complete collection of historical records].

21 Cha Yeong-cheol (born 1952), "Testimony 6027," in *Gwangju-owolminjunghangjaengsaryojeonjip* [Complete collection of historical records].

22 Lee Seon (born 1957), "Testimony 6026," in *Gwangju-owolminjunghangjaengsaryojeonjip* [Complete collection of historical records].

23 The demonstrations in Hwasun continued until the afternoon of May 22, when the Neoritjae Tunnel connecting the region to Gwangju was sealed off, preventing unimpeded travel to and from the city. Following the end of the Gwangju Uprising, a wave of arrests

swept the Hwasun area, and the majority of young locals who stood with the demonstrators and obtained weapons were taken into custody.

24 Kang Deok-jin (born 1957, driver), "Testimony 6015," in *Gwangju-owolminjunghangjaengsaryojeonjip* [Complete collection of historical records]. According to Kang, the group that headed to Gwangju with him included Kim Yong-yeol, Yang Il-bong, Noh Chi-un (shot to death in Gwangju), Choi Han-gi, Choi Ok-gi, Ryu Chung-yeol, and Jang Gap-dong, as well as several high school students.

25 Kim Hui-gyu (born 1943, artist, chief of the Yeongam Prosperity Association), "Testimony 6020," in *Gwangju-owolminjunghangjaengsaryojeonjip* [Complete collection of historical records]. Because of this incident, Kim Sang-nam (born 1941, animal husbandry), Lee Gang-ha (1953, artist), and Kim Hui-gyu were arrested after May 27.

26 On May 22, students from Sinbuk High School in Yeongam and their friends dug up firearms and ammunition that had been buried by officers at the Sijong Police Substation, handing them out to passing demonstrator vehicles until the afternoon of May 23. The demonstrations in the region continued until May 23 and 24, when local co-op leaders and veterans' associations began to collect the weapons from the people. When a wave of arrests swept the region after the end of the Gwangju Uprising, the number of Yeongam residents detained was second only to the city of Gwangju. High school students in particular saw high rates of participation and death.

27 Gwangju District Prosecutors' Office, "Gwangju-satae dangsi hagwondonghyang" [Records concerning schools during the Gwangju incident] (1980); Choi Jeong-gi and Yu Gyeong-nam, *Minjujangjeong 100-nyeon* [The 100-year journey of democracy], 379.

28 ROK Army HQ Second ROK Army Martial Law Command, *Gyeeomsanghwangilji* [Martial law status records]; Choi Jeong-gi and Yu Gyeong-nam, *Minjujangjeong 100-nyeon* [The 100-year journey of democracy].

29 Center for Contemporary Korean Historical Records Research, ed., *Gwangju-owolminjunghangjaengsaryojeonjip* [Complete collection of historical records]. The five demands were the release of democratization activists and the restoration of democracy, the expulsion of the dictator Chun Doo-hwan, the implementation of legislation protecting workers in the agriculture and fishery industries, the payment of reparations to victims of the crisis in Gwangju, and the lifting of martial law.

30 Wando Police Station was destroyed at midnight on May 21. However, the demonstrators returned to Haenam soon afterward, and no more demonstrations took place in Wando.

31 The demonstrators in Haenam dispersed on the night of May 22, when the 31st Division cut off Useuljae and Bokpyeong-ri.

32 ROK Army Headquarters Joint Chiefs of Staff, *Sanghwangbogocheol* [Situation report archive]; Choi Jeong-gi and Yu Gyeong-nam, *Minjujangjeong 100-nyeon* [The 100-year journey of democracy].

33 ROK Army HQ Second ROK Army Martial Law Command, *Gyeeomsanghwangilji* [Martial law status records]; Choi Jeong-gi and Yu Gyeong-nam, *Minjujangjeong 100-nyeon* [The 100-year journey of democracy].

34 ROK Army Headquarters Joint Chiefs of Staff, *Sanghwangbogocheol* [Situation report archive]; Choi Jeong-gi and Yu Gyeong-nam, *Minjujangjeong 100-nyeon* [The 100-year

journey of democracy].

35   Gwangju district Prosecutors' Office, "Gwangju-satae dangsi hagwondonghyang" [Records concerning schools]; Choi Jeong-gi and Yu Gyeong-nam, *Minjujangjeong 100-nyeon* [The 100-year journey of democracy].

36   Defense Security Command, "May 21, 1980," *Gwangju-satae irilsokbocheol* [Gwangju situation daily news bulletin archive]; Choi Jeong-gi and Yu Gyeong-nam, *Minjujangjeong 100-nyeon* [The 100-year journey of democracy].

37   ROK Army HQ Second ROK Army Martial Law Command, *Gyeeomsanghwangilji* [Martial law status records]; Choi Jeong-gi and Yu Gyeong-nam, *Minjujangjeong 100-nyeon* [The 100-year journey of democracy].

38   ROK Army Headquarters Joint Chiefs of Staff, *Sanghwangbogocheol* [Situation report archive]; Choi Jeong-gi and Yu Gyeong-nam, *Minjujangjeong 100-nyeon* [The 100-year journey of democracy]. Following a report dated 1:30 p.m., May 23, stating "demonstrators turned in a portion of stolen firearms and have become peaceful," the demonstrations in the Muan region came to an end.

39   Ahn Cheol (age 34) was a Christian activist and pharmacist who had served as the head of the National Youth Coalition of the Presbyterian Church in the Republic of Korea. In August 1977, during his tenure at the National Youth Coalition, Ahn was detained as part of the regime's Emergency Measure 9 and sentenced to one year of imprisonment. Following his release, he formed the Mokpo branch of Amnesty International in October 1979 and served as the chief of general affairs, taking a leading role in the release of prisoners of conscience and becoming a pillar of social activism in the region.

40   Kang had been ministering at Yeondong Church in Mokpo when he was detained during the August 10 Incident in 1976, where 10 people were taken into custody and Reverends Jo Hong-rae, Kang Sin-seok, Im Gi-jun, and Yun Gi-seok were arrested when a provisional session of the General Assembly of Chonnam Presbyterian Church in Korea at Yangnim Church in Gwangju passed a resolution supporting the March 1st Democracy Defense Declaration (known as the "Myeongdong Incident") and calling for the abolishment of the Yusin Constitution. Following his release one year later, Kang founded Mujin Church in Gwangju on March 3, 1978, and became a leading figure in Christian social activism in the Gwangju area.

41   The Kwangju Daily, *Jeongsa 5·18* [The real history], 368; Choi Jeong-gi and Yu Gyeong-nam, *Minjujangjeong 100-nyeon* [The 100-year journey], 357.

42   Choi Jeong-gi and Yu Gyeong-nam, *Minjujangjeong 100-nyeon* [The 100-year journey], 357.

43   Kim Ho-seong, "Testimony," *Kwangju Ilbo*, March 17, 1989. The gunfire outside the Jisan military base on the evening of May 27 was not disclosed to the public until several years later.

44   During the Gwangju Uprising, Mokpo's nongovernment political activists, the Christian community, and students took it upon themselves to independently establish a democratization council. The group held rallies for democratization daily until Gwangju was forcibly taken by martial law forces on May 27.

45   Gwangju District Prosecutors' Office, "Gwangju-satae dangsi hagwondonghyang" [Records concerning schools]; Choi Jeong-gi and Yu Gyeong-nam, *Minjujangjeong 100-nyeon* [The

100-year journey of democracy].

46   Kim Ju-won (born 1960), "Testimony 2007," in *Gwangju-owolminjunghangjaengsaryojeonjip* [Complete collection of historical records].

47   Yu Seok (born 1963), "Testimony 3115," in *Gwangju-owolminjunghangjaengsaryojeonjip* [Complete collection of historical records].

48   Park Byeong-jun (born 1963), "Testimony 3107," in *Gwangju-owolminjunghangjaengsaryojeonjip* [Complete collection of historical records].

第 7 章 ｜ 光州封鎖與平民大屠殺

1   Second ROK Army Operational Command "Gwangju-gwon chungjeongjakjeongan gun jisi mit jochisahang" [Military orders and measures for Operation Loyalty in the Gwangju region] (1980). Preparations for the blockade of Gwangju began on May 20. At 11:25 p.m. on May 20, immediately following the indiscriminate fire by the 3rd Airborne Special Forces Brigade at Gwangju Station, Second ROK Army Operational Command handed down Order 445; it decreed that the roads leading out of Gwangju be blocked to prevent the spread of the demonstrations: "Armed rioters must be prevented at all costs from breaking through the blockade. Rioters who put up no resistance are to be detained, and those who resist shall be killed. Those who attempt an assault with armored personnel carriers or other motor vehicles shall be killed. The blockade will extend beyond major thoroughfares to cover all side streets, and rioters must not be permitted to escape"; Combat Arms Command, "Soyojinapgwa geu gyohun" [Riot suppression and lessons thereof] (1981), 61. When early attempts at forceful suppression failed, Martial Law Commander Lee Hui-seong held an emergency meeting at 4:30 a.m. on May 21 to alter the direction of Operation Loyalty, transitioning to a blockade of the city of Gwangju. Those at the emergency meeting agreed to the following six measures: 1. The relocation of martial law troops from the downtown core to the city outskirts, 2. The invocation of the right of self-defense, 3. The additional deployment of one regiment, 4. Additional drafting at two combat training centers to make up for any gaps that may be created by the deployment of existing forces, 5. The implementation of the counter-riot operation on May 23 or later, and 6. The fortification of the national state of alert. (All of South Korea was placed under the Jindogae II Alert at 4:00 p.m. on May 21.)

2   Combat Arms Command, *Jeongyosa jakjeonsanghwangilji* [Combat Arms Command operation records] (1980).

3   Kim Sou-hwan, "Testimony," in *Gusulsaengaesaro bon 5·18-ui gieokgwa yeoksa: cheonjugyo pyeon* [The memories of the Gwangju Uprising, through the lens of oral accounts: The Catholic church], vol. 5, May 18 Memorial Foundation ed. (2013), 24. Cardinal Kim Sou-hwan met with Martial Law Commander Lee Hui-seong at Myeongdong Cathedral in Seoul at 2:00 p.m. on May 21. During the meeting, Lee remarked, "if the situation in Gwangju spreads into the south, there will be no need for violent suppression—but if it spreads into the direction of Seoul in the north, we will have to resort to violent tactics."

4   Lee Hae-chan et al., *Gieokaneun jaui Gwangju* [The Gwangju of those who remember] (Dolbege, 2010), 330. On the surface, the reason for the transfer of command was the

increased magnitude of the operation resulting from the additional deployment of the 20th Division. However, the real reason was to remove commanders in opposition to violent suppression or those who showed subdued responses to the demonstrations—including Combat Arms Commander Lieutenant General Yun Heung-jeong and 31st Division commander Major General Chung Ung—from the line of command and replace them with hardliners.

5   Combat Arms Command, *Jeongyosa jakjeonsanghwangilji* [Combat Arms Command operation records].; Ahn Gil-jeong, "Gyeeomgunui Gwangju-bongswae" [Martial law troops' blockade of Gwangju], Soosun Historical Association, *Sarim* (vol. 60, 2017). Combat Arms Command instructed martial law troops at locations of strategic importance that if armed demonstrators approached the locations, they should give warnings, which if unheeded, would be followed with gunshots to the lower abdomen.

6   Kim (captain, commander of 20th Division reconnaissance company, identified by family name only), "20-sadan gwangyeja jeungeon—ppalgaengi pokdoin julloman algo" [Testimony from the 20th Division: Mistaken suspicion of communist riots], May 18 Memorial Foundation (December 1997).

7   Kim (military administration, 12th Battalion, 3rd Airborne Special Forces Brigade, identified by family name only), "Jeontuneun isseotjiman haksareun eopseotda" [There were skirmishes, but no massacres], *Monthly Chosun Magazine*, April 1996, 422.

8   Kim (captain, commander of 20th Division reconnaissance company), "20-sadan gwangyeja jeungeon" [Testimony from the 20th Division]. Captain Kim, commander of the 20th Division's reconnaissance company, only realized that what he knew to be the truth had all been lies when he saw the National Assembly's Gwangju Hearing televised live in 1989.

9   Park Haeng-sam (born 1937), "Testimony 5037," in *Gwangju-owolminjunghangjaengsaryojeonjip* [Complete collection of historical records pertaining to the Gwangju Uprising], ed. Center for Contemporary Korean Historical Records Research (Pulbit, 1990).

10   Jeong Yeong-jin, *Seoul-jibanggeomchalcheong piuijasinmunjoseo* [Transcript of suspect examination at Seoul Central District Prosecutors' Office] (1995).

11   Korean Veterans Association, ed., *12·12. 5·18 sillok* [Annals of the December 12 military insurrection and the Gwangju Uprising] (1997), 294. Military records detail a similar situation to Lee Deok-jun's testimony. At 10:10 p.m. on May 21, the 2nd Battalion of the 61st Regiment of the 20th Division—stationed near Hyocheon Station in Baegun-dong to block off the road between Gwangju and Mokpo—encountered a demonstrator convoy of trucks and six buses, headed by a 0.25-tonne jeep, making its way to the city from the direction of Mokpo. Following a skirmish, the battalion overturned two of the demonstrator buses.

12   Lee Deok-jun (born 1963, high school student), "Testimony 6045," in *Gwangju-owolminjunghangjaengsaryojeonjip* [Complete collection of historical records]. The next day, Lee Deok-jun left the convoy at Songjeong-ri and walked across the Geungnak River with nothing but a weapon. He made it all the way to Yudeok-dong before he buried his guns and ammunition in a rice paddy and entered the city proper. He was arrested by martial law troops at the YWCA early in the morning of May 27.

13   Kang Deok-jin (born 1957, driver), "Testimony 6015," in *Gwangju-*

owolminjunghangjaengsaryojeonjip [Complete collection of historical records]. Kang Deok-jin had gathered together a group of thirty young men from their village in Sinbuk, Yeongam, and joined the resistance at Baegun-dong, Gwangju.

14 Seoul District Prosecutors' Office, Ministry of National Defense Prosecutors' Office, "5·18 gwallyeon susagyeolgwa bogo" [Report on the results of the investigation into Gwangju Uprising–related incidents] (July 18, 1995). Following a thorough examination of this incident for the Truth Commission, the Prosecutors' Office found that Combat Arms Command's *Jeongyosa jakjeonsanghwangilji* [Combat Arms Command operation records], written in the immediate aftermath of the Gwangju Uprising, only recorded the killings of three demonstrators. This led to criticism that martial law forces had tried to downplay the number of civilian deaths. In addition, three cartridges were collected from Handujae, near Hyocheon Station between Gwangju and Nampyeong on May 24 or May 25, 1980. These cartridges were discovered and kept by a Naju civil servant with the family name Kim before he donated them to the May 18 Memorial Foundation. On February 15, 2017, a foundation associate "sent photos of the casings to the National Forensic Service to confirm the origins of the cartridges, and was given an unofficial verbal response that they seemed to have come from 20mm M61 Vulcan [rounds]" (*Hankyoreh*, February 16, 2017).

15 Combat Arms Command, *Jeongyosa jakjeonsanghwangilji* [Combat Arms Command operation records].

16 Hwang Nam-yeol (born 1937), "Testimony 5035," in *Gwangju-owolminjunghangjaengsaryojeonjip* [Complete collection of historical records].

17 Hae Jeong-gu (male, born 1941, transportation business), "Testimony 5032," in *Gwangju-owolminjunghangjaengsaryojeonjip* [Complete collection of historical records]. Wang Tae-gyeong's body was buried in an unmarked grave at the nearby Baegil Shooting Range on May 31 and was found and dug up by his family. According to prosecutor investigations, two civilian vehicles on the road connecting Nampyeong and Hyocheon were mistaken for demonstrators and fired upon on the morning of May 22—one vehicle at 5:40 a.m. and the other at 9:00 a.m. Two civilians—Wang Tae-gyeong and Park Jae-yeong—were killed, and five were injured. Seoul District Prosecutors' Office, "5·18 gwallyeon susagyeolgwa bogo" [Report on the results of the investigation].

18 Go Jae-seong (male, born 1962, high school student), "Archive 4-003," in *5·18 pihaeja gusuljaryo josa* [Gwangju Uprising victims' oral testimony research], ed. May 18 Memorial Foundation (1999). Kim Jae-hong died in 1981, and Jeong Guk-seong in 1992, both from aftereffects of the injuries they suffered in this incident.

19 Gwangju District Prosecutors' Office, "Autopsy Report 98" and "Autopsy Report 96," *5·18 gwallyeon samangja geomsi naeyong* [Autopsy reports of Gwangju Uprising casualties] (1989). Go Gyu-seok's cause of death was "gunshots wounds to the chest," while Im Eun-taek's cause of death was "gunshot wounds to the left femoral region, right shoulder, and right calf."

20 According to special forces combat reports, an incident reported as "Casualty: 1 pickup truck" occurred at 0:40 a.m. on May 22.

21 Lee Seung-eul, "Testimony," National Assembly of the Republic of Korea, *5·18 Gwangju-mi njuhwaundongjinsangjosateukbyeolwiwonhoe hyeonjanggeomjeungsowiwonhoe hoeuirok* [May 18 Gwangju democratization movement truth investigation commission on-site confirmation

committee meeting records], vol. 5 (March 14, 1989), 8–10.

22 Kim Seong-su's wife, Kim Chun-hwa, was killed by a motorcycle in 1985 while pushing her daughter Kim Nae-hyang's wheelchair at the hospital. Some documents record her name as "Kim Chun-ah."

23 Kim Seong-su (male, born 1934, transport industry, Jindo), "Archive 1-099," in *5·18 pihaeja gusuljaryo josa* [Gwangju Uprising victims' oral testimony research].

24 Chae Jong-il (born 1961), "Testimony 5039," in *Gwangju-owolminjunghangjaengsaryojeonjip* [Complete collection of historical records].

25 Kim Hyeon-chae (born 1961), "Testimony 2041," in *Gwangju-owolminjunghangjaengsaryojeonjip* [Complete collection of historical records].

26 Jeong Yeong-dong (born 1954), "Testimony 1022," in *Gwangju-owolminjunghangjaengsaryojeonjip* [Complete collection of historical records].

27 Ministry of National Defense, "Gwangju-sataeui silsang" [The truth of the Gwangju incident] (July 30, 1985). A Ministry of National Defense report submitted to the National Assembly claimed that Gwangju Prison came under the attack of rioters from 12:20 on May 21, with "the majority of rioters former inmates, families of inmates, or hardline protesters attempting to set the incarcerated loose." The report also claimed that the rioters attacked again at 3:00 p.m., and that at 7:30 p.m., the rioters made use of nine vehicles—two of them armored—and a significant number of firearms and met martial law troops in a head-on clash. The report went on to claim that a total of five attacks occurred until the early morning of May 22, leaving eight dead and more than seventy injured before the rioters retreated—a claim that makes it seem as though the resistance had led organized assaults on Gwangju Prison.

28 According to citizens injured near Gwangju Prison, most had neither attacked nor intended to attack the prison—they had only attempted to use the Honam Expressway to leave the city when the 3rd Airborne Special Forces Brigade opened fire and caused casualties. This led to the assertion that the actions of the 3rd were not part of a justified defense of the prison, but rather the use of excessive force against civilians in the process of carrying out the operation of cutting off Gwangju from the outside world. According to the statement of grounds of the final appeal on the ruling on the first trial for the Gwangju Uprising (August 26, 1996), the skirmish against six demonstrators who had approached Gwangju Prison was an act of murder to incite a rebellion, perpetrated by martial law troops. However, the verdict by the appellate court (December 16, 1996) overturned the ruling, stating that an armed assault against the prison by demonstrators was in violation of the law and that martial law troops were justified in defending a location of national import such as a prison. The Supreme Court's ruling upheld the appeal verdict. Although the demonstrations by the people of Gwangju could be seen as the exercise of the people's constituent power, an attack on a prison went beyond the defensive nature of the use of constituent power. However, this verdict does not justify martial law troops' indiscriminate attack on unarmed civilians and armed civilians who had no intention of attacking. Only if a premeditated assault on the prison by armed demonstrators can be proven can martial law troops' use of gunfire be justified. During the second trial for the Gwangju Uprising, the court accepted the arguments of martial law troops' on-site commanders without even listening to the people of

Gwangju, who were the victims of the incident.

29   Ministry of National Defense Truth Commission, 12·12, *5·17, 5·18 sageon josagyeolgwabogoseo* [Investigation report on the December 12 military insurrection], 118.

30   Defense Security Command, "Gwangju-gyodoso seupgyeokgido sageon" [The attempted attack on Gwangju Prison] (1980), 89; Ministry of National Defense Truth Commission, 12·12, *5·17, 5·18 sageon josagyeolgwabogoseo* [Investigation report on the December 12 military insurrection], 118.

31   South Jeolla Province, *Gwangju-satae busangja jiwonhyeonhwang* (July 1982); Gwangju Metropolitan City Historical Record Compilation Committee, ed., *5·18 Gwangjuminjuhwa undongjaryochongseo* [Gwangju Uprising archival collection], vol. 23 (2000), 359. According to hospitalization records, Yu Yeong-seon was shot in the head and hospitalized at Kwangju Christian Hospital on May 21. Medical records from the hospital record his condition as a "semi-coma." "Kwangju Christian Hospital Medical Records," Hosp. No. 80-14034, *5·18 Gwangjuminjuhwaundongjaryochongseo* [Gwangju Uprising archival collection], vol. 24 (2000), 642. However, the Gwangju District Prosecutors' Office's autopsy reports from May 28 (Gwangju District Prosecutors' Office, *5·18 gwallyeon samangja geomsi naeyong* (1989), quoted in *5·18 Gwangjuminjuhwaundongjaryochongseo* [Gwangju Uprising archival collection], vol. 20 [1999], 421) claim that Yu had died near the YWCA on May 27 of a gunshot wound from an M16 rifle to the face. There are claims that this autopsy report was falsified to make it seem as though Yu had been involved with an attack on Gwangju Prison.

32   The attempted attack on Gwangju Prison is one of the most famous cases falsified by Defense Security Command to cast the Gwangju Uprising as a riot incited by North Korean spies or communists.

33   Seoul District Prosecutors' Office, "5·18 gwallyeon susagyeolgwa bogo" [Report on the results of the investigation], 42. The truck driver went missing at this time. However, according to the report on the Gwangju Uprising by the Gwangju Crisis Truth Investigation Team (headed by National Security Emergency Measures Committee division of internal affairs commissioner Brigadier General Lee Gwang-no), "civilians were killed while setting up a vehicle barricade for the operation to block off the entrance to Hwasun Tunnel on May 22." Ministry of National Defense Truth Commission, *12·12, 5·17, 5·18 sageon josagyeolgwabogoseo* [Investigation report on the December 12 military insurrection], 95.

34   Kang Hae-jung (female, born 1935), "Testimony 5027"; Jeon Jeong-il (male, born 1941), "Testimony 5025"; and Kim Sam-jung (male, born 1935), "Testimony 5026," in *Gwangju-owolminjunghangjaengsaryojeonjip* [Complete collection of historical records].

35   Seoul District Prosecutors' Office, "5·18 gwallyeon susagyeolgwa bogo" [Report on the results of the investigation].

36   Park Sun-rye (age 47, mother of the late Baek Dae-hwan), "Testimony 7002," in *Gwangju-owolminjunghangjaengsaryojeonjip* [Complete collection of historical records].

37   Park Sun-rye, "Testimony 7002," in *Gwangju-owolminjunghangjaengsaryojeonjip* [Complete collection of historical records].

38   Park Sun-rye, "Testimony 7002,"; Hwang Gil-hyeon (father of the late Hwang Ho-geol), "Archive 1-008," in *5·18 pihaeja gusuljaryo josa* [Gwangju Uprising victims' oral testimony research].

39 Kim Gwi-nam, "Archive 1-039," in *5·18 pihaeja gusuljaryo josa* [Gwangju Uprising victims' oral testimony research]. Kim Gwi-nam (male, age 28, brother-in-law of Kim Chun-rye) personally confirmed the bodies of Kim Chun-rye and Go Yeong-ja on the scene several days after the Gwangju Uprising. Having heard rumors that two female Ilshin Textile employees had been shot and killed in a van en route to Hwasun and their bodies left on the roadside, Kim Gwi-nam headed to Junam Village by motorcycle with Lee Byeong-min. He spotted a pit in the middle of a barley field by the road and several bodies in the ditch to the side. The people had been dead for days and their bodies gave off a terrible stench. Kim Gwi-nam approached the people in white lab coats (assumed to be coroners) and asked if one of the bodies belonged to Kim Chun-rye. The coroners showed Kim an Ilshin Textile-branded notebook from one of the bodies to confirm the name of the dead. Kim Chun-rye's abdomen was riddled with bullet holes, which had gone dark with decay and was crawling with maggots. Go Yeong-ja's notebook was similarly used to confirm her identity.

40 *Jeongyosa jakjeonsanghwangilji* [Combat Arms Command operation records], published by Combat Arms Command, records the following: "May 23, 3:30 p.m. situation: 50 rioters (1 bus) attempt to attack military base in Sotae-dong, Gwangju. Military base (11th Airborne Special Forces Brigade) returns fire and eliminates rioters. Three captured alive (2 injured), 17 killed."

41 The person who gave the survivors first aid was Kim Sun-hui (female, age 19), who was a medical volunteer for Province Hall.

42 Hong Geum-suk, in discussion with Lee Jae-eui and Jeon Yong-ho, May 2016. Hong turned down this writer's proposal to visit the site of the killings near Junam Village, stating that even thirty-six years after the fact, the horrific memories of that day still prevent her from going to the village.

43 Seoul District Prosecutors' Office, "5·18 gwallyeon susagyeolgwa bogo" [Report on the results of the investigation], 45.

44 Im Hui-ju visited the reservoir behind Junam Village to go swimming and was led by a sickening odor about 500 meters from the shore, where two bodies were buried. Im reported the discovery to the Neighborhood Center. One of the bodies was wearing camouflage-print pants and canvas boots, matching Hong's description of one of her fellow survivors. The bodies were so badly decomposed that they were buried unidentified in Mangwol-dong. In 2002, DNA analysis of families of the missing identified the men as Chae Su-gil (age 21, chef) and Yang Min-seok (age 20, laborer).

45 Documents pertaining to the treatment of the deceased in this case remain at Gwangju City Hall and the Dong-gu District Office. According to City Hall records (Gwangju City Hall, "5·18-satae sanghwang mit jochisanghwang" [Gwangju Uprising situation and responses] [1980], quoted in *Kyunghyang Shinmun*, May 18, 1988), two young men in white lab coats, a driver, and a neighborhood leader approached the military base at 11:00 a.m. on May 25 and attempted discussions. The young men collected the twelve bodies in front of the explosives warehouse in Nok-dong at 2:00 p.m. that day. According to records for May 28 from the Dong-gu District Office (Gwangju Dong-gu District Office, "Sanghwangilji" [Situation records]), Lee Sang-cheol demanded to receive the bodies under the explosives warehouse in Jiwon-dong, and on the same day, the Jiwon-dong Neighborhood Center's

general affairs manager also demanded to receive the seven bodies that had been left on the left side of the road about 300 meters from Nok-dong. Documents from the Gwangju District Prosecutors' Office for May 28 (Gwangju District Prosecutors' Office, "Gwangju-satae dangsi hagwondonghyang" [Records concerning schools]) state that eleven bodies were buried in unmarked graves in Jiwon-dong and that all were scheduled to undergo autopsy. Twelve bodies were found in the neighborhood on May 25, and an additional eleven were found on May 28 for a total of twenty-three. Gwangju City Hall labor and policy division employee Cho Seong-gap also collected seven bodies and wrapped them up in plastic bags on May 29 near Jiwon-dong. Fingerprinting identified one of the bodies he collected as that of Park Hyeon-suk (age 18, third-year high school student), who had exchanged greetings with Hong Geum-suk on the minibus (testimonies of Cho Seong-gap and Park Hyeon-suk's mother, Gu Gil-seong).

46 Yu Chun-hak (male, born 1964, carpenter), *Seoul-jibanggeomchalcheong jinsuljoseo* [Seoul Central District Prosecutors' Office record of statement] (1995); Yu Chun-hak (male, born 1964, carpenter), "Testimony 5028," in *Gwangju-owolminjunghangjaengsaryojeonjip* [Complete collection of historical records].

47 Witnesses unanimously assert that the prosecutors' investigation merged together two completely separate incidents. The prosecutors' investigation was based on the testimony of Hong Geum-suk—the sole survivor of the minibus—as well as the accounts of a sister and the mother of one of the deceased, those of Junam Village residents, and those who collected the bodies in the area. However, other accounts point to the shooting of a van at a different time. According to the Prosecutors' Office investigation, only one witness account matched that of Hong, while multiple witnesses claimed to have seen a shooting in the morning, which led them to conclude that Hong was mistaken and that there was only one vehicle shooting on May 23, which took place at 9:00 a.m. Even today, Hong continues to assert that the attack on her minibus took place sometime between 2:00 and 3:00 p.m.

48 Ministry of National Defense Truth Commission, *12·12, 5·17, 5·18 sageon josagyeolgwabogoseo* [Investigation report on the December 12 military insurrection], 18.

49 ROK Army HQ 20th Division, "Chungjeongjakjeonsangbo" [Operation Loyalty report] (1980). The operation to secure the Gwangju Armed Forces Hospital was launched following a string of military casualties and the resistance's takeover of the area surrounding the hospital.

50 Ham Jang-nam (father of the late Ham Gwang-su), "Testimony 5012," in *Gwangju-owolminjunghangjaengsaryojeonjip* [Complete collection of historical records].

51 Choi Bok-deok (female, born 1919, injured), "Testimony 5017," in *Gwangju-owolminjunghangjaengsaryojeonjip* [Complete collection of historical records].

52 Choi Bok-sun (female, born 1941, injured), "Testimony 5018," in *Gwangju-owolminjunghangjaengsaryojeonjip* [Complete collection of historical records].

53 Choi Sang-eon (male, born 195, injured), "Testimony 5020," in *Gwangju-owolminjunghangjaengsaryojeonjip* [Complete collection of historical records].

54 Yu Bok-dong (male, born 1945, injured), "Testimony 5019," in *Gwangju-owolminjunghangjaengsaryojeonjip* [Complete collection of historical records].

55 Lee Chu-ja (female, born 1957, injured), "Testimony 5013," in *Gwangju-*

owolminjunghangjaengsaryojeonjip [Complete collection of historical records].

56   ROK Army HQ 20th Division, "Chungjeongjakjeonsangbo" [Operation Loyalty report]. Military records state that this operation led to an understanding of the "rioters' capacity for resistance" and "served as a stern warning for what would happen in the event the military was fully deployed."

57   Seoul District Prosecutors' Office, "5·18 gwallyeon susagyeolgwa bogo" [Report on the results of the investigation]. The victims were mostly residents of Hwajeong-dong, Ssangchon-dong, and Naebang-dong. The eight civilians killed were Lee Mae-sil (female, age 68), Kim Yeong-seon (male, age 26), Yang Hoe-nam (male, age 30), Im Jeong-sik (male, age 18), Cho Gyu-yeong (male, age 38), Ham Gwang-su (male, age 17), Kim Jae-pyeong (male, age 29), and Son Gwang-sik (male, age 20, national defense reservist). One soldier was also killed in the gunfire.

58   The first edition of *Beyond Death, Beyond the Darkness of the Age* (1985) erroneously claimed that "at least twenty people were killed" in Useuljae. However, many eyewitness accounts and the 1995 Prosecutors' Office investigation clarified the facts surrounding the incident, and it was confirmed that one or two civilians were killed in Useuljae and not twenty as had been reported earlier.

59   Bae Sang-seon (born 1959), "Archive 1-212," in *5·18 pihaeja gusuljaryo josa* [Gwangju Uprising victims' oral testimony research]; Seok-sin Kang (born 1963), "Testimony 6043," in *Gwangju-owolminjunghangjaengsaryojeonjip* [Complete collection of historical records].

60   Martial Law Directive 11 includes items such as the definition of the right of self-defense, the subjects against whom the right may be invoked, the timing of the invocation, the means, and the precautionary measures involved in the invocation.

61   Supreme Court of South Korea, *12·12, 5·18-sanggosim seongo pangyeolmun* [Supreme Court ruling on the December 12 military insurrection and the Gwangju Uprising], April 17, 1997. During the trial for the December 12 military insurrection and the Gwangju Uprising, the Supreme Court ruled that because Martial Law Directive 11 did not specifically spell out orders to fire on Gwangju civilians, the killings of civilians prior to the operation on Province Hall could not be ruled as murder with intent to incite rebellion. However, this verdict assumes that the Martial Law Directive itself was legally without issue. Commanders on the scene who ordered the soldiers to fire did not adhere to these directives, opening fire on innocent civilians indiscriminately as if the right of self-defense was an order to open fire. As such, critics continue to argue that regardless of the content of Martial Law Directive 11, on-site commanders must be held liable for the crime of murder with intent to incite rebellion for situations where they ordered gunfire even when the circumstances did not call for self-defense. Min Byeong-ro et al., "12·12, 5·18 sageon daebeobwon pangyeol bunseok bogoseo" [Analysis of Supreme Court verdict on December 12 military insurrection and the Gwangju Uprising] (2015).

第 8 章 | 解放第一階段

1   George Katsiaficas, *Asia's Unknown Uprisings: South Korean Social Movements in the 20th Century*, tr. Won Yeong-su (PM Press, 2012).

2   Choi Jeong-un, "Pongnyeokgwa sarangui byeonjeungbeop: 5·18 minjunghangjaenggwa jeoldaegongdongcheui deungjang" [The dialectics of violence and love: The Gwangju Uprising and the emergence of an absolute community], in *5·18 minjunghangjaenggwa jeongchi·yeoksa·sahoe* [The Gwangju Uprising and politics, history, and society], vol. 3, ed. May 18 Memorial Foundation (2007), 231–85.

3   Testimonies given to the Prosecutors' Office and personal accounts by soldiers involved in the counterdemonstrator missions in Gwangju reveal that soldiers deployed at different stages of the uprising have different impressions of the incident.

4   *Jeongyosagyeeombotonggunbeophoeui pangyeolmun* [Combat Arms Command martial law court-martial verdict] (for Kim Won-gap and others) (October 24, 1980); Gwangju Metropolitan City Historical Record Compilation Committee, ed., *5·18 Gwangjuminjuhwa undongjaryochongseo* [Gwangju Uprising archival collection], vol. 44 (2004), 147–51.

5   *Jeongyosagyeeombotonggunbeophoeui pangyeolmun* [Combat Arms Command martial law court-martial verdict] (for Kim Hwa-seong) (October 25, 1980); Gwangju Metropolitan City Historical Record Compilation Committee, *5·18 Gwangjuminjuhwaundongjaryochon gseo* [Gwangju Uprising archival collection], vol. 44, 126; "Appellate Brief" (for Kim Hwa-seong); Gwangju Metropolitan City Historical Record Compilation Committee, ed., *5·18 Gwangjuminjuhwaundongjaryochongseo* [Gwangju Uprising archival collection], vol. 44, 311.

6   Lee Jae-eui (born 1956, third-year student at Chonnam University), "Testimony 1045," in *Gwangju-owolminjunghangjaengsaryojeonjip* [Complete collection of historical records pertaining to the Gwangju Uprising], ed. Center for Contemporary Korean Historical Records Research (Pulbit, 1990).

7   Gwangju Police Station, "Pogoryeong wibansabeom cheoribu" [Treatment of declaration violators] (June 27, 1980) (for Lee Gyeong-hui); Gwangju Metropolitan City Historical Record Compilation Committee, *5·18 Gwangjuminjuhwaundongjaryochongseo* [Gwangju Uprising archival collection] vol. 28 (2002), 720; South Jeolla Province Joint Investigation Team, "Susabogo" [Investigation report] (July 4, 1980) (concerning Kim Seon-ok); Gwangju Metropolitan City Historical Record Compilation Committee, *5·18 Gwangjuminjuhwaundo ngjaryochongseo* [Gwangju Uprising archival collection] vol. 30 (2003), 603–9.

8   *Jeongyosagyeeombotonggunbeophoeui pangyeolmun* [Combat Arms Command martial law court-martial verdict] (for Park Yeong-sun) (October 25, 1980); Gwangju Metropolitan City Historical Record Compilation Committee, *5·18 Gwangjuminjuhwaundongjaryochongseo* [Gwangju Uprising archival collection] vol. 46, 201–2.

9   The paratrooper who had been captured at Hagun-dong was briefly investigated and returned to his unit the following day, after negotiations between the Jeolla Province branch of Martial Law Command and the Citizen Settlement Committee.

10   Hwang Geum-seon (born 1952), "Testimony 1021," in *Gwangju-owolminjunghangjaengsaryojeonjip* [Complete collection of historical records].

11   Kim Yang-oh, *Gwangju-bogoseo* [The Gwangju report] (Cheongeum, 1988), 154.

12   Lee Jae-eui, "Testimony 1045," in *Gwangju-owolminjunghangjaengsaryojeonjip* [Complete collection of historical records].

13   Lee Jae-eui, "Nae chingu Norman Thorpe, 5·18-I maejeojun teukpawongwaui inyeon" [My friend Norman Thorpe: A friendship with a foreign correspondent sparked by the Gwangju

Uprising], *Siminui sori* [Voices of the people], October 9, 2008.

14   *Jeongyosagyeeombotonggunbeophoeui pangyeolmun* [Combat Arms Command martial law court-martial verdict]; Gwangju Metropolitan City Historical Record Compilation Committee, ed., *5·18 Gwangjuminjuhwaundongjaryochongseo* [Gwangju Uprising archival collection] vol. 44 (2004), 147.

15   Cho Pius, "Testimony 1011," in *Gwangju-owolminjunghangjaengsaryojeonjip* [Complete collection of historical records]; Cho Pius, "Jugeumui pineun heotdoeji aneul geosida" [The blood of the dead will not be for naught], in *Gusulsaengaesaro bon 5·18-ui gieokgwa yeoksa: cheonjugyo pyeon* [The memories of the Gwangju Uprising through the lens of oral accounts: The Catholic church], vol. 5, ed. May 18 Memorial Foundation (2013), 105.

16   The first edition of *Beyond Death, Beyond the Darkness of the Age* (1985) stated that about 300 firearms had been collected on the first day. Testimony released following the publication revealed that the number collected that day was approximately 1,500.

17   Kim Tae-chan (born 1961), "Testimony 2032," in *Gwangju-owolminjunghangjaengsaryojeonjip* [Complete collection of historical records].

18   *Jeongyosagyeeombotonggunbeophoeui pangyeolmun* [Combat Arms Command martial law court-martial verdict]; Gwangju Metropolitan City Historical Record Compilation Committee, ed., *5·18 Gwangjuminjuhwaundongjaryochongseo* [Gwangju Uprising archival collection], vol. 44, 461.

19   Seoul District Court, 12·12, *5·18 1-sim seongo pangyeolmun* [Court ruling on the first trial of the December 12 military insurrection and the Gwangju Uprising], August 26, 1996.

20   Korean Veterans Association, ed., *12·12. 5·18 sillok* [Annals of the December 12 military insurrection and the Gwangju Uprising] (1997), 271.

21   Kim Jae-myeong, *Seoul-jibanggeomchalcheong jinsuljoseo* [Seoul Central District Prosecutors' Office record of statement] (1995). Kim Jae-myeong was part of the tenth graduating class of the Korea Military Academy. He served as commander of the 31st Division (1977) and the vice-commander of the ROK-US I Corps and was named deputy chief of staff for operations at ROK Army Headquarters following the December 12 military insurrection. On June 9, in the immediate aftermath of the Gwangju Uprising, he was transferred yet again to the post of head of the Ministry of National Defense Special Investigation Team.

22   *Kyunghyang Shinmun*, May 23, 1980.

23   Association of Families of Fallen Gwangju Uprising Democratization Activists, ed., "Chun Doo-hwan CIA-bujang seoriui bareon" [The remarks of acting KCIA director Chun Doo-hwan], *5·18 seongmyeongseo* [The Gwangju Uprising manifesto], vol. 1, ed. May 18 Memorial Foundation (2012), 601–2. This typewritten document outlines the statements made by Chun Doo-hwa at the press conference with the heads of major press on May 22. In this outline, Chun discusses three major topics: "the Gwangju situation" (twenty points), "the issue of political development" (two points), and "the media" (six points), the allocation of which reflects the acting KCIA director's priorities at the time.

24   Kang In-seop, "Yeonhapsa sosok hangukgun byeongnyeok, Wickham demo jinapdongwon dongui" [Wickham approves deployment of combined forces to protest suppression] and "Gwangju-satae pyeonghwajeok haegyeoreul" [A peaceful resolution to the Gwangju incident], *Dong-a Ilbo*, May 23, 1980.

25   Following the approval for the deployment of the 20th Division, at noon on May 23, ROK-
      US Combined Forces Command gave immediate approval for the transfer of wartime
      operational control of one battalion from the 33rd Division. The 33rd Division, although
      placed on standby for deployment to Gwangju at Seoul Air Base at 12:25 p.m., was called
      back to base without being deployed.

26   Tim Shorrock, "Kwangju Diary: The View from Washington," in Jae-eui Lee, *Kwangju Diary*
      (UCLA, 1999), 165.

27   Heo Jang-hwan, "Naega Chung Ung jangguneul chepo.susahaetda—jeon Gwangju
      505-boanbudae susagwanui pongno sugi" [I arrested and investigated General Chung Ung—
      Records of a former Gwangju 505th Security Unit investigator's disclosures], *Shindonga*
      (January 1989), 370.

28   Shorrock, "Kwangju Diary," 164.

29   Shorrock, "Kwangju Diary," 165.

30   Shorrock, "Kwangju Diary," 166.

31   Arnold A. Peterson, *5·18, Gwangju-satae* [*5·18, the Kwangju Incident*], tr. Jeong Dong-seop
      (Pulbit, 1995).

第 9 章 ｜ 解放第二階段

1   Three facts outlined in the first edition of *Beyond Death, Beyond the Darkness of the Age* (1985)
      concerning the events of May 23 have either been proven false or remain unconfirmed. First,
      the discovery of the body of a female high school student in the basement of the burned-
      down Gwangju Tax Office on the morning of May 23 (155–6) has not been verified. Second,
      the claim that the Baegun-dong regional defense squad shot down a helicopter at 2:00 p.m.
      (156) was found to have been false. Although there are several accounts of resistance opening
      fire on helicopters, no aircrafts crashed or were shot down during the Gwangju Uprising.
      The three military deaths described in connection with the crash from the first edition,
      subsequently, are also false. Third, the claim that a military jeep carrying four resistance
      members headed for Hwasun on the night of May 23 met with machine gun fire from a
      helicopter that left no survivors has not been verified.

2   "Gleysteen Daesa, anbojungyoseong bara" [Ambassador Gleysteen emphasizes national
      security], *Chosun Ilbo*, May 24, 1980.

3   Choi Chi-su (born 1961), "Testimony 1017," in *Gwangju-owolminjunghangjaengsaryojeonjip*
      [Complete collection of historical records pertaining to the Gwangju Uprising], ed. Center
      for Contemporary Korean Historical Records Research (Pulbit, 1990).

4   Wi In-baek, *Yeoksaui noreul jeoumyeo* [Rowing through the currents of history] (Simmian,
      2004), 81–3. Wi In-baek, who worked for Amnesty International, used the typewriter in
      Father Kim Seong-ryong's rectory to print out the list of eight statements, which would be
      delivered to Combat Arms Commander Soh Jun-yeol and the police commissioner. The
      inclusion of administrative authorities such as the governor was a safety measure to prevent
      martial law authorities from framing them as the leaders of a treasonous riot following
      the conclusion of the situation. However, martial law authorities ultimately charged the
      nongovernment activists with playing key role(s) in treasonous activities while leaving out

most of the administrative authorities who were included in the committee. The statements outlined at the meeting are as follows: 1. The uprising in Gwangju was an act of self-defense; 2. Paratroopers and commanders responsible for the deaths of innocent civilians must be held to account; 3. The government must take responsibility for all deaths caused and damages incurred in Gwangju; 4. Martial law troops must be forbidden from being deployed into the city; 5. Citizens and students must not be held responsible in any way; 6. Detained students must be released and a public apology must be issued by martial law troops in regards to their arrest; 7. The situation must be resolved by the Settlement Committee, which includes representatives from different organizations, the governor of South Jeolla Province, the mayor of Gwangju, and the police commissioner; 8. Firearms will be returned on a voluntary basis.

5   Korean Veterans Association, ed., *12·12. 5·18 sillok* [Annals of the December 12 military insurrection and the Gwangju Uprising] (1997), 299.

6   Supreme Court of South Korea, *12·12, 5·18-sanggosim seongo pangyeolmun* [Supreme Court ruling on the December 12 military insurrection and the Gwangju Uprising], April 17, 1997.

7   Korean Veterans Association, *12·12. 5·18 sillok* [Annals of the December 12 military insurrection], 300.

8   Korean Veterans Association, *12·12. 5·18 sillok* [Annals of the December 12 military insurrection], 452. At the seventh trial of the court of first instance of the December 12 military insurrection and the May 18 Gwangju Uprising case, defendant Hwang Young-si asserted that "although Command (ROK Army Headquarters) may give orders on what to do, the methods by which the orders are carried out are the responsibility of subordinate units," foisting responsibility onto Combat Arms Command and the 31st Division. However, former Combat Arms Vice-commander Kim Gi-seok submitted a note from the period of the uprising as evidence to the contrary. "During the Gwangju Uprising, defendant Hwang Young-si ordered the hostile suppression of the protesters by the use of tanks and armed helicopters," and even outlined specific methods: "Cobra helicopters will attack armored personnel carriers, MD 500 helicopters will attack vehicles, and infantry will attack protesters." Kim's testimony essentially stated that "the defendant Hwang Young-si personally took the lead in the operation for the suppression of the Gwangju Uprising."

第 10 章 │ 解放第三階段

1   Myeong Noh-geun (born 1933, professor at Chonnam University), "Testimony 1012-1," in *Gwangju-owolminjunghangjaengsaryojeonjip* [Complete collection of historical records pertaining to the Gwangju Uprising], ed. Center for Contemporary Korean Historical Records Research (Pulbit, 1990).

2   Kim Gi-seok (Combat Arms vice-commander), *Seoul-jibanggeomchalcheong jinsuljoseo* [Seoul Central District Prosecutors' Office record of statement] (1995); Young-si Hwang (ROK Army vice chief of staff), *Seoul-jibanggeomchalcheong piuijasinmunjoseo* [Transcript of suspect examination at Seoul Central District Prosecutors' Office] (1996).

3   Moon Jang-woo (born 1953), "Testimony 2015," in *Gwangju-owolminjunghangjaengsaryojeonjip*

[Complete collection of historical records].

4   Cho Pius, "Jugeumui pineun heotdoeji aneul geosida" [The blood of the dead will not be for naught], in *Gusulsaengaesaro bon 5·18-ui gieokgwa yeoksa: cheonjugyo pyeon* [The memories of the Gwangju Uprising, through the lens of oral accounts: The Catholic church], vol. 5, ed. May 18 Memorial Foundation (2013), 112.

5   Cho Pius, "Jugeumui pineun heotdoeji aneul geosida," 113.

6   Choi Jeong-un, "Pongnyeokgwa sarangui byeonjeungbeop: 5·18 minjunghangjaenggwa jeoldaegongdongcheui deungjang" [The dialectics of violence and love: The Gwangju Uprising and the emergence of an absolute community], in *5·18 minjunghangjaenggwa jeongchi·yeoksa·sahoe* [The Gwangju Uprising and politics, history, and society], vol. 3, ed. May 18 Memorial Foundation (2007), 278.

7   Seoul District Prosecutors' Office, Ministry of National Defense Prosecutors' Office, "5·18 gwallyeon susagyeolgwa bogo" [Report on the results of the investigation into Gwangju Uprising–related incidents] (July 18, 1995).

8   Choi Yeong-cheol (born 1960, shoemaker), "Testimony 5010," in *Gwangju-owolminjunghangjaengsaryojeonjip* [Complete collection of historical records]; Choi Jin-su, "Testimony," National Assembly of the Republic of Korea, *5·18 Gwangju-minjuhwaundong jinsangjosateukbyeolwiwonhoe hoeuirok* [May 18 Gwangju democratization movement truth investigation commission meeting records], vol. 28 (February 22, 1989).

9   Korean Veterans Association, ed., *12·12. 5·18 sillok* [Annals of the December 12 military insurrection and the Gwangju Uprising] (1997), 295.

10 Kim Gil-su (born 1930, father of the late Kim Seung-hu), "Archive 1-178," in *5·18 pihaeja gusuljaryo josa* [Gwangju Uprising victims' oral testimony research], ed. May 18 Memorial Foundation (1999).

11 Lee Hae-chan et al., "Chung Ho-yong-ui bareon" [The words of Chung Ho-yong], *Gieokaneun jaui Gwangju* [The Gwangju of those who remember] (Dolbege, 2010), 361.

12 Seoul District Prosecutors' Office, "5·18 gwallyeon susagyeolgwa bogo" [Report on the results of the investigation], 126–7.

13 Seoul District Prosecutors' Office, "5·18 gwallyeon susagyeolgwa bogo," 125.

14 It was argued that the failure to organize proper communication chains between troops on the ground and command, and the paratroopers' failure to clearly report their movements and operation statuses was the result of a split in the chain of command.

15 Lee Hae-chan et al., *Gieokaneun jaui Gwangju* [The Gwangju of those who remember], 361.

16 Cho Ho-yeon, "'Gwangju-haksal' hunjanggwa gongjeokseo" [Records of medals and distinctions from the Gwangju massacre], *Kyunghyang Monthly* (January 1989), 448.

17 Father Kim Seong-yong (born 1934), "Testimony 1008," in *Gwangju-owolminjunghangjaengsaryojeonjip* [Complete collection of historical records].

18 The roles for future activities as determined at the review meeting were as follows: emcee (Kim Tae-jong, Lee Hyeon-ju, Eom Tae-ju), copy writing (Park Hyo-seon, Kim Tae-jong, Hong Hui-yun, Yun Gi-hyeon, Lee Yun-jeong, Jeong Hyeon-ae, Jeong Yu-ah, Choi In-seon, Park Monggu, Kim Seon-chul), donation collection (Jeong Hyeon-ae, Im Yeong-hui, and other Songbaek Society members), postrally march leader (Lee Hyeon-cheol), production of *The Fighters' Bulletin* (Jeon Yong-ho of Deulbul Night School, Park Yong-jun, Kim Seong-seop,

Na Myeong-gwan, and others), preparation of tools and poster production (Kim Jeong-hui, Im Yeong-hui), lead singer (Im Hui-suk), and recruitment of nongovernment political activists (Jeong Sang-yong, Jeong Hae-jik).

19 Yang Hong-beom (born 1960, boxer), "Testimony 1047," in *Gwangju-owolminjunghangjaengsaryojeonjip* [Complete collection of historical records]. The security situation surrounding the Province Hall armory can be found in the protocols of suspect examination for Park Seon-jae, Yang Hong-beom, and Jeong Gon-seok that was conducted by military prosecutors in 1980.

20 Cho Ho-yeon, "'Gwangju-haksal' hunjanggwa gongjeokseo" [Records of medals and distinctions], 458. Detonator removal time: 8:30 p.m., May 24, to 1:00 p.m., May 25.

21 Hwang Geum-seon (born 1952), "Testimony 1021," in *Gwangju-owolminjunghangjaengsaryojeonjip* [Complete collection of historical records].

22 Lee Gyeong-sik, "Testimony," in *5·18-hangjaeng jeungeonjaryojip* [Gwangju Uprising testimony collection], vol. 4, ed. Chonnam University May 18 Institute (Chonnam University, 2005).

23 *Yonhap News Agency*, February 16, 2007. In March 2006, further investigation into the Gwangju Uprising led to the cancellation of 176 medals and honors awarded to those who participated in the suppression efforts, including that awarded to Bae. Bae filed a suit for the retraction of the cancellation and had his distinctions restored.

24 Kim Hyeon-jang, *Vincentius, saraseo jeungeonhara—Busan mimunhwawon banghwasageonui sahyeongsu Kim Hyeon-jang yukpilsugi* [Vincentius, you must survive in order to testify: The handwritten accounts of death row prisoner Kim Hyeon-jang, accused of the arson of the American Cultural Service building in Busan] (SahoePyoungnon, 1994). These flyers, written in a tone of outraged accusation, were produced by Chosun University alumnus Kim Hyeon-jang (age 29), a journalist who had witnessed the events in Gwangju on May 20 and 21. Kim went on the run from police for his actions and was later apprehended and imprisoned upon being accused of masterminding the 1982 arson of the American Cultural Service building in Busan.

25 Jürgen Hinzpeter, "Camera-e dameun 5·18 Gwangju hyeonjang" [Images of the Gwangju Uprising captured on camera] in *5·18 teukpawon report* [Gwangju Uprising special correspondent report], ed. Journalists Association of Korea, *Mudeung Ilbo*, Citizens' Solidarity Association (Pulbit, 1997), 119–30. After the uprising, Hinzpeter independently produced a forty-five-minute documentary on the events. The film was given the Korean title *Gwangjuminjunghangjaengui jinsil* [The truth of the Gwangju popular uprising] and screened in secret at Catholic churches and neighborhoods around postsecondary schools in the 1980s; it served a key role in sparking the June Struggle in 1987. Hinzpeter was finally made a household name in Korea when the film was screened on the KBS program *Sunday Special* in 2003 as part of a series on the Gwangju Uprising. He died at the age of 79 in Germany on January 2016. The Gwangju Metropolitan City awarded him honorary citizenship.

26 Shim Jae Hoon, "Gwangju-sageonun pokdongi anira bonggiyeotda" [The Gwangju incident was an uprising, not a riot] in *5·18 teukpawon report* [Gwangju Uprising special correspondent report], 59–80.

27 Terry Anderson "Naraoneun chongareul pihamyeo" [Ducking between flying bullets], in *5·18*

teukpawon report [Gwangju Uprising special correspondent report], 107–18.

28 Sam Jameson, "Hangjaengjidobu byeoge saegyeojeotdeon 'segyepyeonghwa'" [The words 'world peace' etched on the wall of the Uprising Leadership Team office], in *5·18 teukpawon report* [Gwangju Uprising special correspondent report], 107–18.

29 Norman Thorpe (*Asian Wall Street Journal*), "Let's Live and Meet Again," *The Kwangju Uprising*, ed. Henry Scott-Stokes and Lee Jai Eui (M. E. Sharpe, 2000), 117–27.

30 Gebhard Hielscher, "Gwangju-ui bulgiran jingjo" [Ominous clouds over Gwangju], in *5·18 teukpawon report* [Gwangju Uprising special correspondent report], 91–3.

第11章 │ 解放第四階段

1 Chonnam University Hospital, "Jang Gye-beom Hospitalization Record (Registration no. 137772)" (May 25, 1980); Gwangju Metropolitan City Historical Record Compilation Committee, ed., *5·18 Gwangjuminjuhwaundongjaryochongseo* [Gwangju Uprising archival collection], vol. 23 (2000), 603. The diagnosis line filled out by Jang's doctor reads in English, "Drug poisoning, possible & questionable." (Translator's note: The Korean text implies that drug poisoning is possible *but* questionable.)

2 *Jeongyosagyeeombotonggunbeophoeui pangyeolmun* [Combat Arms Command martial law court-martial verdict] (for Jang Gye-beom, case number 80-GYEEOMBOGUN HYEONGGWANG 32) (October 24, 1980); "Military Prosecutor Testimony" (June 8, 1980); Gwangju Metropolitan City Historical Record Compilation Committee, ed., *5·18 Gwangjuminjuhwaundongjaryochongseo* [Gwangju Uprising archival collection] vol. 44 (2004), 225–9.

3 Chonnam University Hospital, "Jang Gye-beom Hospitalization Record."

4 Heo Jang-hwan, *Bigeopan abeojineun doel su eopseotda* [But I could not be a cowardly father] (Green Design, 1998), 94.

5 Ministry of National Defense Truth Commission, *12·12, 5·17, 5·18 sageon josagyeolgwabogoseo* [Investigation report on the December 12 military insurrection, the May 17 military insurrection, and the Gwangju Uprising] (2007), 114. Military investigators arrested Jang on charges of rumormongering. Jang was court-martialed and sentenced to two years of imprisonment. The arrest and sentencing drew suspicion that martial law authorities attempted to erase evidence of their covert activities by removing Jang from media attention (National Assembly Gwangju hearing). In the *Gwangju-naeran mit soyosageon susagyeolgwa bogo* [Report on the results of the investigation into the Gwangju insurrection and riots] published by the South Jeolla Province Joint Investigation Team, Jang Gye-beom was labeled "head of the civilian resistance intelligence team" and described as "the perpetrator of the May 25 8:00 p.m. Poison Pin Incident who escaped and turned himself in to authorities."

6 Ministry of National Defense Truth Commission, *12·12, 5·17, 5·18 sageon josagyeolgwabogoseo* [Investigation report on the December 12 military insurrection], 113.

7 Ministry of National Defense Truth Commission, *12·12, 5·17, 5·18 sageon josagyeolgwabogoseo*, 116–17.

8 "Simingundeul sseun bongmyeon naega mandeureotda" [I made the masks worn by the resistance], *Kwangju Ilbo*, May 15, 2015.

9   "Bobok duryeoweo bongmyeon beotji anko dogil gijae sajin jjikyeo" [Photographed by a German journalist while masked for fear of retribution], *Kwangju Ilbo*, May 15, 2015.

10   The Gwangdae Theater Company members gathered at the YWCA were Park Hyo-seon, Kim Tae-jong, Lee Hyeon-ju, Yun Man-sin, Kim Seon-chul, Kim Yun-gi, Choi In-seon, Kim Yeong-hui, Im Hui-suk, and Lee Hyeon-cheol. The members of the Songbaek Society were Hong Hui-yun, Jeong Hyeon-ae, Jeong Yu-ah, Lee Yun-jeong,and Im Yeong-hui.

11   The high school student members of the Yangseo Association included Kim Hyo-seok, Kim Hyang-deuk, Yu Seok, and Lee Deok-jun.

12   Deulbul Night School associates Yoon Sang-won, Park Yong-jun, Jeon Yong-ho, Dong Geun-sik, Kim Seong-seop, Na Myeong-gwan, Yun Sun-ho, Kim Gyeong-guk, Jeong Jae-ho, Lee Yeong-ju, Park Yong-an, Oh Gyeong-min, Noh Yeong-ran, and Cho Sun-im were among those responsible for the production and distribution of *The Fighters' Bulletin*.

13   Combat Arms Command Prosecution Division, "80 GEOMJE 40" (August 22, 1980).

14   Cho Pius, "Jugeumui pineun heotdoeji aneul geosida" [The blood of the dead will not be for naught], in *Gusulsaengaesaro bon 5·18-ui gieokgwa yeoksa: cheonjugyo pyeon* [The memories of the Gwangju Uprising, through the lens of oral accounts: The Catholic church], vol. 5, ed. May 18 Memorial Foundation (2013), 108.

15   The members of the Settlement Committee on May 25 were as follows: Chair Lee Jong-gi (age 63, lawyer), spokesperson Kim Seong-yong (age 46, priest at Nam-dong Catholic Church), Lee Seong-hak (age 74, head of the South Jeolla Province branch of Amnesty), Cho Ah-ra (age 68, YWCA chair), Hong Nam-sun (age 66, lawyer), Lee Yeong-saeng (age 65, YMCA general affairs director), Kim Cheon-bae (age 65, YMCA director), Cho Cheol-hyeon/ Cho Pius (age 44, priest at Gyerim-dong Catholic Church), Myeong Noh-geun (age 47, Chonnam National University professor), Song Gisuk (age 45, Chonnam National University professor), Lee Gi-hong (age 47, head of the Gwangju Lawyers' Association), Jang Du-seok (age 40, Catholic Farmers' Association), Jeong Tae-seong (age 36, political party member), "Kim" (Baptist minister), Wi In-baek (age 32, law office), "Jang" (Baptist minister), Jeong Gyu-wan (age 41, priest at Buk-dong Catholic Church), Lee Yang-hyeon (age 30), Oh Je-il (age 28), Jang Sa-nam (teacher at Gwangju Seoseok High School), "Shin" (Chosun University professor), and Kim Gap-je (Liberation Association). (Twenty-two signatories of the May 25, 1980, document "An Appeal to President Choi Kyu-hah.")

16   Cho Pius, "Jugeumui pineun heotdoeji aneul geosida" [The blood of the dead will not be for naught], 114.

17   Kim Han-jung (male, born 1960), "Testimony 1041," in *Gwangju-owolminjunghangjaengsaryojeonjip* [Complete collection of historical records pertaining to the Gwangju Uprising], ed. Center for Contemporary Korean Historical Records Research (Pulbit, 1990).

18   Wi Seong-sam (born 1954, student at Chosun University), "Testimony 1038," in *Gwangju-owolminjunghangjaengsaryojeonjip* [Complete collection of historical records].

19   Born in Gangjin, South Jeolla Province, Kim was a third-year student in the Department of Trade at Chosun University. He was galvanized into action after the demonstrations on Geumnam-ro. Following the retreat of martial law forces, he went to Province Hall and became the vice-chair of the Student Settlement Committee. His opposition to Kim Chang-gil's efforts for the unconditional return of firearms caught Yoon Sang-won's eye

and eventually put him in the chairman seat of the Resistance Council. Kim was arrested at Province Hall on May 27 and sentenced to death. At the elections for the 15th National Assembly in 1996, he became a proportional representative for the National Congress for New Politics Party.

20 Jeong Sang-yong participated in a student demonstration protesting student training exercises in March 1971 and was suspended indefinitely from Chonnam National University. After the Gwangju Uprising, he became the chair of the South Jeolla Council of Youth Activism for Democracy and chair of the Gwangju Uprising Allies Association. Jeong was also elected to the 13th and 14th National Assembly of Korea.

21 Yoon's real name was Yoon Gae-won. Born in Sinnyong-ri, Imgok-myeon, Gwangsan County, South Jeolla Province, he graduated from the Department of Political Science and International Relations. During his studies, he worked as an instructor at Deulbul Night School to educate the public. Upon the assassination of Park Chung-hee, Yoon joined the preparation committee for the National Alliance of Laborers for Democracy led by Yi Tae-bok (later minister of health and welfare). During the Gwangju Uprising, Yoon published *The Fighters' Bulletin* and the *Citizens for Democracy Bulletin*. After his death at Province Hall on May 27, he was posthumously wed to former fellow Deulbul Night School instructor and activist Park Gi-sun, who died in 1978. The famous song "Marching for Our Beloved" was dedicated to their memory.

22 Park Nam-seon worked in the aggregate quarrying business in Gwangju until his younger brother was beaten and left with a broken leg by martial law troops during the Gwangju Uprising. He joined armed demonstrators in an outrage, and following the retreat of martial law troops from Province Hall, became the operations director for the resistance. He opposed the Settlement Committee's plan to return their weapons to martial law troops and led the defense of Province Hall on May 27.

23 Born in Suncheon, South Jeolla Province, Kim Yeong-cheol was raised in orphanages in Mokpo and Gwangju. He attended school with Nokdu Bookstore manager Kim Sang-yun (later chair of the Yoon Sang-won Commemoration Committee). After a brief stint as a civil servant, Kim dove into activism in 1976, meeting Yoon Sang-won, Park Gwan-hyun, Park Hyo-seon, and Park Gi-sun while fighting alongside the credit union activists and the community activists at the Citizens' Apartments complex in Gwangcheon-dong and at Deulbul Night School. In the early hours of May 27, Kim was arrested on the second floor of the civil affairs office at Province Hall with Yoon Sang-won. He attempted suicide in a Sangmudae MP cell. He was released in December 1981 with a mental disorder that put him in a psychiatric ward for sixteen years. Kim died in August 1998.

24 Lee Yang-hyeon participated in the Chonnam National University demonstration protesting student training exercises in March 1971 alongside Jeong Sang-yong and was suspended indefinitely. He first became aware of social injustices as a member of the Homeland Club at Gwangju Jeil High School. Dropping out of school in 1975, Lee joined the Alliance of Cheonggyecheon Labor Unions and undertook labor activism work at small factories in Gwangju before the uprising. Lee went on to head the Gwangju office of the *Hankyoreh* daily.

25 Yun Gang-ok was a student at Chonnam National University's Department of History when

he was accused of taking part in the National Youth and Student Alliance for Democracy Conspiracy in 1974 and expelled. He went on to become the secretary general of the Gwangju Uprising Allies Association and led the founding of the Gwangju branch of the National Movement for the Reclamation of Democracy and the Constitution, taking a leading role in the June Democracy Movement.

26   A member of the Gwangdae Theater Company who studied at Chonnam National University's Department of Korean Language and Literature, Park Hyo-seon took part in the performance of *Hampyeong Sweet Potatoes* at the National Farmers' Rally in 1978 and co-directed *Dwejipuri Madanggut* by the Gwangdae Theater Company the following year. Park initially led publicity efforts in the Uprising Leadership Team. He founded the Tobagi Theater Company in 1983 and fell ill during production of the film *RED BRICK* in 1998, and died in September that year.

27   Jeong Hae-jik was a teacher at the Gwanggok branch school of Nodong Elementary School who joined the Gwangju Uprising and served as the chief of civil affairs at Province Hall. He was captured by martial law forces in the early morning of May 27 and stripped of his teaching credentials. Jeong went on to dedicate himself to the democratization of education and became one of the founders of the Korean Teachers and Education Workers Union. He served as the head of the National Elementary School Council for the union and was removed from his post twice. In 2002, he took up a post as the chair of the Gwangju Uprising Allies Association.

28   A graduate of Gwangju Suchang Elementary School and Jeonnam High School, Kim Jun-bong found employment at Koryo Cement in 1978 and was studying for an equivalency diploma when the Gwangju Uprising began. He joined the investigation department at Province Hall and joined the Uprising Leadership Team. He went on to become an active member of the Gwangju Uprising Allies Association.

29   Gu Seong-ju was a member of the regional defense squads before he joined the team at Province Hall and took over the management of the kitchens.

30   Defense Security Command, "May 25, 1980," *Gwangju-satae sanghwangbogo* [Gwangju incident situation report], 257–8, quoted in Ministry of National Defense Truth Commission, *12·12, 5·17, 5·18 sageon josagyeolgwabogoseo* [Investigation report on the December 12 military insurrection], 122.

31   Kim Sun-hyeon, *Seoul-jibanggeomchalcheong jinsuljoseo* [Seoul Central District Prosecutors' Office record of statement] (1995).

第 12 章 │ 解放第五階段

1   Kim Seong-yong, "Testimony," in *Gusulsaengaesaro bon 5·18-ui gieokgwa yeoksa: cheonjugyo pyeon* [The memories of the Gwangju Uprising, through the lens of oral accounts: The Catholic church], vol. 5, ed. May 18 Memorial Foundation (2013), 159.

2   "20-sadan Gwangju-jakjeonilji" [The 20th Division's Gwangju Operation Records], *Monthly Chosun Magazine*, December 1988, 466–80.

3   Kim Seong-yong, "Testimony," in Yoon Kong-hi et al., *Jeohanggwa myeongsang: Youn Kong-hi daejugyowa sajedeure owolhangjaeng cheeomdam* (*Owolminjunghangjaengjaryojip* 6) [Resistance

and meditation: Firsthand accounts of the Gwangju Uprising from Archbishop Youn Kong-hi and the priests] (Bitgoeul, 1989).

4   *Gusulsaengaesaro bon 5·18-ui gieokgwa yeoksa: cheonjugyo pyeon* [The memories of the Gwangju Uprising], 159. After his arrival in Seoul, Father Kim Seong-yong took refuge at Myeongdong Cathedral and published a thirty-one-page account of his experiences in the Gwangju Uprising, titled "Bunnobodaneun seulpeumi" [Anger overshadowed by grief].

5   Jeong Dae-ha, "'35-nyeon mane eolgul deureonaen' bongmyeon simingun ⋯ '5·18 waegok matseo ssaul geot'" [Masked resistance member reveals face after 25 years, vows to fight malicious revisionism of Gwangju Uprising], *Hankyoreh*, May 18, 2015.

6   Gwangju Metropolitan City Historical Record Compilation Committee, ed., "80-man minjusiminui gyeorui" [The commitment of 800,000 citizens for democracy], *5·18 Gwangju minjuhwaundongjaryochongseo* [Gwangju Uprising archival collection], vol. 2 (1997), 73.

7   The matter of whether to give the dead a citizens' funeral or a provincial funeral was debated with raised voices by Vice-governor Jeong Si-chae and Mayor Gu Yong-sang both of whom attempted to foist the responsibility to the other. The issue was ultimately left undecided until the agreement made between the Resistance Council and the vice-governor.

8   The Korean Young Christian Workers members who participated in these efforts include Jeong Suk-gyeong, Kim Seong-ae, Yun Cheong-ja (age 22, Honam Electric employee), Shin Yang-hui (age 22), Choi Jeong-nim (age 21), Kim Sun-yi (age 20, Catholic Center employee), and Im Mi-ryeong (age 23, Namhae Fishing Net Factory employee).

9   Kim Jong-nam (male, born 1961, freight truck assistant), "Archive 1-382," in *5·18 pihaeja gusuljaryo josa* [Gwangju Uprising victims' oral testimony research], ed. May 18 Memorial Foundation (1999). Kim Jong-nam was arrested by martial law troops at Wolsan-dong early in the morning of May 27. He was subsequently beaten and tortured by investigators and left with schizophrenia-like symptoms.

10 Yun Seok-ru (resistance mobile strike force captain), "Choehu hangjaeng uimiwa jeungeonui somyeong" [The meaning of the final stand and the call to testimony], August 28, 2011, audio recording, May 18 Memorial Foundation.

11 Lee Jae-chun (born 1959), "Testimony 2038," in *Gwangju-owolminjunghangjaengsaryojeonjip* [Complete collection of historical records pertaining to the Gwangju Uprising], ed. Center for Contemporary Korean Historical Records Research (Pulbit, 1990).

12 Kim Jun-bong (born 1959), "Testimony 1020," in *Gwangju-owolminjunghangjaengsaryojeonjip* [Complete collection of historical records].

13 *Jeongyosagyeeombotonggunbeophoeui pangyeolmun* [Combat Arms Command martial law court-rartial verdict] (for Ahn Gil-jeong and Kim Yun-gi) (October 24, 1980); Gwangju Metropolitan City Historical Record Compilation Committee, ed., *5·18 Gwangjuminjuhw aundongjaryochongseo* [Gwangju Uprising archival collection], vol. 44 (2004), 194–9; Park Jong-seop, "Jeonnnamhapdongsusadan joseo" [South Jeolla Joint Investigation Team Report] (May 31, 1980); Gwangju Metropolitan City Historical Record Compilation Committee, ed., *5·18 Gwangjuminjuhwaundongjaryochongseo* [Gwangju Uprising Archival Collection] vol. 31 (2003), 14–62.

14 John Linton (currently professor at Yonsei University College of Medicine, director at Yonsei University Severance Hospital International Health Care Center), May 26, 2013, Gwangju

MBC. Linton's family served as missionaries in the Suncheon area for four generations. Following the Gwangju Uprising, he was threatened with deportation by the Singunbu for his role as the interpreter for the resistance spokesperson.

15   Henry Scott-Stokes, "Gija samyeonggwa oegyo yocheongui galdeung sogeseo" [Amid the conflict between the journalist's duty and the request for diplomatic assistance], in *5·18 teukpawon report* [Gwangju Uprising special correspondent report], ed. Journalists Association of Korea, *Mudeung Ilbo,* and Citizens' Solidarity Association (Pulbit, 1997), 40.

16   "Article 61, United States Government Statement on the Events in Kwangju, Republic of Korea, in May 1980."

17   Tim Shorrock, "Kwangju Diary: The View from Washington," in Jae-ui Lee, *Kwangju Diary* (UCLA, 1999), 167.

18   Bradley Martin "Yoon Sang-won geuui nungire damgin chenyeomgwa jugeumui gyeoldan" [Yoon Sang-won: His resignation and determination to fight to the death], in *5·18 teukpawon report* [Gwangju Uprising special correspondent report], 131.

19   Arnold A. Peterson, *5·18, Gwangju-satae* [*5·18, the Kwangju Incident*], tr. Jeong Dong-seop (Pulbit, 1995), 152.

20   Cho Ah-ra (female, born 1912), "Testimony 1003," in *Gwangju-owolminjunghangjaengsaryojeonjip* [Complete collection of historical records].

21   Korean Veterans Association, ed., *12·12. 5·18 sillok* [Annals of the December 12 military insurrection and the Gwangju Uprising] (1997), 288.

22   For more information concerning Operation Sangmu Loyalty, refer to Ministry of National Defense Truth Commission, *12·12, 5·17, 5·18 sageon josagyeolgwabogoseo* [Investigation report on the December 12 military insurrection, the May 17 military insurrection, and the Gwangju Uprising] (2007), 120–3.

23   Peterson, *5·18, Gwangju-satae*, 152.

24   Combat Arms Command, "Soyojinapgwa geu gyohun" [Riot suppression and lessons thereof] (1981), 63, quoted in Lee Hae-chan, et al., *Gieokaneun jaui Gwangju* [The Gwangju of those who remember] (Dolbege, 2010), 386.

25   Combat Arms Command, "Soyojinapgwa geu gyohun" [Riot suppression and lessons thereof], 64–5, quoted in Hae-chan Lee et al., *Gieokaneun jaui Gwangju* [The Gwangju of those who remember], 387.

26   "Article 57, United States Government Statement on the Events in Kwangju, Republic of Korea, in May 1980," quoted in Lee Hae-chan et al., *Gieokaneun jaui Gwangju* [The Gwangju of those who remember], 389.

27   Combat Arms Command, "Soyojinapgwa geu gyohun" [Riot suppression and lessons thereof], 63, quoted in Lee Hae-chan et al., *Gieokaneun jaui Gwangju* [The Gwangju of those who remember], 388.

28   Seoul District Court, *12·12, 5·18 1-sim seongo pangyeolmun* [Court ruling on the first trial of the December 12 military insurrection and the Gwangju Uprising], August 26, 1996.

29   Ministry of National Defense Truth Commission, *12·12, 5·17, 5·18 sageon josagyeolgwabogoseo* [Investigation report on the December 12 military insurrection], 122.

30   Defense Security Command, "Gwangju-soyosatae gwallyeoncheol" [Files concerning the Gwangju rioting crisis], 60, quoted in Ministry of National Defense Truth Commission,

12·12, 5·17, 5·18 sageon josagyeolgwabogoseo, [Investigation report on the December 12 military insurrection], 122.

第13章 | 抗爭結束

1   Ultimately, it is pointless to divide the uprising leadership into supporters of surrender and supporters of resistance, as even the former had worked toward settlement with the best interest and the safety of the people at heart. Once martial law troops had rejected the citizen representatives' demands and decided to march on the city, there was nothing more this faction could do.

2   Yun Seok-ru (resistance mobile strike force captain), "Choehu hangjaeng uimiwa jeungeonui somyeong" [The meaning of the final stand and the call to testimony], August 28, 2011, audio recording, May 18 Memorial Foundation.

3   Lee Jong-gi was stripped of his status as a lawyer and imprisoned in 1973 for his opposition to the Yusin regime. He was part of the Settlement Committee from its inception on May 22 and took on the role of chair when the Settlement Committee was reorganized with nongovernment political activists on May 25. Hong Nam-sun, "Testimony 1012," in *Gwangju-owolminjunghangjaengsaryojeonji*p [Complete collection of historical records pertaining to the Gwangju Uprising], ed. Center for Contemporary Korean Historical Records Research (Pulbit, 1990). His courageous act on the night of May 26 galvanized the resistance forces. Lee remained at Province Hall with Kim Tae-chan of the mobile strike forces and was arrested early in the morning of May 27. His son Lee Chung-yeong (age 20, student at Kyung Hee University School of Korean Medicine) enlisted with the resistance at the YMCA earlier that night and was stationed at Gwangju Gyelim Elementary School, where he was captured by martial law troops early in the morning of May 27.

4   Son Nam-seung (born 1958), "Testimony 1046," in *Gwangju-owolminjunghangjaengsaryojeonjip* [Complete collection of historical records].

5   Association of Families of Fallen Gwangju Uprising Democratization Activists, ed., "5·18-ui jeongukwa" [The nationwide spread of the Gwangju Uprising], *Geuhae owol naneun salgo sipeotda* [That May, I wanted to live], vol. 2 (2005), 338.

6   Im Yeong-sang, *Bukkeureoun talchul—gogyosaeng simingunui 5·18 hoesanggi* [A shameful escape—a high school resistance fighter's recollections of the Gwangju Uprising] (Pureun Media, 2009). Im Yeong-sang's book, which describes his experiences from the Gwangju Uprising, is a faithful reflection of high school students' shifts in perspective and their participation in the demonstrations. Im had boarded a demonstrator vehicle by chance on May 21 and gone all the way to Yeongam. However, the blockade of Gwangju that afternoon left him wandering Naju, Yeonggwang, Hampyeong, and Mokpo before he was finally able to return to his boarding house in the city on May 25.

7   At the same time, only several dozen meters away, Combat Arms Vice-Commander Kim Gi-seok was negotiating with Father Kim Seong-yong and the citizen representatives on behalf of martial law forces. It was a ruse to give the citizens the impression that the military was still open to negotiations when, in reality, the final operation was already underway.

8   Combat Arms Command, "Soyojinapgwa geu gyohun" [Riot suppression and lessons

thereof] (1981), 75.

9   The instructions included: 1. Infiltration and ambush of the city at the same time as the sweep of the final target; 2. The blockade of motorways leading out of the city; 3. The infiltration and takeover of special targets such as Province Hall, Gwangju Park, the Gwangju Tourist Hotel, and the Jeonil Building; 4. The simultaneous attack of the city, followed by contact with the special forces team and the deployment of key points, where rebels would be suppressed; and 5. The collection of weapons and the implementation of public pacification strategies.

10 Korean Veterans Association, ed., *12·12. 5·18 sillok* [Annals of the December 12 military insurrection and the Gwangju Uprising] (1997), 302.

11 Ministry of National Defense Truth Commission, *12·12, 5·17, 5·18 sageon josagyeolgwabogoseo* [Investigation report on the December 12 military insurrection, the May 17 military insurrection, and the Gwangju Uprising] (2007).

12 Stun grenades are used for hostage rescue situations and were first used by Israeli special forces in 1976 during Operation Entebbe. Their first use in South Korea was during the attack on the South Jeolla Province Hall in Gwangju on May 27, 1980. These grenades cause a bright flash upon exploding, temporarily blinding those within range. Because the grenade exterior is made of plastic, it is used for suppression rather than the killing of hostage-takers (3rd Brigade combat report).

13 Korean Veterans Association, ed., *12·12. 5·18 sillok* [Annals of the December 12 military insurrection], 521. At 9:00 p.m. and 11:00 p.m. on May 26, as they prepared for the attack on Province Hall, martial law troops dressed paratrooper NCOs in plainclothes and dispatched them to downtown Gwangju to collect information.

14 11th Airborne Special Forces Brigade Combat Report.

15 Yang Dong-nam and Na Il-seong, "Testimony," in *5·18-hangjaeng jeungeonjaryojip* [Gwangju Uprising testimony collection], vol. 1, ed. Chonnam University May 18 Institute (Chonnam University, 2003).

16 Na Il-seong, "Testimony," in *5·18-hangjaeng jeungeonjaryojip* [Gwangju Uprising testimony collection], 116.

17 By 2:00 a.m., martial law troops had been spotted closing in from Hwajeong-dong, Seobang, and Jiwon-dong.

18 Im Yeong-sang, *Bukkeureoun talchul* [A shameful escape], 218.

19 Na Myeong-gwan (born 1962, welder), "Testimony 4003," in *Gwangju-wolminjunghangjaengsaryojeonjip* [Complete collection of historical records].

20 "Jeongyosagyeeombotonggunbeopoeui pangyeol iyuseo" [Combat Arms Command martial law court-martial verdict brief] for Song Jin-gwang (December 30, 1980); Gwangju Metropolitan City Historical Record Compilation Committee, ed., *5·18 Gwangjuminjuhwa undongjaryochongseo* [Gwangju Uprising archival collection], vol. 47 (2004), 37.

21 The number of resistance members arrested following the martial law troops' sweep of Province Hall in the morning of May 27 is estimated to be more than 200. The number of resistance members who fought to the end and their final positions have been estimated from testimonies from 143 of the arrested who could still be reached and from calculations based on available Prosecutors' Office investigation records. The numbers listed per location were

based on approximate numbers given in the testimonies of those captured at those sites. As such, areas from which all resistance members fled and escaped arrest have not been counted. Although it is guessed that resistance fighters were dispatched to Sansu-dong, no records exist to support this theory.

22   During the 1989 National Assembly hearing, Uprising Leadership Team members captured at Province Hall on May 27 claimed that approximately 300 to 500 people remained at the building when martial law troops stormed the city. A significant number of people are believed to have escaped Province Hall just before the attack or during the gunfight that occurred. Approximately 200 were captured alive by martial law forces.

23   There were originally twenty men at the YWCA, but an additional ten were sent to the building from among the YMCA volunteers early in the morning of May 27. Martial law troops killed two resistance fighters at the YWCA and arrested twenty-nine. One of the deceased was Park Yong-jun, and the other's identity remains unknown.

24   Yun Gi-gwon, Im Jun-seop, and Jeong Sam-gi were arrested at the YMCA on the morning of May 27. Journalist Norman Thorpe took a photograph of Geumnam-ro in front of the YMCA at 8:30 a.m. that day, depicting one fallen resistance member on the ground.

25   Hwang Ui-su (age 28) was the leader of Squad 1 (thirteen members) of the resistance reinforcement team, which was formed on the night of May 26 at the YMCA. According to operation records from the 11th Airborne Special Forces Brigade, three people were arrested at the Jeonil Building, with the rest presumed to have escaped.

26   Lee Hak-jong and Oh Jong-su were among more than twenty resistance members who took shelter at an inn near the Intercity Bus Terminal and were arrested on the morning of May 27.

27   This estimate came from Song Jin-gwang,who led the men to Gyelim Elementary School and stationed them on the footbridge in front of the grounds. Kim Tae-chan testified that he drove to the school by truck with between twenty and thirty resistance members.

28   The Wolsan-dong area is guessed to be the area around Deongnim Mountain, where the present-day Gwangju MBC is located. There was a skirmish in this area when the 7th Brigade's special forces team attempted to pass through on their way to Gwangju Park. A second lieutenant Choi was killed in the battle. Kim Jong-nam was one of seven resistance members dispatched to Wolsan-dong. Two of them were arrested on the scene and resistance member Kim Seong-geun lost his life.

29   Six men, including Han Gang-un, were arrested at Sajik Park.

30   Namgwangju Station is located across the street from Chonnam University Hospital. The 10th Division's 61st regiment records that at 4:20 a.m. on May 27, troops engaged a group of resistance fighters near Chonnam University Hospital, killing two. There are no known records of testimony from resistance members captured at this site.

31   Chief of Provisions Gu Seong-ju and five of his companions were arrested near Hanil Bank on Geumnam-ro on the morning of May 27.

32   A captain identified by the family name Kim, commander of a reconnaissance squad from the 20th Division's 60th Battalion, captured Gwangju Seobu Police Station early in the morning of May 27. According to Kim, his men met fierce pushback from the resistance from the Cheonggiwa Gas Station in Nongseong-dong to the police station.

33   Jeong Sang-yong and Lee Yang-hyeon, in discussion with Lee Jae-eui and Jeon Yong-ho, May 2016. The first edition of *Beyond Death, Beyond the Darkness of the Age* claims, "Some in the situation room proposed a suicide attack by grenade, but one young man argued against it, wiping his tears with clenched fists ⋯ The room became silent and the high school students holding the grenades wept" (241). However, this was not true. No one proposed a suicide attack, and grenades were kept under tight control and were not distributed.

34   The first edition of *Beyond Death, Beyond the Darkness of the Age* claims, "Young people ran out of their homes upon hearing the broadcast and rushed to Province Hall, only to find themselves surrounded by soldiers as they wandered the Province Hall area. Hundred were detained, and those who fled were gunned down mercilessly" (241). However, multiple accounts have shown that very few young people made their way to Province Hall at this time. The claim that the final broadcast was delivered "throughout the city via a broadcast vehicle" (Hae-chan Lee, Si-min Rhyu, et al., *Gieokaneun jaui Gwangju* [The Gwangju of those who remember] [Dolbege, 2010], 404; Korean Veterans Association, *12·12. 5·18 sillok* [Annals of the December 12 military insurrection], 305) have also been proven false. Park Yeong-sun testified, "It was pitch-black outside and soldiers armed with rifles were attacking; driving around in a vehicle for the broadcast was out of the question": Park Yeong-sun, "Testimony" (testimony, May 18 Democratization Movement Archive Conference, March 2016). Four speakers were on the Province Hall rooftop at the time, each pointed in one of the cardinal directions. The speakers were of high quality and generally used for civilian air raid drills.

35   Henry Scott-Stokes, "Gija samyeonggwa oegyo yocheongui galdeung sogeseo" [Amid the conflict between the journalist's duty and the request for diplomatic assistance], in *5·18 teukpawon report* [Gwangju Uprising special correspondent report], ed. Journalists Association of Korea, *Mudeung Ilbo*, and Citizens' Solidarity Association (Pulbit, 1997), 44. "Picture Munch's *The Scream*, with the distorted face and the hollow mouth—and imagine the picture screaming without warning in a darkened studio. Then you will understand the power behind the voice I heard."

36   According to the first edition of *Beyond Death, Beyond the Darkness of the Age* (1985), martial law troops first attacked Province Hall via the main gates. However, military records released during the 1997 trial for the December 12 military insurrection and the Gwangju Uprising revealed that the operation actually began when the special forces team from the 3rd Brigade climbed over the rear fence and launched a surprise attack on the building. The resistance had not expected an attack on their rear. (Testimony of Yun Seok-ru, Park Nam-seon, and others).

37   Captain Yuk (identified by family name only, 1st Field Battalion, 11th Battalion, 3rd Airborne Special Forces Brigade), *Gukbangbubotonggeumchalbu jinsuljoseo* [Ministry of National Defense General Prosecutors' Office record of statement], 1995.

38   "20-sadan Gwangju-jakjeonilji" [The 20th Division's Gwangju Operation Records], *Monthly Chosun Magazine*, December 1988, 477–80. According to this report, eleven shots were heard at Province Hall at 4:10 a.m.

39   Kim In-hwan (born 1959), "Testimony," in *5·18 minjuhwaundong beopjeong· yeongchang storytelling gusulbogoseo* [Gwangju Uprising court and court-martial narrative testimony

reports], ed. Gwangju Democratization Movement Commemoration Committee (2015).

40 Together with Seo Ho-bin, Kim In-hwan testified that while stationed at the rear fence of Province Hall for guard duty, he spotted a helicopter above Province Hall dropping off paratroopers in the city. "The moment martial law troops made to enter, a helicopter appeared over Province Hall, turned on searchlights, and dropped off many paratroopers who rappelled down to the ground. Like a scene out of a movie, they opened fire as they dropped, spinning due to the recoil and sending their bullets curving in the air" (Kim In-hwan 2015). Operations director Park Nam-seon also testified at the 1988 National Assembly hearing that paratroopers attacked the building "while firing machine guns from helicopters overhead." Kim and Park's testimonies do not match official military records. The 20th Division's operation records state that no helicopters were deployed until 5:16 a.m., an hour after the infiltration of the 3rd. Kim and Park claim that helicopters appeared earlier than reported and that they witnessed paratroopers rappelling down from overhead. Although there may be some doubt as to the accuracy of their memories, more research into their claims is required because the military is known to have removed or altered sensitive information after the fact.

41 It was only after his release from Sangmudae that Kim In-hwan learned from Seo Ho-bin's parents that Seo was killed.

42 Captain Yuk, *Gukbangbubotonggeumchalbu jinsuljoseo* [Ministry of National Defense General Prosecutors' Office record of statement], 1995.

43 Park Byeong-jun (born 1963), "Testimony 3107," in *Gwangju-owolminjunghangjaengsaryojeonjip* [Complete collection of historical records].

44 Lee Jae-chun, in discussion with Jeon Yong-ho, July 2016. Lee Jae-chun was armed with an M16 but could not return fire because he had no ammunition.

45 Lee Jae-chun (born 1959), "Testimony 2038," in *Gwangju-owolminjunghangjaengsaryojeonjip* [Complete collection of historical records].

46 According to Kim Dae-ryeong, in *Imeul wihan haengjingok* [Marching for our beloved] (BBBooks, 2015), "not one person was shot to death by martial law troops" by the fountain. However, this claim is refuted even by the paratrooper special forces commanders who were on the scene. A Captain Choi from the 11th Brigade testified to prosecutors that "the operation began at 04:00, and on the way to the destination via Province Hall, someone at the fountain in front of Province Hall opened fire on the men. The attacker was killed and the unit resumed making its way to the destination." Captain Choi (identified by family name only, 2nd Field Battalion, 61st Battalion, 11th Airborne Special Forces Brigade), *Gukbangbubotonggeumchalbu jinsuljoseo* [Ministry of National Defense General Prosecutors' Office record of statement], 1994.

47 Yu Seok (born 1963), "Testimony 3115," in *Gwangju-owolminjunghangjaengsaryojeonjip* [Complete collection of historical records]. Yu Seok and his friend Jeong Geum-dong were on standby at the YMCA when the emergency alert was sounded. They received their rifles and ammunition at Province Hall and were stationed at the fountain. The plaza was silent for about an hour after the alert, but around 4:00 a.m., they heard gunfire behind Sangmu Hall and spotted signal flares shot by martial law troops. The area was already crawling with soldiers, who surrounded the fountain from both sides.

48 Documents that spread false claims about the Gwangju Uprising, such as Kim Dae-ryeong's *Imeul wihan haengjingok* [Marching for our beloved], emphasize that the 3rd Brigade's special forces team entered Province Hall by climbing over the rear fence in order to claim that there were no martial law troops in the plaza outside Province Hall at 4:00 a.m. However, the testimonies of Captain Choi of the 2nd Field Battalion from the 11th's 61st Battalion, as well as the accounts of Lee Jae-chun and Yu Seok, make clear that martial law troops were indeed at the fountain at the time.

49 Na Il-seong (born 1961), "Testimony 2035," in *Gwangju-owolminjunghangjaengsaryojeonjip* [Complete collection of historical records].

50 Kim Yeo-su (born 1961), "Testimony 2040," in *Gwangju-owolminjunghangjaengsaryojeonjip* [Complete collection of historical records].

51 Kim Hyeon-chae (born 1961), "Testimony 2041," in *Gwangju-owolminjunghangjaengsaryojeonjip* [Complete collection of historical records].

52 Daedo Hotel was a small, three-story establishment situated in the alley bordering the south side of Province Hall. The building was demolished and the Asia Culture Center now stands on the site. Foreign journalists including Terry Anderson and Norman Thorpe stayed at the hotel on the night of May 26, and they personally observed the paratrooper attack on Province Hall. Their witness accounts are recorded in *5·18 teukpawon report* [Gwangju Uprising special correspondent report].

53 Terry Anderson, "Naraoneun chongareul pihamyeo" [Ducking between flying bullets], in Journalists Association of Korea et al., eds., *5·18 taeukpawon report* [Gwangju Uprising special correspondent report], 30.

54 The two paratroopers are guessed to have stood near the southern edge of the South Jeolla Province Police building on the Province Hall premises. Norman Thorpe, who stayed at Daedo Hotel with Terry Anderson, returned to Gwangju in May of 2016 at the invitation of the city, at which time he went up to the rooftop of the old Province Hall building and pointed out the precise locations of the hotel at which the foreign press stayed on the night of May 26 and the location from which they witnessed the assault to Lee Jae-eui, one of the writers of this book.

55 "20-sadan Gwangju-jakjeonilji," [The 20th Division's Gwangju operation records], *Monthly Chosun Magazine*, December 1988, 477–80.

56 Captain Kim (identified by family name only, commander of 2nd Company, 1st Field Battalion, 11th Battalion, 3rd Airborne Special Forces Brigade), in *Gukbangbubotonggeumchalbu jinsuljoseo* [Ministry of National Defense General Prosecutors' Office record of statement], 1994.

57 The gunshots are guessed to be from the exchange of fire between troops who had approached Province Hall from the rear at 4:10 a.m. and resistance members who were on guard, or to be the shots fired by the 11th Brigade as they passed by the fountain in the plaza and fired upon the resistance members hiding behind the planters.

58 Captain Kim, in *Gukbangbubotonggeumchalbu jinsuljoseo* [Ministry of National Defense General Prosecutors' Office record of statement], 1994.

59 The Province Hall buildings—including the South Jeolla Province Police building —were all interconnected with one another, with a courtyard in the center. Each floor of the main

building could be accessed via the central staircase in front of the main entrance. Long hallways spanned each floor, with cubicle-style offices used for administrative work. The Uprising Leadership Team used the first-floor offices as the situation and investigation offices and the governor's office, vice-governor's office, and the directors' offices as the Settlement Committee office, Uprising Leadership chair office, Uprising Leadership vice-chair office, public relations office, spokesperson's office, and planning director's office. The second floor was also spanned by long hallways, and behind each office door was a smaller room that led into the office proper. A separate four-story building was erected south of the main building following Korea's independence to connect the main building and the police building, both of which were built during Japanese rule.

60   Kim Yun-gi (born 1957), "Testimony 4012," in *Gwangju-owolminjunghangjaengsaryojeonjip* [Complete collection of historical records].

61   Yun Gang-ok (born 1951, planning committee member), "Archive 7-24," in *5·18 pihaeja gusuljaryo josa* [Gwangju Uprising victims' oral testimony research], ed. May 18 Memorial Foundation (1999).

62   Choi Chi-su (born 1961), "Testimony 1017," in *Gwangju-owolminjunghangjaengsaryojeonjip* [Complete collection of historical records].

63   Kim Tae-chan (born 1961), "Testimony 2032," in *Gwangju-owolminjunghangjaengsaryojeonjip* [Complete collection of historical records].

64   Jeong Sang-yong, in discussion with Lee Jae-eui and Jeon Yong-ho, May 2016. The majority of resistance members who were arrested in the main building of Province Hall, including Jeong Sang-yong, Jeong Hae-jik, and Yun Gang-ok, had been locked in their offices and were thus unable to see the martial law troops until they had opened the doors and thrown their guns into the hallways in surrender. It had been physically impossible for them to fire back or put up any resistance.

65   Shin Man-sik (born 1956), "Testimony 1044," in *Gwangju-owolminjunghangjaengsaryojeonjip* [Complete collection of historical records].

66   Yang Hong-beom (born 1960, boxer), "Testimony 1047," in *Gwangju-owolminjunghangjaengsaryojeonjip* [Complete collection of historical records]. When they first received news of the impending attack by martial law troops the previous day, the men had discussed the matter and vowed to keep the armory secure to the end.

67   According to the autopsy report published by the Gwangju District Prosecutors' Office, the cause of death for Moon Yong-dong (born 1953, seminarian) was "penetrating gunshot wound to the right thorax, penetrating gunshot wound to the upper left thorax, and perforating wound to the right hand" left by M16 rifle(s). The autopsy report published by Defense Security Command, however, lists Moon's cause of death as "Two penetrating wounds and one perforating wound to the right middle finger (measuring at 1.5 x 0.5 cm)" left by carbine rifle(s).

68   When seen from the main gates, the civil affairs office was to the left of the main building and was composed of a basement and two stories above the ground. The basement housed a cafeteria and a barbershop for Province Hall employees, the first floor was the civil affairs center, and the second floor was an auditorium. When the resistance took control of the premises during the Gwangju Uprising, the basement was turned into an armory housing

TNT, grenades, and firearms; the first floor a cafeteria and kitchen; and the second floor an additional cafeteria and a rest area. Although the civil affairs office was separate from the main building, it was connected to the main building at the auditorium on the second floor via a walkway. The south side of the auditorium also led to a different walkway that led into the police building.

69 Ahn Gil-jeong, "Yoon Sang-won-ui saine daehayeo" [On Yoon Sang-won's cause of death], *Historical Studies Research*, vol. 63 (August 2016), 95–134. In 1980, martial law authorities repeatedly put forth that Yoon had committed suicide by disembowelment or immolation. These allegations were succeeded in recent years by suggestions of suicide by grenade, which were used to suggest that the song "Marching for Our Beloved" was not appropriate to serve as the official representative song of the Gwangju Uprising, as the song was originally written in Yoon's memory (Kim Dae-ryeong, *Imeul wihan haengjingok* [Marching for our beloved]). These allegations, however, are a gross distortion of Yoon's real cause of death. HIs death has a symbolic place in the debates surrounding the definition of the Gwangju Uprising as a democratization movement, a popular uprising, or a riot. As such, martial law authorities, from the outset, attempted to forge Yoon's cause of death and continued to put forth variations on the same assertion over the years to distort the truth.

70 Park Nae-pung (born 1957), "Testimony 1036," in *Gwangju-owolminjunghangjaengsaryojeonjip* [Complete collection of historical records].

71 Yun Seok-ru, "Testimony," in *2011-nyeon 5·18 minjuhwaundong gusuljaryo sujip yeonguyongyeok gyeolgwabogoseo* [Report on the results of the Gwangju Uprising oral testimony collection research (2011)], ed. May 18 Memorial Foundation (2011).

72 "Gwangju-soyosatae jinapjakjeon" [Operation for the suppression of the Gwangju riots], *3-gongsuyeodan teukjeonsajeontusangbo* [3rd Airborne Special Forces Brigade combat report] (1980).

73 Supreme Court of South Korea, *12·12, 5·18-sanggosim seongo pangyeolmun* [Supreme Court ruling on the December 12 military insurrection and the Gwangju Uprising], April 17, 1997. At the trial for the December 12 military insurrection and the Gwangju Uprising, the Supreme Court declared, "the operation for the re-entry of military personnel to downtown Gwangju and the retaking of Province Hall necessitated the suppression of the armed demonstrators at the site, which would inevitably lead to battle against the resisting forces and subsequently the injury and death of those involved. The accused, Chun Doo-hwan, was aware of these facts when he chose to pursue the operation for the re-entry of troops into the city. The commands he delivered to this end, then, clearly carried intent to order or implicitly approve of such acts of murder." The court also found that Chun committed these acts of murder because he was "in a critical situation where failing to prevent the spread of the Gwangju demonstrations in a timely manner would prevent him from accomplishing the goal of his insurrection—taking political power," and ruled that he be held responsible for "murder with intent to incite rebellion."

74 *Imeul wihan haengjingok* [Marching for our beloved] by Kim Dae-ryeong claims that the two victims Lee Jae-chun witnessed near the fountain in the plaza on the morning of May 27 were Moon Jae-hak and Ahn Jong-pil, first-year students at Gwangju Commercial High School. However, Lee's testimony shows that there is no evidence that the two victims

were indeed Moon and Ahn, as Kim claims (*2011-nyeon 5·18 minjuhwaundong gusuljaryo sujip yeonguyongyeok gyeolgwabogoseo* [Report on the results of the Gwangju Uprising oral testimony collection research]). Kim's book also claims that Park Nam-seon and Shin Man-sik were the only ones who were armed with M16s and opened fire, but Park and Shin testify to having no ammunition for M16 rifles. The majority of resistance members testified that the lack of M16-appropriate ammunition made the rifles useless for them. As for the deaths of students Moon and Ahn, their autopsies were performed in the afternoon of May 27 in the rear courtyard of Province Hall by the Gwangju District Prosecutors' Office under the supervision of military prosecutors. The cause of death for Moon Jae-hak (age 16) was determined to be "perforating gunshot wound to the left abdomen (penetrating gunshot wound to the left abdomen and left frontal cervical region, comminuted fracture of the mandible), with the entry wound measuring at 1.0 x 0.5 cm in the rear cervical region and the exit wound measuring at 6.0 x 4.0 cm in the left frontal cervical region." Ahn Jong-pil's (age 16) cause of death was determined to be "perforating gunshot wound to the right thorax (penetrating wounds to the left posterior and thorax, right frontal thorax, and lower back). Both of their wounds were recorded to have been inflicted by M16 rifles. Gwangju Metropolitan City Historical Record Compilation Committee, ed., *5·18 Gwangjuminjuhwa undongjaryochongseo* [Gwangju Uprising archival collection], vol. 20 (1999), 476–9.

75 Yang In-hwa (male, born 1956), "Testimony 2026," in *Gwangju-owolminjunghangjaengsaryojeonjip* [Complete collection of historical records].

76 Im Yeong-sang, *Bukkeureoun talchul* [A shameful escape].

77 Im Yeong-sang, *Bukkeureoun talchul*.

78 Hwang Ui-su (born 1952), "Testimony," in *5·18 minjuhwaundong beopjeong· yeongchang storytelling gusulbogoseo* [Gwangju Uprising court and court-martial narrative testimony reports].

79 "Gwangju-soyosatae jinapjakjeon" [Operation for the suppression of the Gwangju riots], *11-gongsuyeodan teukjeonsajeontusangbo* [11th Airborne Special Forces Brigade Combat Report] (1980).

80 The YWCA was home to *The Fighters' Bulletin* publishing team, and it was where postsecondary students were recruited for the replacement of the Settlement Committee with the Uprising Leadership Team. In the morning of May 27, the female members of the Gwangdae Theater Company and the Songbaek Society were evacuated, leaving about thirty men on the premises. Seo Han-seong, who had completed his military service, instructed the others on the use of firearms before they dispersed to stand watch. Kim Seong-seop, Shin Eun-ju, and Park Yong-jun were stationed on the second floor, and Na Myeong-gwan and Yun Sun-ho were stationed at the Sosimdang Hall on the first floor. They were accompanied by a dozen recruits from the YMCA, as well as Chae Yeong-seon (age 23), Kim Han-jung (age 20), Kim Hyeon-cheol (age 21), Cheon Yeong-jin (age 20), and Han Jeong-man (age 19).

81 Na Myeong-gwan (male, born 1962, welder), "Archive 1-036," in *5·18 pihaeja gusuljaryo josa* [Gwangju Uprising victims' oral testimony research].

82 Kim Gil-sik (born 1961), "Testimony 1039," in *Gwangju-owolminjunghangjaengsaryojeonjip* [Complete collection of historical records].

83 Association of Families of Fallen Gwangju Uprising Democratization Activists, ed., "Seumulse

sal oeroun nimui saengae [Your lonely 23-year life], *Geuhae owol naneun salgo sipeotda* [That May, I wanted to live], vol. 1 (2005), 355. According to autopsy reports from the Gwangju Prosecutors' Office, Park Yong-jun's cause of death was a "perforating gunshot wound to the face" (an M16 round through the face). Paratroopers had opened fire indiscriminately at the resistance, shooting at the head and the chest despite guidelines to aim for the lower abdomen.

84 Jeong Dae-ha, "80-nyeon Gwangju choehu jikida chongsang ibeun yeodaesaeng 'owol ilgi' cheot gonggae" [Never-before-seen account of Gwangju Uprising by postsecondary student shot during final stand], *Hankyoreh*, May 26, 2016. Following her release in July of 1980, Kim Yun-hui wrote a journal chronicling her experiences during the Gwangju Uprising. The contents of her journal were recently published anonymously on the *Hankyoreh*.

85 The 11th Brigade's combat reports outline the outcome of the mission: "3 killed, 29 prisoners; obtained 500 carbine rifles, 1 light machine gun, 1 M203 grenade, 1 M16 rifle, 1 P-77 radio, 4 cases of machine gun ammunition, etc.; 2 men injured (Staff Sergeants Jeong and Lee from the 61st Battalions' 3rd Field Battalion) with gunshot wounds."

86 Combat Arms Command, "Gwangju-soyosataebunseok—gyohunjip" [Analysis of the Gwangju riots—lessons] (September 1980), quoted in *JoongAng Monthly* (February 1989).

87 Kim Jong-nam (born 1961, freight truck assistance), "Archive 1-382," in *5·18 pihaeja gusuljaryo josa* [Gwangju Uprising victims' oral testimony research].

88 ROK Army HQ 7th Airborne Special Forces Brigade, "Jeontusangbo" [Combat report].

89 ROK Army HQ 20th Division, "Jeontusangbo" [Combat report].

90 "20-sadan Gwangju-satae jakjeonilji" [The 20th Division's Gwangju operation records], *Monthly Chosun Magazine* (December 1988), 466–80.

91 *Jeongyosagyeeombotonggunbeophoeui pangyeolmun* [Combat Arms Command martial law court-martial verdict] (1980); Gwangju Metropolitan City Historical Record Compilation Committee, ed., *5·18 Gwangjuminjuhwaundongjaryo chongseo* [Gwangju Uprising archival collection], vol. 47 (2004), 37.

92 Operations director Park Nam-seon referred to Song Jin-gwang by the pseudonym "Hwang Du-il" (*Shindonga*, May 1988). Those who attempt to distort the facts of the Gwangju Uprising assert that "Hwang Du-il" is a North Korean officer who infiltrated South Korea (such as *Imeul wihan haengjingok* by Kim Dae-ryeong).

93 ROK Army HQ 20th Division, "Chungjeongjakjeonsangbo" [Operation Loyalty report], 1980.

94 Song Jin-tae (male, brother of Song Jin-gwang), "Archive 1-091," in *5·18 pihaeja gusuljaryo josa* [Gwangju Uprising victims' oral testimony research]. Song Jin-gwang (age 28) finished high school in Gwangju and entered Korea Army Academy at Yeongcheon. He did his military service as an officer in a chemical support unit in the Third ROK Army in Chuncheon, and completed his service with the rank of captain in 1979. Song went into downtown Gwangju on May 20 and bore witness to the atrocities committed by martial law troops, which spurred him to go to the YMCA following the May 26 rally. He commanded the resistance in Gyerim-dong on the morning of May 27 and escaped the scene in spite of his injury. Several months later, he visited the elderly couple to give his thanks. However, in October of that year, he was arrested on a tip and tortured severely. *Jeongyosagyeeom*

botonggunbeophoeui pangyeolmun [Combat Arms Command martial law court-martial verdict]; Gwangju Metropolitan City Historical Record Compilation Committee, ed., *5·18 Gwangjuminjuhwau ndongjaryochongseo* [Gwangju Uprising archival collection], vol. 47 (2004), 37. Song's daring escape became a myth among the people of Gwangju, spreading across the city. He was released from prison in 1981, married, and operated a rice mill at Yongyeon Village at the foot of Mudeung Mountain, in front of the 2nd Reservoir. On September 5, 1985, autumn downpours caused a river to overflow and swept away a child who worked at Song's rice mill. He jumped in after the child, but both were killed by the floodwaters.

95   "20-sadan Gwangju-jakjeonilji" [The 20th Division's Gwangju operation records], *Monthly Chosun Magazine*, 477–80.

96   Korean Veterans Association, ed., *12·12. 5·18 sillok* [Annals of the December 12 military insurrection], 308–10.

97   Kim Yang-woo, "Ajikdo Gwangju-neun kkeutnaji anatda" [The Gwangju Uprising is not yet over], in *5·18 teukpawon report* [Gwangju Uprising special correspondent report], 237.

98   Cheon Yeong-jin (born 1960), "Testimony 3109," in *Gwangju-owolminjunghangjaengsaryojeonjip* [Complete collection of historical records].

99   Heo Jang-hwan, "505-boanbudae Gwangju-satae cheori teungmyeongban susagwanui jeungeon" [Testimony from 505th Security Unit Gwangju Uprising team's investigator], Hankyoreh Community, December 6, 1988, http://c.hani.co.kr/hantoma/1434931.

100   Terry Anderson "Naraoneun chongareul pihamyeo" [Ducking between flying bullets], in *5·18 teukpawon report* [Gwangju Uprising special correspondent report], 31. When he entered Province Hall from 7:00 to 8:00 a.m. on May 27, he wrote down precisely the number of dead he saw and their locations: 2 in the second-floor conference room, 1 self-immolation, 7 in the rear courtyard, 3 in the Province Hall stairway, and 2 dismembered bodies for a total of 15.

101   Norman Thorpe was confirmed to be the first journalist to set foot in Province Hall on the morning of May 27.

102   ROK Army HQ 20th Division, "Chungjeongjakjeonsangbo" [Operation Loyalty report], 1980 (Records from May 21, 21:00). During the Gwangju Uprising, martial law troops were instructed in specific firearms use guidelines concerning the invocation of the right of self-defense. They were ordered to "begin by warning foes to hold approach, and open fire on the lower abdomen if foes ignored the warning." Combat Arms Command guidelines also state that "shots toward hostile rioters must be aimed at the lower abdomen where possible."

103   According to autopsy reports published by the Gwangju District Prosecutors' Office and by Defense Security Command, the majority of those killed at Province Hall had been shot multiple times in the head and chest. An analysis of the 87 autopsy reports from the Gwangju Uprising where the victims had been shot in the upper body with M16 rifles shows that 33 were killed by shots to the head and 54 to other parts of the upper body.

104   Lee Hae-chan et al., *Gieokaneun jaui Gwangju* [The Gwangju of those who remember], 411.

105   Cho Seong-ho, "Owol Gwangju-ui hoesang" [Reminiscences of Gwangju in May] in *5·18 teukpawon report* [Gwangju Uprising special correspondent report], 204. Autopsy results showed that Park was killed by "penetrating gunshot wound to the left thorax (5 x 12 cm),

abrasive gunshot wound to the upper femoral region, and perforating gunshot wound to the right knee" inflicted by M16 rifles. Association of Families of Fallen Gwangju Uprising Democratization Activists, ed., "5·18-ui jeongukwa" [The nationwide spread of the Gwangju Uprising], in *Geuhae owol naneun salgo sipeotda* [That May, I wanted to live], 304.

106 Kim Yang-woo, "Ajikdo Gwangju-neun kkeutnaji anatda" [The Gwangju Uprising is not yet over], in *5·18 teukpawon report* [Gwangju Uprising special correspondent report].

107 "Ahn (Byeong-ha) jeon Jeollanamdo-gyeonggukjang jingmuyugihyeomui yeonhaeng" [Former South Jeolla Province Police Chief Ahn (Byeong-ha) arrested for dereliction of duty], *Chosun Ilbo*, May 27, 1980.

108 Seoul District Prosecutors' Office, Ministry of National Defense Prosecutors' Office, "5·18 gwallyeon susagyeolgwa bogo" [Report on the results of the investigation into Gwangju Uprising–related incidents] (July 18, 1995).

109 Korean Veterans Association, ed., *12·12. 5·18 sillok* [Annals of the December 12 military insurrection], 310.

110 Association of Families of Fallen Gwangju Uprising Democratization Activists, ed., "Geudeuri saengeobe jongsaharago haenneundae" [They told us to return to daily activities], in *Geuhae owol naneun salgo sipeotda* [That May, I wanted to live], vol. 2 (2005), 408; Gwangju Metropolitan City Historical Record Compilation Committee, ed., *5·18 Gwangjuminjuhwaundongjaryocho ngseo* [Gwangju Uprising archival collection], vol. 20 (1999), 584–5.

111 Gwangju District Prosecutors' Office, *5·18 gwallyeon samangja geomsi naeyong* [Autopsy reports of Gwangju Uprising casualties] (1989); Gwangju Metropolitan City Historical Record Compilation Committee, ed., *5·18 Gwangjumi njuhwaundongjaryochongseo* [Gwangju Uprising archival collection], vol. 20 (1999), 484–5.

第 14 章 ｜ 餘波盪漾

1 Seo In-seop (born 1928, South Jeolla Province Civil Affairs Chief), "Archive 7-20," in *5·18 pihaeja gusuljaryo josa* [Gwangju Uprising victims' oral testimony research], ed. May 18 Memorial Foundation (1999). Seo In-seop testified that sixty bodies were at Sangmu Hall on May 26, and thirty were collected at Province Hall on May 27.

2 Burial in a temporary grave entailed the burial of unidentified victims in temporary marked graves to be identified and returned to families at a later time. Burial in unmarked graves was undertaken with the intent to conceal the death itself, with the burial in deserted locations such as densely wooded hills.

3 Presumed to be Yang Dong-seon (age 45), security guard at Gwangju High School.

4 Cho Seong-gap (welfare department, civil affairs, Gwangju City Hall), "Archive 7-25," in *5·18 pihaeja gusuljaryo josa* [Gwangju Uprising victims' oral testimony research].

5 Seo Man-bok (younger brother of the late Seo Man-oh), "Testimony 7030," in *Gwangju-owolminjunghangjaengsaryojeonjip* [Complete collection of historical records pertaining to the Gwangju Uprising], ed. Center for Contemporary Korean Historical Records Research (Pulbit, 1990). According to the autopsy report from prosecutors (June 2, 1980), the cause of death was "gunshot wounds inflicted by carbine rifles" (Gwangju District Prosecutors'

Office, "Autopsy Report 38," *5·18 gwallyeon samangja geomsi naeyong* [Autopsy reports of Gwangju Uprising casualties] [1989]). However, examinations at Chosun University Hospitals found that the entry wounds were measured at 0.5 x 0.5 cm and the exit wounds were 2 x 2 cm, making M16 rifles wielded by martial law troops the likely cause of death (Gwangju Metropolitan City Historical Record Compilation Committee, ed., *5·18 Gwan gjuminjuhwaundongjaryochongseo* [Gwangju Uprising archival collection], vol. 20 [1999], 410–11).

6   The testimony of examining doctor Moon Hyeong-bae (then doctor of pathology at Chonnam University Hospital, currently professor of pathology at Wonkwang University School of Medicine). Interview with Ministry of National Defense Truth Commission (November 29, 2006).

7   The last of those whose categorizations were debated was a high school student from Gyeonggi Province who died at the YWCA on May 27. The military insisted that the student fell into the "rioter" category or resisting the military at the YWCA, but the civilian panelists argued that a high school student was too young to qualify and ultimately had him put in the category of "law-abiding civilian."

8   Ministry of National Defense Truth Commission, *12·12, 5·17, 5·18 sageon josagyeolgwabogoseo* [Investigation report on the December 12 military insurrection, the May 17 military insurrection, and the Gwangju Uprising] (2007), 126. Following the completion of the operation in Gwangju on May 27, Martial Law Command took measures to justify their actions in Gwangju.

9   Ministry of National Defense Truth Commission, *12·12, 5·17, 5·18 sageon josagyeolgwabogoseo* [Investigation report on the December 12 military insurrection], 127. All terminology used has been taken directly from the National Security Forces.

10 ROK Army HQ, "Gwangju-satae jaryojeongni gyeolgwa" [Results of the organization of documents concerning the Gwangju incident], quoted in Ministry of National Defense Truth Commission, *12·12, 5·17, 5·18 sageon josagyeolgwabogoseo* [Investigation report on the December 12 military insurrection], 127.

11 For the numbers of deployed forces and their times of deployment, refer to the appendix. Different sources contain minute differences in the number of troops deployed to the city.

12 Defense Security Command, "Sunjigilja mit jangso" [Dates and locations of death in the line of duty] (1980), quoted in Ministry of National Defense Truth Commission, *12·12, 5·17, 5·18 sageon josagyeolgwabogoseo* [Investigation report on the December 12 military insurrection], 125.

13 Seoul District Prosecutors' Office, Ministry of National Defense Prosecutors' Office, "5·18 gwallyeon susagyeolgwa bogo" [Report on the results of the investigation into Gwangju Uprising–related incidents] (July 18, 1995).

14 Of the eight soldiers killed during battle with demonstrators and the resistance, three were killed in traffic accidents. Only five were shot to death.

15 Jang Myeong-hui (born 1946, Taebong Village resident), "Testimony," in *Areumdaun oworui maeul gongdongche mandeulgi jipdamhoe* [Conference for the formation of a beautiful May community], ed. Story Farmers Co-op (May 18 Memorial Foundation, February 17, 2016).

16 Na Il-seong (born 1961), "Testimony 2035," in *Gwangju-owolminjunghangjaengsaryojeonjip*

[Complete collection of historical records].

17 *Yonhap News*, May 17, 2004. According to the Korean Rehabilitation Center for Torture Victims (Co-director: Park Yeong-sun), victims who were arrested or imprisoned during and after the Gwangju Uprising were tortured 9.5 times on average during their imprisonment. Of the techniques used, 62 percent were physical (water torture, hanging, beating, forced into unnatural positions, force-feeding, starvation, denial of medical service) and 38 percent were mental (sleep deprivation, forced obedience, sensory deprivation, imprisonment in total darkness).

18 *Busan Ilbo*, May 24, 1980.

19 Jeon Ok-ju (born 1949), "Testimony 4014," in *Gwangju-owolminjunghangjaengsaryojeonjip* [Complete collection of historical records].

20 Heo Jang-hwan, "505-boanbudae Gwangju-satae cheori teungmyeongban susagwanui jeungeon" [Testimony from 505th Security Unit Gwangju Uprising team's investigator], Hankyoreh Community, December 6, 1988, https://c.hani.co.kr/hantoma/1434931.

21 Heo Jang-hwan, "505-boanbudae Gwangju-satae cheori teungmyeongban susagwanui jeungeon."

22 Defense Security Command, "Hapsu jochi naeyong" [Joint investigation measures], quoted in Ministry of National Defense Truth Commission, *12·12, 5·17, 5·18 sageon josagyeolgwabogoseo* [Investigation report on the December 12 military insurrection], 119.

23 Yun Seong-min, "Gwangju-sataebogo" [Report on the Gwangju incident] (June 7, 1985).

24 Na Gan-chae, *Hangugui 5-wolundong* [The May movement in Korea] (Hanul Academy, 2012), 65.

25 Lee Jae-eui, "5·18-gunsajaepangwa byeonhoindeul" [The lawyers of the Gwangju Uprising courts-martial], in *Yehyang* (June 1989).

26 Those sentenced to death were Jeong Dong-nyeon for leading a rebellion; Kim Jong-bae and Park Nam-seon for partaking in rebellion and violation of martial law; Bae Yong-ju for murder for the traffic death of a police officer during the demonstrations on the night of May 20; and Park No-jeong for murder, rioting, and violation of martial law. Settlement Council members Hong Nam-sun, Jeong Sang-yong, Heo Gyu-jeong, Yun Seok-ru, and 3 others were sentenced to life in prison for the charge of conspiracy to incite rebellion. Kim Sang-yun and 162 others were given sentences ranging from five to twenty years in prison, and the remaining 80 were given suspended sentences or put on probation.

第 15 章 | 未竟之功

1 Na Gan-chae, *Hangugui 5-wolundong* [The May movement in Korea] (Hanul Academy, 2012), 47–121.

2 Supreme Court of South Korea, *12·12, 5·18-sanggosim seongo pangyeolmun* [Supreme Court ruling on the December 12 military insurrection and the Gwangju Uprising], April 17, 1997.

3 Undermining of the constitution entails the destruction of the constitutional order by means of a coup d'état or the violent abuse of the constitution and liberal democracy.

4 Han In-seop, "Chun Doo-hwan, Roh Tae-woo 1-sim jaepan ipchebunseok" [In-depth

analysis of the first trial of Chun Doo-hwan and Roh Tae-woo], in *Shindonga* (October 1996), 610.

5   Louis Joinet's final report on impunity, submitted to the 48th Session of the United Nations Commission on Human Rights, outlines a set of principles on the protection and promotion of human rights through resistance against impunity.

6   Yi Chae-sang, "Jeongbeombaehu jeongbeomiron" [The perpetrator behind the perpetrator], in *Ewha Womans University Journal of Legal Studies* 7, no. 2 (2003): 25–33.

7   Commission members included leaders of Gwangju Uprising–related organizations, presidents of major universities, and religious leaders. Former National Assembly member Kim Yeong-jin served as the chair of the commission and Ahn Jong-cheol as the head.

8   The Magna Carta (1225, listed on the UNESCO Memory of the World Register in 2009) is one of the most important documents in the history of England, being the first document to impose limits on the monarch's powers over matters of taxation, the rights of the lords, and over judicial matters. The document set forth the overarching principle that royal authority could only be exercised under the law rather than over it and today stands as a symbol of democracy across the globe.

9   The Declaration of the Rights of Man and of the Citizen (1789–1791, listed on the UNESCO Memory of the World Register in 2003) originated in the French Revolution and includes the first copy of the Declaration of the Rights of Man and of the Citizen, related documents, and the 1791 declaration. These documents form the foundations of the development of democracy and human rights worldwide.

10 Other records from modern history in the category of human rights that have been listed in the UNESCO Memory of the World Register include the radio recording announcing the success of Castro and Che Guevara's Cuban Revolution (1956), the arrest warrant for Nelson Mandela (1963), the Tuol Sleng Genocide Museum Archives from the massacre of 15,000 (1975–1979) by Cambodia's Pol Pot regime, and radio recordings from the People Power Revolution in the Philippines (1986).

5.18光州！光州！

決定韓國命運，光州民主化運動全記錄

Gwangju uprising: the rebellion for democracy in South Korea

〔matchstick〕001

作者　黃晳暎、李在儀、田龍浩、光州民主化運動紀念事業會〔編〕

翻譯　林瑞

審訂　朱立熙

特約編輯　吳珮如

副總編輯　洪源鴻

責任編輯　張乃文、洪源鴻

行銷企劃　二十張出版

封面設計　虎稿・薛偉成

內頁排版　宸遠彩藝

出版　二十張出版，左岸文化事業有限公司

發行　遠足文化事業股份有限公司（讀書共和國出版集團）

地址　新北市新店區民權路108-3號3樓

電話　02-2218-1417

傳真　02-2218-8057

客服專線　0800-221029

信箱　akker2022@gmail.com

Facebook　facebook.com/akker.fans

法律顧問　華洋法律事務所—蘇文生律師

印刷　呈靖彩藝有限公司

出版　二〇二五年一月—初版一刷

定價　六八〇元

ISBN ｜ 9786267445693（平裝）、9786267445655（ePub）、9786267445662（PDF）

5.18 光州！光州！——決定韓國命運，光州民主化運動全記錄
黃晳暎、李在儀、田龍浩、光州民主化運動紀念事業會著／林瑞譯／初版／新北市／
二十張出版／左岸文化事業有限公司出版／遠足文化事業股份有限公司發行／ 2025.01
496 面，16x23 公分
譯自：Gwangju uprising: the rebellion for democracy in South Korea
ISBN：978-626-7445-69-3（平裝）
1. 民主運動　2. 韓國史
732.275   113016054